C'est à toi!

Second Edition

2

Authors

Karla Winther Fawbush

Toni Theisen

Dianne B. Hopen

Diana Moen

Contributing Writer

Sarah Vaillancourt

EMC
Publishing

St. Paul • Indianapolis

Credits

Illustrators
Len Ebert
Carol Heyer
Susan Jaekel
Jane McCreary
Hetty Mitchell

Cartoon Illustrator
Steve Mark

Design
Leslie Anderson

Desktop Production
Leslie Anderson
Jack Ross

Consultants

Augusta DeSimone Clark
St. Mary's Hall
San Antonio, Texas

Michael Nettleton
Smoky Hill High School
Aurora, Colorado

Mirta Pagnucci
Oak Park River Forest High School
Oak Park, Illinois

Ann J. Sorrel
South Burlington High School
South Burlington, Vermont

Nathalie Gaillot
Language Specialist
Lyon, France

ISBN 978-0-82196-017-2

© 2007, 2012 EMC Publishing, LLC
875 Montreal Way
St. Paul, Minnesota 55102
800-328-1452
www. emcp.com
E-mail: educate@emcp.com

Printed in the United States of America
1 2 3 4 5 6 7 8 9 10 XXX 19 18 17 16 15 14 13 12 11 10

To the Student

Rebonjour! (*Hello again!*)

Congratulations on having successfully completed the first level of *C'est à toi!* You should feel proud of your accomplishment because you have acquired a solid foundation for communicating with others in French. The first-level textbook helped you develop skills in listening, speaking, reading and writing French. You already know how to perform certain tasks: introducing someone, telling what you like and don't like, ordering something to eat and drink, choosing and purchasing items in a store, asking for and giving information, accepting and refusing invitations, saying what you need, and giving directions. You can talk about various topics that interest both you and French-speaking teens, such as music, sports, leisure activities, food, shopping, traveling, family and school. You can also describe yourself, your friends, your family and personal experiences, both in the past and in the present. In short, you can make yourself understood and react appropriately in simple social interactions. Besides learning the French language, you have also developed cultural understandings about how people in French-speaking regions live, act and think, as well as what they value. In addition, you have learned skills that will help you act independently and successfully in novel cultural situations.

In the second level of *C'est à toi!*, you will expand upon the communicative tasks and skills you have already practiced. For example, you will be able to ask for what you need at a post office, bank or gas station, reserve a room at a hotel or youth hostel, communicate on the phone and by letter, postcard and fax, describe your daily routines, talk about what careers interest you, and discuss contemporary social and political problems in France. Your ability to read and write French will improve as you learn how to analyze and interpret songs, poems, articles and stories, to take notes, and to write outlines, summaries and business letters. You will become acquainted with French people, both past and present, who have become famous for their accomplishments in art, science, films, literature, sports, politics, etc. You will learn more about your neighbors in French-speaking Canada as well as about interesting regions and sites in France. You will also heighten your awareness of other areas in the world where French is spoken: from Morocco to Martinique, from Tahiti to Tunisia.

The format of this textbook is similar to the first level of *C'est à toi!* **Unités 1-3** review vocabulary, structure and verbs from the previous textbook so that you can brush up on these building blocks of French in order to have a firm foundation for the new material you are about to learn. In the following eight **unités** you will further develop your ability to interact with others in authentic French while enhancing all of your language skills. *C'est à toi!* again encourages you to express yourself in French by interacting with your classmates either in pairs or in small groups. Remember to practice your French every chance you get both during and outside of class. You will make mistakes, but your ability to speak French and your confidence will improve with continual practice. Your efforts to improve your ability to communicate in French will provide you with a tremendous sense of accomplishment as you extend your knowledge about realistic situations that you might encounter if you travel to a French-speaking environment. As you continue your journey in the francophone world, we wish you the best of luck. Or, as we say in French, **Bonne continuation!**

Unité 2 Paris 55

Unité 3 En France 105

Unité 4 La vie quotidienne 155

Unité 5 Sports et Loisirs 195

Unité 6 Les pays du Maghreb 237

Unité 7 Les châteaux 279

Unité 9 Des gens célèbres du monde francophone 359

Unité 11 La France contemporaine 443

ROYAUME-UNI

PAYS-BAS

BELGIQUE

ALLEMAGNE

LUXEM-
BOURG

La Manche

Pas de Calais

Dunkerque
Boulogne-
sur-Mer Béthune Lille Roubaix
Lens Douai
Valen-
ciennes

St-Quentin

Thionville
Hagondange Forbach
Metz

147

Dieppe Amiens
Beauvais

Somme

Nancy 269
Strasbourg

Cherbourg
Le Havre
Caen
Rouen
Reims
Argonne
Vosges

Ouessant
Brest
St-Brieuc 391
Quimper
Lorient

Golfe de St-Malo
Cotentin
Normandie
Mantes
Paris
Seine
Chartres
Île de France
Marne
Champagne
Troyes
504
Meuse
1424
Mulhouse

417

Rennes
Bretagne
Le Mans
Orléans
Fontainebleau
50
Plateau
de Langres
Saône
Montbéliard
Dijon
Besançon
Doubs

Angers
Tours
Orléanais
Sologne
143
178
902
Jura
1718
Lac
Léman

Belle-Île
St-Nazaire
Nantes
Loire
14
285
Cher
434
Yonne
Loire
Bourgogne
SUISSE

Noirmoutier

Poitiers
Vienne
Allier
Le Creusot
1012
Roanne
210
Mt Blanc 4807

Ré
Oléron
La Rochelle
Montluçon
268
329
Lyon
Chambéry
2083

Océan Atlantique

Cognac
Angoulême
Limoges
978
Clermont-
Ferrand
1886 Mont-
Dore
St-Étienne
Le Puy
1754
Valence
Isère
Grenoble
4102 1854
Barre des
Écrins
3841 Mt
Viso

Arcachon
Bordeaux
Dordogne
Brive-
la-Gaillarde
734
Mt du Cantal
1858
1912 Massif
Central
Auvergne
Mont Ventoux
1912
Avignon
Durance
Provence
Alpes
ITALIE

Gironde
Guyenne
Lot
1702
1587
Nîmes
Cévennes
Languedoc
Rhône
Arles
Aix-
en-Provence
Cannes
Nice
Côte d'Azur

Landes
Gascogne
Montauban
Garonne
Tarn
Montpellier
Sète
Marseille
Toulon
Îles d'Hyères

Côte d'Argent
Adour
Biarritz Bayonne
Pau
Toulouse
1210
Canal du Midi
Béziers
Golfe du Lion

Pic du Midi d'Ossau
2887
Pyrénées
1231
Perpignan
1915 2785

ANDORRE

ESPAGNE

Mer Méditerranée

0 50 100 150 200 km

© Justus Perthes Verlag Gotha GmbH

KLETT-PERTHES

XV

Corse

Bastia
Monte Cinto
2710
Ajaccio
2136

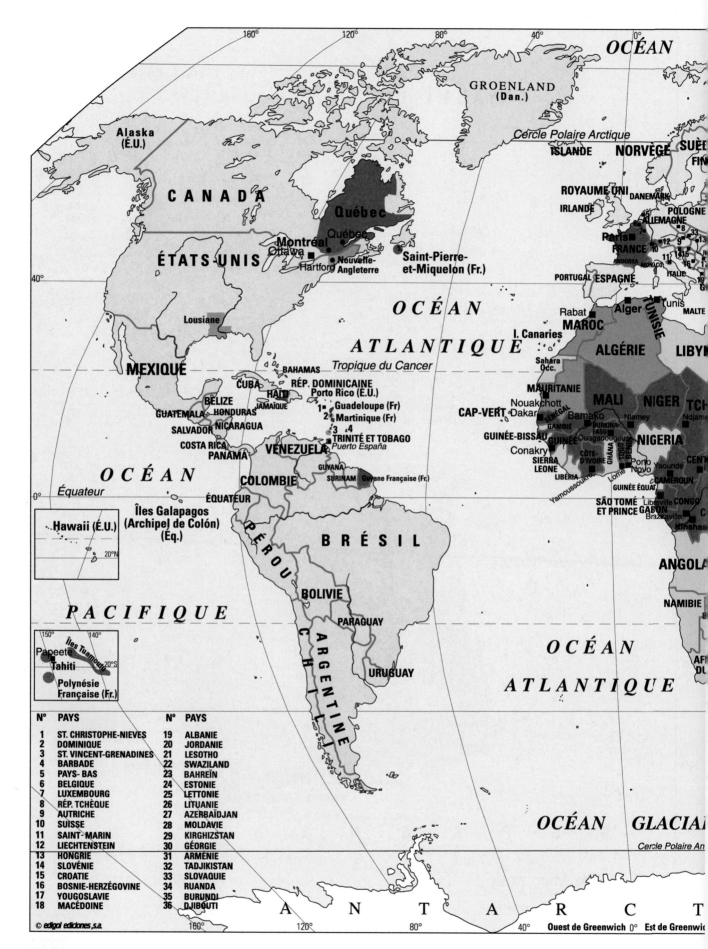

OCÉAN

GROENLAND
(Dan.)

Cercle Polaire Arctique

ISLANDE **NORVÈGE** SUÈ
FIN

Alaska
(É.U.)

ROYAUME UNI DANEMARK
IRLANDE POLOGNE
ALLEMAGNE

C A N A D A

Québec
Québec

ÉTATS-UNIS

Montréal
Ottawa
Hartford
Nouvelle-
Angleterre

Saint-Pierre-
et-Miquelon (Fr.)

Paris
FRANCE
ANDORRA
MONACO
ITALIE

PORTUGAL ESPAGNE

OCÉAN

Rabat
I. Canaries

Tunis
Alger TUNISIE
MALTE

MAROC

MEXIQUE

Lousiane

ATLANTIQUE

Tropique du Cancer

Sahara
Occ.

ALGÉRIE **LIBY**

BAHAMAS

CUBA

MAURITANIE
Nouakchott
Dakar SÉNÉGAL
GAMBIE

MALI **NIGER** TC
Bamako Niamey Ndjam

RÉP. DOMINICAINE
Porto Rico (E.U.)
HAÏTI
1 • Guadeloupe (Fr)

CAP-VERT

BÉLIZE
GUATEMALA HONDURAS
SALVADOR NICARAGUA
COSTA RICA
PANAMA

JAMAÏQUE
2 • Martinique (Fr)
3 • 4
TRINITÉ ET TOBAGO
Puerto España

GUINÉE-BISSAU
GUINÉE
Conakry
SIERRA
LEONE
LIBÉRIA

BURKINA-
FASO
Ouagadougou **NIGERIA**
GHANA
CÔTE-
D'IVOIRE
Yamoussoukro Lomé

BÉNIN
TOGO
Porto
Novo
Yaoundé CENT

CAMEROUN
GUINÉE ÉQUAT.

VENEZUELA

GUYANA
SURINAM Guyane Française (Fr.)

COLOMBIE

OCÉAN

ÉQUATEUR

Équateur
0°

SÃO TOMÉ
ET PRINCE GABON
Libreville CONGO
Brazzaville
Kinshas

Îles Galapagos
(Archipel de Colón)
(Éq.)

B R É S I L

Hawaii (É.U.)

20°N

ANGOLA

P É R O U

BOLIVIE

NAMIBIE

PACIFIQUE

PARAGUAY

A R G E N T I N E

C H I L I

OCÉAN

ATLANTIQUE

150° 140°
Îles Tuamoutu
Papeete
Tahiti 20°S
Polynésie
Française (Fr.)

URUGUAY

AF
DU

OCÉAN GLACIA

Cercle Polaire An

Nº	PAYS	Nº	PAYS
1	ST. CHRISTOPHE-NIEVES	19	ALBANIE
2	DOMINIQUE	20	JORDANIE
3	ST. VINCENT-GRENADINES	21	LESOTHO
4	BARBADE	22	SWAZILAND
5	PAYS- BAS	23	BAHREÏN
6	BELGIQUE	24	ESTONIE
7	LUXEMBOURG	25	LETTONIE
8	RÉP. TCHÈQUE	26	LITUANIE
9	AUTRICHE	27	AZERBAÏDJAN
10	SUISSE	28	MOLDAVIE
11	SAINT-MARIN	29	KIRGHIZSTAN
12	LIECHTENSTEIN	30	GÉORGIE
13	HONGRIE	31	ARMÉNIE
14	SLOVÉNIE	32	TADJIKISTAN
15	CROATIE	33	SLOVAQUIE
16	BOSNIE-HERZÉGOVINE	34	RUANDA
17	YOUGOSLAVIE	35	BURUNDI
18	MACÉDOINE	36	DJIBOUTI

A N T A R C T

160° 120° 80° 40° **Ouest de Greenwich** 0° **Est de Greenwic**

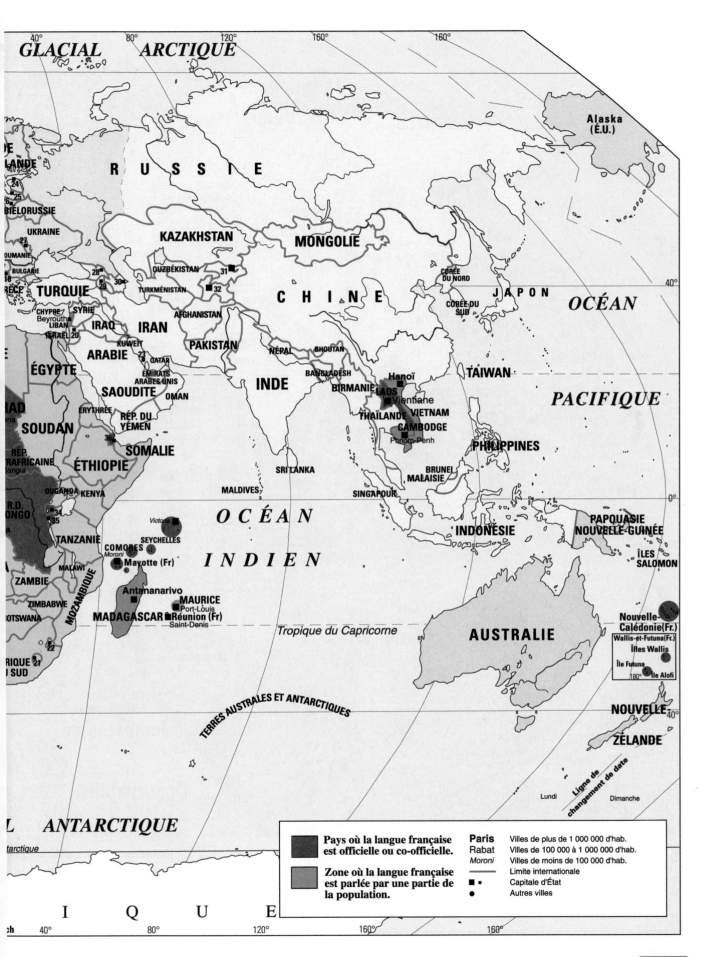

GLACIAL ARCTIQUE

40°   80°   120°   160°   160°

Alaska
(É.U.)

R U S S I E

BIÉLORUSSIE

UKRAINE

ROUMANIE

BULGARIE

GRÈCE   TURQUIE

CHYPRE   SYRIE
Beyrouth
LIBAN
ISRAËL 20

ÉGYPTE

SOUDAN

RÉP.
CENTRAFRICAINE
Bangui

OUGANDA KENYA

R.D.
CONGO

TANZANIE

MALAWI

ZAMBIE

ZIMBABWE

BOTSWANA

AFRIQUE
DU SUD

KAZAKHSTAN

OUZBÉKISTAN   31

TURKMÉNISTAN   32

IRAQ   IRAN
KUWEÏT   23
ARABIE   QATAR
ÉMIRATS
ARABES UNIS
SAOUDITE   OMAN

ÉRYTHRÉE
RÉP. DU
YÉMEN   36

SOMALIE

ÉTHIOPIE

28   30
29   30

AFGHANISTAN

PAKISTAN

INDE

NÉPAL   BHOUTAN

BANGLADESH

BIRMANIE

SRI LANKA

MALDIVES

MONGOLIE

CHINE

CORÉE
DU NORD

CORÉE DU
SUD

JAPON   OCÉAN

TAÏWAN   PACIFIQUE

Hanoï
LAOS
Vientiane
THAÏLANDE VIETNAM
CAMBODGE
Phnom-Penh
PHILIPPINES

BRUNEI
MALAISIE

SINGAPOUR

OCÉAN

INDIEN

Victoria

SEYCHELLES

COMORES
Moroni
Mayotte (Fr)

Antananarivo

MADAGASCAR

MOZAMBIQUE

34
35

22

21

INDONÉSIE

PAPOUASIE
NOUVELLE-GUINÉE

ÎLES
SALOMON

AUSTRALIE

Nouvelle-
Calédonie(Fr.)
Wallis-et-Futuna(Fr.)
Îles Wallis
Île Futuna
180°   Île Alofi

MAURICE
Port-Louis
Réunion (Fr)
Saint-Denis

Tropique du Capricorne

NOUVELLE

ZÉLANDE

40°

0°

40°

TERRES AUSTRALES ET ANTARCTIQUES

Lundi   Dimanche

Ligne de
changement de date

ANTARCTIQUE

arctique

I   Q   U   E

40°   80°   120°   160°   160°

Pays où la langue française est officielle ou co-officielle.

Zone où la langue française est parlée par une partie de la population.

Paris   Villes de plus de 1 000 000 d'hab.
Rabat   Villes de 100 000 à 1 000 000 d'hab.
Moroni   Villes de moins de 100 000 d'hab.
⎯⎯⎯   Limite internationale
■·■   Capitale d'État
●   Autres villes

xvii

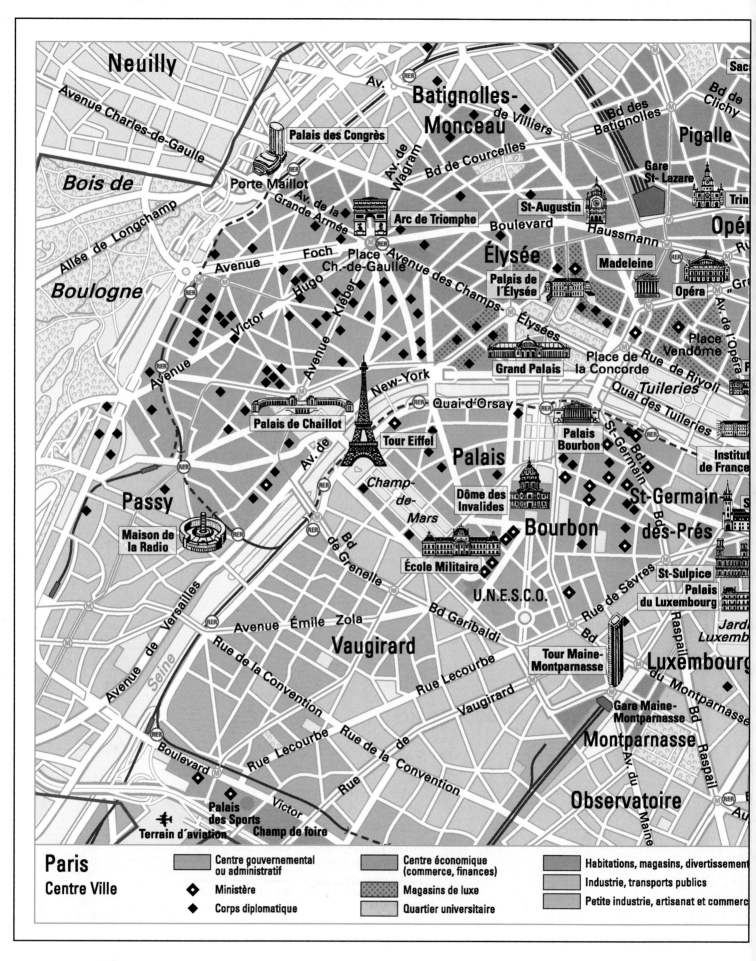

Paris
Centre Ville

	Centre gouvernemental ou administratif
◇	Ministère
◆	Corps diplomatique

	Centre économique (commerce, finances)
	Magasins de luxe
	Quartier universitaire

	Habitations, magasins, divertissement
	Industrie, transports publics
	Petite industrie, artisanat et commerc

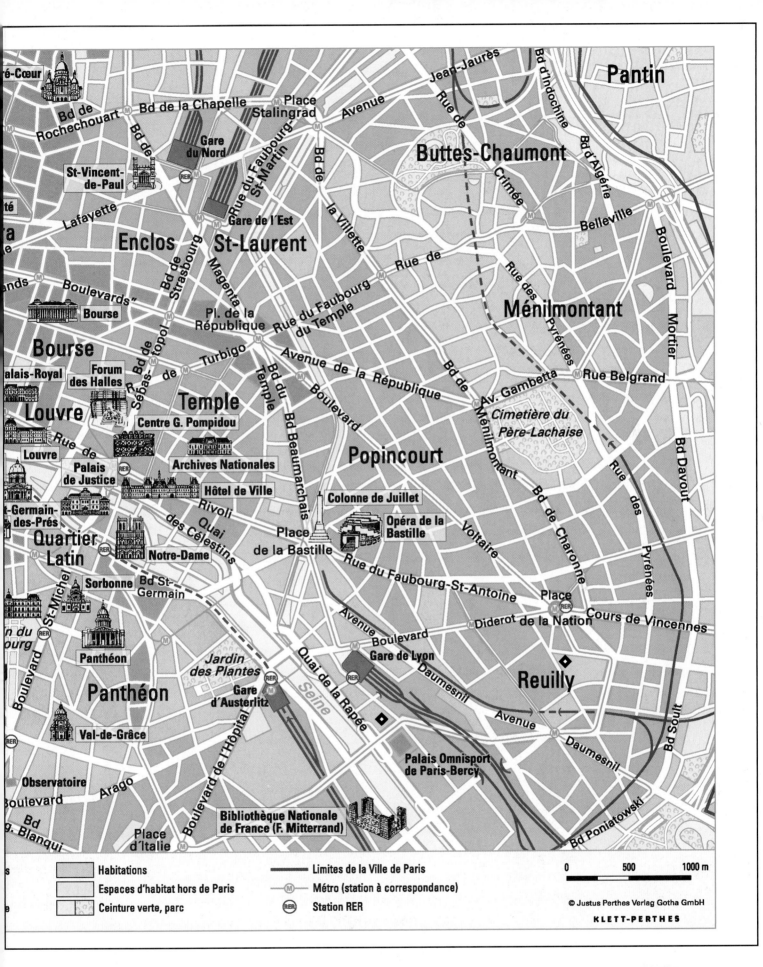

é-Cœur

Bd de
Rochechouart

Bd de
la Chapelle

Place
Stalingrad

Avenue

Jean-Jaurès

Bd d'Indochine

Pantin

Gare
du Nord

Buttes-Chaumont

Rue de

Crimée

Bd d'Algérie

St-Vincent-
de-Paul

Rue du Faubourg-St-Martin

Bd de
la Villette

Belleville

Boulevard

Lafayette

Gare de l'Est

Enclos

St-Laurent

Bd de Strasbourg

Magenta

Rue de

Ménilmontant

Mortier

Boulevards"

Bourse

Pl. de la
République

Rue du Faubourg
du Temple

Rue des Pyrénées

Bourse

Bd de Sébastopol

de

Turbigo

Bd du Temple

Avenue de la République

Bd de Ménilmontant

Av. Gambetta

Rue Belgrand

alais-Royal

Forum
des Halles

Temple

Bd Beaumarchais

Boulevard

Bd de Ménilmontant

Cimetière du
Père-Lachaise

Bd Davout

Louvre

Rue de

Centre G. Pompidou

Popincourt

Louvre

Palais
de Justice

Archives Nationales

Hôtel de Ville

Colonne de Juillet

Rue des Pyrénées

t-Germain-
des-Prés

Rivoli

Quai
des Célestins

Opéra de la
Bastille

Voltaire

Bd de Charonne

Quartier
Latin

Notre-Dame

Place
de la Bastille

Rue du Faubourg-St-Antoine

Place
de la Nation

Cours de Vincennes

Sorbonne

Bd St-
Germain

St-Michel

n du
ourg

Panthéon

Avenue

Diderot

Boulevard

Jardin
des Plantes

Daumesnil

Reuilly

Panthéon

Val-de-Grâce

Gare
d'Austerlitz

Seine

Gare de Lyon

Boulevard

Observatoire

Arago

Boulevard de l'Hôpital

Quai de la Rapée

Avenue

Daumesnil

Boulevard

Place
d'Italie

Bibliothèque Nationale
de France (F. Mitterrand)

Palais Omnisport
de Paris-Bercy

Bd Poniatowski

g. Blanqui

Bd Soult

| | Habitations | | | Limites de la Ville de Paris | | 0 | 500 | 1000 m |

Habitations

Espaces d'habitat hors de Paris

Ceinture verte, parc

Limites de la Ville de Paris

Métro (station à correspondance)

Station RER

© Justus Perthes Verlag Gotha GmbH

KLETT-PERTHES

xix

Unité 1

Les fêtes

In this unit you will be able to:
- write invitations
- give addresses
- write postcards
- express emotions
- describe character
- answer a telephone call
- ask to speak to someone
- respond to a request to speak to someone
- ask for information
- give information

www.emcp.com

Que la fête commence!

Laurent sends his friend Malika an invitation to a New Year's Eve party at his home.

TU VEUX...

- écouter de la musique?
- danser avec tes amis?
- manger quelque chose?
- attendre le matin du nouvel an?

VIENS CHEZ MOI:

- 47, rue La Fayette
- le 31 décembre
- Ça va commencer à 21h00.
- Ça va finir à...?

RSVP: TEL: 01.48.45.18.57

Laurent

Le nouvel an

Celebrating **le nouvel an** (*New Year's Day*) often begins the evening of December 31 when people gather at home or in a restaurant for a midnight supper, **le réveillon de la Saint-Sylvestre**. Traditionally, the first course of this feast is often **les huîtres** (*raw oysters*). As the clock strikes 12, people kiss under **le gui** (*mistletoe*), a symbol of good luck. Many Parisians drive down the **Champs-Élysées**, honking their car horns to welcome the New Year.

What is usually served as the first course of *le réveillon de la Saint-Sylvestre?*

White lights illuminate *les Champs-Élysées* during the holiday season in Paris.

Nuit blanche

Occasionally some older French teenagers stay up until early the next morning with their friends. They call this a **nuit blanche** (*white night*) because, in staying up all night, people do what they normally would during the daylight hours when it's bright or "white" outside. For a New Year's Eve party, a French teenager might write on an invitation **Nuit blanche assurée!** (*The celebration will last all night!*)

RSVP

The acronym **RSVP** is formed from the first letters of the words in the expression **Répondez s'il vous plaît** (*Please reply*). Hosts in both French- and English-speaking countries often write this request on invitations so that they know how many guests to expect.

1 **À la boum?**

Écrivez "oui" si on va faire l'activité suivante à une boum du 31 décembre. Si non, écrivez "non."

2 ▸ L'invitation de Laurent

Répondez par "vrai" ou "faux" d'après l'invitation de Laurent.

J'aime beaucoup danser.

1. Laurent invite Malika à une boum.
2. On va danser à la boum.
3. Laurent et Malika vont manger un grand repas avec leurs amis.
4. Laurent habite au 47, rue La Fayette.
5. La boum va commencer à 21h30.
6. La boum va finir à une heure du matin.
7. Malika doit téléphoner à Laurent au 01.48.45.18.57.

3 ▸ Venez chez moi!

Écrivez une invitation à vos amis où vous...

1. dites que vous allez avoir une boum.
2. dites ce que vous allez faire à la boum.
3. donnez votre adresse.
4. donnez la date de la boum.
5. dites quand la boum va commencer.
6. donnez votre numéro (*number*) de téléphone.

4 ▸ C'est à toi!

Questions personnelles.

1. Est-ce que tu vas souvent à des boums?
2. Quand tu vas à une boum avec des amis, qu'est-ce que tu manges?
3. Est-ce que tu aimes danser avec tes amis?
4. À quelle heure est-ce que tu dois rentrer après une boum?
5. Est-ce que tu écoutes souvent de la musique chez toi?
6. Où est-ce que tu habites?

Martine va souvent à des boums.

Present tense of regular verbs ending in *-er, -ir* and *-re*

To form the present tense of a regular **-er** verb, find the stem of the verb by removing the **-er** ending from its infinitive. Then add the endings **-e, -es, -e, -ons, -ez** and **-ent** to the stem of the verb depending on the corresponding subject pronouns.

danser			
je	**danse**	nous	**dansons**
tu	**danses**	vous	**dansez**
il/elle/on	**danse**	ils/elles	**dansent**

Bertrand demande des informations.

Où **dansez**-vous?   *Where do you dance?*
Nous **dansons** à la boum.   *We dance at the party.*

To form the present tense of a regular **-ir** verb, find the stem of the verb by removing the **-ir** ending from its infinitive. Then add the endings **-is, -is, -it, -issons, -issez** and **-issent** to the stem of the verb depending on the corresponding subject pronouns.

finir			
je	**finis**	nous	**finissons**
tu	**finis**	vous	**finissez**
il/elle/on	**finit**	ils/elles	**finissent**

Philippe finit ses devoirs pour demain.

Tu **finis** à quelle heure?   *At what time do you finish?*
Les cours **finissent** à 17h00.   *Classes end at 5:00.*

To form the present tense of a regular **-re** verb, find the stem of the verb by removing the **-re** ending from its infinitive. Then add the endings **-s, -s, —, -ons, -ez** and **-ent** to the stem of the verb depending on the corresponding subject pronouns.

attendre			
j'	**attends**	nous	**attendons**
tu	**attends**	vous	**attendez**
il/elle/on	**attend**	ils/elles	**attendent**

Qu'est-ce qu'on vend dans cette boutique?

Qu'est-ce qu'on **attend**?   *What are they waiting for?*
Ils **attendent** le train.   *They're waiting for the train.*

Pratique

5 ▸ Qu'est-ce qu'on fait?

Beaucoup de vos amis vont au fast-food après les cours. Dites ce que tout le monde fait.

Jeanne et Guy

Max

Ousmane et toi, vous

Sylvie et Claire

Modèle: Daniel et Paul

Blah, blah, blah

Sandrine et moi, nous

Modèle:

Daniel et Paul mangent.

6 ▸ On a faim!

Après les cours vous et vos amis avez faim.
Dites ce que tout le monde finit.

1. Malick et moi, nous
2. Isabelle

Modèle:

3. Jérôme et toi, vous
4. Michel et Louis

Janine
Janine finit la pomme.

5. je
6. tu

7 ▶ Zut alors!

Vous et vos amis perdez beaucoup de matchs ce weekend. Dites le score. Suivez le modèle.

Modèle:

Khaled et Joël/1 à 13
Khaled et Joël perdent un à treize.

1. Thérèse et moi, nous/2 à 4
2. Philippe et Olivier/15 à 19
3. tu/7 à 9
4. Clarisse et toi, vous/5 à 11
5. Myriam/3 à 8
6. je/6 à 10

Les garçons en rouge perdent un à trois. (Verneuil-sur-Seine)

8 ▶ Le journal de Martine

Voici une page du journal de Martine. Choisissez le présent du verbe convenable pour complétez cette page.

| finir | perdre | manger | nager | adorer | jouer | arriver | attendre | parler |

le 2 août

Moi, j'_____ les vacances! Le matin Catherine et moi, nous _____ au volley avec des filles de l'école. Nous ne _____ jamais parce que nous sommes très bonnes! On commence à 10h00 et on _____ à midi. Puis j'_____ mes amis Laurent et Adja devant le fast-food. Quand ils _____, nous _____ des hamburgers et des frites. Après le déjeuner nous allons à la plage où nous _____ à nos amis. Tout le monde _____ dans la mer jusqu'à 16h00, et après ça, on rentre à la maison. L'été, c'est super!

Martine et ses amis mangent des hamburgers et des frites au fast-food.

Possessive adjectives

Possessive adjectives show ownership or relationship. They agree in gender (masculine or feminine) and in number (singular or plural) with the nouns that follow them.

	Singular		Plural
	Masculine	**Feminine before a Consonant Sound**	
my	**mon**	**ma**	**mes**
your	**ton**	**ta**	**tes**
his, her, one's, its	**son** ⎫ chien	**sa** ⎫ maison	**ses** ⎫ devoirs
our	**notre** ⎪	**notre** ⎪	**nos** ⎪
your	**votre** ⎬	**votre** ⎬	**vos** ⎬
their	**leur** ⎭	**leur** ⎭	**leurs** ⎭

Before a feminine singular word beginning with a vowel sound, **ma**, **ta** and **sa** become **mon**, **ton** and **son**, respectively.

La boum de **ton** amie commence à 21h00.

Your friend's party begins at 9:00.

Nathalie téléphone à ses parents devant son école. (Paris)

Pratique

9 ▸ Perdu au Carnaval!

Beaucoup de personnes sont au Carnaval. Certaines personnes ne peuvent pas trouver les membres de leur famille. Dites qui ces personnes cherchent.

Modèle:

Damien/frère
Damien cherche son frère.

1. Guillaume/tante et oncle
2. les Forestier/enfants
3. M. Leclerc/filles
4. mes sœurs et moi, nous/parents
5. Béatrice et toi, vous/cousin
6. je/grand-mère
7. Bruno et Laurent/belle-mère
8. tu/beau-frère

Après le premier jour de classes, dites ce que tout le monde achète.

Modèle:

Sonia
**Sonia achète son
cahier et ses livres.**

1. Jean-Luc

2. je

3. tu

4. Catherine et Aïcha

5. Valérie et moi, nous

6. Chloé

7. Marie-France
et toi, vous

8. Théo et Nadine

Telling time

To ask what time it is in French, say **Quelle heure est-il**? To tell what time it is, say **Il est... heure(s)**.

Il est une heure.

Il est huit heures.

Il est midi.

Il est minuit.

{ Il est neuf heures et quart.
Il est neuf heures quinze. }

{ Il est trois heures et demie.
Il est trois heures trente.

Il est cinq heures moins le quart.
Il est quatre heures quarante-cinq.

{ Il est sept heures moins dix.
Il est six heures cinquante.

Pratique

11 ▸ Quelle heure est-il?

Répondez à la question.

Modèle:

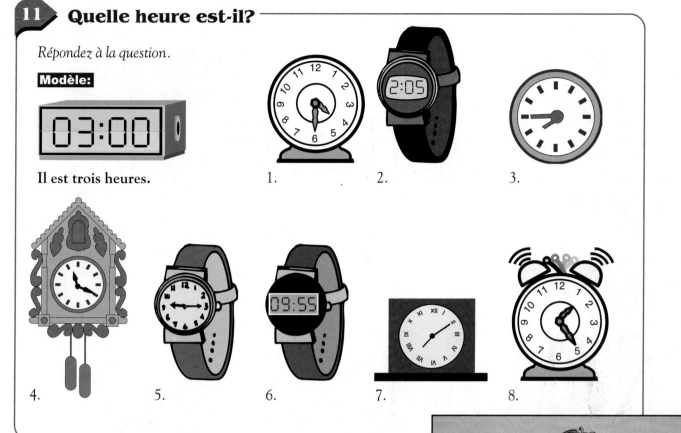

Il est trois heures.

1.

2.

3.

4.

5.

6.

7.

8.

12 ▸ L'agenda d'Amine

Amine n'a pas cours aujourd'hui. Regardez son agenda et dites ce qu'il fait aux heures indiquées.

 7h30   *jouer au tennis*
9h00   *étudier avec Assane*
11h15   *attendre Khadim à la gare*
12h00   *manger au café*
1h30   *visiter le musée*
2h45   *travailler*
7h05   *rentrer à la maison*
7h20   *téléphoner à Magali*
8h00   *finir les devoirs*
9h50   *regarder la télé*

Modèle:

Il joue au tennis à sept heures et demie.

Quelle heure est-il? (Paris)

Dates

To express the date in French, put **le** before the number followed by the month.

    C'est **le 12 août.**   *It's August 12.*

To say "the first" of any month, put **le premier** before the name of a month.

    Nous sommes **le premier juillet.**   *It's July first.*

C'est le 14 juillet. (Paris)

Pratique

13 ▸ Les fêtes en France

Regardez le calendrier et dites la date de chaque fête indiquée.

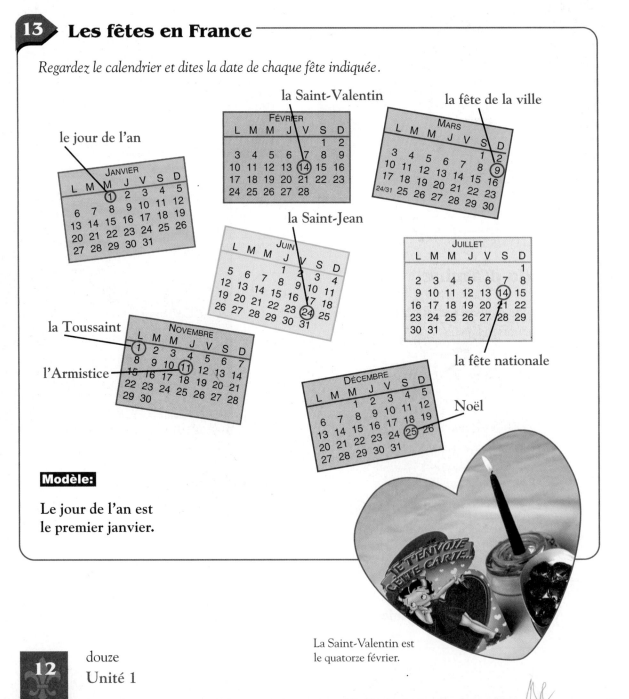

la Saint-Valentin

la fête de la ville

le jour de l'an

la Saint-Jean

la Toussaint

l'Armistice

la fête nationale

Noël

Modèle:

Le jour de l'an est le premier janvier.

La Saint-Valentin est le quatorze février.

Qu'est-ce qui se passe?

 Regardez l'agenda d'Alexandre. Avec un(e) partenaire, demandez ce qui se passe (what's happening) les jours indiqués. Répondez à la question et puis alternez. Suivez le modèle.

21.9	*cinéma avec Fabienne*
3.10	*boum chez Frédéric*
23.11	*interro de physique*
15.12	*vacances de Noël*
6.1	*anniversaire de Clarence*
2.2	*voyage en Espagne*
8.4	*vacances de Pâques*
1.5	*anniversaire de maman*
9.7	*grandes vacances*
19.8	*anniversaire de Mireille*

Modèle:

15.12/3.10
A: C'est quoi le quinze décembre?
B: Ce sont les vacances de Noël.
C'est quoi le trois octobre?
A: C'est la boum chez Frédéric.

1. 2.2/21.9
2. 8.4/23.11
3. 9.7/6.1
4. 19.8/1.5

Le 21 septembre, c'est le cinéma avec Fabienne.

Communication

15 > La Saint-Sylvestre

Imaginez que vous allez organiser une boum pour célébrer le nouvel an. Posez des questions à dix élèves que vous allez inviter pour déterminer ce qu'ils aiment. Posez cinq questions à chaque élève. Notez les réponses dans la grille. Puis dites à la classe combien d'élèves aiment chaque activité ou aliment. Suivez le modèle.

	oui	non
Tu aimes danser?		✓
Tu aimes écouter de la musique?		
Tu aimes la pizza?		
Tu aimes le coca?		
Tu aimes la glace?		

Modèle:

Chantal: **Tu aimes danser?**
Jean-Claude: **Non, je n'aime pas danser.**

Tu aimes la pizza?

16 > Une invitation originale

Maintenant créez une invitation pour votre boum du 31 décembre. Utilisez des photos dans des magazines ou faites des dessins originaux. Dans votre invitation dites:

- pourquoi vous allez avoir cette boum
- la date de la boum
- quand la boum commence et finit
- votre adresse
- ce qu'on va faire (les activités)
- "R.S.V.P." avec votre numéro de téléphone

17 > La vidéocassette

À votre boum, vous et vos amis avez décidé de faire une vidéocassette pour Raoul, un élève français qui a passé l'été dernier chez vous. En groupes de quatre, un(e) élève pose des questions et les autres répondent. Chaque élève répond à deux questions. Dans la vidéocassette dites à Raoul:

- la date
- l'heure
- pourquoi on organise cette boum
- qui est ici
- ce que les élèves font (qui danse, la musique, etc.)
- ce qu'on mange ou prend

Conversation culturelle

Nadine, a student from Belfort, is visiting her friends in Quebec City during the Winter Carnival. She writes to her friend Élodie in Belfort to tell her about the festivities.

le 13 février

Ma chère Élodie,
    J'adore la belle ville de Québec et son Carnaval! Cette grande fête de dix jours est super! J'ai un horaire chargé. Ce soir on va voir le Bonhomme Carnaval du défilé.
    Il neige beaucoup, alors, je fais du sport. Samedi je vais skier avec mes amis à Saint-Sauveur dans les Laurentides au nord de Montréal. Je vais porter mon nouvel anorak bleu. Nous allons prendre beaucoup de photos. Tout le monde ici est très sympa. Il est vrai que, même en hiver, les Canadiens aiment vivre bien. À bientôt.

                            Grosses bises,
                            Nadine

Belfort

The French city of Belfort stretches along the banks of the Savoureuse River in the Franche-Comté region of eastern France close to Germany. Due to the city's location, its cuisine and architecture reflect some German influence. On one side of the river, the newer section of the city has many factories and beautiful gardens. The older area of the city, on the other side of the river, is dominated by the *Lion de Belfort*, a giant statue designed by the sculptor Bartholdi. The lion symbolizes the strength the city showed as it successfully resisted the Prussians for 103 days during the Franco-Prussian War.

Québec

Founded in 1608 by the French explorer Samuel de Champlain, the walled city of Quebec is the capital of the province of Quebec (**le Québec**). Many buildings in Upper Town have a distinctive French influence. Visitors often stroll along the terrace built on the cliffs overlooking the Saint Lawrence River. They may stay at **le château Frontenac**, an elegant, huge hotel that looks like a Gothic castle.

Upper Town often looks like Montmartre in Paris. (Quebec City)

Quebeckers skate in front of *le château Frontenac*, named after an eminent governor of New France. (Quebec City)

In Lower Town, the church of **Notre-Dame-des-Victoires** stands on the site of Champlain's first fort. Although many **Québécois** speak both French and English, speakers whose first language is French constitute about 95 percent of the city's population. Laws that require the use of French in education, government and business have been passed in Quebec Province.

Careful restoration of the area around the church of *Notre-Dame-des-Victoires* shows how concerned Quebeckers are about their heritage. (Quebec City)

Le Bonhomme Carnaval participates in the festivities of *le Carnaval*. (Quebec City)

Le Carnaval de Québec

Since 1894 people in the city of Quebec have brightened the month of February by staging **le Carnaval**, a winter festival that includes ice canoe races across the frozen Saint Lawrence, tobogganing, dances and ice sculpting contests. **Le Bonhomme Carnaval**, a large snowman with a red cap and sash, serves as mascot for the festivities. He crowns the Carnival Queen, rides in the parades and greets carnival-goers; he even has the power to "arrest" anyone not showing the proper spirit. **Le palais de glace** (*ice palace*), built with ice blocks cemented together with water, rises 60 feet and dominates the **Carnaval** scene.

Le palais de glace is the showpiece of *le Carnaval*. (Quebec City)

1 ▸ Le Carnaval

Faites correspondre la lettre de la photo à ce que vous entendez.

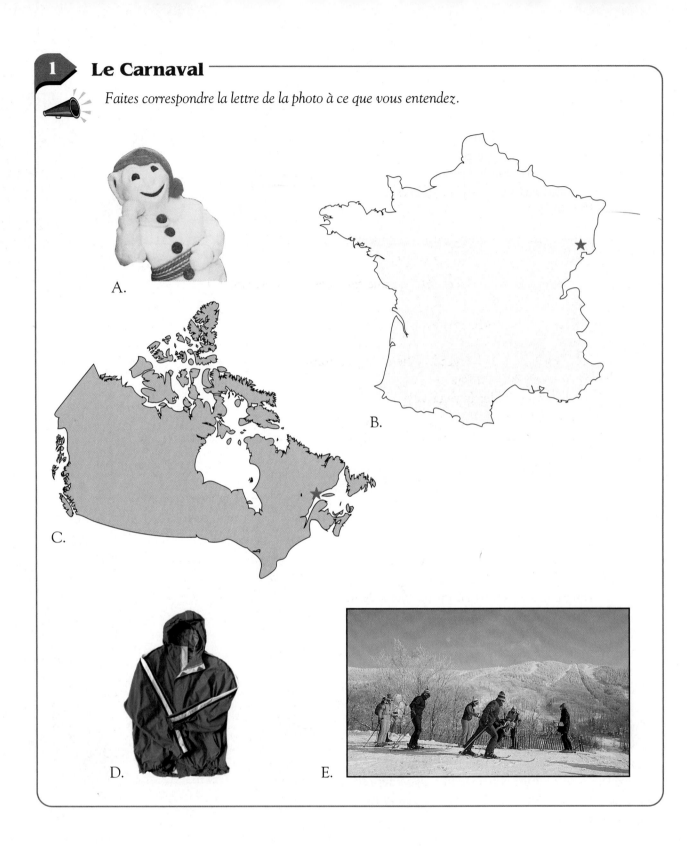

A.

B.

C.

D.

E.

2 ▸ Un sommaire

Écrivez un paragraphe de cinq phrases sur la carte postale de Nadine. Dites comment elle trouve Québec et ce qu'elle va faire ce soir. Puis dites quel temps il fait et ce qu'elle va faire samedi. Enfin, dites comment elle trouve les Canadiens.

3 ▸ Une carte postale

Imaginez que vous êtes en vacances. Écrivez une carte postale à un(e) ami(e) où vous...

1. donnez la date.
2. dites "Bonjour" à votre ami(e).
3. dites où vous êtes.
4. dites comment vous trouvez la ville et les habitants.
5. décrivez le temps qu'il fait.
6. dites ce que vous allez faire et voir.
7. dites "Au revoir."

4 ▸ C'est à toi!

Question personnelles.

1. Est-ce que tu voyages beaucoup? Où?
2. Est-ce que tu aimes prendre des photos?
3. Est-ce qu'il y a une fête dans ta ville? Quand?
4. Quel temps fait-il en hiver dans ta ville?
5. Qu'est-ce que tu aimes faire en hiver?
6. Est-ce que tu préfères les sports d'hiver ou les sports d'été?

Est-ce que tu préfères les sports d'hiver...
(Québec)

... ou les sports d'été? (Annecy)

Present tense of the irregular verbs *aller* and *être*

Here are the present tense forms of the irregular verbs **aller** (*to go*) and **être** (*to be*).

aller to go			
je	**vais**	nous	**allons**
tu	**vas**	vous	**allez**
il/elle/on	**va**	ils/elles	**vont**

Où **allez**-vous?	*Where are you going?*
Je **vais** au défilé.	*I'm going to the parade.*

Où allez-vous?

Je vais à Tours.

être to be			
je	**suis**	nous	**sommes**
tu	**es**	vous	**êtes**
il/elle/on	**est**	ils/elles	**sont**

Tu **es** chez toi?	*Are you at home?*
Non, je **suis** à Québec.	*No, I'm in Quebec City.*

Ces amis sont de Pointe-à-Pitre. (Guadeloupe)

**Pratique**

5 **Où va-t-on?**

Dites où on va faire du shopping selon ce qu'on veut acheter.

Modèle:

Mme Assise veut acheter des chaussures.
Alors, elle va à la boutique.

1. Thierry veut acheter une baguette.
2. Abdou et toi, vous voulez acheter des cahiers et des livres.
3. Les Paquette veulent acheter un frigo.
4. Je veux acheter de la moutarde.
5. Tu veux acheter des poires.
6. Fabienne et Cécile veulent acheter du jambon et une quiche.
7. Mon frère et moi, nous voulons acheter des timbres.
8. M. Delacroix veut acheter des steaks.

Tu veux acheter du fromage?
Alors, va à la crémerie!

On est à Québec?

Est-ce que les personnes suivantes sont à Québec ou pas? Suivez le modèle.

Modèles:

Joanne
Joanne est à Québec.

1. M. et Mme Faucher

2. vous

André et Gérard
André et Gérard ne sont pas à Québec.

3. tu

4. Mlle Desrosiers

5. Paulette et Diane

6. Jacques

vingt et un
Leçon B

21

De and *à* + definite articles

The preposition **de** (*of, from*) does not change before the definite articles **la** and **l'**. But **de** combines with the definite articles **le** and **les**.

de + la = de la	Où est le chien **de la** fille?
de + l' = de l'	Voilà la porte **de l'**hôtel.
de + le = du	On va voir le Bonhomme Carnaval **du** défilé.
de + les = des	Mark vient **des** États-Unis.

Likewise, the preposition **à** (*to, at, in*) does not change before the definite articles **la** and **l'**. But **à** combines with the definite articles **le** and **les**.

à + la = à la	Qui va **à la** fête?
à + l' = à l'	Les élèves vont **à l'**école.
à + le = au	Les Laurentides sont **au** nord de Montréal.
à + les = aux	J'ai mal **aux** jambes.

Ce sont les chiens du couple.

Les touristes sont au Canada. (Montréal)

Pratique

7 ▶ De quoi parle-t-on?

Vos amis étudient pour les examens. Dites de quelle matière (subject matter) ils parlent.

Modèle:

Florence
Florence parle de la chimie.

8 ▶ Allô, oui?

Vous et vos amis téléphonez à des personnes différentes. Dites à qui tout le monde téléphone.

Modèle:

Michèle/le frère de Luc
Michèle téléphone au frère de Luc.

1. Nora/la prof de dessin
2. Édouard/le beau-père de Bruno
3. vous/la femme du docteur
4. je/l'oncle de Marie
5. Isabelle/le dentiste
6. Éric/les parents de Paul
7. Assia/la cuisinière de l'école
8. tu/les cousines de Salim

Marie-France téléphone à la sœur de Jacques.

Agreement and position of adjectives

To form a feminine adjective, add an **e** to the masculine adjective.

Nadine porte un anorak **bleu**.   Éric porte une veste **bleue**.

The following groups of adjectives have irregular feminine forms.

	Masculine	Feminine
no change	moderne	moderne
-eux → -euse	paresseux	paresseuse
-er → -ère	dernier	dernière
double consonant + **-e**	bon	bonne

Ce sont de bonnes baguettes fraîches.

Some masculine adjectives don't change forms in the feminine: **orange, marron, super, sympa, bon marché**.

Some masculine adjectives have irregular forms in the feminine: **blanc → blanche, frais → fraîche, long → longue**.

The adjectives **beau, nouveau** and **vieux** have irregular feminine forms as well as irregular forms before a masculine noun beginning with a vowel sound.

Masculine	Masculine before a Vowel Sound	Feminine
beau	bel	belle
nouveau	nouvel	nouvelle
vieux	vieil	vieille

French adjectives usually follow the nouns they describe.

Je voudrais une boisson **chaude**.

Some short, common adjectives precede the nouns they describe. These are the "bags" adjectives that express *beauty, age, goodness* and *size*: **beau, joli, nouveau, vieux, bon, mauvais, grand** and **petit**.

Le Carnaval est une **grande** fête d'hiver à Québec.

Simon a un nouvel ami.

Pratique

9 ▸ Quel couple bizarre!

Dites que Mme Diffère est l'opposée de son mari. Suivez le modèle.

Modèle:

M. Diffère est diligent.
Mme Diffère n'est pas diligente;
elle est paresseuse.

1. M. Diffère est vieux.
2. M. Diffère est moche.
3. M. Diffère est grand.
4. M. Diffère est timide.
5. M. Diffère est intelligent.
6. M. Diffère est sympa.
7. M. Diffère est généreux.

10 ▸ Qu'est-ce que c'est?

Identifiez chaque personne ou objet. Utilisez deux adjectifs appropriés.

Modèle:

C'est une vieille maison grise.

1.

2.

3.

4.

5.

6.

Aller + infinitive

To say what you are going to do in the near future, use the present tense form of **aller** that agrees with the subject plus an infinitive.

Qu'est-ce que tu **vas faire** demain?   *What are you going to do tomorrow?*

To make a negative sentence, put **ne (n')** before the form of **aller** and **pas** after it.

Je **ne** vais **pas** skier.   *I'm not going to go skiing.*

Marie-Alix va jouer
au tennis.

Pratique

11 ▶ **Les rêveries**

Dites ce que tout le monde va faire après les cours.

Modèle:

André va regarder la télé.

12 ▸ Excursion au Carnaval

Imaginez que vous et des élèves de votre cours de français allez faire une excursion au Carnaval de Québec. Dites ce que tout le monde va faire à Québec.

Modèle:

tout le monde/faire du shopping
Tout le monde va faire du shopping.

1. Patricia/voir le Bonhomme Carnaval *Va*
2. Martine et moi, nous/faire du sport *allons*
3. le prof et sa femme/skier *Vont*
4. Bruno et toi, vous/prendre beaucoup de photos *allez*
5. tu/visiter Notre-Dame-des-Victoires *vas*
6. je/aller au défilé *vais*
7. les élèves/parler français *Vont*

On va skier à Mont Tremblant. (Québec)

Communication

13 ▸ Une carte postale

Vous êtes au Carnaval de Québec avec votre famille. Écrivez une carte postale à votre classe de français où vous dites…

1. la date.
2. où vous êtes.
3. ce que vous et votre famille faites.
4. ce que vous aimez.
5. le temps qu'il fait.
6. ce que vous mangez.
7. comment vous trouvez la ville et la fête.
8. comment vous trouvez les Canadiens.
9. ce que vous allez faire.

Trouvez un endroit solitaire. Puis observez tout. Enfin, écrivez un paragraphe où vous décrivez ce que vous voyez. Utilisez beaucoup d'adjectifs descriptifs. Avant d' (Before) écrire, faites une liste des adjectifs de couleur, nationalité, caractère, beauté, âge, bonté (goodness) et taille. Par exemple, sous "taille," écrivez **grand**, **gros**, **petit**, **long** *et* **court**. *Dans vos phrases mettez les adjectifs à la forme et position convenable.*

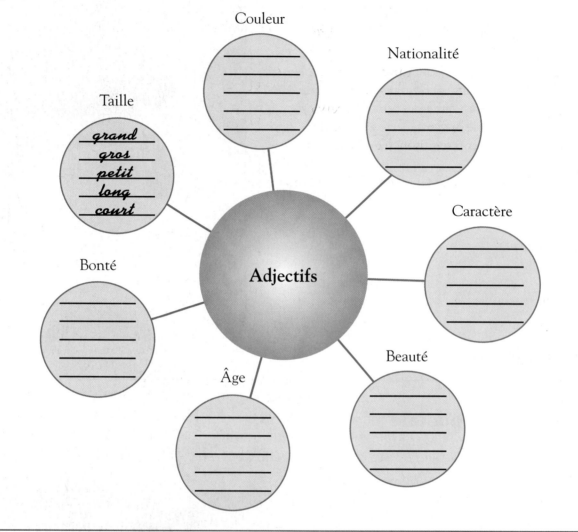

15 **Bon anniversaire!**

Avec un(e) partenaire, vous allez organiser une fête d'anniversaire pour un de vos amis. Parlez de ce que vous allez faire pour préparer cette fête. Mentionnez au minimum deux choses que vous et votre partenaire devez faire. Par exemple, **Moi, je vais acheter le cadeau d'anniversaire. Et toi?**

Les fêtes dans le monde francophone

The numerous holidays that French speakers celebrate give them the opportunity to see friends and family, experience local traditions, enjoy a special meal and appreciate some time off from work or school.

Many adults offer New Year's gifts to children on New Year's Day (**le jour de l'an**). They may also give small gifts of money to people who have provided services for them during the year, such as the postal carrier. Short visits to friends and relatives, like those that take place at the end of Ramadan, are often part of the New Year's Day ritual. Instead of mailing greeting cards before Christmas, the French send New Year's cards in January.

When you buy *une galette* at the bakery, you also get a golden paper crown.

The French observe Twelfth Night (**la fête des Rois**) on January 6 (12 days after Christmas) to honor the three wise men. A round, flat cake (**une galette**) contains a small object made of plastic or porcelain that resembles a king, queen or good luck symbol. Whoever finds the hidden object becomes king (**le roi**) or queen (**la reine**) and wears a golden paper crown.

People in many parts of the world that have historical links to France celebrate **le Carnaval**. In Quebec City and New Orleans, as well as in Haiti and Martinique, **le Carnaval** takes place before Lent. Parades, masked balls, fireworks, singing and dancing in the streets make Carnival one of the most important holidays of the year.

Mardi Gras, the last Tuesday of Carnival, literally means "Fat Tuesday." Since the 40 days before Easter were traditionally a

Participants in the Mardi Gras parade wear costumes and put on heavy makeup. (French West Indies)

Crowds line the streets in New Orleans to watch the Mardi Gras parade.

time of fasting, this day offers the last chance to overindulge before Ash Wednesday and the beginning of Lent. In Martinique everyone wears red on Mardi Gras, which is also called Devil's Day (**le jour des diables**). The next day revelers burn a statue of Vaval, a papier-mâché figure that represents Carnival, to show that the festivities are over for another year. On this day everyone wears black and white.

On Easter Sunday (**Pâques**) children hunt for chocolate treats in the form of eggs, fish, hens and rabbits. French parents traditionally tell their children that church bells go to Rome on Good Friday and return on Easter Sunday with these sweets, which are then put inside a chocolate hen or bell.

For *Pâques* French children look forward to receiving baskets filled with candy treats.

April 1 is a special day to play tricks on family and friends. Traditionally, students play a practical joke by cutting out a paper fish and attaching it to another student's back (or to the teacher's back). Once the unsuspecting person realizes he or she has been "fished," the practical joker says **Poisson d'avril**!

In France, as in many European countries, workers observe Labor Day (**la fête du travail**) on May 1 by organizing parades. On this day French people also send cards to friends and family or give them bouquets of lilies of the valley. One week later, on May 8, a public holiday commemorates the end of World War II in Europe.

The residents of Amiens, France, celebrate *la Saint-Jean* by going to a fair.

In French-speaking Quebec, June 24 marks the day of an important summer festival, **la Saint-Jean**. French Canadians honor their patron saint by celebrating this day with picnics, parades, concerts and fireworks. The French also observe this holiday.

As you already know, July 14 is France's national holiday. Tahitians also celebrate their heritage in July by holding sporting events, traditional dances, parades and an important canoe race in which teams from many local villages compete for the championship.

November 11 marks the end of World War I. On this day the French president lays a wreath on the Tomb of the Unknown Soldier in Paris.

The French have a distinctive way of celebrating Christmas (**Noël**). On Christmas Eve many families go to midnight church services, then return home for a meal that traditionally includes goose or turkey stuffed with chestnuts. The customary dessert, **une bûche de Noël**, is a rolled chocolate cake decorated to resemble a log. Before going to bed, children place their shoes near the fireplace or the Christmas tree to be filled with presents from **le père Noël** (*Santa Claus*). To decorate their homes, the French set up a manger scene (**une crêche**) that features hand-painted, terra-cotta figurines (**les santons**). White lights adorn trees, streets and stores to signify the winter solstice and the start of longer days, but colored lights are used as well.

The Tomb of the Unknown Soldier is under *l'arc de triomphe* in Paris.

Les santons (little saints) are traditional Christmas decorations made near Marseille.

All these festivities bring a welcome break from daily routines and a chance to appreciate the rich cultural heritage of the francophone world.

In France St. Nicolas, the precursor of *le père Noël*, travels with a donkey and distributes presents on December 6. (Valbonne)

Les fêtes dans le monde francophone

Répondez aux questions.

1. To whom do French-speaking adults offer New Year's gifts?
2. Do French people send holiday greeting cards before Christmas?
3. What determines who becomes king or queen of the January 6 celebration?
4. Where do French speakers observe **le Carnaval**?
5. There is no Easter Bunny in France. According to tradition, where do Easter treats come from?
6. What do French students put on their friends' backs on April 1?
7. What sports competition is one of the highlights of the July celebration on the island of Tahiti?
8. What do the French observe on November 11?
9. What is a traditional Christmas Eve meal in France?
10. What do French children hope that **le père Noël** will fill?
11. During the Christmas season, what do the white lights on trees, streets and stores symbolize?

City and commercial lights during the Christmas season symbolize the winter solstice and the start of longer days. (Paris)

17 ▸ La manifestation en ville de Neuchâtel

La fête nationale des Suisses est aussi en été. Regardez le programme de la ville de Neuchâtel, et puis répondez aux questions.

FÊTE NATIONALE

PROGRAMME DE LA MANIFESTATION EN VILLE DE NEUCHÂTEL

dimanche 1er août

17h à 18h	Animation "DISCO" au QUAI OSTERVALD avec l'orchestre PACIFIC GROUP.
18h à 20h45	Suite de l'animation au QUAI OSTERVALD avec en alternance l'orchestre PATENT OCHSNER musique "MUSETTE" et l'orchestre PACIFIC GROUP musique "DISCO".
	CORTÈGE
20h45	Place de la Gare, formation du cortège. Rassemblement des Autorités, des Sociétés de la ville de Neuchâtel et de tous les participants au cortège. Les enfants qui participent au cortège se grouperont devant l'Hôtel Terminus. Ils recevront des lampions.

21h Départ du cortège.
CÉRÉMONIE AU QUAI OSTERVALD
Dès l'arrivée du cortège, Musique militaire.
Allocution de bienvenue par
MONSIEUR OSCAR ZUMSTEG
Président de l'Association des Sociétés de la Ville de Neuchâtel

Invocation par le pasteur PIERRE-HENRI MOLINGHEN
Discours de MONSIEUR PIERRE HIRSCHY
CONSEILLER D' ÉTAT
Prière par l'abbé NATALE DEAGOSTINI

Cantique suisse chant de l'assemblée avec la Musique militaire. "Sur nos monts quand le soleil - Annonce un brillant réveil - Et prédit d'un plus beau jour - Le retour - Les beautés de la patrie - Parlent à l'âme attendrie - Au ciel montent plus joyeux - Au ciel montent plus joyeux - Les accents d'un cœur pieux - Les accents émus d'un cœur pieux."

Musique militaire
FEU D'ARTIFICE
Après la manifestation officielle
FÊTE POPULAIRE AU QUAI OSTERVALD
Jusqu'à 24h danse avec en alternance les orchestres PATENT OCHSNER et PACIFIC GROUP.
Dès 24h et jusqu'à 1h30 environ, ambiance et danse "DISCO" avec l'orchestre PACIFIC GROUP.

1. What is the date of the Swiss **fête nationale**?
2. At what time does the band Pacific Group begin playing?
3. What is the name of the band that alternates with Pacific Group in playing at the celebration?
4. Where does the **cortège** (*procession*) assemble at 8:45 P.M.?
5. What kind of music do they play at the beginning and end of the ceremony on the **Quai Ostervald**?
6. What is the name of the man who is giving the welcome speech at 9:00 P.M.?
7. Is there a fireworks display after the ceremony?
8. At about what time in the morning does the dance end?

Conversation culturelle

Max Carabin, a student from Annecy, calls his friend Hélène Tessier in Fort-de-France, Martinique.

Mme Tessier:	**Allô?**
Max:	**Bonjour, Madame Tessier! C'est Max. Est-ce qu'Hélène est là, s'il vous plaît?**
Mme Tessier:	**Oh, bonjour, Max! Une minute.... Elle arrive, d'accord? Ne quitte pas!**
Max:	**D'accord.**

Hélène:	**Salut, Max! Ça va?**
Max:	**Salut, Hélène! Ça va bien, mais il fait froid ici. Le Carnaval, c'est maintenant, n'est-ce pas?**
Hélène:	**Oui, il y a des défilés et beaucoup de bals.**
Max:	**Tu vas danser ce soir?**
Hélène:	**Il n'y a pas de bal ce soir, mais demain on va danser jusqu'au matin.**
Max:	**Oh, j'ai envie de venir. La Martinique est formidable!**

Annecy

Annecy, in eastern France, is the picture of Alpine charm. Both residents and visitors enjoy walking along the cobblestone streets and flower-lined canals of the medieval quarter of the city. Built on a hill, **le château d'Annecy** overlooks the city and **le lac d'Annecy**, one of the purest lakes in Europe.

Part of Annecy's charm is its picturesque, flower-lined canals.

Fort-de-France

Fort-de-France is the capital and largest city of Martinique. Located on the western coast of the island, the city has a park on the waterfront, a French naval base, lively open-air markets and many brightly colored buildings.

Duty-free shopping is available for tourists at *La Maison Créole*. (Fort-de-France)

Pour téléphoner

You can find public phone booths (**cabines téléphoniques**) on the streets in France as well as at post offices. Most public phones accept only **une télécarte** (*phone card*) that comes in **unités** of 50 or 120. Each **unité** reflects the length of the call as well as its destination and the time of day. You can buy **une télécarte** at a post office, subway station or **tabac**. There are fewer and fewer public phones in France because of the popularity of cell phones. If you want to make an overseas call from France to the United States, you first dial 19 to get an international line, then the country code (1), the area code and the number. Whereas phone numbers in France are given in five groups of two numbers, phone numbers in Quebec are said digit by digit.

Parisians near *la grande arche de la Défense* use a *cabine téléphonique*.

Using *une télécarte*, Mme Rieu dials 01.45.85.85.85 to call for a taxi in Paris.

Many French people go to their neighborhood *tabac* to buy *une télecarte*.

1 ▸ Vrai ou faux?

Écrivez "V" si la phrase est vraie; écrivez "F" si la phrase est fausse.

2 ▸ Le Carnaval à la Martinique

Répondez aux questions.

1. Où est-ce qu'Hélène habite?
2. Qui téléphone à Hélène?
3. Quel temps fait-il en France?
4. Quelle fête est-ce qu'il y a maintenant à la Martinique?
5. Qu'est-ce qu'il y a au Carnaval?
6. Jusqu'à quelle heure est-ce qu'Hélène va danser demain soir?
7. Qu'est-ce que Max a envie de faire?

Hélène habite à Fort-de-France. (Martinique)

3 ▸ À vous de jouer!

 Avec deux autres élèves, parlez au téléphone. Un(e) élève joue le rôle d'un(e) élève américain(e), le/la deuxième élève joue le rôle de son ami(e) français(e), et le/la troisième élève joue le rôle du père de l'ami(e) français(e).

1. Le père répond au téléphone.
2. L'ami(e) américain(e) dit "Bonjour," donne son nom et demande de parler à son ami(e).
3. Le père dit que son fils ou sa fille vient au téléphone.
4. L'ami(e) français(e) dit "Bonjour."
5. L'ami(e) américain(e) demande "Ça va?"
6. L'ami(e) français(e) répond. Il/Elle dit le temps qu'il fait et que demain, c'est le 14 juillet.
7. L'ami(e) américain(e) demande ce que son ami(e) va faire.
8. L'ami(e) français(e) dit qu'il y a un grand défilé, de la musique et un bal.
9. L'ami(e) américain(e) dit qu'il/elle veut venir.

4 ▸ C'est à toi!

Questions personnelles.

1. Est-ce que tu préfères aller à Fort-de-France, à Annecy ou à Québec? Pourquoi?
2. Quel temps fait-il aujourd'hui?
3. Est-ce qu'il y a un défilé dans ta ville? Quand?
4. Est-ce que tu téléphones souvent?
5. À qui est-ce que tu téléphones?
6. Où est-ce que tu as envie d'être maintenant?

As-tu un téléphone portable?

Present tense of the irregular verbs *avoir* and *faire*

Here are the present tense forms of the irregular verbs **avoir** (*to have*) and **faire** (*to do, to make*).

avoir			
j'	**ai**	nous	**avons**
tu	**as**	vous	**avez**
il/elle/on	**a**	ils/elles	**ont**

Vous **avez** soif?	*Are you thirsty?*
Non, mais j'**ai** faim.	*No, but I'm hungry.*

Mireille a une sœur à qui elle ressemble beaucoup.

faire			
je	**fais**	nous	**faisons**
tu	**fais**	vous	**faites**
il/elle/on	**fait**	ils/elles	**font**

Qu'est-ce qu'elles **font**?	*What are they doing?*
Elles **font** du sport.	*They're playing sports.*

M. de Ceccatty fait les courses au marché.

5 ▸ **Faim ou soif?**

Selon ce que certaines personnes prennent au restaurant, dites si elles ont faim ou soif.

Modèle:

1. Gilbert

2. M. et Mme Grosjean

Sandrine et Nora
Sandrine et Nora ont soif.

3. tu

4. Salim et moi, nous

5. je

6. Myriam et toi, vous

7. Hélène

Tu as faim?

Non, mais j'ai soif.

6 Dimanche après-midi

*Dites ce que certaines personnes font au jardin public. Utilisez le verbe **faire** dans chaque phrase.*

Modèle:

Les Gaillot font un tour.

Forming questions

In conversational French you can make a question in three ways:

1. Make your tone of voice rise at the end of a sentence.

   Tu vas sortir avec tes amis?

2. Put **est-ce que** before the subject of a sentence.
   Est-ce que les Canadiens sont très sympa?

3. Add **n'est-ce pas** to the end of a sentence.
   Saint-Sauveur est dans les Laurentides, **n'est-ce pas**?

In more formal or written French you can make a question by inverting the order of the verb and its subject pronoun.

   Comment vas-tu?
   Neige-t-il beaucoup?

If the subject of the sentence is a noun, add the appropriate subject pronoun after the verb.

   Hélène a-t-**elle** envie de danser au Carnaval?

> Il fait chaud à la plage, n'est-ce pas?

Pratique

7 En partenaires

Demandez à votre partenaire ce qu'il ou elle préfère faire. Répondez aux questions et puis alternez. Suivez le modèle.

Modèle:

étudier/aller au cinéma

A: **Est-ce que tu préfères étudier ou aller au cinéma?**
B: **Je préfère aller au cinéma. Et toi, tu préfères étudier ou aller au cinéma?**
A: **Moi aussi, je préfère aller au cinéma.**

1. jouer au foot/jouer aux jeux vidéo
2. lire/sortir avec des amis
3. danser/écouter de la musique
4. voyager en avion/prendre le train

8 Clarifiez, s'il vous plaît!

Avec un(e) partenaire, clarifiez des informations. Élève A pose une question avec inversion, puis Élève B répond affirmativement avec les mots entre parenthèses. Suivez le modèle.

Modèle:

On parle. (jusqu'au matin)

A: **Parle-t-on?**
B: **Oui, on parle jusqu'au matin.**

1. Max téléphone à son amie.
   (à Fort-de-France)
2. Hélène habite avec ses parents.
   (à la Martinique)
3. Max et Hélène vont danser.
   (demain soir)
4. Il neige. (beaucoup)
5. Sabrina et Michèle skient.
   (dans les Laurentides)
6. Nadine prend des photos.
   (de ses vacances)

Neige-t-il beaucoup? (Quebec City)

Negation

To make a verb negative in French, put **ne (n')** before the verb and either **pas**, **jamais**, **plus**, **personne** or **rien** after it.

Hélène **n'**est **pas** là.	Hélène isn't here.
Il **ne** neige **jamais** à Fort-de-France.	It never snows in Fort-de-France.
Nous **n'**avons **plus** de place dans la voiture.	We don't have any more room in the car.
Il **n'**y a **personne** au défilé.	There's no one at the parade.
Je **ne** veux **rien**.	I don't want anything.

Pratique

9 ▸ Comparaisons

A. *Comparez les deux dessins. Puis posez les questions suivantes à votre partenaire. Votre partenaire répond avec* **ne... jamais**, **ne... plus**, **ne... personne** *ou* **ne... rien**. *Suivez le modèle.*

13h00   23h00

Modèle:

À 23h00 est-ce que les élèves étudient à la bibliothèque?
Non, à 23h00 ils n'étudient plus à la bibliothèque.

1. À 23h00 est-ce qu'il y a beaucoup d'élèves à la bibliothèque?
2. À 23h00 est-ce qu'il y a des livres sur les tables?
3. Est-ce qu'il y a des chevaux à la bibliothèque?

B. *Comparez les deux dessins. Puis votre partenaire vous pose les questions suivantes. Répondez-lui avec* **ne... jamais**, **ne... plus**, **ne... personne** *ou* **ne... rien**. *Suivez le modèle.*

le matin   **l'après-midi**

1. Est-ce qu'il fait toujours beau l'après-midi?
2. Est-ce qu'il y a quelqu'un là-bas l'après-midi?
3. Est-ce qu'il neige là-bas?

Il n'y a personne à l'hôtel.

Indefinite articles in negative sentences

In a negative sentence, **un**, **une** and **des** become **de** or **d'**.

Est-ce que Max a **une** sœur?   Non, il n'a pas **de** sœur.

Tu prends **des** photos, n'est-ce pas?   Non, je ne prends pas **de** photos.

Si (*If*) tu n'as pas d'argent, va à un guichet automatique (*ATM*).

Pratique

10 **Les membres de votre famille**

Posez des questions à votre partenaire sur les membres de sa famille. Répondez aux questions et puis alternez. Suivez le modèle.

Modèle:

des cousins

A: **As-tu des cousins?**

B: **Oui, j'ai cinq cousins.**
   As-tu des cousins?

A: **Non, je n'ai pas de cousins.**

1. des sœurs
2. des beaux-frères
3. des tantes
4. une grand-mère
5. un chat
6. un chien

M. et Mme Louret n'ont pas de fille. (Paris)

Communication

11 **À vous de jouer!**

Avec deux autres élèves, jouez le rôle d'un(e) élève, l'ami(e) français(e) de l'élève, et la mère de l'ami(e) français(e).

1. L'élève américain(e) téléphone à l'ami(e) français(e) et dit le numéro de téléphone à haute voix (*aloud*).
2. La mère de l'ami(e) répond au téléphone.
3. L'élève dit "Bonjour," donne son nom et demande de parler à son ami(e).
4. La mère dit "Bonjour" à l'élève et dit que son fils ou sa fille vient au téléphone.
5. L'ami(e) dit "Bonjour" et demande "Ça va?"
6. L'élève dit ce qui se passe et demande à son ami(e) "Ça va?"
7. L'ami(e) dit ce qui se passe.
8. Finalement, on dit "Au revoir."

12 **Vos vacances idéales**

Écrivez une composition sur vos vacances idéales. Utilisez moins de 100 mots et dites où vous voulez aller, pourquoi vous voulez aller à cette destination, quel temps il fait là-bas et ce que vous voulez faire. Dites aussi avec qui vous allez voyager et pourquoi.

Voulez-vous aller à la Martinique?

Review of Reading Strategies

Let's review some reading strategies you learned in the first level of *C'est à toi!* and then apply them to the reading that follows about a French city introduced in this unit.

1. Look at *headings* and *illustrations* in order to get general information about what you will be reading. What city is featured?
2. Make some preliminary *predictions* about the reading's content. What activities can people participate in?
3. *Skim*, or read quickly, to establish context (setting or purpose). For whom is this information written?

Now that you have looked over the reading, *digest* its content as you read for a deeper understanding. Keep the following questions in mind.

1. What *cognates* do you recognize? French words that resemble English words you already know will give you a larger vocabulary and help you guess the meaning of other new words.
2. How can you apply your knowledge of French *culture* to understand this reading? Expect to find some differences in traditions and values from what you are used to in the United States.
3. Are there any key words you must look up in the *dictionary*? Before going to your French-English dictionary, identify what part of speech the unknown word is (noun, verb, adjective, etc.). Then check all possible definitions before choosing the one that makes the most sense in this reading.

Belfort

FRANCE

FAITES À BELFORT

Marché aux puces: Le premier dimanche matin de chaque mois de mars à décembre en vieille ville.

Festival international de musique universitaire: en vieille ville à la Pentecôte.

Nuits d'Été: café-concert, juin et première quinzaine de juillet.

Eurockéennes: Fête Européenne de la Jeunesse, concerts (rock), début juillet.

Tournoi d'échecs en open - Grand prix de Belfort: 26 au 31 décembre.

Mercredis du château: concerts dans les fossés du château, le mercredi à 20h30 de mi-juillet à fin août.

Montgolfiades internationales: deuxième weekend de septembre.

Foire aux vins: première quinzaine de septembre.

Semi-marathon Belfort-Montbéliard: fin septembre.

Festival de cinéma « Entrevues »: fin novembre.

MARCHÉ AUX PUCES

150 antiquaires et brocanteurs. Chaque premier dimanche matin, du mois de mars à décembre, voit confluer dans les rues de la vieille ville des badauds ou «chineur» confirmés de la grande région, y compris d'Allemagne et de Suisse.

LION (Semi-marathon)

Des milliers de coureurs, purs amateurs locaux ou vedettes internationales de la discipline, se disputent chaque année en septembre les 21 km de bitume qui séparent une année Belfort de Montbéliard, l'année suivante Montbéliard de Belfort. Une «classique» du calendrier fédéral des fondeurs.

MONTGOLFIADES

Organisatrice des Championnats d'Europe, la ville de Belfort possède 4 clubs aérostatiques.

13 ▸ Belfort

Pour répondre aux questions 1-3, utilisez les techniques préliminaires. Pour répondre aux questions 4-9, utilisez les autres techniques.

1. What city is being described?
2. What is listed under the heading **Faites à Belfort**?
3. For whom is this information intended?
4. What French word means "hot air ballooning"?
5. During what part of July do rock concerts take place?
6. What types of marathon runners take part in the **Lion**?
7. Is shopping at a **marché aux puces** only a French cultural tradition? What words help you arrive at your conclusion?
8. Find two words in the reading that you don't understand and can't figure out in context. For these words, determine their parts of speech and then use your dictionary to find their meanings.
9. Which events appeal to you? Why?

Nathalie et Raoul

✓ Évaluation culturelle

Decide if each statement is **vrai** or **faux**.

1. The expression **une nuit blanche** describes a night when you don't sleep at all.
2. The abbreviation R.S.V.P. asks guests to let their hosts know if they plan to accept their invitation.
3. **Le Bonhomme Carnaval** symbolizes the strength of Belfort as the city resisted the Prussians during the Franco-Prussian War.
4. **Le Carnaval** is the winter festival in Quebec City that features many outdoor sports events.
5. **Le réveillon de la Saint-Sylvestre** is the midnight dinner on New Year's Eve.
6. Instead of sending greeting cards to friends and family before Christmas, the French generally send New Year's cards in January.
7. The French observe Mardi Gras by searching for a hidden object in **une galette**.
8. To celebrate April Fool's Day, the French take their children fishing and then prepare their catch for the evening meal.
9. Part of the Christmas celebration in France includes decorating a **bûche de Noël** and placing it in the family's manger scene.
10. To operate most public phones in France, you need une **télécarte**.

Competitors in the winter canoeing competition in Quebec City brave the icy waters of the Saint Lawrence river during *le Carnaval.*

For *Noël* the French eat *une bûche de Noël,* a rolled chocolate cake decorated to resemble a log.

✓ Évaluation orale

Imagine that your French class received an invitation to two events during the Winter Carnival in Quebec City. With your partner, play the roles of Student A, who was in class, and Student B, who was absent. Student B hears about the trip and calls Student A for more information.

le 10 février	le 11 février
7 heures du soir	8 heures du soir
défilé	dîner et bal
au palais de glace	au château Frontenac
devant le Parlement	1, rue des Carrières

RSVP (418) 692-3861

Dial your partner's phone number, saying it out loud.

Answer the phone.

Not recognizing your partner's voice, ask to speak to him or her.

Greet your partner and then identify yourself.

Ask and tell each other how things are going.

Ask when the Winter Carnival is.

Answer.

Ask what the class is going to see and do.

Answer and then tell the time and location of each event.

Say that the Carnival is going to be terrific.

Say that you'll see each other soon.

✓ Évaluation écrite

When you're in Quebec City for the Winter Carnival, you will each stay with a French Canadian family. The son of your host family sent you the postcard below telling some information about himself. Write him a postcard in which you answer his questions. Add any information you wish.

> Bonjour de Québec!
>
> Québec, le 15 janvier
>
> Je m'appelle René Dubay, et j'ai 16 ans. Je suis le fils de ta nouvelle "famille" canadienne. J'ai une mère et un beau-père. Ma demi-sœur, qui a 12 ans, est très bavarde. Est-ce que tu as une grande famille? Quel temps fait-il chez toi en février? Ici à Québec il va faire assez froid et il va neiger, bien sûr! J'aime beaucoup skier. Et toi? Moi, j'adore le Carnaval. J'aime regarder les défilés, et je trouve le Bonhomme Carnaval super! Qu'est-ce que tu veux faire à Québec? À bientôt!
>
> Ton "frère" canadien,
> René

✓ Évaluation visuelle

A. Imagine that you are a French teenager at a New Year's Eve party in France. Write to your pen pal in the United States, telling the date, address and time of the party, describing the character of one of your friends and telling what you and your friends are doing. (You may want to refer to the *Révision de fonctions* on page 53.)

Blah, blah, blah

B. With a partner, write two dialogues based on the illustration. In the first dialogue, a travel writer is in Canada on assignment. She phones her editor in Paris to report on what she's doing. But first she tells the receptionist to whom she wants to speak. In the second one, her editor asks her how things are going, if she has photos and when she is going to return to Paris.

Révision de fonctions

Can you do all of the following tasks in French?

- I can write an invitation.
- I can give addresses.
- I can write a postcard.
- I can express emotions.
- I can describe someone's character traits.
- I can answer the phone.
- I can ask to talk to someone on the phone.
- I can ask for and give information about various topics, including how things are going.

Tu veux danser?

To write an invitation, use:
Tu veux...? — Do you want (to) . . . ?
Viens chez moi. — Come to my house.
On va commencer à.... — We'll begin at . . . .
RSVP — Please reply.

To give an address, use:
47, **rue** La Fayette — 47 La Fayette Street

To write a postcard, use:
Mon cher cousin/**Ma chère** cousine — My dear cousin
À bientôt. — See you soon.

To express emotions, use:
Cette fête **est super!** — This festival is terrific!

To describe character, use:
Tout le monde **est très sympa.** — Everybody is very nice.
Les Canadiens **aiment vivre bien.** — Canadians really know how to live.

To answer a telephone call, use:
Allô? — Hello?

To ask to speak to someone, use:
Est-ce qu'Hélène **est là, s'il vous plaît?** — Is Hélène there, please?

To respond to a request to speak to someone, use:
Une minute.... Elle arrive. — Just a minute . . . . She's coming.

Le Bonhomme Carnaval est super! (Quebec City)

Nicolas? Une minute.... Il arrive.

Allô?

To ask for information, use:
Ça va? — How are things going?

To give information, use:
Ça va bien. — Things are going well.

Unité

2

Paris

In this unit you will be able to:
- identify professions
- describe physical traits
- describe character
- compare people and things
- give opinions
- express emotions
- describe past events
- sequence events
- give orders
- make suggestions

www.emcp.com

des professions et des métiers (m.)

un pharmacien

une pâtissière

une bouchère

une commerçante

un charcutier

une caissière

un boulanger

un fleuriste

un pharmacien	une pharmacienne
un commerçant	une commerçante
un boulanger	une boulangère
un boucher	une bouchère
un pâtissier	une pâtissière
un charcutier	une charcutière
un fleuriste	une fleuriste
un caissier	une caissière

après nom b4.noun
âgé = vieux

Il est content.
Il est heureux.
happy

Il est triste.
sad

Il est jeune.
young

Il est âgé.
old

mince = clamett(too?)

Elle est mince.
skinny

Elle est de taille moyenne.
average size

Elle est grande.
tall

Elle est aimable.
loveable

Elle est pénible.
a pain

$2+4=?$

$3x^2+(x-y)^2=?$

Il est facile.
easy

Il est difficile.
difficult

none = bags

content	contente
heureux	heureuse
triste	triste
riche	riche
pauvre	pauvre
aimable	aimable
pénible	pénible
âgé	âgée
difficile	difficile
mince	mince
de taille moyenne	de taille moyenne

Il est riche.
rich

Il est pauvre.
poor

Jean-Luc est en avance.
early

Assia est à l'heure.
on time

Nicole est en retard. →slow
late

cinquante-sept

57

Leçon A

Étienne

Aurélie

Étienne is waiting for his friend Aurélie at the exit of the Champs-Élysées—Clemenceau **métro** station. They are going to see an art exhibit at the **Grand Palais**.

Étienne: **Enfin! J'ai attendu une demi-heure.**

Aurélie: **Désolée, mais je suis en retard parce que je viens d'aider mon oncle dans sa pâtisserie près du Panthéon. Mon oncle est très aimable, mais il est toujours trop occupé.**

Étienne: **C'est difficile d'être pâtissier. Moi, je pense devenir pharmacien. J'ai choisi de faire une première S.**

Aurélie: **Et moi, je voudrais travailler dans un musée; donc, j'ai envie d'aller à cette exposition. Allons-y!**

Le métro

The fastest and least expensive way of traveling around Paris is by **métro**. To find an entrance to the subway, look for a circled "M" or a sign that says **Métro** or **Métropolitain**. Inside the station you can buy tickets individually or more economically in groups of ten. There are 14 **métro** lines, each differentiated by color, number and name of the station at either end of the line. To navigate the **métro**, simply find your destination on a map, locate the final stop on the line going in your direction, then exit at the appropriate station. Charts inside the individual **métro** cars list all of the stops on that line to help you know when you have arrived at your destination. The **sortie** (*exit*) sign shows you the way out of the station. Colorful billboards often line the walls along the **quais** (*platforms*) of the stations.

Some of the older entrances to the *métro*, marked with a *Métropolitain* sign, are decorated in the Art Nouveau style. (Paris)

As you leave the *métro*, signs tell you which way to go to reach your destination. (Paris)

A banner at the *Grand Palais* announces a current exhibition. (Paris)

Le Grand Palais et le Petit Palais

Wavy lines characterize the Art Nouveau style of design, popular at the turn of the twentieth century. The **Grand Palais** and the **Petit Palais**, both decorated with Art Nouveau wrought iron and glass, were built for the World's Fair of 1900. The **Grand Palais**, with its famous domed roof that shines at night against the Paris skyline, has temporary exhibitions. The **Petit Palais** houses the **musée des Beaux-Arts de la Ville de Paris**.

Le Panthéon

The **Panthéon** was built in the **Quartier latin** on the Left Bank (south of the Seine) to honor Sainte Geneviève, the patron saint of Paris. Famed for its dome and Corinthian columns, the crypt of the **Panthéon** contains the tombs of famous French people, such as the writers Voltaire, Jean-Jacques Rousseau, Victor Hugo, Émile Zola and the scientist Marie Curie.

Le bac

During their last two years in high school, French students choose areas of study based on their interests and career goals. Students interested in scientific careers (for example, medicine and pharmacy) pick the **bac S** (**série scientifique**) where they concentrate on earth sciences, physics and chemistry, math or industrial technology. Students in the **bac L** (**série littéraire**) program specialize in languages, literature, philosophy, math or art. Future teachers and interpreters often select this option. The third type of **baccalauréat** is the **bac ES** (**série économique et sociale**), necessary for those studying economic and social sciences, math or languages with an eye on careers in business or law.

Le Panthéon is the final resting place for famous people such as the composer Rouget de Lisle, who wrote the French national anthem. (Paris)

Many students who select the *bac L* specialize in literature and read the works of such famous French writers as Hugo, Balzac, Camus and Sartre. (La Rochelle)

---

1 Le contraire

Écrivez la lettre du contraire de l'adjectif que vous entendez.

A. riche
B. âgée
C. grand
D. pénible
E. triste
F. gros

2 À l'avenir

Répondez aux questions.

1. Qui est-ce qu'Étienne attend?
2. Pourquoi est-ce qu'Aurélie est en retard?
3. D'après Aurélie, est-ce que son oncle est pénible?
4. Est-ce qu'Étienne pense devenir pâtissier?
5. Qu'est-ce qu'Étienne a choisi de faire?
6. Où est-ce qu'Aurélie veut travailler?
7. Où vont Aurélie et Étienne?

Donnez la profession ou le métier de la personne dans la photo.

Modèle:

Il est commerçant.

1.

2.

3.

4.

5.

6.

7.

4 ▶ C'est à toi!

Questions personnelles.

1. Qu'est-ce que tu viens de faire aujourd'hui?
2. Est-ce que tu es en retard, en avance ou à l'heure pour les cours?
3. Est-ce que tu as un(e) ami(e) qui est souvent en retard?
4. Est-ce que tu vas souvent aux expositions?
5. D'après toi, est-ce qu'il faut être riche pour être content(e)?
6. Qu'est-ce que tu penses devenir?

Tu penses devenir pharmacien?

Present tense of the irregular verb *venir* and *venir de* + infinitive

Here are the present tense forms of the irregular verb **venir** (*to come*).

venir			
je	**viens**	nous	**venons**
tu	**viens**	vous	**venez**
il/elle/on	**vient**	ils/elles	**viennent**

Ils **viennent** d'où?	*Where do they come from?*
Serge et Marcel **viennent** de Belgique.	*Serge and Marcel are from Belgium.*

To express an action that has just taken place, use the appropriate form of the verb **venir** followed by **de** and an infinitive. In this situation **venir de** means "to have just."

Vous **venez de manger**?	*Did you just eat?*
Oui, je **viens de prendre** le petit déjeuner.	*Yes, I've just had breakfast.*

Renée et Sophie viennent de faire du shopping au magasin de chaussures.

Pratique

5 ▶ **Des invités à l'école** ─────────────────────

Votre prof a invité des personnes qui ont des professions diverses à parler à votre classe. Dites qui vient avec chaque personne, selon les photos.

Modèle:

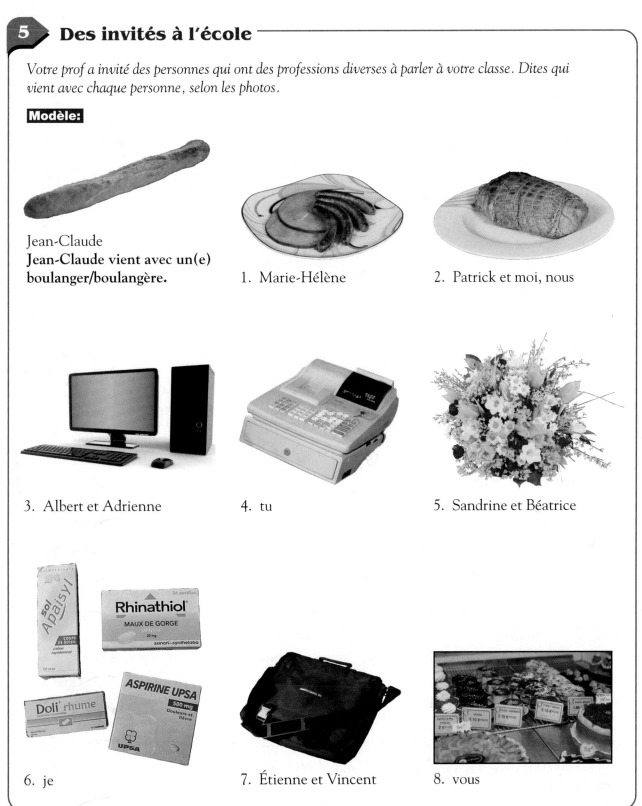

Jean-Claude
Jean-Claude vient avec un(e) boulanger/boulangère.

1. Marie-Hélène

2. Patrick et moi, nous

3. Albert et Adrienne

4. tu

5. Sandrine et Béatrice

6. je

7. Étienne et Vincent

8. vous

6 On est prêt?

Qui a fini son travail (work) en préparation à la visite des personnes qui ont des professions diverses? Dites quels élèves et quels profs ont fini leur travail, selon s'ils ont coché l'activité ou non. Suivez le modèle.

Modèle:

Sophie

Sophie vient de téléphoner.

Nom	Activité	
Sophie	téléphoner	✔
Serge	faire l'emploi du temps	✔
Marc et Aurélie	faire les courses	✔
Thérèse	finir les affiches	
M. Bouchard	inviter les parents	✔
Mlle Girard	acheter les boissons	
Mahmoud	aider les profs	
Leïla	chercher les chaises	✔
Denis et Gabrielle	vendre les billets	✔
Chantal et Nora	demander de l'argent	✔
Philippe	mettre le couvert	✔
Sabrina et Karine	travailler dans la cuisine	

Passé composé with *avoir*

The **passé composé** is a verb tense used to tell what happened in the past. It is made up of a helping verb and the past participle of the main verb. You use the appropriate present tense form of the helping verb **avoir** with most verbs.

J'**ai acheté** un billet.   *I bought a ticket.*

(helping verb)   (past participle of **acheter**)

To form the past participle of **-er** verbs, drop the **-er** of the infinitive and add an é. For most **-ir** verbs, drop the **-ir** and add an i. For most **-re** verbs, drop the **-re** and add a **u**.

	acheter	finir	perdre
j'	ai acheté	ai fini	ai perdu
tu	as acheté	as fini	as perdu
il/elle/on	a acheté	a fini	a perdu
nous	avons acheté	avons fini	avons perdu
vous	avez acheté	avez fini	avez perdu
ils/elles	ont acheté	ont fini	ont perdu

To make a negative sentence in the **passé composé**, put **n'** before the form of **avoir** and **pas** after it.

Jean-Claude **n'a pas** voyagé avec sa famille.   *Jean-Claude didn't travel with his family.*

To ask a question in the **passé composé** using inversion, put the subject pronoun after the form of **avoir**.

As-tu **travaillé** cet été?   *Did you work this summer?*

7 **Qu'est-ce qu'on a fait?**

Dites ce que certaines personnes ont fait à Paris.

Modèle:

Damien et Lucie
Damien et Lucie ont mangé au café.

1. M. et Mme Bouley

2. Véro

3. M. Johnson

4. Thierry et moi, nous

5. David

6. Ariane et toi, vous

8 ▶ En partenaires

Demandez ce que votre partenaire a fait hier. Répondez aux questions et puis alternez.
Suivez le modèle.

Modèle:

étudier

A: **As-tu étudié hier?**

B: **Oui, j'ai étudié hier. Et toi, as-tu étudié hier?**

A: **Non, je n'ai pas étudié hier.**

1. attendre ton ami(e)
2. parler français
3. manger à l'école
4. visiter un musée
5. jouer aux jeux vidéo
6. finir tes devoirs

9 ▶ Dans quel ordre?

Après chaque phrase il y a deux expressions. Dites dans quel ordre on ferait (would do) logiquement
chaque activité. Suivez le modèle.

Modèle:

Thomas a perdu son CD.

trouver son CD/parler à son frère

Il a parlé à son frère, puis il a trouvé son CD.

1. Malick a mangé du pain et un croissant.
   attendre son amie devant l'école/quitter l'appartement
2. Ma belle-sœur a fini ses devoirs.
   dormir/regarder la télé
3. Les Tourandot ont acheté leurs billets.
   voyager en avion/visiter le Louvre
4. Gérard et Fatima ont téléphoné à leurs amis.
   manger de la pizza/inviter leurs amis à nager

10 ▶ Ma nouvelle profession

*Choisissez une profession en français. Imaginez quelque chose que vous venez de faire. Par exemple, **Je suis boulanger. Je viens de vendre deux baguettes.** Puis, interviewez cinq élèves. Copiez la grille suivante et les deux questions. Écrivez les noms des cinq élèves. Quand un(e) élève répond à une question, écrivez sa réponse. Enfin dites les résultats (results) à la classe.*

	Max	Paul	Anne	Claire	Nora
Quelle est ta profession?	fleuriste				
Qu'est-ce que tu viens de faire?	vendre des fleurs				

Modèle:

Céline: **Quelle est ta profession?**
Max: **Je suis fleuriste.**
Céline: **Qu'est-ce que tu viens de faire?**
Max: **Je viens de vendre des fleurs.**

Je suis charcutier. Je viens de vendre du saucisson.

11 ▶ Un sommaire

Utilisez la grille dans l'Activité 10 pour écrire un sommaire des professions que vos ami(e)s ont choisies et ce qu'ils ou elles ont fait.

Modèle:

Max est fleuriste, et il vient de vendre des fleurs.

12 ▶ Qu'est-ce que vous avez fait?

*Utilisez la profession que vous avez choisie dans l'Activité 10. Faites six dessins qui montrent ce que vous avez fait hier à six heures différentes. Sous chaque dessin, écrivez l'heure et ce que vous avez fait. Par exemple, **À cinq heures du matin j'ai commencé ma journée à la boulangerie.***

Vocabulaire

un artiste

l'art (m.) de Picasso

un tableau

une sculpture

un objet d'art

laid   laide
vif   vive
calme   calme
dynamique   dynamique
célèbre   célèbre
fort   forte
faible   faible
intéressant   intéressante
favori   favorite

Mathieu and Sabrina, two students from **la Réunion**, are touring art museums during a study program in Paris. Today they are in the **musée Picasso**.

Portrait de Dora Maar (Pablo Picasso)   *la Joconde* (Léonard de Vinci)

Sabrina:	C'est magnifique! Quel est le nom de ce tableau?
Mathieu:	C'est le *Portrait de Dora Maar*. Tu vois comment Picasso a mis beaucoup de couleurs vives dans le tableau pour montrer la forte personnalité de la femme?
Sabrina:	Oui, selon Picasso, cette dame prend la vie au sérieux.
Mathieu:	Picasso est l'un de mes artistes favoris.
Sabrina:	Tu as vu *la Joconde* au Louvre hier, n'est-ce pas? Regarde, si on met une carte postale de *la Joconde* à côté de ce tableau...
Mathieu:	Dora Maar est moins mystérieuse que la dame du tableau de Léonard de Vinci.
Sabrina:	Oui, mais je trouve l'art du vingtième siècle plus dynamique que l'art de la Renaissance.

La Réunion

Réunion is a volcanic island located east of Africa in the Indian Ocean. A mountain range divides the island in half, and one volcano, **le Piton de la Fournaise**, remains active. Many beaches dot the western side of the island. Réunion has been a French **Département d'Outre-Mer** since 1946. Several products for exportation include sugar cane, from which both sugar and rum are produced; vanilla; and geraniums, from which oils for making perfume are extracted. In addition to French settlers, people from Africa, India and China have made their home on Réunion.

From 1643 to 1945, *la Réunion* was a French territory.

Le musée Picasso

The **Marais** section of Paris became fashionable in the seventeenth century, when many wealthy people built luxurious mansions in the **quartier**. Several of these mansions, known as **hôtels**, have been transformed into museums. The **musée Picasso** boasts the largest collection in the world of the artist's works. This collection, given to France by Picasso's family, includes masterpieces from various periods in his long career—the blue, rose, cubist and classical periods. The museum also contains sculptures, ceramics and many portraits of the women in Picasso's life. A prolific artist, the Spanish-born Picasso (1881–1973) spent most of his life in France.

Both France and Spain are proud of their connections to Picasso, acclaimed as the most influential artist of the twentieth century.

La Renaissance

The Renaissance, a rebirth of ideas from the classical Greek and Roman cultures, began in Italy in the fourteenth century. The *Mona Lisa* (*la Joconde*), a famous Renaissance painting, was the work of the Italian artist Leonardo da Vinci. To encourage the flowering of art and literature in France, King François I invited important Renaissance scholars, such as da Vinci, to live near him in the Loire Valley.

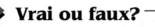

1 ▶ Vrai ou faux?

Écrivez "V" si la phrase est vraie; écrivez "F" si la phrase est fausse.

2 ▶ Au musée

Répondez par "vrai" ou "faux" d'après le dialogue.

1. Mathieu et Sabrina habitent à Paris.
2. Aujourd'hui ils sont au Louvre.
3. De Vinci est l'artiste du *Portrait de Dora Maar*.
4. Le tableau de Dora Maar montre sa personnalité calme.
5. Mathieu aime beaucoup Picasso.
6. Mathieu trouve la dame du tableau de Léonard de Vinci plus mystérieuse que Dora Maar.
7. Sabrina pense que l'art du vingtième siècle est très dynamique.

3 ▶ Complétez!

Choisissez le mot convenable qui complète chaque phrase.

vives	tableaux	favoris	sculpture	célèbre	art	laid	artiste

1. Pour regarder l'... et la... de la Renaissance, on va au Louvre.
2. *La Joconde* est un tableau... de Léonard de Vinci.
3. Toulouse-Lautrec est l'un de mes artistes....
4. Paul aime les... de Picasso.
5. André n'aime pas le *Portrait de Dora Maar*. Il trouve ce tableau assez....
6. Il y a des couleurs... dans ce tableau: le rouge, le jaune, le bleu.
7. Qui est ton... favori?

Est-ce qu'il y a des couleurs vives dans ce tableau du port? (Saint-Tropez)

Est-ce que tu trouves l'art du vingtième siècle dynamique?

4 **C'est à toi!**

Questions personnelles.

1. Est-ce qu'il y a un musée d'art dans ta ville?
2. Est-ce que tu préfères les tableaux du vingtième siècle ou les tableaux de la Renaissance?
3. Est-ce que tu trouves l'art du vingtième siècle intéressant?
4. Qui est ton artiste favori?
5. Dans la salle de classe, qui a une personnalité dynamique?
6. Est-ce que tu as une personnalité forte ou calme?

Langue active

Present tense of the irregular verbs *mettre*, *prendre* and *voir*

Here are the present tense forms of the irregular verbs **mettre** (*to put, to put on, to set*), **prendre** (*to take*) and **voir** (*to see*).

mettre			
je	**mets**	nous	**mettons**
tu	**mets**	vous	**mettez**
il/elle/on	**met**	ils/elles	**mettent**

Où est-ce qu'ils **mettent** le vase?   *Where are they putting the vase?*
Ils **mettent** le vase sur la table.   *They're putting the vase on the table.*

Qu'est-ce que Patrick met quand il joue au foot?

prendre			
je	**prends**	nous	**prenons**
tu	**prends**	vous	**prenez**
il/elle/on	**prend**	ils/elles	**prennent**

Vous **prenez** quelque chose?   *Will you have something?*
Non, nous ne **prenons** rien.   *No, we're not having anything.*

Mme Bellegarde prend le métro.

voir			
je	**vois**	nous	**voyons**
tu	**vois**	vous	**voyez**
il/elle/on	**voit**	ils/elles	**voient**

Qu'est-ce que vous **voyez**?   *What do you see?*
Je **vois** mon train.   *I see my train.*

Khadim, Véro et Normand voient des poissons.
(Martinique)

Pratique

5 ▷ **Qu'est-ce qu'on met?**

Dites qui met quel vêtement selon le temps qu'il fait ou ce qu'on va faire. Utilisez chaque expression de la liste suivante.

Modèle:

Djamel va nager.
Il met un maillot de bain.

un anorak	un short	un maillot de bain	un pull
une robe	un costume	un chapeau	des tennis

1. Il neige. Nous allons skier.
2. M. Cassell et M. Robidoux sont hommes d'affaires. Ils vont travailler.
3. Sabrina et toi, vous allez jouer au tennis.
4. Il fait du soleil. Ma grand-mère va travailler dans le jardin.
5. Mme Chrétien va à l'église.
6. Il fait chaud. Tu vas faire du footing.
7. Il fait un peu frais. Je vais regarder un défilé.

Qu'est-ce que vous mettez quand il pleut?

6 ▸ À la cantine

Les professeurs à la cantine veulent quelque chose de chaud; les élèves veulent quelque chose de froid. Dites ce que les personnes suivantes prennent. Suivez les modèles.

Modèles:

M. Leclerc
M. Leclerc prend le poulet.

Marie-Alix et Myriam
Marie-Alix et Myriam prennent la glace à la vanille.

1. Mme Richelieu

2. M. Charolais et Mlle Berry

3. Élisabeth et toi, vous

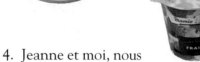

4. Jeanne et moi, nous

5. Mme Thibault et Mlle Dufresne

6. je

7 ▶ Les cinéphiles

Dites quel film on voit ce weekend. Suivez le modèle.

	MATRIX	LE ROI LION	SHREK 2	PUR SANG
les Tremblay		✔		
Benoît	✔			
Christelle		✔		
Damien et René		✔		
Margarette				✔
moi	✔			
Éric et Virginie			✔	
les Hertault		✔		
toi		✔		
Serge	✔			

Modèle:

Damien et René
Damien et René voient LE ROI LION.

1. Éric et Virginie
2. Serge
3. moi, je
4. Christelle et toi, vous
5. les Tremblay et les Hertault
6. Benoît et moi, nous
7. toi, tu
8. Margarette

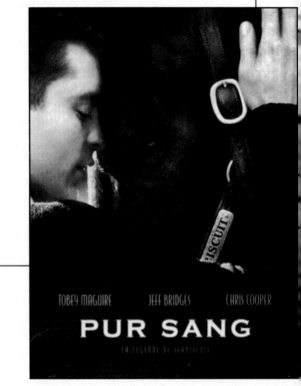

Irregular past participles

Here are the verbs you've seen in the first level of *C'est à toi!*
that have irregular past participles in the **passé composé.**

Verb	Past Participle	*Passé Composé*
avoir	**eu**	Il y **a eu** une interro hier.
devoir	**dû**	J'**ai dû** penser.
être	**été**	On **a été** obligé de rester.
faire	**fait**	Jérémy **a fait** le dessert.
lire	**lu**	Quel livre **as-tu lu**?
mettre	**mis**	Élise **a mis** son pull.
pouvoir	**pu**	Ils n'**ont** pas **pu** sortir.
prendre	**pris**	Nous **avons pris** un taxi.
voir	**vu**	Qu'est-ce que tu **as vu**?
vouloir	**voulu**	Quand **avez**-vous **voulu** partir?

Pratique

8 **En partenaires**

Demandez à votre partenaire s'il ou elle a fait les choses suivantes hier. Répondez aux questions et puis alternez. Suivez le modèle.

Modèle:

mettre un jean
A: **As-tu mis un jean hier?**
B: **Oui, j'ai mis un jean hier./Non, je n'ai pas mis de jean hier.**

1. prendre le petit déjeuner
2. être en retard pour le cours de maths
3. vouloir parler français
4. faire du sport
5. avoir envie d'aller au cinéma
6. pouvoir sortir hier soir
7. voir tes amis après le dîner
8. devoir rentrer à vingt-deux heures

9 **Une journée à Paris**

*Vous êtes à Paris avec des élèves de votre classe. Dites ce que vous avez fait le premier jour. Complétez chaque phrase avec le **passé composé** du verbe approprié de la liste suivante.*

| avoir | devoir | être | faire | mettre | pouvoir | prendre | vouloir |

1. Le premier jour, Jacqueline, Chérie et Laurent… voir le musée Picasso parce qu'ils aiment beaucoup ses tableaux.
2. Mes amis et moi, nous… le tour des monuments célèbres avec notre prof.
3. J'… beaucoup de photos.
4. On n'… pas… prendre le métro.
5. Donc, nous… marcher de Notre-Dame jusqu'aux Champs-Élysées.
6. Après, nous… très fatigués.
7. Tout le monde… mal aux pieds.
8. Même la prof… ses tennis!

On a pris quelque chose au café. (Paris)

Demonstrative adjectives

Demonstrative adjectives point out specific people or things. They agree in gender and in number with the nouns that follow them.

Singular			Plural
Masculine before a Consonant Sound	**Masculine before a Vowel Sound**	**Feminine**	
ce tableau	**cet** objet d'art	**cette** banque	**ces** fleurs

Tu a vu ces livres à la librairie?

Pratique

10 Au magasin touristique

Avec un(e) partenaire, jouez les rôles d'un(e) marchand(e) et d'un(e) touriste qui veut acheter des souvenirs de Paris. Le/la touriste demande combien coûtent les articles illustrés et le/la marchand(e) répond.

Modèle:

A: Combien coûte ce plan de Paris?
B: Il coûte trois euros quatre-vingt-un.

Combien coûtent ces cartes postales de Paris?

19,67 €   11,43 €   4,57 €   68,60 €   6,86 €   3,81 €   1 €   Modèle: 13,57 €

Comparative of adjectives

To compare people and things in French, use:

plus (*more*)	+	adjective	+	**que** (*than*)
moins (*less*)	+	adjective	+	**que** (*than*)
aussi (*as*)	+	adjective	+	**que** (*as*)

The adjective agrees in gender and in number with the first noun in the comparison.

La tour Eiffel est **moins vieille que** le Louvre.

The Eiffel Tower is less old than the Louvre.

Tu trouves que les jardins des Tuileries sont **plus beaux que** le jardin du Luxembourg?

Do you think that the Tuileries Gardens are more beautiful than the Luxembourg Gardens?

Pratique

11 Comparaisons

Comparez la première personne à la deuxième. Utilisez la forme correcte d'un adjectif convenable de la liste suivante.

Modèle:

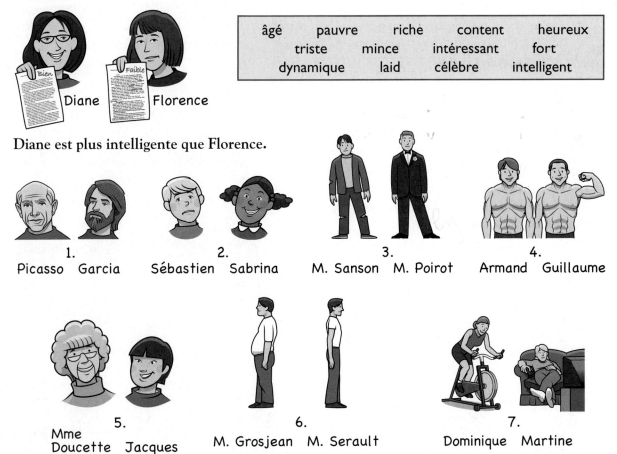

âgé	pauvre	riche	content	heureux
triste	mince	intéressant	fort	
dynamique	laid	célèbre	intelligent	

Diane

Florence

Diane est plus intelligente que Florence.

1. Picasso Garcia

2. Sébastien Sabrina

3. M. Sanson M. Poirot

4. Armand Guillaume

5. Mme Doucette Jacques

6. M. Grosjean M. Serault

7. Dominique Martine

12 ▸ Comparez, s'il vous plaît!

Pour chaque phrase, comparez les deux choses. Utilisez l'adjectif indiqué.

Modèle:

le R.E.R./moderne/le métro
Le R.E.R. est plus moderne que le métro.

1. le taxi/cher/le métro
2. l'art de la Renaissance/dynamique/l'art du vingtième siècle
3. le musée Picasso/grand/le Louvre
4. les couleurs de Picasso/vif/les couleurs de Léonard de Vinci
5. les tableaux impressionnistes/beau/les tableaux de la Renaissance
6. *Le Penseur*/célèbre/*la Joconde*
7. la Réunion/petit/la France

Le métro est moins cher que le taxi. (Paris)

Communication

13 ▸ Des célébrités

Trouvez une photo d'une célébrité, par exemple, un acteur, une actrice, un(e) athlète, etc. Apportez votre photo en classe. Avec un(e) partenaire, comparez vos célébrités. Au-dessous (below) des deux photos, écrivez au moins six phrases avec **plus**, **moins** *ou* **aussi** *où vous comparez les deux célébrités. Par exemple,* **Les cheveux de Benjamin McKenzie sont plus courts que les cheveux de Mischa Barton.**

Hilary Duff est moins âgée que Lindsay Lohan.

14 ▶ Comparez votre école! ─────────────

Écrivez un paragraphe où vous comparez votre école à une autre école de la région. Vous pouvez comparer le nombre d'élèves, les élèves, les profs, les matières, les sports, la piscine, le stade, si l'école est moderne, etc. Par exemple, **Les cours de sciences à Smithtown East sont plus difficiles que les cours de sciences à Smithtown West.**

15 ▶ Trouvez une personne qui…. ─────────────

Interviewez vos amis pour trouver ce qu'ils ont fait pendant le weekend. Écrivez 1 à 12. Puis posez les questions suivantes à chaque ami(e). Si un(e) ami(e) répond que oui, il/elle écrit son nom près du nombre. Trouvez un(e) ami(e) différent(e) pour chaque question.

Modèle:

Patrick: **Tu as aidé tes parents chez toi?**
Alain: **Oui, j'ai aidé mes parents chez moi.** (Writes his name beside number 1.)

1. aider tes parents chez toi
2. travailler
3. être occupé(e)
4. finir tes devoirs
5. pouvoir sortir
6. faire du shopping
7. acheter des vêtements
8. perdre quelque chose
9. visiter un musée
10. voir un film
11. mettre la table
12. lire un livre

J'ai perdu quelque chose au centre commercial.

J'ai aidé mes parents chez moi.

quatre-vingt-un
Leçon B

L'art et les musées de Paris

Although **la tour Eiffel, Notre-Dame, l'arc de triomphe** and **l'avenue des Champs-Élysées** attract millions of visitors to Paris each year, many people also come to **la Ville lumière** to explore the city's numerous art museums.

Le musée du Louvre was originally constructed as a fortress in 1204 by King Philippe Auguste, then rebuilt as a royal palace by François I. Subsequent French rulers, such as Napoléon I, enlarged both the building and its rich art collection. However, only after the French Revolution were the art treasures opened to the public. Today **le musée du Louvre** is a symbol of art and culture for the entire world. Yet Paris has also been a center for progressive art, and movements such as impressionism and post-impressionism began and flourished in the city. Spectacular collections of impressionist and post-impressionist art can be found in **le musée d'Orsay, le musée Marmottan, le musée de l'Orangerie** and **le musée national d'art moderne** in the **Centre Pompidou.**

Because so many monuments are illuminated at night, Paris is called the "City of Light."

Le musée d'Orsay exhibits the birth of modern painting. Opened in 1986, this former train station houses art-works from 1848 to 1914. Impressionism began in Paris in the 1860s when young painters broke with the academic traditions of the past. Before this time traditional paintings depicted historical or mythological events with stiff, idealized figures. Artists from this classical school of painting relied heavily on drawing, using somber colors which were applied with long brush strokes to create a flat, polished surface. The new group of painters aimed at capturing the rapid and fleeting "impression" that the eye sees at a given moment in time. By painting outdoors (**en plein air**) and using short brush strokes and thick dabs of bright colors, these artists recorded the rapidly changing conditions of light and atmosphere on their subjects.

The main hall of *le musée d'Orsay* is spectacular—453 feet long, 131 feet wide and 105 feet high. (Paris)

Édouard Manet paved the way for these young artists with his painting *Le Déjeuner sur l'herbe* (1862). This scene of modern life scandalized many with its main image, a nude and two fashionably dressed men enjoying a picnic together. When it was displayed at the **Salon des Refusés**, an exhibition organized for paintings which had been rejected by the French Academy, only a few people admired Manet's bold depiction of modern life.

Drawn to one another by similar interests in painting, this group of "refused" artists organized eight private exhibits from 1874 to 1886. The term "impressionism" was coined from a painting by Claude Monet, *Impression, soleil levant* (1872). Monet exhibited this view of a port in the morning mist at their first unofficial show. This painting, along with many other works by Monet, is now displayed at **le musée Marmottan**. Other artists who had paintings in impressionist shows were Camille Pissarro, Pierre Auguste Renoir, Frédéric Bazille, Edgar Degas, Alfred Sisley, Paul Cézanne, Berthe Morisot and the American Mary Cassatt.

Claude Monet's *Impression, soleil levant* provoked a hostile critic to give the painters he led the name "Impressionists."

The modern techniques of using bright colors, loose brush strokes and emphasizing the two-dimensional surface of a painting were continued by post-impressionist artists, for example, Paul Gauguin, Vincent Van Gogh, Henri Rousseau and Henri de Toulouse-Lautrec. These artists often moved to exotic locations where their vivid imaginations allowed them to paint the world as they saw it.

Van Gogh reveals his inner turbulence in *Starry Night*, which he painted while a patient in a mental asylum in southern France.

Gauguin painted *Tahitian Women [On the Beach]* in 1891 during his first visit to Tahiti, where he discovered primitive art with its flat forms and vivid colors.

Claude Monet, one of the only impressionist artists to be famous and commercially successful during his lifetime, often made systematic series of paintings of the same subject. In his different versions of **la cathédrale de Rouen** or **la gare Saint-Lazare** in Paris, he examined an object under various environmental conditions. He spent the last years of his life in Giverny, a small town northwest of Paris. There he painted countless series of water lilies, some of which are exquisitely displayed in **le musée de l'Orangerie**.

At his home in Giverny, Monet found inspiration in his water garden, featuring a Japanese bridge and pond with water lilies.

Le musée national d'art moderne in the **Centre Pompidou** explores modern art and contemporary life. Although many international paintings and sculptures are displayed, the emphasis is on twentieth century works by French artists like Henri Matisse.

Paris has scores of additional museums for every taste and interest. However, artworks aren't limited only to museums but can be seen throughout the city. Statues on street corners, frescoes on **métro** walls, fountains in parks and chalk sketches on sidewalks continue to make art in Paris "a living thing."

Painters create new works of art in Montmartre's *place du Tertre*. (Paris)

16 ▸ L'art et les musées de Paris

Répondez aux questions.

1. Which museum in Paris has the largest and richest collection of artworks?
2. What was the Louvre before it became a museum open to the public?
3. What are two art movements that began in Paris?
4. From what time period are the paintings found in **le musée d'Orsay**?
5. What subjects did classical artists paint?
6. What are three techniques used by impressionist artists to capture the changing conditions of light and atmosphere on their subjects?
7. Who painted *Le Déjeuner sur l'herbe*? What did most critics think about this painting?
8. Where did the term "impressionism" come from?
9. Who are two post-impressionist artists?
10. What artist made a series of paintings of the same subject?
11. What is the name of the town where Monet spent the last years of his life painting water lilies?
12. Who is a twentieth century French artist whose works are on display in the **Centre Pompidou**?

17 ▸ Aux musées

*Voici des billets pour **le musée du Louvre**, **le musée Rodin** et **le musée Marmottan**. Répondez aux questions.*

1. What is the address of **le musée Rodin**?
2. What date was the ticket to the Louvre purchased? At what time was it purchased?
3. Which museum's address is 2, rue Louis-Boilly?
4. Is *Le Penseur* (*The Thinker*) located inside **le musée Rodin**?
5. What is the name of another sculpture by Rodin?
6. Are you allowed to touch the sculptures in **le musée Rodin**?
7. What artist's works are featured at **le musée Marmottan**?

```
LOUVRE
ENTREE MUSEE TR
29-07
CAS001 S: 1348 T:  749
15:04
```

Le Baiser en cours de restauration

Toucher, c'est salir
Please do not touch

Le Penseur

MUSÉE RODIN
77, rue de Varenne, 75007 PARIS

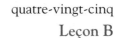 N⁰ 081541

INSTITUT DE FRANCE
(ACADEMIE DES BEAUX-ARTS)
——
MUSÉE MARMOTTAN
2, rue Louis-Boilly

No 468387

Vocabulaire

des animaux (m.)

une girafe

un zèbre

un lion

un dauphin

un éléphant

un gorille

un ours

un hippopotame

un tigre

un singe

Olivier

Marie

Madame Lenez

Monsieur Lenez

Monsieur and Madame Lenez and their children, Olivier and Marie, took the **R.E.R.** from Pontoise to Vincennes to enjoy a day at the **bois de Vincennes**.

Olivier:	**Regardez les singes! Ce sont les animaux les plus drôles du zoo.**
Marie:	**Et les plus intelligents aussi. Mais où sont les lions?**
Mme Lenez:	**Continuons tout droit pour voir.**

Marie:	**Oh, voilà les lions! Comme ils sont grands et forts!**
Mme Lenez:	**Ils sont en train de manger.**
Olivier:	**Tiens, moi aussi, j'ai faim. Allons tout de suite piqueniquer dans le parc!**
M. Lenez:	**Bonne idée. Je vais vite chercher la nourriture.**

Le R.E.R.

The **R.E.R.** (**Réseau Express Régional**) is a system of express trains that intersects the subway lines within Paris, then travels aboveground to areas surrounding the city. There are four main **R.E.R.** lines (lettered A-D) that provide a quick means of transportation to Roissy-Charles de Gaulle and Orly airports, Disneyland Resort Paris and Versailles, for example. The price of fares to outlying regions varies according to the length of the trip.

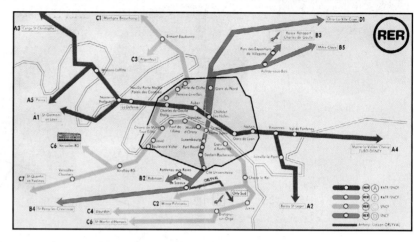

Pontoise

The city of Pontoise is a short drive north of Paris. Images of the small farms that dot the area became famous through the paintings of impressionists, such as Camille Pissarro, who wanted to recreate this natural, rural environment on canvas.

Le bois de Vincennes et le bois de Boulogne

The two largest parks in Paris are called **bois** (*woods*). Located in the southeast corner of the city, the **bois de Vincennes** contains the largest zoo in France. Some of the other attractions in the park include a medieval fortress, an international Buddhist center, flower gardens and a popular lake for boating. On the western edge of Paris is the city's largest wooded area, **le bois de Boulogne.** Many lakes, two racetracks (Longchamp and Auteuil), a zoo, restaurants, flower gardens and areas for biking, walking, horseback riding and picnicking attract Parisians of all ages. South of the **bois** stands the Roland-Garros Stadium, where the French Open Tennis Championship takes place.

At *le bois de Vincennes* you can walk your dog, go in-line skating or biking, admire the flower gardens, play sports or visit the fortress.

Les parcs d'attractions

Other areas of interest to children in and around Paris are the American theme park Disneyland Resort Paris, the French **parc Astérix** (based on the comic book character of the same name), the hands-on science activities and spectacular movie screen (**la Géode**) at the **parc de la Villette,** the Guignol puppet shows in the **jardin du Luxembourg,** the merry-go-rounds near **Sacré-Cœur** and **le Forum des Halles,** the year-round flower and bird markets on the **île de la Cité** and the toy boats in the pond of the **jardins des Tuileries.**

Disneyland Resort Paris resembles Disney theme parks in the U.S.

Children rent small boats to sail in the pond of the *jardins des Tuileries.* (Paris)

1 ▶ Quels animaux?

Faites correspondre la lettre à l'animal que vous entendez.

A.

B.

C.

D.

E.

F.

2 ▸ Au bois de Vincennes

Dans chaque phrase corrigez (correct) la faute (mistake) en italique d'après le dialogue.

Modèle:

Les Lenez habitent à *Paris*.
Les Lenez habitent à **Pontoise**.

1. Les enfants de M. et Mme Lenez sont Olivier et *Claire*.
2. Olivier pense que *les dauphins* sont les animaux les plus drôles du zoo.
3. Les Lenez continuent *à gauche* pour voir les lions.
4. Les lions sont *petits* et *faibles*.
5. Olivier a *soif*.
6. La famille Lenez va piqueniquer dans *le zoo*.
7. M. Lenez va chercher *les boissons*.

3 ▸ Au zoo

Identifiez les animaux d'après les définitions suivantes.

Modèle:

Cet animal nage, et il est intelligent.
Ce doit être le dauphin.

1. Cet animal nage souvent, et il habite où il fait chaud.
2. Cet animal est le plus grand des animaux.
3. Simba est l'un de ces animaux.
4. Cet animal est noir et blanc, et il ressemble à un cheval.
5. Cet animal aime dormir en hiver.
6. King Kong est l'un de ces animaux.
7. Cet animal a un cou très long.
8. Cet animal est très intelligent et drôle.

Cet animal noir et blanc doit être le zèbre.

4 ▸ C'est à toi!

Léo est en train d'utiliser son ordinateur dans sa chambre.

Questions personnelles.

1. Est-ce que tu vas souvent au zoo? Pourquoi ou pourquoi pas?
2. Selon toi, est-ce qu'on doit mettre et garder les animaux dans les zoos?
3. Quels animaux est-ce que tu trouves intéressants? Pourquoi?
4. Est-ce qu'il y a un parc près de ta maison ou de ton appartement?
5. Est-ce que tu préfères piqueniquer dans un parc ou manger dans un restaurant?
6. Qu'est-ce que tu es en train de faire maintenant?

The imperative

Imperative verb forms are used to give commands and make suggestions. Each verb has three imperative forms that resemble the **tu**, **nous** and **vous** forms of the present tense. Here are the imperative forms of regular **-er**, **-ir** and **-re** verbs. (Note that the **tu** imperative form of **-er** verbs drops the final **s**.)

aider	*choisir* to chose	*attendre* wait
Aide! help	Choisis!	Attends!
Aidons!	Choisissons!	Attendons!
Aidez!	Choisissez!	Attendez!

To form the negative imperative, put **ne** (**n'**) before the verb and **pas** after it.

N'allez **pas** tout droit!   *Don't go straight ahead!*

Pratique

5 ▸ Faites ça ou non!

Do that or no

Selon les situations suivantes, dites à Dominique si elle doit faire certaines choses ou non.

Modèle:

Il fait mauvais. (entrer)
Entre!

1. Il est sept heures et demie.
   (prendre ton petit déjeuner)
2. Il neige. (mettre tes bottes)
3. Le cours de chimie commence
   maintenant. (parler français)
4. Dominique étudie l'informatique.
   (vendre ton ordinateur)
5. Dominique rentre de Paris.
   (montrer tes cartes postales au prof)
6. C'est l'anniversaire de Colette. (acheter un cadeau)
7. Il y a une boum chez Thomas. (téléphoner à tes amis)
8. Assia et Sara ont soif. (finir les boissons)

Prends ton petit déjeuner!

Avec un(e) partenaire, jouez les rôles d'un(e) touriste qui n'a pas de plan de Paris et un agent de police. Le/la touriste demande à l'agent de police comment aller à chaque site. L'agent de police donne les directions qui commencent toujours à l'hôtel (RUE DU 4 SEPTEMBRE).

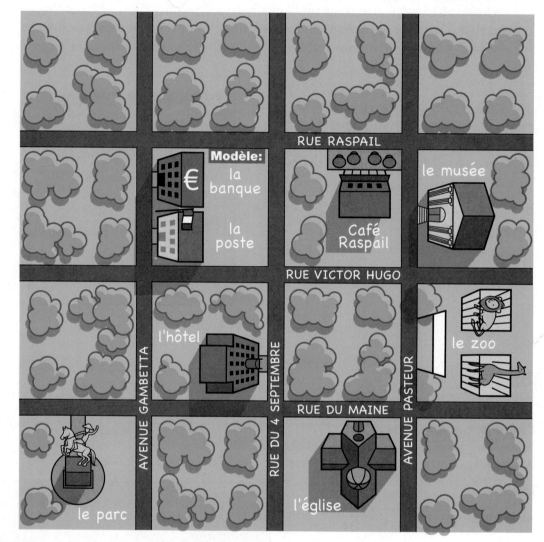

Modèle:

la banque

A: **Pour aller à la banque, s'il vous plaît?**

B: **Tournez à gauche à la rue Victor Hugo, continuez tout droit jusqu'à l'avenue Gambetta, tournez à droite et la banque est à votre droite à côté de la poste.**

1. l'église
2. la poste
3. le parc
4. le musée
5. le Café Raspail
6. le zoo

Superlative of adjectives

To say that someone or something has the most of a certain quality compared to all others, use:

le/la/les	+	plus	+	adjective

Both the definite article and the adjective agree in gender and in number with the noun they describe. If an adjective follows a noun, its superlative form also follows it. If an adjective precedes a noun, so does its superlative form.

Qui est l'homme le plus fort? (Bénin)

Les singes sont les animaux **les plus intelligents** du zoo.

Et la girafe est **le plus grand** animal.

The monkeys are the most intelligent animals in the zoo.

And the giraffe is the tallest animal.

Pratique

Le Forum des Halles est le quartier le plus moderne de Paris.

7 À Paris

Décrivez des sites de Paris. Utilisez le superlatif.

Modèles:

les Champs-Élysées/célèbre/avenue/de Paris
Les Champs-Élysées sont l'avenue la plus célèbre de Paris.

les Champs-Élysées/beau/avenue/de Paris
Les Champs-Élysées sont la plus belle avenue de Paris.

1. le Louvre/vieux/musée/de Paris
2. *la Joconde*/célèbre/tableau/du Louvre
3. le jardin du Luxembourg et les jardins des Tuileries/joli/parc/de Paris
4. le bois de Boulogne/grand/parc/de Paris
5. le zoo de Vincennes/intéressant/zoo/de France
6. le Forum des Halles et la Villette/moderne/quartier/de Paris

8 ▸ Ma famille

*Choisissez un membre de votre famille ou votre famille étendue
(extended) qui illustre chaque caractéristique suivante. Écrivez
une phrase au superlatif pour chaque adjectif.*

Modèle:

Ma grand-mère est la plus âgée de ma famille.

âgé	intéressant
aimable	jeune
calme	laid
difficile	pauvre
dynamique	pénible
heureux	riche

Mon grand-père est le plus calme de ma famille.

Communication

9 ▸ Les Charades

*Vous allez avoir une boum pour 20 amis. Vous avez l'intention
de jouer aux Charades. Prenez 20 petites feuilles de papier.
Sur chaque feuille écrivez un ordre qu'un(e) ami(e) doit mimer
(act out). Voici cinq exemples:*

1. Prends le déjeuner avec une girafe.
2. Danse avec un gorille.
3. Marche comme un lion.
4. Fais un tableau.
5. Piquenique dans le parc.

10 ▸ Mon animal domestique

 *Avec les autres élèves de votre classe, organisez un concours "Meilleur (Best) Animal."
Apportez en classe une photo de votre animal domestique. (Si vous n'avez pas d'animal,
trouvez une photo dans un magazine.) Sous la photo, écrivez une phrase au superlatif qui décrit
la qualité la plus importante de votre animal. Par exemple,* **Mon chat, Patapouf, est le chat
le plus paresseux du monde.** *Enfin, montrez toutes les photos à tout le monde.*

Taking Informal Notes

In this unit you will read about the **Parc Astérix**, a popular French theme park about 19 miles north of Paris. (**Astérix** and his friend **Obélix** are characters in a popular French cartoon series that takes place 2,000 years ago when France, then called **la Gaule**, was ruled by the Romans.) As you read about this amusement park, take informal notes on the main attractions for each of its areas. Your notes should resemble an outline, with a heading for each important idea and related details indented and placed underneath. Or if you recall information more easily in visual form, make a graphic organizer like the one on page 97 for your note taking. (Note that the first section has been done for you.)

To help you take notes on this reading, keep these tips in mind:

1. Pay particular attention to different parts of speech.
   A. Remember that French verbs have different endings depending on the subject.
   B. Recall that nouns are usually preceded by articles that show gender (for example, **le, la, un(e), ce, cette**).
   C. Note that the masculine form of adjectives frequently ends in **-é, -eux, -eau, -i** or **-ant**.
2. Look for cognates to increase your vocabulary, but watch out for false cognates that don't mean what they look like. For example, the French verb **assister** doesn't mean "to assist" but "to be present at."
3. Use known French words to guess the meaning of new words that are in the same family. For example, because you already know that **rue** means "street," you can guess that a **ruelle** is a "little street" or "alley."

Le Parc Astérix

La Grèce Antique

Astérix et Obélix sont heureux de vous annoncer une grande nouvelle: leurs cousins grecs se sont installés dans un quartier tout neuf. Laissez-vous transporter dans ce nouveau quartier de la Grèce Antique, plein de surprises et de soleil. Le dépaysement est assuré ainsi que l'émotion et l'humour. Envolez-vous donc à bord de notre nouvelle attraction, le vol d'Icare, applaudissez les dauphins du Théâtre de Poséidon, flânez devant les échoppes et architectures typiques, et prenez le temps de vous asseoir sous la tonnelle accueillante de la Taverne de Dionysos. Ah! Qu'il fait bon vivre dans le pays de la mythologie!

NOUVELLE ATTRACTION

LA RUE DE PARIS
Revivez l'histoire de la Capitale, du Moyen Age à nos jours...

LES GALAPAGOS NOUVEAU FILM

LE DOMAINE LACUSTRE
Tous les plaisirs de l'eau, rien que pour vous... frissons garantis !

LE GRAND LAC
A vous les sensations fortes !

NOUVELLE ATTRACTION L'HYDRE DE LERNE

LE VILLAGE D'ASTÉRIX
Vous aussi, devenez un irréductible !

JE SENS QU'ILS VONT BIEN S'AMUSER !

LA GRÈCE ANTIQUE
Au royaume de Poséidon, les dauphins sont vos amis...

NOUVEAU SPECTACLE

LA CITÉ ROMAINE
Pour vous, tous les chemins mènent à Rome...

LA VIA ANTIQUA
Voyagez sur les pas de nos amis gaulois

La Via Antiqua

Vous voilà prêt à partir à la découverte de tous les pays visités par nos amis Astérix et Obélix... Architecture et humour jallonnent cette très belle Via Antiqua. Regardez cette Tour Eiffel en bois de 7 mètres faire un clin d'œil à... Big Ben! Pas de doute, votre visite au Parc Astérix est bien commencée!

La Cité Romaine

Entrez dans les arènes pour assister à une course de chars et au combat des gladiateurs... version humoristique! Tout près, admirez le Carnaval des Petits Gaulois, conduit par Astérix et Obélix et commenté par la radio Menhir FM qui vous dit tout. Plus loin, c'est la descente du Styx avec ses courants bouillonnants.

Le Village d'Astérix

Voici le charmant petit village gaulois vert et fleuri. Découvrez à pied ses maisons typiques et rencontrez les irréductibles gaulois. Vous pouvez aussi découvrir le village sur l'eau, en bateau, au cours d'une promenade pleine de surprises!

La Place de Gergovie

L'aventure, c'est le Grand Splatch où les passagers s'amusent autant que les spectateurs, attention aux éclaboussures!... et les Chaudrons Magiques qui vous tournent la tête dans tous les sens... le Trans'Arverne, des petits wagonnets très remuants... Après ces émotions, le Relais Gaulois... un havre de verdure et de calme où se restaurer tranquillement.

Le Grand Lac

Un lac en pleine nature où cygnes et canards s'ébattent joyeusement. Tout près vous découvrirez le delphinarium du Parc, les dauphins vous attendent pour un très beau spectacle où la complicité et l'amitié avec l'homme étonnent toujours. Après cette pause tendresse, voici les émotions fortes avec Goudurix, le Grand Huit très renversant. Accrochez-vous!

La Rue de Paris

Découvrez Paris au temps de la construction de Notre Dame... Regagnez le 17ème siècle et laissez vous emporter par le rythme des combats de d'Artagnan. Parcourez les ruelles du vieux Paris puis prenez la RN 7 au volant de vieux "tacots" qui vous rappellent les débuts de l'automobile... et assistez enfin à une séance de cinéma en trois dimensions....

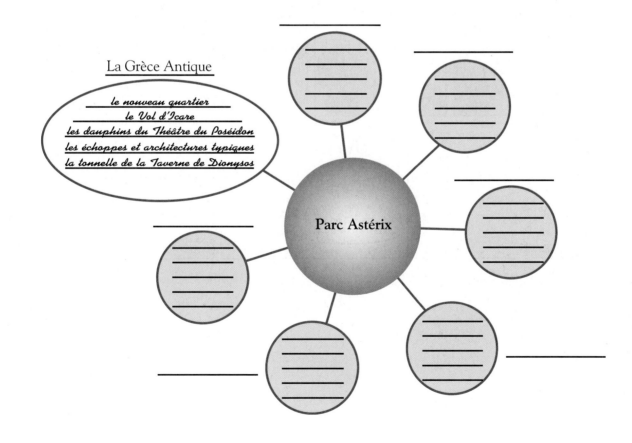

La Grèce Antique

le nouveau quartier
le Vol d'Icare
les dauphins du Théâtre du Poséidon
les échoppes et architectures typiques
la tonnelle de la Taverne de Dionysos

Parc Astérix

Utilisez vos notes pour répondre aux questions.

1. What is the unifying theme of **la Grèce Antique**?
2. What two famous monuments are recreated in wood in **la Via Antiqua**?
3. What is one action-packed event that takes place in the arena of **la Cité Romaine**?
4. What are two ways in which you can discover **le Village d'Astérix**?
5. What are the names of the three rides in **la Place de Gergovie**?
6. What animal performers entertain you in the **delphinarium** at **le Grand Lac**?
7. What kind of movie can you see at **la Rue de Paris**?
8. How does the **Parc Astérix** compare with any of the American theme parks you are familiar with?
9. If you had time to visit only two areas of the **Parc Astérix**, which ones would you choose? Why?

Nathalie et Raoul

✓ Évaluation culturelle

Decide if each statement is **vrai** or **faux**.

1. Each of the Parisian **métro** lines is named according to the stations at either end of it.
2. Located in the **Quartier latin**, the **Panthéon** houses the tomb of Napoléon.
3. French students select specific areas of study, based on their career goals, during their last two years in high school. Two choices are **le bac S** and **le bac L**.
4. Réunion is a volcanic island in the Indian Ocean just east of Africa.
5. The **musée Picasso** has the largest collection in the world of the artist's works.
6. For someone who likes impressionist art, the **musée du Louvre** is the best museum to visit in Paris.
7. The term "impressionism" was derived from a painting by Manet called *Le Déjeuner sur l'herbe*.
8. The impressionist artist Renoir is famous for his series of paintings of the same subject.
9. You can take the **R.E.R.** from the center of Paris to Roissy-Charles de Gaulle and Disneyland Resort Paris.
10. The two largest parks in Paris are the **jardin du Luxembourg** and the **jardins des Tuileries**.

Can you find the name of the station at the end of this *métro* line?

The *jardin du Luxembourg* is much smaller than the *bois de Vincennes* and the *bois de Boulogne*.

✓ Évaluation orale

 With a partner, play the roles of a student who has just returned from a trip to Paris and another student who is going to interview the traveler for the French Club newsletter.

After they greet each other, the reporter asks the traveler which sites he or she saw in Paris and why, his or her opinion of each one and how each site compares to something similar (either in Paris or your area). The traveler also gives his or her opinions of various museums.

✓ Évaluation écrite

Based on the interview between the reporter and the traveler, now write the article that will appear in the next French Club newsletter. If you were the reporter, summarize what you learned about the traveler's experiences and opinions. If you were the traveler, write the article in the third person singular form (**il** or **elle**), as if you were now the reporter.

✓ Évaluation visuelle

Write a paragraph that tells where M. Delapierre went grocery shopping and what he bought at each store. Also describe the height of the shopkeepers, give your opinion about their character or other physical traits, and compare them with each other. Use the **passé composé** to tell where M. Delapierre shopped and what he bought; use the present tense to describe the shopkeepers. (You may want to refer to the *Révision de fonctions* on pages 101–2 and the *Vocabulaire* on page 103.)

Révision de fonctions

Can you do all of the following tasks in French?
- I can identify someone's profession and tell what profession interests me.
- I can describe someone's physical and character traits.
- I can compare people and things and say who or what has the most of a certain quality.
- I can give my opinion by saying what I think.
- I can express emotions.
- I can talk about what happened in the past.
- I can talk about things sequentially.
- I can tell someone to do something.
- I can suggest what people can do.

To tell what profession interests you, use:

Je pense devenir pharmacien.   *I think I'll become a pharmacist.*

Les élèves pensent devenir cuisiniers.

To describe physical traits, use:

Je suis de taille moyenne.   *I am of average height.*

To describe someone's character, use:

Il est très aimable.   *He's very nice.*

To compare things, use:

Dora Maar est **moins mystérieuse que** la Joconde.   *Dora Maar is less mysterious than the Mona Lisa.*

L'art du vingtième siècle est **plus dynamique que** l'art de la Renaissance.   *Twentieth century art is more dynamic than Renaissance art.*

Ce sont les animaux **les plus drôles** du zoo.   *They are the funniest animals in the zoo.*

To give opinions, use:

C'est magnifique!   *It's magnificent!*

Le musée d'Orsay, c'est magnifique! (Paris)

Picasso **est l'un de mes** artistes **favoris**.   *Picasso is one of my favorite artists.*

Je trouve Picasso plus dynamique que de Vinci.   *I think Picasso is more dynamic than da Vinci.*

Comme ils sont grands et forts!   *How big and strong they are!*

Bonne idée!   *That's a good idea!*

To express emotions, use:

Désolé(e).   *Sorry.*

To describe past events, use:

Je viens d'aider mon oncle.   *I've just helped my uncle.*

Picasso **a mis** beaucoup de couleurs dans   *Picasso put a lot of colors in the painting.*
le tableau.

To sequence events, use:

Enfin....   *Finally . . . .*

Tout de suite....   *Right now . . . .*

To give orders, use:

Regardez les singes!   *Look at the monkeys!*

To make suggestions, use:

Continuons tout droit.   *Let's continue straight ahead.*

Vocabulaire

à côté (de) beside, next to *B*
à l'heure on time *A*
âgé(e) old *A*
aider to help *A*
aimable nice *A*
un animal animal *C*
l' art (m.) art *B*
un(e) artiste artist *B*
avance: en avance early *A*

un boucher, une bouchère butcher *A*
un boulanger, une boulangère baker *A*
un caissier, une caissière cashier *A*
calme quiet *B*
une carte postale postcard *B*
célèbre famous *B*
un charcutier, une charcutière
    delicatessen owner *A*
choisir to choose *A*
comme how *C*
un(e) commerçant(e) shopkeeper *A*
content(e) happy *A*
côté: à côté (de) beside, next to *B*

une dame lady *B*
un dauphin dolphin *C*
une demi-heure half an hour *A*
désolé(e) sorry *A*
devenir to become *A*
difficile hard, difficult *A*
drôle funny *C*
dynamique dynamic *B*

un éléphant elephant *C*
en avance early *A*
en retard late *A*
enfin finally *A*
être en train de (+ *infinitive*) to be busy
    (doing something) *C*
une exposition exhibit, exhibition *A*

faible weak *B*
favori, favorite favorite *B*
un(e) fleuriste florist *A*
fort(e) strong *B*

une girafe giraffe *C*
un gorille gorilla *C*

heure: à l'heure on time *A*
heureux, heureuse happy *A*
un hippopotame hippopotamus *C*

une idée idea *C*
intéressant(e) interesting *B*
laid(e) unattractive *B*
un lion lion *C*

magnifique magnificent *B*
un métier trade, craft *A*
mince slender *A*
moyen, moyenne medium *A*
mystérieux, mystérieuse mysterious *B*

un nom name *B*
la nourriture food *C*
un objet d'art objet d'art *B*
occupé(e) busy *A*
un ours bear *C*
un parc park *C*
un pâtissier, une pâtissière pastry store
    owner *A*
pauvre poor *A*
pénible unpleasant *A*
une personnalité personality *B*
un pharmacien, une pharmacienne
    pharmacist *A*
piqueniquer to have a picnic *C*

retard: en retard late *A*
riche rich *A*

la sculpture sculpture *B*
selon according to *B*
sérieux: au sérieux seriously *B*
si if *B*
un siècle century *B*
un singe monkey *C*
un tigre tiger *C*
tout de suite right away, right now *C*
train: être en train de (+ *infinitive*) to be
    busy (doing something) *C*
triste sad *A*

venir de (+ *infinitive*) to have just *A*
la vie life *B*
vif, vive bright *B*
vite fast, quickly *C*

un zèbre zebra *C*
un zoo zoo *C*

Unité 3

En France

In this unit you will be able to:

- describe past events
- sequence events
- describe character
- express concern
- express astonishment and disbelief
- make suggestions
- point out something
- choose and purchase items
- order food and beverages

www.emcp.com

Vocabulaire

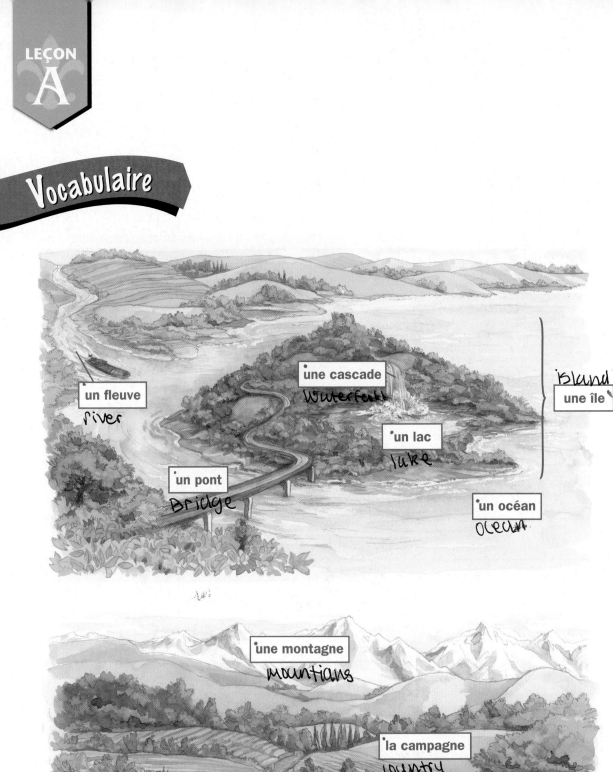

une cascade
Wuterfall

un fleuve
river

une île
island

un lac
lake

un pont
Bridge

un océan
ocean

une montagne
mountians

la campagne
country side

une rivière
river

un étang
pond

une route
road

On fait une excursion ...

en voiture

{ en autobus
{ en bus

en bateau

en train

en avion

à pied

à vélo

M. Chouinard, a French teacher from Boston, is meeting his American students at the train station in Marseille to go to Paris after a month-long family stay in Provence. The students are so eager to share their experiences that they all want to talk at once.

Est-ce que vous avez passé un bon séjour en famille?

Je suis sortie chaque weekend avec ma correspondante.

M. Chouinard:	Bonjour! Est-ce que vous avez passé un bon séjour en famille? Qu'est-ce que vous avez fait?
Rachel:	La première semaine j'ai fait une promenade en bateau au château d'If....
Sarah:	On a traversé le pont du Gard à pied....
Tim:	Nous sommes allés voir la montagne Sainte-Victoire....
Jodi:	Je suis sortie chaque weekend avec ma correspondante, Éliane. Elle sort souvent avec ses copains. Les ados en France sont vachement sympa....
Steve:	On est allé en voiture passer le dernier weekend à Aix-en-Provence....
M. Chouinard:	Attention! Notre train pour Paris part bientôt. Allons attendre au quai numéro deux. Puis, pendant le voyage je vais écouter vos histoires une par une.

Le train

The **SNCF**, the French national railway company, has been working hard in recent years to upgrade its already efficient train system. **Les grandes lignes** (*main lines*) provide rail service throughout France. In larger cities there are also local trains which serve **la banlieue** (*suburbs*). The price of a train ticket varies according to such factors as what class it is (first or second), the date and time of day, the type of train, the age of the traveler and the distance traveled. Rail passes which allow unlimited travel may be purchased for a three-, five- or ten-day period. An orange machine stamps tickets with the time and date before passengers board the train. Inspectors on the train verify that tickets have been purchased and stamped.

A train passenger has her ticket stamped in *le composteur*.

Marseille

Located on the Mediterranean Sea, the lively city of Marseille is France's largest port. It harbors ships from around the world while maintaining especially close ties to North Africa and the Middle East. Made famous by Alexandre Dumas' novel *The Count of Monte-Cristo*, the **château d'If** perches on a small island in the Mediterranean about two kilometers from the city. Built in 1524, the fortress was intended to store artillery, but it eventually became a prison.

On the ground floor of *le château d'If* you can visit the cells where the fictional characters Edmond Dantès and l'Abbé Faria were imprisoned in *The Count of Monte-Cristo*. (Marseille)

A customer shops for fresh fish at Marseille's *Vieux Port*.

Lavender—used in soaps, sachets and eau de cologne made in Provence—grows beside l'*abbaye Notre-Dame de Sénanque*.

Aix-en-Provence

The shimmery, gray limestone rock of the **montagne Sainte-Victoire** can be recognized immediately by anyone familiar with Paul Cézanne's paintings. He spent most of his life near the mountain in Aix-en-Provence, his native city. There he painted local landscapes, cafés, still lifes, bathers and portraits in an innovative style that influenced many contemporary artists. Aix-en-Provence is known as the "city of a thousand fountains" and hosts an annual international music festival.

La Provence

For many people the southern province of **Provence** brings to mind an image of dramatic landscapes, luminous sunshine, flavorful herbs, beautiful flowers, regional dialects and the strong **mistral** wind. Many of its major cities were once occupied by the Romans and still have monuments dating from that era. Constructed by the Romans about 19 B.C., the spectacular, three-tiered **pont du Gard** forms part of a 32-mile aqueduct that used to carry water from two rivers to the city of Nîmes.

The 7,000-seat theater in Orange, built by the Romans 2,000 years ago, hosts modern-day operas, oratorios and choral works.

Cézanne made a series of over 20 paintings of the *montagne Sainte-Victoire*, located just outside Aix-en-Provence.

1 ▶ À la campagne

Faites correspondre la lettre de la photo à ce que vous entendez.

A.

B.

C.

D.

E.

F.

En Provence

Répondez aux questions d'après le dialogue.

1. Comment s'appelle le professeur de français?
2. Où est-ce que le professeur a vu ses élèves après leur séjour en famille?
3. Quand est-ce que Rachel est allée au château d'If?
4. Est-ce que Sarah a traversé le pont du Gard en bus?
5. Avec qui est-ce que Jodi est sortie chaque weekend?
6. Selon Jodi, est-ce que les ados sont pénibles en France?
7. Comment est-ce que Steve est allé à Aix-en-Provence?
8. Où est-ce qu'on va attendre le train pour Paris?

Sarah a traversé le pont du Gard à pied. (Remoulins)

3 **Allons-y!**

Comment est-ce que chaque personne va à sa destination?

Modèle:

Antonine/de la gare à l'hôtel
Elle va de la gare à l'hôtel en bus.

1. Françoise/de Paris à Marseille
2. mon père/de la maison au supermarché
3. Nicolas/de Marseille au château d'If
4. Zakia/de Paris à Chicago
5. l'enfant/de la maison au jardin
6. Benjamin/de l'appartement à l'école

On va de Paris à Marseille en train.

4 **C'est à toi!**

Questions personnelles.

1. Est-ce que tu es sorti(e) le weekend dernier avec tes copains?
2. Est-ce que tu préfères nager dans une piscine, dans un lac ou dans un océan?
3. Habites-tu près d'un lac? Près de la montagne?
4. Comment est-ce que tu vas de ta maison ou de ton appartement à l'école?
5. Est-ce que tu préfères voyager en voiture, en avion ou en train?
6. Est-ce que tu préfères passer une journée à la campagne ou à la ville? Pourquoi?

Present tense of the irregular verbs *partir* and *sortir*

Here are the present tense forms of the irregular verbs **partir** (*to leave*) and **sortir** (*to go out*).

partir			
je	**pars**	nous	**partons**
tu	**pars**	vous	**partez**
il/elle/on	**part**	ils/elles	**partent**

Vous **partez** d'où?   *Where do you leave from?*
Nous **partons** de Paris.   *We're leaving from Paris.*

Le train part de la gare d'Austerlitz. (Paris)

sortir			
je	**sors**	nous	**sortons**
tu	**sors**	vous	**sortez**
il/elle/on	**sort**	ils/elles	**sortent**

Avec qui **sors**-tu?   *Whom are you going out with?*
Je **sors** avec Mireille.   *I'm going out with Mireille.*

Pratique

Sophie et Michel sortent ensemble.

5   En voiture!

Beaucoup de Parisiens quittent la capitale en juillet pour commencer leurs vacances. Dites à quelle heure on quitte la gare de Lyon, selon le train qu'on prend.

839	947	1613	2358	755	5009	524	4405
12.42	13.05	14.13	15.10	16.21	17.57	18.18	19.19

Modèle:

David et Thierry/2358
David et Thierry partent à 15h10.

1. Assia/947
2. vous/5009
3. Étienne et son beau-père/839
4. Charles et moi, nous/4405
5. tu/1613
6. Isabelle et Karine/755

6 ▶ En pension

Imaginez que vous êtes pensionnaire (boarding school student) en France. On vient de distribuer les bulletins de notes (report cards). Pour sortir pendant la semaine, il faut avoir "12." Dites si vous et vos amis pouvez sortir pendant la semaine.

Patricia	17	Nora	13
Dikembe	16	Valérie	13
Sandrine	11	Victor	15
Mahmoud	14	toi	11
Marie-Alix	9	Paul	8
Abdoul	15	Alexandre	10
Élisabeth	12	Chantal	14
moi	14	Delphine	9
Jean-Christophe	7	Robert	19

Valérie et moi, nous sortons.

Modèles:

Abdoul et Mahmoud
Abdoul et Mahmoud sortent.

Sandrine et Alexandre
Sandrine et Alexandre ne sortent pas.

1. Marie-Alix et Paul
2. toi, tu
3. Élisabeth
4. moi, je
5. Delphine et toi, vous
6. Victor et Dikembe
7. Valérie et moi, nous
8. Patricia et Chantal

Passé composé with *être*

You have learned that the **passé composé** is made up of a helping verb and the past participle of the main verb. With most verbs you use the appropriate present tense form of the helping verb **avoir**. But certain verbs form their **passé composé** with the helping verb **être**.

Marc **est sorti** chaque weekend.   *Marc went out every weekend.*

(helping verb)(past participle of **sortir**)

To form the past participle of **-er** verbs, drop the **-er** of the infinitive and add an **é**. For most **-ir** verbs, drop the **-ir** and add an **i**. The past participle of the verb agrees in gender and in number with the subject. The **passé composé** forms of **aller** and **sortir** follow. Note in the chart that both the form of **être** and the ending of the past participle agree with the subject.

aller			sortir		
je	suis	allé	je	suis	sorti
je	suis	allée	je	suis	sortie
tu	es	allé	tu	es	sorti
tu	es	allée	tu	es	sortie
il	est	allé	il	est	sorti
elle	est	allée	elle	est	sortie
on	est	allé	on	est	sorti
nous	sommes	allés	nous	sommes	sortis
nous	sommes	allées	nous	sommes	sorties
vous	êtes	allé	vous	êtes	sorti
vous	êtes	allée	vous	êtes	sortie
vous	êtes	allés	vous	êtes	sortis
vous	êtes	allées	vous	êtes	sorties
ils	sont	allés	ils	sont	sortis
elles	sont	allées	elles	sont	sorties

Nadine est restée à la maison vendredi soir.

Most verbs that use **être** in the **passé composé** *express motion or movement* of the subject from one place to another. Here are the verbs you have already learned that use the helping verb **être**, along with their past participles. (You will learn more of these verbs later.)

	Infinitive	Past Participle
	all**er**	all**é**
	arriv**er**	arriv**é**
	entr**er**	entr**é**
	mont**er**	mont**é**
	rentr**er**	rentr**é**
	rest**er**	rest**é**
	part**ir**	part**i**
	sort**ir**	sort**i**
but:	ven**ir**	ven**u**
	deven**ir**	deven**u**
	reven**ir**	reven**u**

Les ados sont-ils arrivés à l'heure ou en retard pour le bus?

To make a negative sentence in the **passé composé**, put **ne (n')** before the form of **être** and **pas** after it.

Nous **ne** sommes **pas** allés en Angleterre.   *We didn't go to England.*

To ask a question in the **passé composé** using inversion, put the subject pronoun after the form of **être**.

Quand **êtes**-vous **rentrée**, Nora?   *When did you return, Nora?*

Pratique

7 ▸ Complétez!

*Utilisez **Il est, Elle est, Ils sont** ou **Elles sont** pour compléter chaque phrase. Attention au participe passé!*

1. … sorti chaque weekend avec son correspondant.
2. … arrivées à la gare.
3. … venue en retard.
4. … parti pour le château d'If.
5. … allés voir la montagne Sainte-Victoire.
6. … devenues malades pendant leur séjour.
7. … rentrés à pied.
8. … restée à la maison.

Mes cousins? Ils sont restés en Provence. (Saint-Tropez)

8 ▸ En partenaires

Demandez à votre partenaire ce qu'il ou elle a fait hier. Répondez aux questions et puis alternez. Suivez le modèle.

Modèle:

aller en boîte hier soir
A: **Es-tu allé(e) en boîte hier soir?**
B: **Non, je ne suis pas allé(e) en boîte hier soir.**
   Et toi, es-tu allé(e) en boîte hier soir?
A: **Oui, je suis allé(e) en boîte hier soir.**

1. venir à l'école à pied
2. arriver au cours à l'heure
3. aller au fast-food après les cours
4. rester à la maison hier soir
5. sortir avec tes amis après le dîner
6. rentrer après 22 heures

Es-tu sortie avec tes amis après le dîner?

Oui, nous sommes allés au cinéma.

Utilisez les illustrations et dites où on est allé en vacances et ce qu'on a fait.

Modèle:

Thomas
Thomas est allé à la montagne où il a skié.

1. je

2. Patrick et toi, vous

3. mes amis et moi, nous

4. tu

5. les Morel

Prepositions before cities, countries and continents

Use **à** before the names of cities.

On est allé **à** Aix-en-Provence. *We went to Aix-en-Provence.*

Use **en** before countries or continents with feminine names.

Je vais **en** Italie, **en** Europe. *I'm going to Italy in Europe.*

Use **au** before countries with masculine names and **aux** before countries with masculine plural names.

Fernando va en vacances **au** Canada? *Is Fernando going on vacation to Canada?*

Non, il va en vacances **aux** États-Unis. *No, he's going on vacation to the United States.*

Les touristes vont à Arles, en France.

10 C'est où, cette ville?

Dites dans quelle ville et dans quel pays chaque personne travaille.

Modèle:

M. Barrault/Marseille
M. Barrault travaille à Marseille, en France.

1. Mlle Martinelli/Rome
2. M. Carlson/Atlanta
3. Mme Osaki/Tokyo
4. M. Clark/Toronto
5. M. Boigny/Abidjan
6. Mlle Tissot/Genève
7. M. Diouf/Dakar
8. Mme Aknouch/Rabat

M. Barrault travaille pour la SNCF à Marseille, en France.

Communication

11 Ma vidéo

*Votre classe échange des vidéos avec une école en France. Votre vidéo est sur ce que font les élèves américains le samedi. Écrivez une série de phrases sur vos activités le samedi passé. Organisez les activités selon le moment de la journée (le matin, l'après-midi, le soir). Utilisez les phrases au passé composé et aussi les expressions **d'abord**, **puis** et **alors**.*

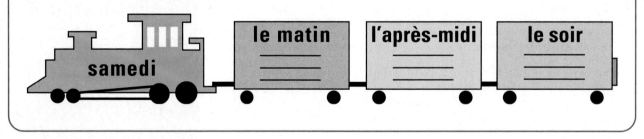

samedi

le matin	l'après-midi	le soir

12 ▶ Une enquête

Interviewez cinq élèves pour déterminer ce qu'ils ont fait hier soir. Copiez la grille suivante et les huit expressions. Puis, écrivez les noms des élèves. Posez chaque question à chaque élève. Quand un(e) élève répond affirmativement à une question, cochez l'espace blanc approprié. Enfin, dites à la classe combien d'élèves ont répondu affirmativement à chaque question.

	Thierry	Sophie	Bruno	Laurent	Rachel
téléphoner à tes amis			✔	✔	✔
écouter de la musique					
manger chez toi					
rester chez toi après le dîner					
faire tes devoirs					
sortir avec des amis					
regarder la télé					
rentrer après 22 heures					

Modèle:

Assia: Est-ce que tu as téléphoné à tes amis?
Laurent: Oui, j'ai téléphoné à mes amis.
....
Assia: Trois élèves ont téléphoné à leurs amis.

13 ▶ Un sommaire

Utilisez la grille dans l'Activité 12 pour écrire un sommaire de ce que vos amis ont fait hier soir. Dites aussi ce que vous avez fait. Pour chaque question, dites qui a répondu affirmativement et qui a répondu négativement.

Modèle:

Bruno, Laurent, Rachel et moi, nous avons téléphoné à nos amis. Thierry et Sophie n'ont pas téléphoné à leurs amis....

14 ▶ Des vacances spéciales

Pensez à des vacances spéciales (ou imaginaires) avec votre famille ou vos amis. Faites une série de dessins qui montrent, en ordre, les activités spéciales. (Vous pouvez aussi utiliser des photos.) Enfin, sous chaque dessin, écrivez une phrase au passé composé où vous dites où vous êtes allé(e) et ce que vous avez fait.

Nous sommes allées à la Martinique où nous avons nagé dans la mer.

Vocabulaire

un journal

un magazine

une bande dessinée

une lettre

un message

un roman

une carte

la ferme

une grange

un champ

un mouton

une chèvre

une vache

Il nourrit les animaux.

un canard

un cheval

un cochon

un coq

une poule

un dindon

un lapin

Isabelle Bernard's parents have just received a letter from their daughter, who is spending a few weeks on a farm near Lille with a friend.

M. Bernard:	Qu'est-ce que tu lis?
Mme Bernard:	Une lettre d'Isabelle. Elle est très contente chez son amie Béatrice.
M. Bernard:	Qu'est-ce qu'elles font?
Mme Bernard:	Elles sont très occupées. Le premier jour elles ont fait du cheval, le deuxième jour elles ont nettoyé la grange, et le troisième jour elles ont envoyé des cartes postales et des lettres.
M. Bernard:	Donc, elles aident les parents de Béatrice? Le travail de fermier est dur.
Mme Bernard:	Oui, elles prennent le petit déjeuner très tôt, puis elles nourrissent les animaux. Dans la ferme il y a beaucoup de vaches, de chevaux et de cochons.
M. Bernard:	Ma fille qui travaille dans une ferme, qui ne dort pas jusqu'à dix heures du matin et qui est heureuse! La vie est pleine de surprises!

Les salutations

To start a letter to a friend or family member, you have already learned expressions such as **Chère Isabelle** or **Mon cher Jérémy**. To begin a business letter, write the heading **Madame** or **Monsieur**. To end a letter to someone you know well, use **Amicalement** (*Love*), **Je t'embrasse** (*With love*) or **Amitiés** (*Best wishes*). To close a business letter, write a formal sentence such as **Je vous prie de croire, Monsieur, à l'expression de mes sentiments les meilleurs.** (*Please believe, Sir, that I am sending you my best wishes.*)

Lille

Situated amid the textile plants, windmills and farms of **Flandre** is northeastern France's most important city, Lille. Throughout the city are famous **brasseries** (*taverns*) that serve a variety of local food and beer. Travelers who ride the train under the English Channel often pass through Lille on their way to Paris and other cities. In fact they may go directly from the tunnel through Lille and on to Roissy-Charles de Gaulle Airport without having to enter the city of Paris itself.

Cobbled squares and narrow streets featuring stylish shops, cafés and restaurants characterize *Vieux Lille*.

---

1 ### Dans la ferme

Faites correspondre la lettre de l'animal à ce que vous entendez.

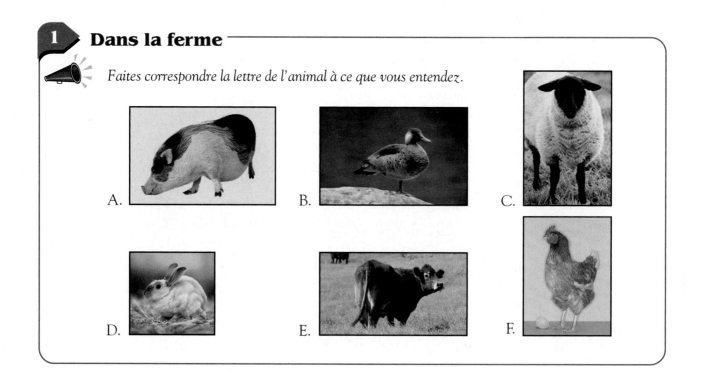

A.

B.

C.

D.

E.

F.

2 — La lettre d'Isabelle

Isabelle aime faire du cheval.

Répondez par "vrai" ou "faux" d'après le dialogue.

1. M. et Mme Bernard viennent de lire une lettre de leur fille.
2. M. et Mme Bernard sont en train de téléphoner à Isabelle.
3. Isabelle et son amie Béatrice sont très occupées.
4. Isabelle a peur des chevaux.
5. Selon M. Bernard, le travail de fermier est facile.
6. Il y a beaucoup de lapins, de chiens et de chevaux dans la ferme de Béatrice.
7. Chez Béatrice, Isabelle dort jusqu'à dix heures du matin.

3 — C'est quel animal?

Complétez chaque phrase avec le mot convenable de la liste suivante.

vache	poule	lapin	dindon
canard	cochon		chèvre

Les moutons donnent de la laine (*wool*).

1. Le... a de grandes oreilles et aime manger des carottes.
2. La... donne des œufs.
3. Le... aime nager dans les étangs.
4. Le... est rose et il mange beaucoup.
5. La... habite souvent dans les montagnes.
6. La... donne du lait.
7. Les Américains mangent du..., surtout en novembre.

4 — C'est à toi!

Questions personnelles.

1. Quand tu voyages, est-ce que tu achètes beaucoup de cartes postales?
2. As-tu passé une journée dans une ferme? Si oui, où?
3. Est-ce que tu aimes faire du cheval?
4. Est-ce que tu donnes une carte à ton ami(e) pour son anniversaire?
5. Est-ce que tu préfères lire des romans, des journaux ou des magazines?
6. La bande dessinée que tu préfères s'appelle comment?

M. Savard préfère lire des journaux. (Bruxelles)

Present tense of the irregular verbs *dormir* and *lire*

Here are the present tense forms of the irregular verbs **dormir** (*to sleep*) and **lire** (*to read*).

dormir			
je	**dors**	nous	**dormons**
tu	**dors**	vous	**dormez**
il/elle/on	**dort**	ils/elles	**dorment**

Mlle Marigny dort dans sa chambre.

Tu **dors** en cours?
Non, mais Michèle **dort** devant la télé.

Do you sleep in class?
No, but Michèle sleeps in front of the TV.

The past participle of **dormir** is **dormi**.

Isabelle a **dormi** jusqu'à dix heures.

Isabelle slept until 10:00.

lire			
je	**lis**	nous	**lisons**
tu	**lis**	vous	**lisez**
il/elle/on	**lit**	ils/elles	**lisent**

Lisez-vous le journal?
Non, je **lis** un roman.

Are you reading the newspaper?
No, I'm reading a novel.

The past participle of **lire** is **lu**.

Les Bernard ont **lu** la lettre de leur fille.

The Bernards read the letter from their daughter.

Karine lit une lettre de son ami. (Bruxelles)

Pratique

5 Qu'on est fatigué!

Certaines personnes sont très fatiguées. Dites où elles dorment.

Modèle:

M. Michelet
M. Michelet dort au travail.

1. tu

2. Sara

3. Édouard et toi, vous

4. Chloé et Denis

5. je

6. Fabienne et moi, nous

7. mon grand-père

6 Qu'est-ce qu'on lit?

Tout le monde est à la bibliothèque. Dites ce qu'on lit.

Michel et Damien

Modèle: Luc

Khadim

Margarette

je

Latifa et toi

Modèle:

Luc
Luc lit une carte postale.

7 Lire ou dormir?

*Complétez chaque phrase avec la forme convenable de **lire** ou **dormir** au **passé composé**.*

Modèles:

Dominique **a lu** une lettre.
Le chien **a dormi** avec la chèvre.

1. Mes petits frères... des bandes dessinées.
2. L'élève diligent n'... jamais... en cours.
3. Tu... un magazine de sports au cabinet du docteur Valois?
4. Papa et Claudette... la lettre de notre tante.
5. ... -vous... le journal hier?
6. J'... chez mes cousins hier soir.
7. Maman... un roman à ses enfants.
8. Jean-Claude et moi, nous... jusqu'à neuf heures ce matin.

Julien a lu un article dans *Le Figaro*.

Ordinal numbers

Ordinal numbers show the order in which things are placed, for example, "first," "second" and "third." All ordinal numbers in French (except **premier** and **première**) are formed by adding **-ième** to the cardinal number.

deux   →   deux**ième**

Le **deuxième** jour elles ont   *The second day they cleaned*
nettoyé la grange.   *the barn.*

If a cardinal number ends in **-e**, drop this e before adding **-ième**.

onze   →   onz**ième**

Some ordinal numbers are formed irregularly.

un, une   →   **premier, première**

cinq   →   cinquième

neuf   →   neuvième

Pratique

 8   **À la fête foraine**

C'est le dernier jour de la fête foraine (fair) et on finit de juger les animaux. Dites quelle place on a donnée à chaque animal. Suivez le modèle.

Modèle:

Le coq est troisième.

Modèle:

Irregular plural forms of nouns and adjectives

You already know that most plural nouns or adjectives are formed by adding an **s** to singular nouns or adjectives.

J'envoie une **carte postale**.   J'envoie des **cartes postales**.

The following groups of nouns and adjectives have irregular plural forms.

	Singular	**Plural**
no change	autobus	autobus
	frais	frais
-eau → **-eaux**	bateau	bateaux
	beau	beaux
	nouveau	nouveaux
-al → **-aux**	animal	animaux
	journal	journaux
	national	nationaux

Les chrysanthèmes au marché sont très frais.

Singular nouns ending in **-eu** change to **-eux** in the plural: **un jeu → des jeux, un feu → des feux**.

Singular adjectives ending in **-eux** don't change in the plural: **vieux, amoureux, heureux, paresseux**.

Some irregular adjectives don't change form in the plural: **orange, marron, super, sympa, bon marché**.

Pratique

9 ▸ Au centre commercial

Dites ce que tout le monde cherche au centre commercial. Combinez chaque phrase de la Colonne A avec le pluriel d'une expression de la Colonne B.

A	B
Malika	un oiseau
je	un cadeau
Chantal et toi	un journal
ma grand-mère	un manteau
tu	un bureau
mon prof de français	un jeu vidéo
Jérôme et Christian	un chapeau
ma belle-mère	un tableau

Modèle:

Tu cherches des tableaux.

Qui cherche des journaux? (Bayonne)

10 Généralisez!

Répondez à chaque phrase avec une généralisation. Utilisez la forme plurielle de l'adjectif approprié de la liste suivante.

> paresseux frais beau vieux heureux
> sympa bon marché nouveau amoureux

Modèle:

Les bananes coûtent 1,52 euros le kilo; les pêches coûtent 0,76 euros le kilo.
Ah, les fruits sont **bon marché**!

Les fermiers pensent que ces vaches sont super. (Châteauneuf-du-Randon)

1. Les baguettes et les croissants sont toujours chauds. Ah, ils sont...!
2. Marie-Claire aime José, et José adore Marie-Claire. Ah, ils sont...!
3. Le chat Mistigris a 19 ans, et le chien Hector a 15 ans. Ah, les animaux sont...!
4. Grégoire et son frère aident souvent leurs amis. Ah, ils sont très...!
5. Patrick vient d'acheter un pull et un pantalon. Ah, ses vêtements sont...!
6. Mes cousins ne font jamais leurs devoirs. Ah, ils sont...!
7. Adèle aime les films de Brad Pitt et de Tom Cruise. Ah, ces deux hommes sont...!
8. Jean-Marc et Christiane ont eu 18/20 en histoire. Ah, ils sont...!

Communication

11 Une enquête

Interviewez cinq élèves pour déterminer ce qu'ils lisent. Copiez la grille et les questions suivantes. Puis, écrivez les noms des élèves. Posez chaque question à chaque élève. Quand un(e) élève répond, écrivez sa réponse dans l'espace blanc approprié. Enfin, dites à la classe ce que vous avez trouvé.

	Max	Claire	Paul	Anne	Ahmed
Lis-tu le journal chaque jour?	oui	oui		oui	
Quelle(s) bande(s) dessinée(s) aimes-tu?					
Quel est ton magazine favori?					
Vas-tu souvent à la bibliothèque?					
Lis-tu un roman maintenant?					
As-tu lu un roman de Stephen King?					
Qu'est-ce que tu as lu hier soir?					

Moi, je préfère lire les bandes dessinées.

Modèle:

Hélène: **Lis-tu le journal chaque jour?**
Max: **Oui, je lis le journal chaque jour.**

....

Hélène: **Trois élèves lisent le journal chaque jour.**

cent vingt-neuf

Leçon B

129

12 ▸ Un sommaire

Utilisez la grille dans l'Activité 11 pour écrire un sommaire de ce que vos amis lisent. Dites aussi ce que vous lisez. Pour chaque question, dites comment chaque élève a répondu.

Modèle:

Max, Claire, Anne et moi, nous lisons le journal chaque jour.
Paul et Ahmed ne lisent pas le journal chaque jour.

Les étudiants vont souvent à la bibliothèque pour lire.

13 ▸ Une carte postale

Imaginez que vous êtes Minette, une chatte parisienne. Vous êtes allée en vacances dans une ferme en Normandie. Écrivez une carte postale à votre ami, Félix. Dites à Félix ce que vous avez vu et fait dans la ferme, ce qui est différent de Paris et comment vous aimez la vie rurale.

Les provinces et les produits de France

Automobiles, airplanes, food, beverages, perfume and fashions are among the variety of products from France that customers throughout the world can buy. Each of France's 22 regions proudly produces its own specialties. These regions closely resemble the former French provinces both in name and location.

Languedoc sends garlic to markets and stores all over France.

A mild climate and fertile soil over almost half of France's surface give the country an agricultural surplus that allows it to export many foods. Chestnuts and garlic come from the southern province of **Languedoc**. **Truffes** (*truffles*), similar to mushrooms with black interiors, grow underground attached to the roots of oak trees in southwestern France. Dogs or pigs are trained to find (but not eat) this delicacy. In **Normandie** apple trees, used for jelly, cider and **calvados** (*brandy*), dot the landscape. The province that surrounds Paris has bountiful fields of sugar beets and wheat. The vineyards in **Bourgogne**, **Champagne** and **Alsace** account for a major portion of the wines produced in France.

Almost 50 percent of farm income comes from raising livestock—cattle in the north and west, sheep and goats in the south and east. Most French farms have pigs and chickens, while sheep are raised on the salt marshes in **Normandie**.

Camembert cheese, also from **Normandie**, has a world-wide reputation. They say that Napoléon kissed the waitress who first served it to him. Munster is produced in the largely agricultural province of **Alsace**, and Brie comes from the Parisian area. The principal alpine cheese, Gruyère, originates in **Franche-Comté** near Switzerland. Dishes such as **fondue savoyarde** (*cheese fondue*), **soupe à l'oignon gratinée** (*onion soup*) and cheese soufflé owe their distinctive flavor to this mild cheese.

One-third of French bottled water comes from the **Massif Central**. Badoit, Volvic, Évian and Perrier are distributed throughout the country. The best-known water of all is Vichy, site of a fashionable spa and several springs.

A *Fluo* is a Perrier mineral water flavored with mint.

Herbes de Provence are an aromatic mixture of cooking herbs—such as thyme, bay leaves, rosemary, summer savory, cloves, basil and tarragon.

The products of **Provence** are as colorful as the countryside. This region is famous for its olive trees, herbs, fish soups and **tisanes** (*herbal teas*).

But France is famous for many products other than food. **Couturiers** (*fashion designers*), such as St. Laurent, Chanel and Cardin, bring French clothing designs to the attention of fashion lovers around the world.

France is one of the world's largest producers of passenger cars. The two major French automobile companies are Renault and the Peugeot Citroën group.

The inflatable, removable bicycle tire was the invention of Édouard Michelin, born in the **Massif Central**. Today the Michelin tire company is one of the top manufacturers of automobile tires in the world.

The *Mégane II Berline* is a family sedan made by Renault.

The French government owns 97 percent of Aérospatiale, which is located in Toulouse.

The French aerospace industry also has a worldwide reputation. France's state-owned company, Aérospatiale, joined forces with aviation companies from Germany, England and Spain to form Airbus Industrie, which is headquartered in Toulouse. The Airbus aircraft are built in segments in different parts of the world and then assembled in

Toulouse or in Germany. By using the latest technologies to make its planes quieter and less expensive to run, Airbus has become one of the two leading airplane manufacturers in the world. France also produces the Ariane space rockets in cooperation with other European companies.

Grasse, situated near Nice, is the world's perfume capital. Jasmine, roses, jonquils, mimosa, lavender and a multitude of other flowers bloom on the hillsides around this city. Many companies in the fragrance industry have research laboratories here where the great perfume formulas are created.

A worker shovels rose petals, which will be distilled into perfume in Grasse.

Many French and foreign companies work in the immense high-tech industrial park of Sophia-Antipolis near Nice. Companies such as Dow Chemical France, Air France, IBM and Texas Instruments bring many scientists and engineers to the area.

French porcelain made in the late eighteenth century set
standards for European porcelain production. (Nancy)

The cities of Limoges and Sèvres are known for their fine porcelain, Baccarat for its beautiful crystal, Grenoble for its gloves and Lyon for its silk. The many large factories in **Flandre**, **Artois** and **Picardie** produce a variety of industrial products, thanks to the area's rich iron mines. From Camembert to Citroën, it is easy to see why France ranks among the top exporting countries in the world.

14 ▸ Les provinces et les produits de France

Répondez aux questions.

1. Currently, France is divided into regions. What did these regions used to be called?
2. How are truffles located?
3. What provinces are responsible for a major portion of the wines produced in France?
4. What are the names of three famous French cheeses?
5. What region of France produces one-third of France's bottled water?
6. Who are three famous French fashion designers?
7. What are two of the major French automobile companies?
8. In what city is the French aerospace industry headquartered?
9. What is the name of the space rockets that are made in France?
10. What city in southern France is famous for perfume?
11. For what product are the cities of Limoges and Sèvres known?
12. Why are there many large factories in northeastern France?

Le Restaurant Paul Bocuse

Le célèbre restaurant Paul Bocuse, près de Lyon, est un restaurant trois étoiles (★★★). Regardez sa carte (menu) et répondez aux questions.

C·A·R·T·E

ENTREES

Soupe aux truffes noires V.G.E. (plat créé pour l'Elysée en 1975). 44,97 €.
Saumon frais mariné à l'aneth, pain de campagne grillé. 25,92 €.
Salade de homard au vinaigre de xérès. 47,26 €.
Foie gras frais maison cuit en terrine. 28,97 €.
Salade de haricots verts. 13,72 €.
Terrine de canard pistachée et terrine de foie gras frais maison. 27,44 €.
Soupe de grenouilles cressonnière. 27,44 €.
Soupe de légumes aux petits croûtons dorés. 9,15 €.
Cassolette d'escargots à la bourguignonne. 25,92 €.
Asperges vertes, vinaigrette beaujolaise. 22,11 €.

POISSONS

Loup en croûte à la mousse de homard, sauce Choron. 44,97 €.
Filets de sole aux nouilles Fernand Point. 31,25 €.
Rouget barbet en écailles de pommes de terre croustillantes. 32,78 €.
Tronçon de turbot rôti à l'arête. 36,59 €.
Fricassée de homard aux légumes nouveaux. 51,83 €.
Homard grillé aux deux sauces. 54,88 €.
Assiette des pêcheurs au beurre de nage. 36,59 €.
Lavaret du lac ou Sandre à la marinière *(selon la pêche)*. 24,39 €.
Filet de Saint-Pierre aux épices. 32,01 €.

VIANDES

Filet de boeuf à la moelle et à l'échalote, sauce marchand de vin. 32,78 €.
Côte de veau poêlée, champignons à la crème *(à partir de 2 pers.).* 29,73 €.
Rognon de veau en cocotte, sauce madère. 36,59 €.
Carré d'agneau persillé à la fleur de thym. 33,54 €.
Pigeon en feuilleté au chou nouveau et au foie gras. 32,01 €.
Pigeon rôti à la broche. 35,06 €.
Canette rôtie à la broche *(à partir de 2 pers.) par pers.* 32,01 €.
Volaille de Bresse rôtie à la broche *(à partir de 2 pers.) par pers.* 33,54 €.
Volaille de Bresse en soupière aux petits pois *(à partir de 2 pers.) par pers.* 35,06 €.
Poulet de Bresse au vinaigre d'estragon. 29,73 €.

Toutes nos viandes et volailles sont accompagnées de légumes de saison

FROMAGES

Sélection de fromages frais et affinés "Mère Richard". 12,96 €.
Fromage blanc à la crème. 7,62 €.

DELICES & GOURMANDISES

Glace à la vanille Bourbon, sorbet aux fruits rouges et coulis de framboise
Glaces et sorbets maison
Tarte sablée aux fruits frais
Oeufs à la neige Grand-Mère Bocuse
Gâteau Président Maurice Bernachon
Crème brûlée à la cassonade Sirio
Soufflé au chocolat
Petits fours, mignardises et chocolats

Chariot de desserts. 13,72 €.

Les plats que nous vous proposons sont soumis aux variations d'approvisionnement du marché et peuvent, par conséquent, nous faire défaut.
PRIX NETS, TVA COMPRISE (18,60 %) ET SERVICE COMPRIS (15 % sur le hors taxe)

1. How much does the most expensive soup cost? What is its main ingredient?
2. How much does the least expensive soup cost? What are its main ingredients?
3. What **entrée** can you order for 13,72 euros?
4. How many choices of fish are there?
5. What comes with the beef filet and all the other meat and fish dishes?
6. Is chicken on this menu? How much does it cost?
7. What flavor of ice cream can you order for dessert?
8. If you could eat at this renowned restaurant, what would you order from each category?

Au restaurant

le thé

le vin

les crudités (f.)

la sauce hollandaise

la crème caramel

la mousse au chocolat

les moules (f.)

le saumon

les fruits de mer

les escargots (m.)

le coq au vin

l'entrée (f.)

le potage

Menu à 14,48€

hors-d'œuvre
crudités
ou
escargots

viande ou poisson
côtelettes de porc
ou
saumon à la sauce hollandaise

desserts
mousse au chocolat
ou
crème caramel

le menu

Café Camille

| Soupe à l'Oignon gratinée |
| Salade d'Endives Noix et Roquefort |
| Mousse de Saumon et Câpres |
| 26,68€ |

Merci!
Sylvie

l'addition (f.)

le plat

Mme Monterrand is taking her niece Marie-Alix out to lunch in Lyon.

Marie-Alix:	Dis donc, il y a beaucoup de monde!
Mme Monterrand:	Oui, il faut avoir une réservation.
Marie-Alix :	Peux-tu me recommander quelque chose?
Mme Monterrand:	J'aime toujours le menu à 12,20 euros. Voyons, en entrée aujourd'hui on a le choix entre des moules, du potage ou des crudités. Comme plat principal, tu dois prendre le coq au vin ou le saumon à la sauce hollandaise.
Marie-Alix :	Ah oui, j'adore les fruits de mer. Mais je veux aussi goûter la mousse au chocolat.
Mme Monterrand:	D'accord, je vais choisir la crème caramel. On va terminer avec un café.

Le serveur:	Voici l'addition, Mesdames.
Mme Monterrand:	Merci beaucoup. On mange vraiment bien dans ce restaurant.

Lyon

France's third largest city, Lyon has been thriving since its days under the Roman rule of Julius Caesar. Located along the banks of the Rhône and Saône rivers, it serves as a junction between northern and southern France. Lyon is known as a gastronomical, silk, banking and pharmaceutical hub. There are many spectacular sites to see in Lyon: important fine arts and historical museums, a puppet museum, numerous **bouchons** (*bistros*) and restaurants, two Roman amphitheaters which are still used for concerts, the **basilique Notre-Dame de Fourvière** and many opulent Renaissance mansions.

The Rhône and the Saône join in Lyon.

In addition to his restaurant, Paul Bocuse runs a cooking school in Lyon.

Restaurants à Lyon

In Lyon food is taken seriously. Cooks in the city's many restaurants and bistros, like those in other regions of France, prepare their recipes with the freshest possible ingredients, cooked at the last possible minute. Originally, the women cooks of Lyon (**les mères**) created many of the famous regional dishes. Today, chefs such as Paul Bocuse carry on the tradition of fine cuisine in their sophisticated restaurants. However, instead of preparing food in **la haute cuisine** method of enhancing flavor with rich sauces, Bocuse and other chefs use light sauces to bring out the texture and flavor of the ingredients. This latter method of preparing food is called **la nouvelle cuisine**.

La carte

Diners in France can read the menu posted outside a restaurant to decide if the food, method of preparation and prices appeal to them. **Service compris** written on a menu means that the price of a meal includes the tip; however, people often leave something in addition for good service. There are two ways of ordering meals in France: **à la carte**, where each item is ordered and priced separately, and **à prix fixe**, where one set price includes a limited choice of courses, for example, appetizer, main dish and dessert.

Where does the restaurant *La Mirabelle* post its menu?

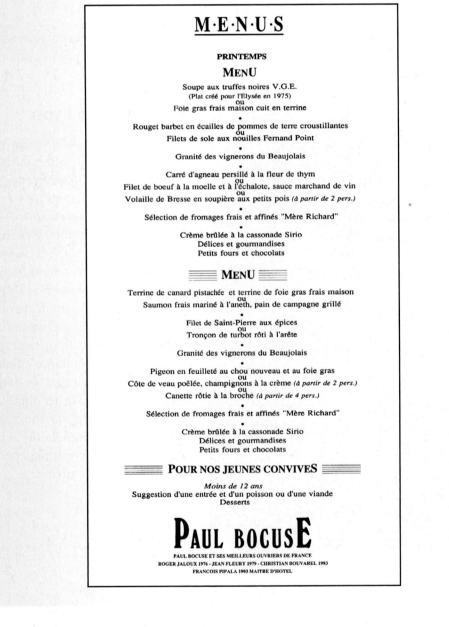

M·E·N·U·S

PRINTEMPS

MENU

Soupe aux truffes noires V.G.E.
(Plat créé pour l'Elysée en 1975)
ou
Foie gras frais maison cuit en terrine

•

Rouget barbet en écailles de pommes de terre croustillantes
ou
Filets de sole aux nouilles Fernand Point

•

Granité des vignerons du Beaujolais

•

Carré d'agneau persillé à la fleur de thym
ou
Filet de boeuf à la moelle et à l'échalote, sauce marchand de vin
ou
Volaille de Bresse en soupière aux petits pois *(à partir de 2 pers.)*

•

Sélection de fromages frais et affinés "Mère Richard"

•

Crème brûlée à la cassonade Sirio
Délices et gourmandises
Petits fours et chocolats

MENU

Terrine de canard pistachée et terrine de foie gras frais maison
ou
Saumon frais mariné à l'aneth, pain de campagne grillé

•

Filet de Saint-Pierre aux épices
ou
Tronçon de turbot rôti à l'arête

•

Granité des vignerons du Beaujolais

•

Pigeon en feuilleté au chou nouveau et au foie gras
ou
Côte de veau poêlée, champignons à la crème *(à partir de 2 pers.)*
ou
Canette rôtie à la broche *(à partir de 4 pers.)*

•

Sélection de fromages frais et affinés "Mère Richard"

•

Crème brûlée à la cassonade Sirio
Délices et gourmandises
Petits fours et chocolats

POUR NOS JEUNES CONVIVES

Moins de 12 ans
Suggestion d'une entrée et d'un poisson ou d'une viande
Desserts

PAUL BOCUSE

PAUL BOCUSE ET SES MEILLEURS OUVRIERS DE FRANCE
ROGER JALOUX 1976 · JEAN FLEURY 1979 · CHRISTIAN BOUVAREL 1993
FRANCOIS PIPALA 1993 MAITRE D'HOTEL

1 ▸ Quel plat?

Écrivez "B" si vous entendez le nom d'une boisson; "E" si vous entendez le nom d'une entrée; "P" si vous entendez le nom d'un plat principal, ou "D" si vous entendez le nom d'un dessert.

2 ▸ Au restaurant

Écrivez un paragraphe de cinq phrases sur le déjeuner de Marie-Alix et sa tante. Dites pourquoi il faut avoir une réservation au restaurant qu'elles ont choisi. Dites aussi quel menu Mme Monterrand aime et les trois entrées. Puis, dites quel plat principal Mme Monterrand suggère à Marie-Alix. Enfin, dites ce que Marie-Alix et sa tante vont choisir comme dessert.

3 ▸ Catégorisez!

Écrivez trois mots dans chaque catégorie.

| meat | fish or seafood | dairy products | fruits | desserts | vegetables | beverages |

4 ▸ Un dîner de gala

Vous allez préparer un dîner spécial pour vos amis. Devant chaque assiette, vous allez mettre une copie du menu. Dites ce que vous allez servir dans chaque catégorie et aussi les boissons que vous allez offrir.

> ### Menu
> *hors-d'œuvre*
> *entrée*
> *plat principal*
> *salade*
> *fromages*
> *dessert ou fruit*
> *boissons*

5 ▸ C'est à toi!

Questions personnelles.

1. Est-ce que tu manges souvent au restaurant avec ta famille?
2. Est-ce que tu aimes goûter de nouveaux plats?
3. Pour commencer, est-ce que tu préfères le potage ou la salade?
4. Est-ce que tu aimes les fruits de mer?
5. Quel est ton dessert favori?
6. Qu'est-ce que tu prends au petit déjeuner? Du café, du thé, du lait ou du jus de fruit?

Tu veux goûter une charlotte au chocolat?

Present tense of the irregular verbs
vouloir, pouvoir, devoir and *falloir*

Here are the present tense forms of the irregular verbs **vouloir** (*to want*),
pouvoir (*to be able to*) and **devoir** (*to have to*).

vouloir			
je	**veux**	nous	**voulons**
tu	**veux**	vous	**voulez**
il/elle/on	**veut**	ils/elles	**veulent**

Vous **voulez** partir? *Do you want to leave?*
Oui, nous **voulons** visiter Lyon. *Yes, we want to visit Lyon.*

M. Laborit veut nourrir les oiseaux. (Nice)

The French often use **je voudrais** (*I would like*) instead of **je veux** to politely ask for something.
For example, **Je voudrais une mousse au chocolat, s'il vous plaît.**

pouvoir			
je	**peux**	nous	**pouvons**
tu	**peux**	vous	**pouvez**
il/elle/on	**peut**	ils/elles	**peuvent**

Peux-tu me recommander quelque chose? *Can you recommend something to me?*
Je ne **peux** pas choisir. *I can't choose.*

devoir			
je	**dois**	nous	**devons**
tu	**dois**	vous	**devez**
il/elle/on	**doit**	ils/elles	**doivent**

Qu'est-ce que les élèves **doivent** faire? *What do the students have to do?*
Ils **doivent** étudier. *They must study.*

The only present tense form of the verb **falloir** (*to be necessary, to have to*)
is **il faut** (*it is necessary, one has to/must, we/you have to/must*).

falloir	
il	**faut**

Il **faut** avoir une réservation. *You must have a reservation.*

140 cent quarante
Unité 3

Pratique

Au restaurant La Méditerranée on offre une variété intéressante d'aliments et de boissons. Dites ce que les personnes suivantes veulent goûter.

Modèle:

Magali et moi
Magali et moi, nous voulons goûter les moules.

1. M. Prévert

2. Sophie et toi

3. M. et Mme Grammont

4. je

5. Nathalie et Sylvie

6. Mme Berbonde

7. Maurice et moi

Tu veux goûter les moules de Léon de Bruxelles?

8. tu

7 ▶ Qui peut rester?

Il est maintenant 20h00 au restaurant La Méditerranée. Beaucoup de monde doit rentrer et ne peut pas rester pour le bal. On a coché les noms des personnes qui doivent rentrer. Dites qui peut rester et qui doit rentrer. Suivez les modèles.

> Je dois travailler demain. Alors, je dois rentrer.

toi	✔
M. Prévert	✔
Sylvie	
Sophie	✔
Nathalie	
M. et Mme Grammont	✔
moi	
Mme Berbonde	
Maurice	
Magali	

Modèles:

M. Prévert
M. Prévert doit rentrer.

Maurice
Maurice peut rester.

1. Sophie et toi
2. je
3. Nathalie et Sylvie
4. Mme Berbonde
5. Magali et moi
6. M. et Mme Grammont
7. tu

8 ▶ En partenaires

Posez des questions à votre partenaire. Utilisez **vouloir**, **pouvoir**, **devoir** *ou* **falloir**. *Répondez aux questions et puis alternez. Suivez le modèle.*

Modèle:

devoir/rentrer tôt lundi soir
A: **Est-ce que tu dois rentrer tôt lundi soir?**
B: **Oui, je dois rentrer tôt lundi soir. Et toi, est-ce que tu dois rentrer tôt lundi soir?**
A: **Non, je ne dois pas rentrer tôt lundi soir.**

1. devoir/nettoyer ta chambre chaque semaine
2. devoir/nourrir les animaux chez toi
3. pouvoir/me recommander un bon restaurant
4. vouloir/goûter les escargots
5. vouloir/prendre du lait, de l'eau minérale ou du coca
6. falloir/avoir une réservation à ton restaurant favori

Il ne faut pas avoir une réservation au café.

The partitive article

The partitive article indicates a part, a quantity or an amount of something. To form the partitive article, combine **de** with a singular definite article (**le**, **la** or **l'**). In English the partitive article means "some" or "any."

Masculine before a Consonant Sound	Feminine before a Consonant Sound	Masculine or Feminine before a Vowel Sound
du thé	**de la** sauce	**de l'**eau minérale

Tu veux **du** vin?	*Do you want (some) wine?*
Donne-moi **de la** glace.	*Give me some ice cream.*
Vous avez **de l'**argent?	*Do you have (any) money?*

Des, the plural of the indefinite article **un(e)**, is also used to express "some" or "any."

On achète **des** escargots.	*We're buying (some) snails.*

Remember to use partitive articles after certain verbs and expressions to indicate quantity: **vouloir, acheter, manger, donner, prendre, désirer, avoir, voici, voilà** and **il y a**. But when referring to whole items, use definite articles after these verbs and expressions.

Tu as le choix entre **du** potage ou **des** crudités.	*You have a choice between soup and raw vegetables.*
Je vais prendre **la** crème caramel.	*I'm going to have the caramel custard.*

When referring to things in general, use definite articles after these verbs: **aimer, adorer** and **préférer**.

J'adore **les** fruits de mer.	*I love seafood.*

In negative sentences **du, de la, de l'** and **des** change to **de** or **d'**.

Il n'y a pas **de** saumon.	*There isn't any salmon.*

Vous achetez des pommes de terres?

Pratique

 Un cadeau d'anniversaire

Pour célébrer l'anniversaire de vos parents, vous allez préparer un dîner d'anniversaire. Demandez à vos parents de choisir entre les deux aliments illustrés. Suivez le modèle.

 **Modèle:**

Vous voulez des crudités ou du saucisson?

1.

2.

3. Sel (m)   Poivre (m)

4.

5. (m)   (m)

6. Cerises f/pl   raisins m/a

7. au gâteau   de la mousse au chocolat   8. vin   thé

Je n'ai plus faim
I'm not hungry

10 Êtes-vous végétarien(ne)?

M. et Mme Sandoval sont végétariens. Dites s'ils mangent
ou non les aliments illustrés. Suivez les modèles.

Modèles:

melon
Ils prennent du melon.

crème caramel
Ils ne prennent pas de crème caramel.

1. fruits de mer
2. coq au vin
3. jus de raisin
4. crudités
5. œufs
6. jambon
7. escargots
8. bouillabaisse
9. pâté
10. confiture

Au restaurant végétarien les Sandoval
prennent du jus de pomme et des crêpes
aux légumes.

11 À vous de jouer!

Avec un(e) partenaire, jouez les rôles d'un garçon de neuf ans et sa mère. Ils vont dîner. Le garçon dit ce qu'il veut prendre. Sa mère lui dit qu'il doit prendre quelque chose d'autre.

Modèle:

la glace au chocolat/le yaourt
A: **Je veux de la glace au chocolat.**
B: **Mais non, tu dois prendre du yaourt.**

1. la pizza/les crudités
2. la quiche/le potage
3. le steak/le saumon
4. les frites/les haricots verts
5. le pain/la salade
6. la tarte aux fraises/le fromage
7. le coca/le lait

Communication

12 À prix fixe

*Avec deux autres élèves, créez et illustrez la carte d'un restaurant français. Nommez cinq **entrées**, cinq **viandes ou poissons** et cinq **desserts**. Donnez les prix de chaque plat en euros. Choisissez un nom intéressant pour votre restaurant. (Pour voir une carte typique, regardez la page 138.)*

13 ▶ En partenaires

 *Avec un(e) partenaire, jouez les rôles d'un(e) client(e) et d'un serveur/une serveuse dans un restaurant français. Ce restaurant a des spécialités et un menu.*

Dites "Bonjour."

Demandez ce que le (la) client(e) veut.

Demandez ce que le serveur/la serveuse suggère.

Dites ce que vous suggérez sur le menu.

Dites quelles spécialités vous aimez.

Nommez quelques spécialités à la carte.

Décidez ce que vous voulez et choisissez un repas avec boisson et dessert.

Après le repas, apportez l'addition.

Payez l'addition et dites "Merci."

Dites "Au revoir."

14 ▶ Pour garder la ligne

*Vous vous intéressez à votre santé et vous voulez rester en forme. Faites une liste de ce qu'il faut et ne faut pas manger pour garder la ligne (keep in shape). Écrivez au moins dix phrases qui commencent avec **Je dois**, **Je ne dois pas**, **Il faut** ou **Il ne faut pas**.*

Modèles:

Je dois manger cinq fruits ou légumes chaque jour.
Il ne faut pas manger entre les repas.

Writing a Business Letter

In this unit you will learn how to write a business letter in French. Examine the letter that follows for form and content. Note what the headings include and how they are positioned. Look for appropriate expressions to begin and end a business letter, and see how to politely request information.

Sandrine Choffrut
86, rue St.-Pierre
84200 Carpentras

Carpentras, le 29 juin 2007

Office de Tourisme
place Bellecour
69000 Lyon

Monsieur ou Madame,

Je vais passer quelques jours à Lyon au mois d'octobre quand je vais assister à un meeting professionnel. Parce que je vais être très occupée pendant mon séjour, je voudrais des informations bien à l'avance pour pouvoir profiter au maximum de mes heures libres.

Je voudrais des brochures touristiques, une liste d'événements culturels et un plan de la ville. Pouvez-vous aussi me recommander un bon hôtel situé au centre-ville et une liste de bons restaurants? Merci d'avance de votre aide.

Veuillez agréer, Monsieur ou Madame, mes salutations distinguées.

Sandrine Choffrut

The French observe strict rules of formal letter writing. The writer begins on the top right side of the page with the name of the city where the letter is being written and the date, separated by a comma. Notice that a comma is omitted before the year. Two lines under the date are the name and address of the organization or individual being written to. The postal code precedes the name of the city. (If you are writing to a different country, be sure to include the country after the name of the city.) On the top left of the page, the writer's name and return address appear. Note that a comma separates the street number and name. The words for "street," "boulevard," "square," etc., are typically not capitalized in French.

When the gender of the person who will read the letter is unknown, begin with **Monsieur ou Madame**. Note how the first sentence gives the purpose for writing and some background information. When making requests, be brief, clear and polite. Be sure to use the polite form **je voudrais** instead of **je veux**. End a business letter with a polite closing, such as **Veuillez agréer, Monsieur ou Madame, mes salutations distinguées**. (*Please accept, Sir or Ma'am, my distinguished greetings.*) A similar closing is **Croyez, Monsieur ou Madame, à l'expression de ma considération distinguée**.

15 ▸ Une lettre d'affaires

Imaginez que vous voulez des informations sur une ville française que vous avez étudiée dans cette unité. Écrivez une lettre d'affaires (business) à l'Office de Tourisme de cette ville. Dans la lettre dites pourquoi vous écrivez et ce que vous désirez. Préparez aussi l'enveloppe. Pour trouver l'adresse, cherchez sur Internet. Comme modèle, voyez la lettre de Sandrine.

Voici des expressions qui peuvent vous aider quand vous écrivez votre lettre:

des informations (information)
à l'avance (in advance)
des brochures touristiques (tourist brochures)
une liste (list)
un plan (map)
Pouvez-vous me recommander...? (Can you recommend . . . to me?)
Merci d'avance de votre aide. (Thank you in advance for your help.)

Nathalie et Raoul

✓ Évaluation culturelle

Decide if each statement is **vrai** or **faux**.

1. Lyon, France's largest port, is on the Mediterranean Sea.
2. There are many Roman ruins in **Provence** because the Romans once occupied much of southern France.
3. To close a business letter, you should write **Je t'embrasse**.
4. Lille is an important city in the northeastern French province of **Flandre**.
5. Most French wines originate in the vineyards of **Bourgogne**, **Champagne** and **Alsace**.
6. Badoit, Perrier and Vichy are all names of French bottled water.
7. Renault and Peugeot Citroën are the two major French automobile companies.
8. A number of American companies have headquarters in the high-tech industrial park of Sophia-Antipolis near Nice.
9. The French chef Paul Bocuse is known for his use of heavy, rich sauces to bring out the texture and flavor of the ingredients he uses in preparing food in the **haute cuisine** method.
10. **Service compris** written on a menu means that each item is ordered and priced separately.

✓ Évaluation orale

With a partner, play the roles of an American student who is going to visit a farm in Provence and the French host student. The American calls the host student to find out about life on a French farm, interesting regional sites and the local food.

Greet each other and ask what you like to do in your free time.

Ask if there are horses on the farm.

Say no and tell what animals there are on the farm. Then ask if the American has visited a farm.

Say that you have never been on a farm and ask what work has to be done.

Answer and then say that the work is hard.

Ask what you can see in Provence.

Answer and ask what the American likes to eat.

Answer and ask if the host eats a lot of seafood.

Answer and name some special dishes from Provence.

✓ Évaluation écrite

Now play the role of the American who will be going to Provence. Write your host a letter saying what you've done during the past week. Ask what you will have to do to help out on the farm. Also mention what specific dishes you want to taste during your family stay and what you would like to see in Provence. Use the appropriate French expressions on page 122.

✓ Évaluation visuelle

Work with a partner to write a dialogue based on the illustration. Play the roles of two students who discuss their recent family stay experiences in France as they travel by train to Paris. Use the **passé composé** to tell where they went and what they did. (You may want to refer to the *Révision de fonctions* on pages 151-52 and the *Vocabulaire* on page 153.)

Révision de fonctions

Can you do all of the following tasks in French?

- I can talk about what happened in the past.
- I can talk about things sequentially.
- I can describe someone's character traits.
- I can express concern.
- I can express astonishment.
- I can suggest what people can do.
- I can point out something.
- I can choose various things to eat.
- I can order something to eat and drink.

On va terminer avec un café.

To describe past events, use:

J'ai passé un bon séjour en famille.	*I had (spent) a good family stay.*
On a traversé le pont du Gard.	*We crossed the pont du Gard.*
Elles ont nettoyé la grange.	*They cleaned the barn.*
Elles ont envoyé des cartes postales.	*They sent (some) postcards.*
J'ai fait une promenade en bateau.	*I went for a boat ride.*

As-tu fait une promenade en bateau sur la Seine? (Paris)

To sequence events, use:

La première semaine....	*The first week . . . .*
Le deuxième jour....	*The second day . . . .*
Le troisième jour....	*The third day . . . .*
Le dernier weekend....	*The last weekend . . . .*
Bientôt....	*Soon . . . .*
Très tôt....	*Very early . . . .*

To describe character, use:

Les ados en France **sont vachement sympa**.	*Teenagers in France are really nice.*

To express concern, use:

Attention!	*Watch out!*

To express astonishment, use:

La vie est pleine de surprises!	*Life is full of surprises!*

To make suggestions, use:

Tu dois prendre le coq au vin.	*You ought to have the chicken cooked in wine.*

To point out something, use:

Voici l'addition.	*Here's the check.*

To choose items, use:

On a le choix entre des moules, du potage ou des crudités.	*You have a choice among mussels, soup or raw vegetables.*
Je vais choisir la crème caramel.	*I'm going to choose the caramel custard.*

To order food and beverages, use:

Peux-tu me recommander quelque chose?	*Can you recommend something to me?*
On va terminer avec un café.	*We're going to end with coffee.*

Vocabulaire

à pied on foot A
une addition bill, check (at a restaurant) C
un(e) ado teenager A
Attention! Watch out! Be careful! A
un autobus (city) bus A

une bande dessinée comic strip B
bientôt soon A
un bus (city) bus A

la campagne country, countryside A
un canard duck B
une carte card B
une cascade waterfall A
un champ field B
chaque each, every A
un château castle A
une chèvre goat B
un choix choice C
un cochon pig B
un copain, une copine friend A
un coq rooster B
le coq au vin chicken cooked in wine C
un(e) correspondant(e) host brother/sister A
une crème caramel caramel custard C
des crudités (f.) raw vegetables C

dans on B
un dindon turkey B
dur(e) hard B

en by A; as C
entre between, among C
une entrée entrée (course before main dish) C
envoyer to send B
un escargot snail C
un étang pond A
une excursion trip A

faire du cheval to go horseback riding B
faire une promenade to go for a ride A
une ferme farm B
un fleuve river A
des fruits de mer (m.) seafood C

goûter to taste C
une grange barn B

une histoire story A
une île island A

un journal newspaper B

un lac lake A
un lapin rabbit B
une lettre letter B

un magazine magazine B
un menu fixed-price meal C
Mesdames ladies C
un message message B
le monde people C
une montagne mountain A
une moule mussel C
une mousse mousse C
une mousse au chocolat chocolate mousse C
un mouton sheep B

nettoyer to clean B
nourrir to feed B
un numéro number A

un océan ocean A

par by A
pendant during A
pied: à pied on foot A
un plat dish C
le plat principal main course C
plein(e) full B
un pont bridge A
le potage soup C
une poule hen B
principal(e) main C
une promenade ride A

un quai platform A

recommander to recommend C
une réservation reservation C
une rivière river A
un roman novel B
une route road A

la sauce hollandaise hollandaise sauce C
un saumon salmon C
un séjour en famille family stay A
une surprise surprise B

terminer to finish C
le thé tea C
tôt early B
le travail work B
traverser to cross A

une vache cow B
vachement really, very A
le vin wine C

un weekend weekend A

Unité 4

La vie quotidienne

In this unit you will be able to:

- describe daily routines
- give orders
- ask someone to hurry
- make suggestions
- express likes and dislikes
- state a preference
- give opinions
- express emotions
- describe past events

www.emcp.com

Vocabulaire

things you will use everyday

les affaires de toilette (f.)

la glace — *mirror*

le savon — *soap*

le shampooing — *shampoo*

BEAUX CHEVEUX

la serviette

la brosse à dents

DENTIFRAÎCHE

le dentifrice

le gant de toilette

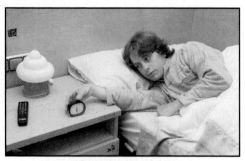

· Didier se réveille.

· Il se lève.

Il se lave.

Il se brosse les dents.

Il s'habille.

Il se regarde.

Il se déshabille.

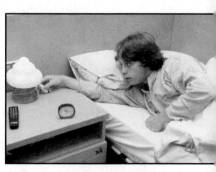

Il se couche.

Catherine

Latifa

Catherine est étudiante à l'université d'Haïti à Port-au-Prince, la capitale du pays. Elle cherche une camarade de chambre. Latifa, une autre étudiante, vient voir l'appartement.

Catherine:	**Voici la chambre.**
Latifa:	**Ce n'est pas mal. Il y a une grande glace et une armoire haute pour mes vêtements.**
Catherine:	**Tu peux mettre tes affaires de toilette... ton dentifrice, ton shampooing... dans la salle de bains au fond du couloir.**
Latifa:	**D'accord. Écoute, je me lève tôt le matin.**

Catherine:	**Moi aussi. Je me réveille à cinq heures et demie, puis je me lave et je m'habille. Je pars à six heures prendre le bus pour aller à la fac.**
Latifa:	**Oui, c'est la course le matin! Mais j'ai une voiture. On peut partir ensemble.**
Catherine:	**Super! Je pense qu'on va bien sympathiser.**

Haïti

Christophe Colomb a découvert une belle île tropicale dans la mer des Antilles en 1492. Il a donné le nom d'Hispaniola à cette île. Au XVIIe siècle l'île est devenue une colonie française, Saint-Domingue. Toussaint-Louverture (1743-1803) a encouragé les esclaves africains à être indépendants de la France. Ils ont obtenu leur liberté en 1804. On a changé le nom de Saint-Domingue à la république d'Haïti.

Les autobus multicolores à Port-au-Prince s'appellent des "tap-tap."

Haïti occupe la partie ouest de l'île. La république Dominicaine est à l'est de l'île. Haïti est aussi grande que l'état de Maryland aux États-Unis. Les Haïtiens parlent français et créole. Ils cultivent le café, la canne à sucre, le tabac, le coton et la banane. Port-au-Prince est un port et la plus grande ville de la république d'Haïti. Là, il y a une université nationale avec une célèbre faculté de médecine. Haïti est un pays pauvre, mais l'art, la littérature et la musique de la région sont très riches.

1 ▶ Qu'est-ce qu'on fait?

Faites correspondre la lettre de la photo à ce que vous entendez.

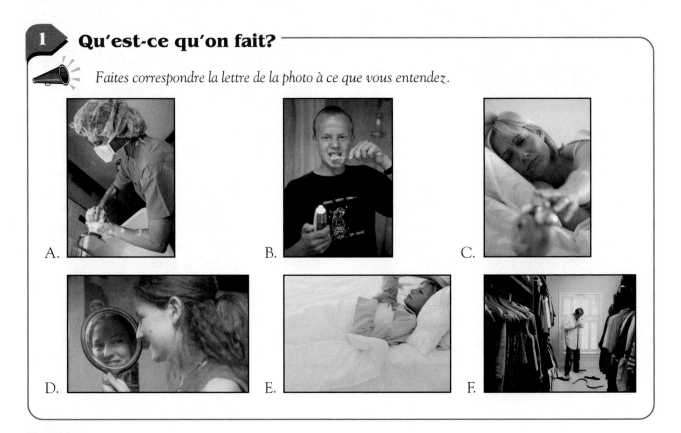

A.

B.

C.

D.

E.

F.

2 ▸ Une nouvelle camarade de chambre

Répondez par "vrai" ou "faux" d'après le dialogue.

1. Catherine est étudiante à Port-au-Prince.
2. Catherine cherche un nouvel appartement.
3. Latifa n'aime pas la chambre de Catherine.
4. La salle de bains est au fond du couloir.
5. Catherine part à huit heures prendre le bus pour aller à l'université.
6. Latifa a une voiture.
7. Catherine pense que Latifa est sympathique.

3 ▸ C'est à toi!

Questions personnelles.

1. Est-ce qu'il y a une grande glace dans ta chambre?
2. Qui achète tes affaires de toilette?
3. Est-ce que c'est la course le matin chez toi?
4. À quelle heure est-ce que tu pars le matin?
5. Est-ce que tu as une voiture?
6. Avec qui est-ce que tu sympathises bien?
7. Selon toi, à quel âge peut-on avoir son premier appartement?

Je sympathise bien avec Antonine.

4 ▸ Mon horaire

Quand est-ce que vous faites les choses suivantes? Mettez ces verbes dans l'ordre chronologique et indiquez à quelle heure vous faites chaque chose. (On a déjà commencé pour vous.)

se lever	prendre le petit déjeuner	se brosser les dents
se coucher	se réveiller	aller à l'école	s'habiller	étudier
se laver	se déshabiller	regarder la télé	rentrer à la maison

Modèle:

1. se réveiller - 6h00

Reflexive verbs

To describe their daily routines, such as waking up, getting dressed and going to bed, French speakers use reflexive verbs.

Catherine **se réveille** à 5h30.	*Catherine wakes up at 5:30.*
Je **m'habille** dans ma chambre.	*I get dressed in my bedroom.*
Nous **nous couchons** à minuit.	*We go to bed at midnight.*

In the sentences above, note that the action of the reflexive verb is performed on or "reflected" back on the subject. Reflexive pronouns (**me, te, se, nous, vous**) are used with a reflexive verb. These pronouns represent the same person as the subject. Here are the present tense forms of the reflexive verb **se laver**, meaning "to wash (oneself)." Note that a reflexive pronoun precedes each verb form.

se laver			
je	**me lave**	nous	**nous lavons**
tu	**te laves**	vous	**vous lavez**
il/elle/on	**se lave**	ils/elles	**se lavent**

Florence se brosse les dents après le dîner.

Tu **te laves** maintenant?	*Are you washing up now?*
Oui, je **me lave** les mains.	*Yes, I'm washing my hands.*

Reflexive verbs often express the action of doing something to a part of one's own body. In this case the definite article (**le, la, l', les**) is used instead of the possessive adjective.

Je me brosse **les** dents.	*I'm brushing my teeth.*

Anne regarde la télé.

Elle se regarde dans la glace.

Many verbs may be either reflexive or non-reflexive, depending on whether the subject is performing an action on itself or on someone or something else. (Reflexive verbs are preceded by **se (s')** in the dictionary.)

To make a negative sentence, put **ne** in front of the reflexive pronoun and put **pas** after the verb.

Nous **ne nous** levons **pas** tôt le samedi.   *We don't get up early on Saturday.*

To ask a question using inversion, put the subject pronoun after the form of the verb, keeping the reflexive pronoun in front of the verb.

À quelle heure vous couchez-**vous**?   *What time do you go to bed?*

Thomas ne s'habille pas bien le weekend.

Pratique

5 **Quel pronom réfléchi?**

Complétez chaque phrase avec le pronom réfléchi (reflexive) convenable.

Modèle:

Chantal **se** regarde dans la glace.

1. Jean-Paul... réveille tôt ce matin.
2. Les étudiants... couchent après minuit le samedi soir.
3. ... déshabilles-tu dans la salle de bains ou dans ta chambre?
4. Nous... lavons les mains parce que nous allons manger.
5. Je... lève à sept heures.
6. Quand est-ce que tu... habilles pour la boum?
7. ... brossez-vous les dents après le petit déjeuner?

Sandrine ne se réveille pas tôt le samedi matin.

6 **À quelle heure?**

C'est samedi soir. Dites à quelle heure tout le monde se couche.

Modèle:

Martin
Martin se couche à onze heures.

1. mon père

2. mes petites sœurs

3. mes amis et moi

4. tu

5. le prof d'histoire

6. ma grand-mère

7 ▸ Combinez!

Formez huit phrases logiques. Choisissez un élément des colonnes A, B et C pour chaque phrase.

A	B	C
mon chien	se laver	dans la glace
je	se lever	à minuit
les médecins	se déshabiller	les mains
Philippe	se brosser	dans la salle de bains
mes copains et moi	se regarder	les cheveux
tu	se coucher	à sept heures
Hélène	s'habiller	le matin
le prof et toi	se réveiller	les dents

Modèle:

Mon chien se couche dans la salle de bains.

Grégoire se lave dans la salle de bains.

8 ▸ En partenaires

 Avec un(e) partenaire, posez des questions sur votre vie quotidienne. Puis répondez aux questions. Suivez le modèle.

Modèle:

se réveiller/à quelle heure
A: **À quelle heure est-ce que tu te réveilles?**
B: **Je me réveille à sept heures. Et toi, à quelle heure est-ce que tu te réveilles?**
A: **Je me réveille à six heures et demie.**

1. se lever/à quelle heure
2. se laver/avec quoi
3. se brosser les dents/avec quoi
4. s'habiller bien/quand
5. se déshabiller/où
6. se coucher tôt/pourquoi

Zohra s'habille bien quand elle va à l'église.

Communication

9 ▸ Une enquête

Est-ce que vous faites certaines activités quotidiennes à la même (same) heure pendant la semaine et pendant le weekend? Avec un(e) partenaire, faites une enquête. Préparez une grille comme la suivante. Posez des questions à votre partenaire. Quand il/elle répond, mettez ses réponses dans la grille. Puis changez de rôles.

Activités	Heure: Semaine	Heure: Weekend
se lever	7h00	9h00
s'habiller		
prendre le petit déjeuner		
faire les devoirs		
rentrer à la maison		
se coucher		

Modèle:

se lever

Luc: **À quelle heure est-ce que tu te lèves pendant la semaine?**

Paul: **Je me lève à 7h00 pendant la semaine.**

Luc: **Et à quelle heure est-ce que tu te lèves pendant le weekend?**

Paul: **Je me lève à 9h00 pendant le weekend.**

10 ▸ Un sommaire

Maintenant écrivez le résultat (results) de l'enquête que vous avez faite sur les activités de votre partenaire. Donnez l'heure à laquelle (which) il ou elle fait chaque activité pendant la semaine et pendant le weekend. Faites des phrases complètes.

Modèle:

Paul se lève à 7h00 pendant la semaine mais à 9h00 pendant le weekend.

11 ▸ Un petit mot à vos amis

Des amis français vont rester chez vous pendant le weekend. Ils vont arriver cet après-midi, mais votre famille ne va pas être à la maison. Alors, écrivez un petit message à vos amis. Dites où ils peuvent mettre leurs affaires de toilette (dentifrice, brosse à dents) et leurs vêtements. Dites aussi où ils peuvent trouver les choses dont ils vont avoir besoin (savon, shampooing, gant de toilette, serviette). Indiquez à quelle heure vous allez rentrer.

12 ▸ Une affiche originale

Imaginez que vous travaillez pour une agence de publicité (advertising agency). Vous êtes responsable de créer un nouveau produit (product). (Vous pouvez choisir entre un shampooing, un dentifrice ou un savon.) Dessinez (Design) une affiche pour ce nouveau produit. Donnez un nom original à votre produit et dites pourquoi il faut acheter ce produit.

LAVDOUX— le shampooing que les bébés adorent!

Vocabulaire

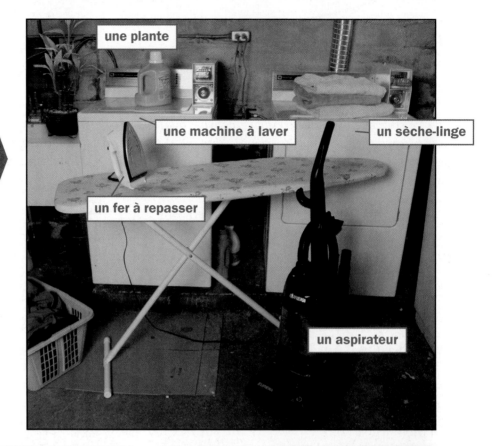

une plante

une machine à laver

un sèche-linge

un fer à repasser

un aspirateur

un lave-vaisselle

une tondeuse

Les Lurel font le ménage.

André range sa chambre.

André change ses draps.

Mme Lurel fait
la lessive.

Mme Lurel fait
sécher le linge.

Chloé repasse
sa chemise.

André arrose
les plantes.

M. Lurel tond la pelouse.

André sort
la poubelle.

André passe
l'aspirateur.

M. Lurel enlève
la poussière.

Mme Lurel fait
la vaisselle.

Madame Perrin   Patrick

Les Perrin habitent à Basse-Terre, à la Guadeloupe. Chaque samedi après-midi les enfants, Patrick, Renée et Myriam, aident leurs parents à faire le ménage.

Mme Perrin: **Ne t'assieds pas, Patrick. Donne-moi un coup de main avec la vaisselle.**

Patrick: **Mais je viens de ranger ma chambre et de changer mes draps. Je suis fatigué.**

Mme Perrin: **Dommage, mon petit! Il faut encore passer l'aspirateur, arroser les plantes et sortir la poubelle. Dépêche-toi!**

Patrick: **Mais qu'est-ce que Renée et Myriam font? Est-ce qu'elles s'asseyent devant la télé comme d'habitude?**

Mme Perrin: **Patrick, arrête! Renée repasse les chemises et Myriam range les autres vêtements. Tu veux échanger ta place avec tes sœurs?**

Patrick: **Non, ce sont des corvées que je n'aime pas du tout. Je préfère passer l'aspirateur.**

La Guadeloupe

Comme la Martinique et Haïti, la Guadeloupe est située dans la mer des Antilles. Christophe Colomb a découvert la Guadeloupe en 1493. Au XVIIᵉ siècle les Français ont commencé à coloniser la Guadeloupe. Elle est devenue un département français d'outre-mer en 1946.

Basse-Terre et Grande-Terre

La Guadeloupe, au nord de la Martinique, est formée de deux îles, Basse-Terre et Grande-Terre. Une rivière sépare ces deux îles. Basse-Terre est une île pittoresque pleine de belles fleurs. Basse-Terre est aussi le nom de la capitale de la Guadeloupe. Ce port est un centre de commerce important sur la côte sud-ouest de l'île de Basse-Terre. Pointe-à-Pitre est la plus grande ville de la Grande-Terre, une île couverte de jolies plages. À la Guadeloupe on cultive la canne à sucre, le café et la banane, et on produit du rhum. Comme les Martiniquais et les Haïtiens, les Guadeloupéens parlent français et créole.

La Guadeloupe est la plus grande île des Antilles françaises. (Pointe-à-Pitre)

À la Guadeloupe on trouve des plantations de canne à sucre. (Basse-Terre)

Au marché Mme Mirmont vend des fruits et des fleurs. (Pointe-à-Pitre)

1 Les corvées

Faites correspondre la lettre de la photo à ce que vous entendez.

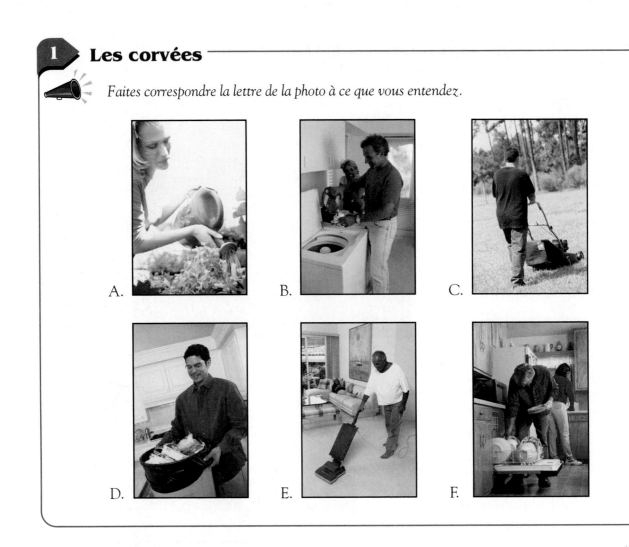

A.

B.

C.

D.

E.

F.

2 Faisons le ménage!

Complétez chaque phrase avec le mot convenable d'après le dialogue.

Renée	aspirateur	plantes	Guadeloupe	ménage	vêtements	vaisselle	rangé

1. Les Perrin habitent à la....
2. Chaque samedi après-midi les Perrin font le....
3. Mme Perrin veut un coup de main avec la....
4. Patrick a déjà... sa chambre.
5. Patrick doit encore arroser les....
6. ... repasse les chemises.
7. Myriam range les autres....
8. Patrick préfère passer l'....

Les Perrin habitent à Basse-Terre. (Deshaies)

3 ▸ Qu'est-ce qu'il faut avoir?

De quoi est-ce qu'on a besoin pour faire les corvées suivantes?

Modèle:

faire la lessive
Pour faire la lessive, on a besoin d'une machine à laver.

1. repasser les vêtements
2. tondre la pelouse
3. passer l'aspirateur
4. faire la vaisselle
5. faire sécher le linge

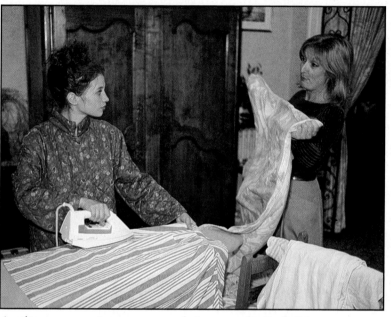

Aurélie repasse ses vêtements avec un fer à repasser. (La Rochelle)

4 ▸ C'est à toi!

Questions personnelles.

1. Quelles corvées est-ce que tu dois faire chez toi?
2. Quelles corvées est-ce que tu n'aimes pas du tout faire?
3. Quel jour est-ce qu'on fait le ménage chez toi?
4. Qui sort la poubelle chez toi?
5. Qui change tes draps?
6. Est-ce que tu repasses souvent tes vêtements?
7. Est-ce que tu as des plantes dans ta chambre?

M. Delarue doit changer ses draps.

Present tense of the irregular verb *s'asseoir*

The verb **s'asseoir** (*to sit down*) is irregular.

s'asseoir			
je	**m'assieds**	nous	**nous asseyons**
tu	**t'assieds**	vous	**vous asseyez**
il/elle/on	**s'assied**	ils/elles	**s'asseyent**

Nous **nous asseyons** ou pas? *Shall we sit down or not?*
Oui, je **m'assieds** ici. *Yes, I'm sitting here.*

M. Lambert s'assied près de la piscine de son hôtel à la Guadeloupe. (Saint-François)

Pratique

5 ▸ À table!

La famille Morel invite ses amis au réveillon (midnight supper) de la Saint-Sylvestre. Selon l'illustration, dites où les personnes suivantes s'asseyent. Utilisez ces expressions: **à gauche de**, **à droite de**, **à côté de**, **entre**.

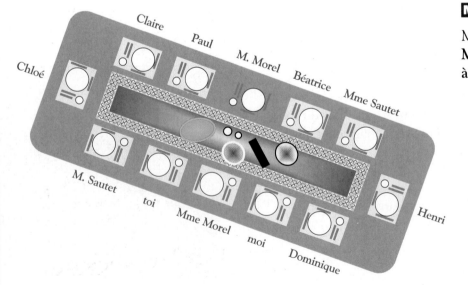

Modèle:

M. Sautet
M. Sautet s'assied à côté de toi.

1. tu
2. Mme Sautet
3. Dominique et moi
4. M. Sautet et toi
5. Claire et Paul
6. je
7. Chloé

Dites si les personnes indiquées s'asseyent ou pas dans le métro.

toi

mes copains et moi

Maurice

Modèle: Mme Lafarge

Modèle: M. Dufour

Charles

moi

Denise et sa mère

Modèles:

Mme Lafarge
Mme Lafarge s'assied.

M. Dufour
M. Dufour ne s'assied pas.

The imperative of reflexive verbs

To form an affirmative command with a reflexive verb, drop the subject pronoun and attach the reflexive pronoun to the verb with a hyphen.

Réveillez-**vous**!	*Wake up!*
Asseyons-**nous**!	*Let's sit down!*

Te becomes **toi** after the verb.

Brosse-**toi** les dents!	*Brush your teeth!*
Couche-**toi**!	*Go to bed!*

To form a negative command, put the reflexive pronoun in front of the verb.

Ne **vous** dépêchez pas!	*Don't hurry!*
Ne **te** lève pas tôt!	*Don't get up early!*

Couche-toi si tu es fatiguée!

7 ▸ Le baby-sitting

C'est vendredi soir et vous faites du baby-sitting. Dites à votre petit frère de faire les choses suivantes.

Modèle:

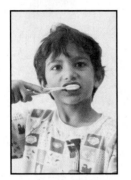

 1.

 2.

Brosse-toi les dents!

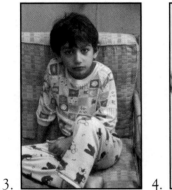 3.

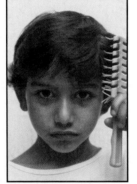 4.

 5.

 6.

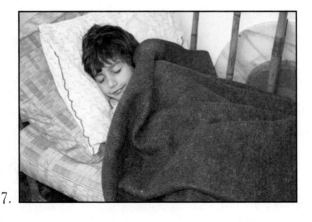 7.

8 ▸ Faites ça ou non!

Vous parlez à votre petite sœur, Marie-Alix, qui a huit ans. Selon la situation, dites à Marie-Alix de faire ou de ne pas faire les choses indiquées.

Modèles:

On va partir. (s'asseoir)
Ne t'assieds pas!

Il est dix heures du soir. (se coucher)
Couche-toi!

1. Tu n'as pas cours aujourd'hui. (se lever)
2. Oh là là! (se regarder dans la glace)
3. Nous ne sommes pas en retard. (se dépêcher)
4. On va prendre ta photo. (se brosser les cheveux)
5. C'est le fauteuil de ton père. (s'asseoir)
6. Regarde tes mains! (se laver les mains)
7. Tu ne vas pas à la plage. (se déshabiller)
8. Tu n'as pas fini tes devoirs. (se coucher)

Habille-toi bien pour ton excursion!

9 ▸ Des conseils

Selon la situation, donnez à vos ami(e)s des conseils (advice) logiques. Choisissez l'expression convenable dans la liste suivante.

s'asseoir	se dépêcher	se laver les mains
s'habiller bien	se coucher tôt	se brosser les dents
se réveiller	se déshabiller	se lever à dix heures

Modèle:

L'autobus arrive dans une minute.
Dépêchez-vous!

1. Nous sommes très fatigués après nos corvées.
2. C'est l'heure de manger.
3. On va à l'église.
4. Il faut se lever à cinq heures demain matin.
5. Nous venons de manger trop d'oignons.
6. Il est sept heures du matin.
7. On va nager.
8. On n'a pas cours aujourd'hui.

Communication

10 ▶ **Quelles corvées aimez-vous?**

Qui doit nettoyer la salle de bains chez toi?

Faites une liste des corvées que vous devez faire régulièrement (regularly) chez vous. Puis, à côté de chaque corvée, indiquez si vous aimez cette corvée ou pas. Si vous aimez la corvée, mettez un ☺. Si vous n'aimez pas la corvée, mettez un ☹.

Modèle:

enlever la poussière dans ma chambre ☺

11 ▶ **Une enquête**

Quelles sont vos obligations familiales? Copiez la grille suivante. Puis complétez la grille selon les réponses de votre partenaire. Demandez à votre partenaire s'il ou elle doit faire les corvées indiquées. Si la réponse est "oui," mettez un ✔ dans l'espace blanc. Si la réponse est "non," demandez à votre partenaire qui doit faire cette corvée, et mettez le nom de cette personne dans l'espace blanc. Puis changez de rôles.

Modèles:

ranger sa chambre
A: **Tu dois ranger ta chambre?**
B: **Oui, je dois ranger ma chambre.**

faire la vaisselle
A: **Tu dois faire la vaisselle?**
B: **Non, je ne dois pas faire la vaisselle.**
A: **Alors, qui doit faire la vaisselle?**
B: **Ma sœur doit faire la vaisselle.**

Corvées	Oui	Non
ranger sa chambre	✔	
faire la vaisselle		*sa sœur*
mettre la table		
passer l'aspirateur		
enlever la poussière		
changer ses draps		
faire son lit		
faire la lessive		
faire sécher le linge		
repasser		
nettoyer la salle de bains		
tondre la pelouse		
arroser les plantes		
sortir la poubelle		

12 ▶ **Un sommaire**

Maintenant utilisez les réponses que votre partenaire a données dans l'Activité 11 pour écrire le résultat de l'enquête. Dites quel membre de sa famille doit faire chaque corvée.

Modèle:
Mon partenaire doit ranger sa chambre. Sa sœur doit faire la vaisselle.

Haïti, la Guadeloupe et la Martinique

With shores bathed on one side by the Caribbean Sea and on the other by the Atlantic Ocean, the islands of the West Indies form a vast semicircle from Florida to Venezuela. Two groups of islands in the West Indies share the name **les Antilles** (from the prefix "ante-" meaning "before") because they are the first land one sees when traveling from Europe to the Americas. Haiti is part of the island of Hispaniola in the Greater Antilles. Guadeloupe and Martinique, farther to the southeast, belong to the Lesser Antilles. Together, Haiti, Guadeloupe and Martinique comprise the French West Indies.

Les Saintes, an archipelago that lies 12 kilometers off the southern coast of Guadeloupe, is also part of the Lesser Antilles. (Terre-de-Haut)

The Schœlcher Museum contains memorabilia about Victor Schœlcher, the nineteenth-century political leader who was instrumental in abolishing slavery in the French West Indies. (Pointe-à-Pitre)

The people of **les Antilles** often have European, African and/or Asian ancestry. The peaceful Arawak Indians, who raised crops and crafted pottery, first settled **les Antilles**. Next came the warlike, conquering Caribs who hunted and fished for food. In the sixteenth century Europeans began colonizing the area. Many native inhabitants died of disease or left when the settlers arrived, so African slaves were brought to work in the vast sugarcane plantations. Louis XV considered the islands to be so valuable that he chose to give England a "few acres of snow" in Canada at the end of the French and Indian Wars in 1763, rather than to lose Guadeloupe and Martinique. When slavery was permanently abolished in 1848, workers from China and India came to the islands to fill the need for cheap labor. Eventually Guadeloupe (nicknamed the **Île aux Belles Eaux** because of the beautiful color of the water) and Martinique (called the **Île aux Fleurs** due to its abundant flowers) became two of France's **départements d'outre-mer**.

Haiti's presidential palace is located in Port-au-Prince, the capital.

The Republic of Haiti occupies the western half of the island of Hispaniola. (Deschapelles)

Haiti means "land of mountains," in fact, they cover two-thirds of the country. The world's oldest black republic, the island has a complex and tumultuous history. Although France freed all slaves in 1793, Napoléon reestablished slavery in 1802. Born the son of black slaves, Toussaint-Louverture rose to a position of leadership on the island. He encouraged blacks to revolt for freedom. By 1804 the French were driven from the island and it declared its independence. More recently, Jean-Bertrand Aristide became president of the country for the second time in 2000. However, as a result of a violent rebellion following months of political and social unrest, Aristide resigned and fled Haiti in 2004. Ironically, in the same year that Haiti celebrated 200 years of independence, the country still sought a lasting democracy.

Today the majestic mountains, colorful flowers and beautiful water still draw people to the French West Indies. Tourism is important to the region's economy, and many cruise ships stop at these islands. Popular sports include sailing, canoe racing, soccer, and track and field. Cockfights attract many spectators. Outdoor markets specialize in lobster, clams, crabs and tuna, which are used to prepare many spicy dishes: **crabes farcis** (*stuffed land crabs*), **langouste** (*lobster*), **boudin** (*creole blood sausage*) and foods seasoned with curry.

At this open-air market in the French West Indies you can find a variety of fresh vegetables. (Basse-Terre)

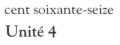

While these three islands share a common language with France, most residents also speak creole. This poetic and rhythmic language is a blend of French, Spanish and several African dialects. It originated as a means for landowners to communicate with their slaves, but its rich vocabulary and historical significance have made it a popular means of artistic expression. Several examples of the creole language are **lanmé** (*sea*), **mome** (*mountain*) and **Kisa ou ka fè là?** (*What are you doing?*)

Le garçon dit en créole, "Nous voulons déjeuner."

In Haiti, Guadeloupe and Martinique, a lifestyle which stems from the African and native heritage of many of the people coexists with traditional French customs. Zesty foods, folk dances, the festive **zouk** music and the yearly Carnival keep the creole spirit alive. Contemporary writers, such as Aimé Césaire and Maryse Condé, describe the creole soul which combines contemporary French culture with the search for African roots. Much of the charm of these islands also lies in the inhabitants' vibrant, yet sometimes volatile, diversity.

Traditional costumes in the French West Indies are colorful and exotic, reflecting the native landscape. (Guadeloupe)

Zouk, the Creole word for "party," is a type of music that blends African rhythms and disco.

13 ▶ Haïti, la Guadeloupe et la Martinique

Répondez aux questions suivantes.

1. What two bodies of water surround the West Indies?
2. How did **les Antilles** get its name?
3. Where do ancestors of the people of **les Antilles** come from?
4. Who was brought to work in the sugarcane plantations after many natives left **les Antilles** or died?
5. What land did Louis XV give up after the French and Indian Wars in order to keep Guadeloupe and Martinique?
6. What is the nickname of Guadeloupe?
7. Which country is the world's oldest black republic?
8. Who was elected president of Haiti for the second time in 2000?
9. What sports are popular in the French West Indies?
10. What are two spicy seafood dishes in the Caribbean?
11. What is creole?
12. What is the name of a type of festive creole music?

These teens' ancestors came from Africa to work on the sugarcane plantations. (Port-au-Prince)

14 ▶ L'art haïtien

Regardez la publicité pour une galerie d'art à La Rochelle en France.
Cette galerie montre des tableaux haïtiens. Répondez aux questions.

1. What are the names of the five Haitian artists whose paintings are being shown?
2. What is the address of the art gallery?
3. Where can you leave your car while you're at the gallery?
4. With the exception of Sunday and Monday morning, at what time does the gallery open? At what time does it close?
5. Is the gallery open during the noon hour?
6. What is the gallery's telephone and fax number?
7. By looking at the paintings in the ad, what two observations can you make about the Haitian lifestyle?

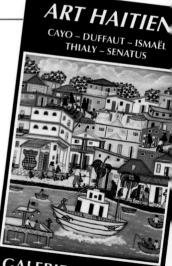

ART HAITIEN

CAYO – DUFFAUT – ISMAËL
THIALY – SENATUS

GALERIE ART ETCHE

15 rue de La Rochelle • 17000 LA ROCHELLE
(Parking de l'Arsenal)

ouvert de 10 h à 12 h et de 15 h à 19 h
sauf dimanche et lundi matin

Tél. / Fax 05 46 41 99 76

les affaires de toilette (f.)

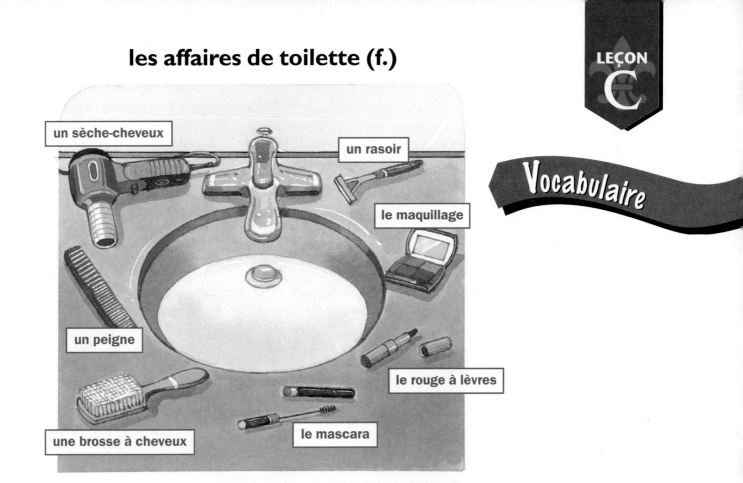

un sèche-cheveux

un rasoir

le maquillage

un peigne

le rouge à lèvres

une brosse à cheveux

le mascara

une mariée   un marié

Jean se peigne.

Claude se rase.

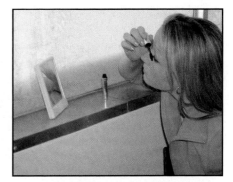

Sylvie se maquille.

cent soixante-dix-neuf
Leçon C

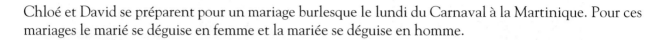

Chloé et David se préparent pour un mariage burlesque le lundi du Carnaval à la Martinique. Pour ces mariages le marié se déguise en femme et la mariée se déguise en homme.

Chloé: C'est marrant! J'adore ta longue robe blanche. Mais tu t'es rasé!

David: Je ne peux pas être la mariée avec une barbe! Est-ce que je me suis bien maquillé?

Chloé: Tu as trop de rouge à lèvres. Et tu dois mettre du mascara.

David: Et toi, tu es prête?

David: Tu t'es habillée d'un joli costume noir, mais pourquoi est-ce que tu t'es peignée comme ça?

Chloé: Parce que je vais porter un chapeau.

David: Voilà! Nous allons être le plus beau couple du Carnaval!

La Martinique

Christophe Colomb est arrivé à la Martinique en 1502. La montagne Pelée, au nord de l'île, est un volcan de la Martinique. Il y a eu une éruption violente de la montagne Pelée en 1902. Cette éruption a détruit la ville de Saint-Pierre. Trente mille personnes ont perdu la vie. Comme la Guadeloupe, la Martinique est devenue un département français d'outre-mer en 1946.

La montagne Pelée à la Martinique est un volcan actif. (Saint-Pierre)

La vie martiniquaise

Les touristes aiment beaucoup aller à la Martinique. Ils adorent son climat tropical, sa bonne nourriture, sa beauté naturelle et ses plages magnifiques. Les Martiniquais sont très sympathiques. L'un des produits importants de l'île est le rhum, et on cultive la canne à sucre et les fruits tropicaux. En février il y a le Carnaval. Ce sont des jours de fête. Le lundi du Carnaval, beaucoup de monde participe aux mariages burlesques dans les rues. Le zouk, une musique rythmique de la culture créole, vient des îles de la mer des Antilles.

Les hommes se déguisent en femme pour le Carnaval. (Martinique)

Cette famille piquenique sur une plage martiniquaise. (Cap Chevalier)

1 ▶ Les affaires de toilette

Faites correspondre la lettre de la photo à ce que vous entendez.

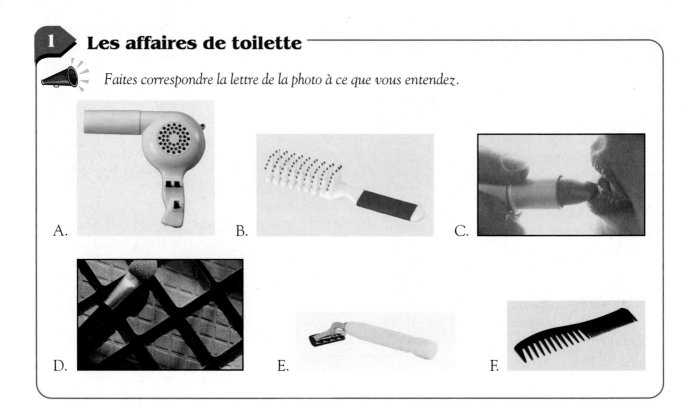

A.   B.   C.

D.   E.   F.

2 ▶ Un mariage burlesque

Répondez aux questions d'après le dialogue.

1. C'est quelle fête à la Martinique?
2. Quel jour de la semaine sont les mariages burlesques?
3. Comment est-ce que le mari se déguise pour les mariages burlesques?
4. Est-ce que David a une barbe?
5. Selon Chloé, est-ce que David a assez de rouge à lèvres?
6. De quelle couleur est le costume de Chloé?
7. Qu'est-ce que Chloé va porter sur sa tête?

3 ▶ Qu'est-ce qu'on emploie?

Avec quoi est-ce qu'on fait les actions suivantes?

Modèle:

se laver les mains
On se lave les mains avec du savon.

1. se laver les cheveux
2. se brosser les dents
3. se brosser les cheveux
4. se raser
5. se peigner
6. se maquiller

Nicole se maquille avec du rouge à lèvres.

4 C'est à toi!

Questions personnelles.

1. Tu te prépares pour l'école en combien de minutes?
2. Est-ce que tu te rases chaque jour?
3. Qu'est-ce que tu fais quand tu es en retard?
4. Est-ce que tu te peignes les cheveux en cours de français?
5. Selon toi, est-ce que les filles de ton école se maquillent beaucoup?
6. Comment est-ce que tu te déguises pour le 31 octobre?

M. Charnace se déguise pour le Carnaval.

Passé composé of reflexive verbs

The **passé composé** of reflexive verbs is formed with **être**.

> David **s'est rasé**.   *David shaved.*

(reflexive pronoun) (helping verb) (past participle of **se raser**)

The past participle usually agrees in gender and in number with the subject. Here is the **passé composé** of **se réveiller**. Note in the chart that the reflexive pronoun, the form of **être** and the ending of the past participle all agree with the subject.

			se réveiller				
je	me	suis	réveillé	nous	nous	sommes	réveillés
je	me	suis	réveillée	nous	nous	sommes	réveillées
tu	t'	es	réveillé	vous	vous	êtes	réveillé
tu	t'	es	réveillée	vous	vous	êtes	réveillée
				vous	vous	êtes	réveillés
				vous	vous	êtes	réveillées
il	s'	est	réveillé	ils	se	sont	réveillés
elle	s'	est	réveillée	elles	se	sont	réveillées
on	s'	est	réveillé				

If a part of the body follows the verb, the past participle does not agree with the subject.

> | | Elle s'est **lavée**. | *She washed.* |
> |---|---|---|
> | but: | Elle s'est **lavé** les mains. | *She washed her hands.* |

To make a negative sentence in the **passé composé**, put **ne** before the reflexive pronoun and **pas** after the form of **être**.

Ils **ne** se sont **pas** couchés tôt. *They didn't go to bed early.*

To ask a question in the **passé composé** using inversion, put the subject pronoun after the form of **être**.

T'es-**tu** brossé les dents? *Did you brush your teeth?*

The past participle of the irregular reflexive verb **s'asseoir** is **assis**.

Chloé s'est **assise** dans le fauteuil. *Chloé sat down in the armchair.*

Pratique

5 ▸ Complétez!

*Dites ce que tout le monde a fait pour se préparer pour un mariage burlesque. Complétez les phrases suivantes avec **Il s'est**, **Elle s'est**, **Ils se sont** ou **Elles se sont**.*

1. ... levé tôt le matin.
2. ... lavée avec du savon.
3. ... rasés devant la glace.
4. ... habillée d'un joli costume noir.
5. ... regardées dans la glace.
6. ... peignées.
7. ... maquillé dans la salle de bains.
8. ... couchés après minuit.

Jean-Pierre? Il s'est habillé d'une chemise marron.

6 ▸ Qui s'est peigné?

Il y a eu un grand bal à Fort-de-France hier soir. Dites si les personnes suivantes se sont peignées ou pas pour se préparer.

Modèles:

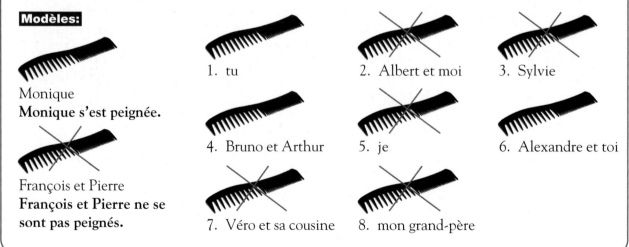

Monique
Monique s'est peignée.

François et Pierre
François et Pierre ne se sont pas peignés.

1. tu
2. Albert et moi
3. Sylvie
4. Bruno et Arthur
5. je
6. Alexandre et toi
7. Véro et sa cousine
8. mon grand-père

7 Au Carnaval

Dites comment les personnes suivantes se sont préparées pour le Carnaval à la Martinique.

Modèle:

Mme Sarré/s'habiller d'un costume
Mme Sarré s'est habillée d'un costume.

1. Mme Sarré et sa fille/se laver les cheveux
2. M. Sarré/se maquiller avec trop de rouge à lèvres
3. je/se raser
4. Nicolas et son frère/se dépêcher
5. Béatrice et toi/se regarder dans la glace
6. Gérard/se déguiser en femme
7. tu/se brosser les dents
8. mon cousin et moi/se peigner

Mlle Gabelle s'est habillée d'un costume traditionnel. (Martinique)

8 En partenaires

Avec un(e) partenaire, posez des questions sur vos activités de ce matin. Puis répondez aux questions. Suivez le modèle.

Modèle:

se dépêcher
A: **Tu t'es dépêché(e) ce matin?**
B: **Oui, je me suis dépêché(e) ce matin. Et toi, tu t'es dépêché(e) ce matin?**
A: **Non, je ne me suis pas dépêché(e) ce matin.**

1. se réveiller tôt
2. se laver les cheveux
3. s'asseoir pour prendre le petit déjeuner
4. se brosser les dents
5. se regarder dans la glace

Pierre s'est assis pour prendre le petit déjeuner.

Communication

9 ▸ **Trouvez une personne qui....**

Interviewez des élèves de votre classe pour déterminer ce qu'ils ont fait pendant le weekend. Sur une feuille de papier copiez les expressions indiquées. Formez des questions avec ces expressions que vous allez poser aux autres élèves. Quand vous trouvez une personne qui répond par "oui," dites à cette personne de signer votre feuille de papier à côté de l'activité convenable. Trouvez une personne différente pour chaque activité.

Modèle:

Yves: **Tu t'es assise devant la télé vendredi soir?**

Delphine: **Oui, je me suis assise devant la télé vendredi soir.**
(Elle signe à côté de #1.)

1. s'asseoir devant la télé vendredi soir
2. se lever à neuf heures samedi matin
3. ranger sa chambre
4. passer l'aspirateur
5. faire la vaisselle
6. aller au cinéma
7. se coucher après minuit samedi soir
8. se réveiller tôt dimanche matin
9. s'habiller bien pour sortir
10. acheter des affaires de toilette

10 ▸ **Un sommaire**

Maintenant écrivez le résultat de vos interviews dans l'Activité 9. Dites quel(le) élève a fait chaque activité pendant le weekend. Utilisez des phrases complètes.

Modèle:

Delphine s'est assise devant la télé vendredi soir.

11 ▶ Pas en forme

Imaginez qu'il est dix heures du soir et que vous avez été très malade aujourd'hui. Vous n'avez pas pu aller à l'école. Dans votre journal écrivez un sommaire (summary) des activités que vous avez faites et des activités que vous n'avez pas faites aujourd'hui.

Aujourd'hui je ne me suis pas habillée parce que je ne suis pas allée à l'école. J'ai dormi jusqu'à 9h30....

12 ▶ Un masque pour le Carnaval

Pour le Carnaval à la Martinique et à la Guadeloupe, on porte souvent des masques. Ces masques représentent souvent les saisons (seasons), la pluie (rain), le soleil, le feu (fire), la jeunesse (youth), la maternité, la guerre (war), le mariage, la naissance (birth), etc. Dessinez un masque convenable pour le Carnaval. Puis décrivez votre masque et ce qu'il représente. Enfin, faites ce masque, montrez le masque à la classe et dites ce qu'il représente.

Aux Antilles on peut voir de grands masques dans les défilés du Carnaval.

Interpreting Graphs and Tables

In this unit you will learn how to interpret information about the use of home appliances and other electronic equipment in France by reading a bar graph and a table. A bar graph typically shows how quantities of the same item change over time, with the height of the bar representing the quantity. A table lists data, usually numerically. As you look at information presented in the graphic aids that follow, keep these points in mind:

1. Use illustrations, context and cognates to figure out the meaning of the heading and subheadings.
2. In a bar graph, note that the taller the bars, the greater the quantity. Bars that get smaller in size show a decrease in quantity.
3. In a table, see if the data is given in whole numbers or in percentages.

LE MÉNAGE ÉLECTRONIQUE

Taux de croissance de micro-ordinateurs année sur année

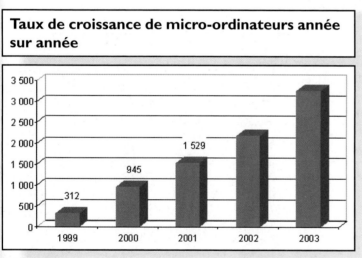

312 945 1 529

1999 2000 2001 2002 2003

© IDC2002

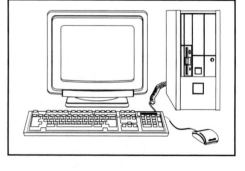

Évolution des taux d'équipement des ménages en électroménager (en %):

	1970	1998
Réfrigérateur	80	99
Congélateur	6	48
Lave-linge	57	97
Lave-vaisselle	3	44
Sèche-linge	—	24
Four à micro-ondes	—	63
Four à encastrer	—	30
Fer à repasser	93	98
Aspirateur	64	97
Cafetière	6	85
Mixeur	70	77
Sèche-cheveux	43	75
Grille-pain	15	67
Friteuse	10	33
Bouilloire électrique	—	14

© Francoscopie 2001

13 ▸ Les appareils électroniques

Utilisez les informations dans les grilles pour répondre aux questions.

1. First look at the table. What type of equipment does the table provide information about?
2. Do the numbers represent percentages or whole numbers?
3. How many households had a dishwasher in 1998?
4. What is the increase in the number of dishwashers since 1970?
5. In 1998 which item was found in the greatest number of French homes?
6. Why do you think that there is no data for clothes dryers in 1970?
7. Now look at the bar graph. What does it show?
8. How had the number of deliveries changed from 1999 to 2001?
9. Approximately how many deliveries were made in 2003?
10. After reading the table and bar graph, what impression do you have about French society? How does the use of electronic equipment and major household appliances in France compare with their use in the U.S.?

14 ▸ Une enquête

Maintenant choisissez cinq appareils (appliances) électroniques de la table à la page 188 et faites une enquête de 10 élèves. Demandez si chaque élève a chaque appareil, e.g., **Tu as un fer à repasser?** *Notez les réponses et puis déterminez le pourcentage des élèves qui ont chaque appareil. (Par exemple, si neuf élèves ont un sèche-cheveux, 90% des maisons typiques ont un sèche-cheveux.) Enfin, préparez une table avec les noms des cinq appareils, donnez le pourcentage pour les maisons françaises (de la page 188) et le pourcentage pour les maisons américaines.*

Nathalie et Raoul

Évaluation

✓ Évaluation culturelle

Decide if each statement is **vrai** or **faux**.

1. The French West Indies in the Caribbean are made up of Haiti, Guadeloupe and Martinique.
2. African slaves were brought to the French West Indies in the sixteenth century to work in the sugarcane plantations.
3. Creole, spoken in the French West Indies, is a blend of French, Spanish and several African dialects.
4. **Langouste** and **boudin** are popular musical styles typical of the creole culture.
5. Sugarcane, coffee, bananas and **zouk** are important agricultural products in these three Caribbean lands.
6. Tourism is important to the economy of **les Antilles**, but cruise ships no longer stop there because of recent volcanic eruptions.
7. Even though Toussaint-Louverture encouraged blacks to revolt for their freedom, slavery still exists in Haiti.
8. Louis XV received Guadeloupe and Martinique as a gift from England at the end of the French and Indian Wars in 1763.
9. Guadeloupe and Martinique became French overseas departments in 1946.
10. The yearly Carnival takes place in February in Martinique.

Guadeloupe is one of three islands that make up the French West Indies. (Saint-François)

In February, crowds gather in the street to celebrate *le Carnaval*. (Martinique)

✓ Évaluation orale

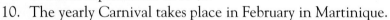

With a partner, play the roles of two students who are going to be roommates (**camarades de chambre**) in a college dormitory next fall. Dominique is from a French-speaking country in the Caribbean; the other student is American. They have previously spoken on the phone to introduce themselves. Now the American calls Dominique to discuss their daily routines in order to know what to expect and to avoid any possible conflicts.

Begin by greeting each other. Then ask and tell each other when you get up, what things you do every day before going to class, when you study, at what time you eat dinner, what you do after dinner (study, watch TV, talk on the phone, go out) and what time you go to bed. Finally, say how well you think you will be able to get along together.

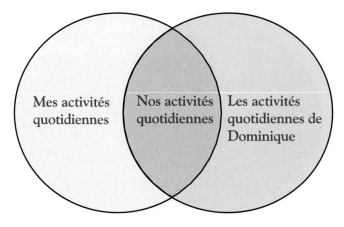

| Mes activités quotidiennes | Nos activités quotidiennes | Les activités quotidiennes de Dominique |

✓ Évaluation écrite

After the phone call from the American student to Dominique, the Caribbean student, play the role of the American. Write a letter to your pen pal in France telling what information you learned about Dominique, based on your conversation. Tell your pen pal about the similarities and differences between your daily routine and Dominique's. To help you organize your letter, first make intersecting circles. In the first circle, list what activities you do every day; in the second circle, list Dominique's daily activities. Where the circles intersect, list what activities you both do every day. Finally, tell your pen pal how easy or difficult you think it is going to be to get along with your new roommate.

✓ Évaluation visuelle

Martin and Nadine Mirabeau live in Martinique. It's the Monday of Carnival, and they plan to go to a burlesque wedding. In the morning Mme Mirabeau left her husband a note telling him to do some chores. Write a paragraph about M. Mirabeau's day. First say what tasks he has already finished and then say what he is going to do in the bathroom to get ready for the wedding. (You may want to refer to the *Révision de fonctions* on page 192 and the *Vocabulaire* on page 193.)

Révision de fonctions

Can you do all of the following tasks in French?
- I can describe daily routines.
- I can tell someone to do something.
- I can ask someone to hurry.
- I can suggest what people can do.
- I can tell what I dislike.
- I can state my preference.
- I can give my opinion by saying what I think.
- I can express emotions.
- I can talk about what happened in the past.

Ce sont des devoirs que je n'aime pas du tout.

To describe daily routines, use:

Je me lève tôt le matin. — *I get up early in the morning.*
Je me réveille à cinq heures et demie. — *I wake up at 5:30.*
Je me lave. — *I wash (myself).*
Je m'habille. — *I get dressed.*
Chaque samedi ils aident leurs parents à faire le ménage. — *Every Saturday they help their parents do the housework.*
Elles s'asseyent devant la télé **comme d'habitude**? — *Do they sit in front of the TV as usual?*

Je m'habille en jean.

To give orders, use:

Donne-moi un coup de main! — *Give me a hand!*
Arrête! — *Stop!*
Ne t'assieds pas! — *Don't sit down!*

To ask someone to hurry, use:

Dépêche-toi! — *Hurry!*

To make suggestions, use:

On peut partir ensemble. — *We can leave together.*

To express dislikes, use:

Ce sont des corvées que **je n'aime pas du tout**. — *These are chores that I don't like at all.*

To state a preference, use:

Je préfère passer l'aspirateur. — *I prefer to vacuum.*

To give opinions, use:

Ce n'est pas mal. — *It's not bad.*
Tu as trop de rouge à lèvres. — *You have too much lipstick.*

To express emotions, use:

Dommage! — *Too bad!*
C'est marrant! — *That's funny!*

To describe past events, use:

Il s'est rasé. — *He shaved.*
Tu t'es bien maquillé(e). — *You put on your makeup well.*
Elle s'est habillée d'un joli costume noir. — *She dressed in a pretty black suit.*
Je me suis peigné les cheveux. — *I combed my hair.*

Mme Brossard s'est bien maquillée. (Guadeloupe)

Vocabulaire

des **affaires de toilette (f.)** toiletries A
arrêter to stop B
arroser to water B
un **aspirateur** vacuum cleaner B
s' **asseoir** to sit down B

une **barbe** beard C
une **brosse à cheveux** hairbrush C
une **brosse à dents** toothbrush A
se **brosser** to brush A
burlesque burlesque, comical C

un(e) **camarade de chambre** roommate A
une **capitale** capital A
changer to change B
comme d'habitude as usual B
une **corvée** chore B
se **coucher** to go to bed A
un **couloir** hall A
un **coup: Donne-moi un coup de main....**
Give me a hand . . . . B
un **couple** couple C
une **course** race A

se **déguiser** to dress up C
le **dentifrice** toothpaste A
se **dépêcher** to hurry B
se **déshabiller** to undress A
Dommage! Too bad! B
un **drap** sheet B

échanger to exchange B
enlever to remove B
enlever la poussière to dust B

une **fac (faculté)** university A
faire sécher le linge to dry clothes B
un **fer à repasser** iron B
le **fond: au fond de** at the end of A

un **gant de toilette** bath mitt A
une **glace** mirror A

s' **habiller** to get dressed A
Haïti (f.) Haiti A
haut(e) tall, high A

se **laver** to wash (oneself) A
un **lave-vaisselle** dishwasher B
la **lessive** laundry B
se **lever** to get up A
une **lèvre** lip C
le **linge: faire sécher le linge** to dry clothes B

une **machine à laver** washer B
le **maquillage** makeup C
se **maquiller** to put on makeup C
un **mariage** marriage C
un(e) **marié(e)** groom, bride C
marrant(e) funny C
le **mascara** mascara C
me myself A
le **ménage** housework A

nous ourselves A

pas du tout not at all B
passer l'aspirateur to vacuum B
un **pays** country A
un **peigne** comb C
se **peigner** to comb (one's hair) C
une **pelouse** lawn B
petit: mon petit son B
une **place** place B
une **plante** plant B
une **poubelle** garbage can B
la **poussière** dust B
se **préparer** to get ready C
prêt(e) ready C

quotidien, quotidienne daily A

ranger to pick up, to arrange B
se **raser** to shave C
un **rasoir** razor C
se **regarder** to look at oneself A
repasser to iron B
se **réveiller** to wake up A
le **rouge à lèvres** lipstick C

le **savon** soap A
se himself, herself, oneself, themselves A
un **sèche-cheveux** hair dryer C
un **sèche-linge** dryer B
sécher to dry B
une **serviette** towel A
le **shampooing** shampoo A
sortir la poubelle to take out the garbage B
sympathiser to get along A

te yourself A
une **tondeuse** lawn mower B
tondre to mow B

une **université** university A

la **vaisselle** dishes B
voilà that's it C
vous yourself, yourselves A

Unité 5

Sports et Loisirs

In this unit you will be able to:
- describe past events
- congratulate and commiserate
- describe talents and abilities
- describe character
- describe daily routines
- ask what something is
- express likes and dislikes
- point out exceptions
- make a prediction
- ask if someone is free
- accept and refuse an invitation
- express appreciation

www.emcp.com

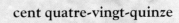

LEÇON A

Vocabulaire

Serge et Abdou font du karaté.

Sophie fait de la gym (gymnastique).

Martine fait de la musculation.

Jeanne et Annette font de l'aérobic (m.).

M. Dufour court.

Max fait de la plongée sous-marine.

Sophie plonge.

Dikembe fait de la planche à voile.

Fabrice fait de la voile.

Michèle fait du ski nautique.

Jamila fait du canoë.

Albert joue au golf.

Madame Dupin

Béatrice

Nicolas

C'est l'anniversaire de Béatrice Dupin. Son nouveau copain, Nicolas, fête son anniversaire avec Béatrice et ses parents. Monsieur et Madame Dupin offrent un cadeau à Béatrice.

Mme Dupin:	**Bon anniversaire, ma chérie.**
Béatrice:	**Oh là là, une nouvelle raquette de tennis! Papa et maman, vous me gâtez toujours. Nicolas, tu es sportif. Est-ce que tu aimes le tennis?**
Nicolas:	**Oui, mais je ne joue pas très bien. Je cours, je fais de la musculation, et en été je fais de la planche à voile.**

Béatrice:	**Est-ce que tu es libre ce weekend? On peut jouer au tennis ensemble, et je peux t'aider à mieux jouer.**
Nicolas:	**D'accord, je voudrais bien.**
Béatrice:	**C'est un anniversaire formidable! Je vous remercie tous!**

Le sport

Comme en Amérique, le sport est très populaire en France. Les Français pratiquent souvent des sports individuels, par exemple, le footing, la musculation, l'aérobic, le ski et le judo.

Comme beaucoup de Français, Assane et Khadim aiment faire de la musculation.

Le tennis

Le tennis est très pratiqué en France. Les Français ont commencé à jouer au tennis au XIIIe siècle. À cette période les Français utilisent l'expression "jeu de paume" pour le tennis parce qu'on joue avec cette partie de la main. Ce nom est devenu "tennis" quand on a commencé à jouer avec une raquette. Au mois de mai les spectateurs viennent à Paris pour les Internationaux de Roland-Garros.

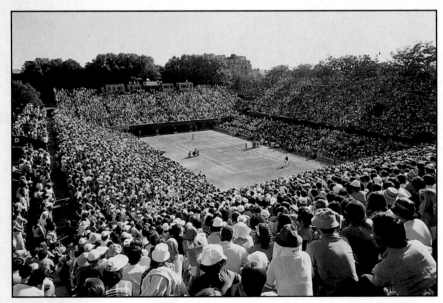

Le stade Roland-Garros est près du bois de Boulogne à Paris.

1 ▸ Quels sports fait-on?

Faites correspondre la lettre de la photo à ce que vous entendez.

A.   B.   C.

D.   E.   F.

2 ▸ Un cadeau d'anniversaire

Répondez aux questions d'après la conversation.

1. C'est l'anniversaire de qui?
2. Le nouveau copain de Béatrice s'appelle comment?
3. Qu'est-ce que Monsieur et Madame Dupin offrent à Béatrice?
4. Est-ce que Nicolas est fort en tennis?
5. Quel sport est-ce que Nicolas fait en été?
6. Est-ce que Nicolas est occupé ce weekend?
7. Qui offre d'aider Nicolas à mieux jouer au tennis?

C'est l'anniversaire de Béatrice.

3 ▸ Quelle athlète!

Myriam est très sportive. Quels sports fait-elle?

Modèle:

Elle fait de la planche à voile.

1.

2.

3.

4.

5.

6.

7.

8.

Angèle fait de la gymnastique.

C'est à toi!

Questions personnelles.

1. Quelle est la date de ton anniversaire?
2. Avec qui est-ce que tu fêtes ton anniversaire?
3. Est-ce que tu es sportif/sportive?
4. En quel sport es-tu fort(e)?
5. Quel sport aimes-tu faire en été?
6. Quel sport est-ce que tu fais en hiver?
7. Est-ce que tu es libre ce weekend?

Aurélie fête son anniversaire avec des copains.
(La Rochelle)

Langue active

Present tense of the irregular verb *offrir*

Here are the present tense forms of the irregular verb **offrir** (*to offer, to give*). Note that in the present tense it has the endings of an **-er** verb.

offrir			
j'	**offre**	nous	**offrons**
tu	**offres**	vous	**offrez**
il/elle/on	**offre**	ils/elles	**offrent**

Qu'est-ce que vous m'**offrez**?　　*What are you giving me?*
Nous ne vous **offrons** rien.　　*We aren't giving you anything.*

The irregular past participle of **offrir** is **offert**.

Ils m'ont **offert** une raquette de tennis.　　*They gave me a tennis racket.*

Gérard offre un cadeau d'anniversaire à son amie Valérie.

5 ▶ Des cadeaux pour Fabienne

Fabienne est une nouvelle élève française dans votre école. Dites ce que tout le monde offre à Fabienne le premier jour de classe.

Modèle:

la prof de gym
La prof de gym offre un tee-shirt à Fabienne.

1. Brandon

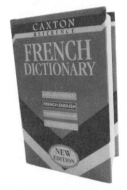

2. Lisa et Tom

3. tu

4. mon copain et moi

5. la famille Andersen

6. Vickie et toi

7. je

6 ▸ En partenaires

Avec un(e) partenaire, posez des questions sur ce que vous avez offert à certaines personnes. Puis répondez aux questions. Suivez le modèle.

Modèle:

ta mère/la fête des Mères

A: **Qu'est-ce que tu as offert à ta mère pour la fête des Mères?**
B: **J'ai offert des fleurs à ma mère pour la fête des Mères. Et toi, qu'est-ce que tu as offert à ta mère pour la fête des Mères?**
A: **J'ai offert une carte à ma mère pour la fête des Mères.**

1. ton père/la fête des Pères
2. ton frère ou ta sœur/son anniversaire
3. ton ami(e)/la Saint-Valentin
4. ton grand-père ou ta grand-mère/Noël
5. les mariés/leur mariage

Qui a offert une carte et des fleurs à sa mère?

Present tense of the irregular verb *courir*

The verb **courir** (*to run*) is irregular.

courir			
je	**cours**	nous	**courons**
tu	**cours**	vous	**courez**
il/elle/on	**court**	ils/elles	**courent**

Tu **cours** en hiver?   *Do you run in the winter?*
Oui, je **cours** chaque jour.   *Yes, I run every day.*

The irregular past participle of **courir** is **couru**.

J'ai **couru** très vite.   *I ran very fast.*

Des hommes courent pour le marathon. (Bayonne)

Pratique

7 > **On court ou non?**

Avec vos amis, vous avez fait une liste de vos sports préférés. Dites si les personnes suivantes courent ou ne courent pas quand elles font leurs sports préférés.

Personnes	Sports
Jean-Luc	le tennis
Diane	la plongée sous-marine
Clarence	le footing
moi	le golf
Paul	le basket
Dikembe	le foot
Sandrine	la voile
Assia	le karaté
Aurélie	le ski nautique
toi	le roller
Sébastien	la planche à voile
Thomas	la gymnastique
Daniel	la musculation

Modèles:

Paul
Paul court.

Daniel
Daniel ne court pas.

1. je
2. Thomas et Diane
3. Clarence
4. Assia et toi
5. Paul et Dikembe
6. Aurélie et moi
7. Jean-Luc

Quand on fait de la voile, on ne court pas. (Deauville)

Direct object pronouns: *me, te, nous, vous*

The direct object of a verb is the person or thing that receives the verb's action. The direct object answers the question "who" or "what." In the sentence **Vous me gâtez**, the word **me** is the direct object of the verb **gâtez**.

As in English, the direct object may be replaced by a pronoun. To talk about the subjects **je**, **tu**, **nous** and **vous**, use the corresponding direct object pronouns **me**, **te**, **nous** and **vous**.

me	Tu **me** vois?	*Do you see me?*
te	Les Dupin **t'**invitent.	*The Dupins are inviting you.*
nous	Le prof **nous** aide.	*The teacher is helping us.*
vous	Je **vous** remercie.	*I thank you.*

Note that **me** and **te** become **m'** and **t'** before a verb beginning with a vowel sound.

Vous **m'**aimez?   *Do you love me?*

Tu m'aimes?

Oui, bien sûr je t'aime.

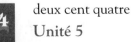

Me, te, nous and **vous** come right before the verb of which they are the object. The sentence may be affirmative, interrogative, negative or have an infinitive.

T'attend-il?	*Is he waiting for you?*
Non, il ne **m'**attend pas.	*No, he's not waiting for me.*
Mes parents vont **nous** attendre.	*My parents are going to wait for us.*

Pratique

8 ▶ Complétez!

*Choisissez **me**, **te**, **nous** ou **vous** pour compléter les petits dialogues.*

Modèle:

— Damien et Claire, est-ce que vos amis **vous** voient au fast-food?
— Non, ils ne **nous** voient pas.

1. — Le prof... cherche, Jean-Paul et Sébastien!
   — Oh là là! M. Soci... cherche?
2. — Je vais être en retard. Tu... attends?
   — Oui, je... attends devant l'école.
3. — Est-ce que votre mère... aide à ranger votre chambre?
   — Oui, elle... aide à changer les draps.
4. — Clarisse, je... invite chez moi ce soir.
   — C'est vrai? Tu... invites à ta boum?
5. — Ton ami... gâte avec des cadeaux, Véro?
   — Il n'y a personne qui... gâte avec des cadeaux.

Vous nous invitez à Bercy?

Oui, je vous invite au concert de Mathieu Chedid.

9 ▶ En partenaires

Avec un(e) partenaire, posez et répondez aux questions. Suivez le modèle.

Modèle:

tes amis/inviter à sortir le weekend
A: **Est-ce que tes amis t'invitent à sortir le weekend?**
B: **Oui, mes amis m'invitent à sortir le weekend. Et toi, est-ce que tes amis t'invitent à sortir le weekend?**
A: **Non, mes amis ne m'invitent pas à sortir le weekend.**

1. tes amis/attendre quand tu es en retard
2. ton copain ou ta copine/chercher à la cantine
3. ton frère ou ta sœur/aider à faire tes devoirs
4. ta mère/remercier de faire le ménage
5. ta grand-mère/adorer
6. tes parents/gâter

Communication

10 ▶ Une enquête

Quels sports faites-vous? Avec un(e) partenaire, copiez la grille suivante. Demandez à votre partenaire s'il ou elle fait les sports indiqués. Si la réponse est "oui," mettez un ✔ dans l'espace blanc. Puis changez de rôles.

Modèle:

Est-ce que tu fais du roller?
Oui, je fais du roller.

Aurélie et Julien font de la voile. (La Rochelle)

Sports	Oui
faire du roller	✔
faire du canoë	
faire de l'aérobic	
jouer au golf	
jouer au tennis	
faire du cheval	
jouer au basket	
faire de la musculation	
skier	
faire du karaté	
faire du footing	
nager	
faire de la voile	
faire du vélo	

11 ▶ À vous de jouer!

Avec un(e) partenaire, jouez les rôles de deux ami(e)s. C'est l'anniversaire de Khaled.

Dites "Bon anniversaire!" et offrez un cadeau à votre ami.

Remerciez votre amie.

Demandez si votre ami est libre ce soir.

Dites que oui.

Invitez votre ami à faire quelque chose de spécifique avec vous.

Acceptez l'invitation.

12 ▸ Choisissez un centre de sports!

Voici une publicité pour certains centres de sports dans les Alpes. Remarquez les sports que chaque centre offre. Puis regardez les résultats de l'enquête de votre partenaire concernant ses sports favoris (Activité 10). Choisissez le centre de sports approprié pour votre partenaire. Puis écrivez un paragraphe en français où vous expliquez pourquoi vous avez choisi ce centre de sports. Votre choix doit être basé sur les sports que votre partenaire fait et le centre qui offre la majorité de ces sports.

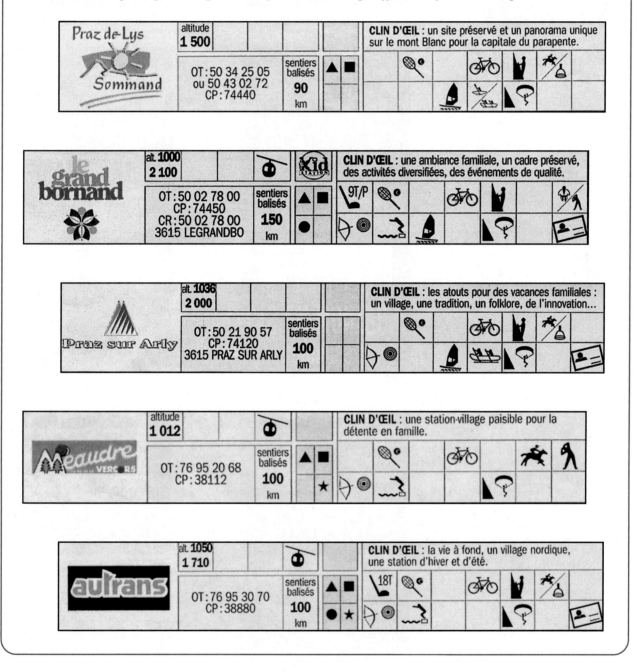

Vocabulaire

un film d'amour

un film d'aventures

un jeu télévisé

un film de science-fiction

un drame

une comédie

les informations (f.)

un match

un film d'épouvante

un bulletin météo

une émission (de musique)

un dessin animé

un documentaire

un film policier

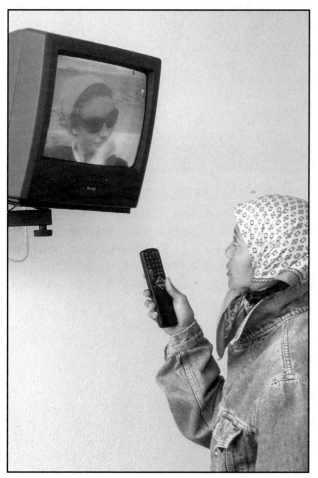
Leïla allume la télé.

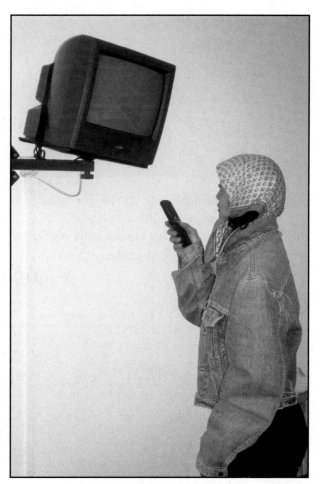
Leïla éteint la télé.

Sandrine   Bruno

C'est mercredi après-midi à Amiens. Sandrine et Bruno sont en train de décider quoi faire.

Sandrine: **Je vais allumer la télé. Tu veux regarder des informations?**

Bruno: **Non, je ne les aime pas. Je préfère les émissions de musique et les films.**

Sandrine: **J'ai une idée. Il y a un nouveau film au Rex. On peut aller le voir.**

Bruno: **Est-ce que c'est un film d'amour? J'aime tous les films sauf les films d'amour.**

Sandrine: **Non, c'est une comédie. Tu vas l'aimer.**

Bruno: **D'accord. On y va!**

Amiens

Amiens, la capitale de la Picardie, est au nord-est de Paris. Toute visite d'Amiens commence par sa cathédrale. Notre-Dame d'Amiens, cathédrale gothique, date du XIIIᵉ siècle. C'est la plus grande cathédrale de France. Mais il y a aussi d'autres choses à voir à Amiens. Juste à quelques minutes du centre-ville on trouve les Hortillonnages, les multiples "jardins flottants" près de la Somme. D'un petit bateau on peut voir ces jardins de légumes, de fruits et de fleurs. Beaucoup de touristes aiment les petites maisons, les bons restaurants et les magasins chic du quartier Saint-Leu. Les touristes peuvent aussi visiter la maison de Jules Verne.

En quoi est-ce que Notre-Dame d'Amiens ressemble à Notre-Dame de Paris?

Amiens est une grande ville sur la Somme.

Le cinéma

Le cinéma, le "septième art," est très populaire en France. Le cinéma a commencé en France en 1895. Les écoles et les villes ont souvent des cinéclubs où on peut regarder et parler des films classiques.

La télé

Comme les jeunes Américains, les ados en France aiment regarder la télé. Il y a six chaînes principales en France: TF1, la première chaîne privée; France 2, une chaîne nationale; France 3, une chaîne des émissions régionales; M6, une chaîne avec beaucoup de musique et quelques films; Canal+, une chaîne payante; Arte, une autre chaîne publique. On peut même voir des émissions américaines.

Les cinémas multiplexes offrent une variété de films. (Paris)

1 ▸ Qu'est-ce que vous regardez?

Faites correspondre la lettre de l'émission à ce que vous entendez.

A. *Star Wars*
B. "Everybody Loves Raymond"
C. "60 Minutes"
D. "Wheel of Fortune"
E. *Shrek*
F. "Law and Order"

2 ▸ Quel film?

Choisissez l'expression qui complète chaque phrase d'après le dialogue.

1. C'est mercredi... à Amiens.
   A. matin
   B. après-midi
   C. soir
2. ... va allumer la télé.
   A. Sandrine
   B. Bruno
   C. Stéphanie
3. Bruno n'aime pas regarder....
   A. les informations
   B. les matchs
   C. les documentaires

4. Bruno préfère les émissions de musique et....
   A. les jeux télévisés
   B. les drames
   C. les films
5. Mais Bruno n'aime pas du tout....
   A. les films d'aventures
   B. les films d'amour
   C. les films d'épouvante
6. Il y a un nouveau film....
   A. au Gaumont
   B. au cinéma
   C. au stade
7. Sandrine et Bruno décident d'aller voir....
   A. un film policier
   B. un film de science-fiction
   C. une comédie

Capital

Guy Lagache parle des vacances

20.50 Magazine de société. (120').

3 ▸ À la télé

Si on est devant la télé, qu'est-ce qu'on regarde…

1. pour voir des agents de police?
2. pour voir quel temps il va faire demain?
3. pour voir Bart Simpson?
4. pour écouter le rock?
5. pour voir un film de Stephen King?
6. pour voir Katie Couric?
7. pour voir du football?

Questions personnelles.

1. Quand tu veux voir un film, est-ce que tu préfères regarder un DVD à la maison ou aller au cinéma?
2. Combien de fois par mois est-ce que tu vas au cinéma?
3. Est-ce que tu préfères les films d'aventures, les comédies ou les films d'amour?
4. Quel est ton film favori?
5. Quel(s) drame(s) regardes-tu?
6. Quelle émission est-ce que tu préfères?
7. À quelle heure est-ce qu'on éteint la télé chez toi le mardi soir?

Quelle émission est-ce que Claudette et ses amis préfèrent?

Direct object pronouns: *le, la, l', les*

You have already seen the direct object pronouns **me**, **te**, **nous** and **vous** that refer to people. There are other direct object pronouns, **le** (*him, it*), **la** (*her, it*), **l'** (*him, her, it*) and **les** (*them*), that can refer to either people or things.

	Masculine	**Feminine**	**Before a Vowel Sound**
Singular	le	la	l'
Plural	les	les	les

Je regarde les comédies.
Tu **les** regardes aussi?

I watch comedies.
Do you watch them too?

Bruno, il est minuit! La télé, s'il te plaît!
D'accord. Je **l'**éteins dans cinq minutes.

Bruno, it's midnight! The TV, please!
OK. I'll turn it off in five minutes.

Sa vieille télé? Pourquoi est-ce que Patrick **la** vend?

His old TV? Why is Patrick selling it?

Le bulletin météo? Mes parents **le** regardent chaque soir.

The weather report? My parents watch it every night.

Note that **le** and **la** become **l'** before a verb beginning with a vowel sound.

Ce dessin animé? Mon petit frère **l'**adore.	*This cartoon? My little brother adores it.*

Le, la, l' and **les** come right before the verb of which they are the object. The sentence may be affirmative, negative, interrogative or have an infinitive.

Les documentaires? Je ne **les** aime pas. **Les** aimes-tu?	*Documentaries? I don't like them. Do you like them?*
Le match? Tu veux aller **le** voir?	*The game? Do you want to go see it?*

Pratique

 Complétez!

Choisissez **le**, **la**, **l'** *ou* **les** *pour compléter les petits dialogues.*

Modèle:

— Tu aimes les films d'Isabelle Adjani?
— Oui, je **les** aime beaucoup.

1. —Vous voyez souvent les films d'épouvante au cinéma?
   —Non, nous ne... voyons pas souvent.
2. —À quelle heure allume-t-on la télé le matin?
   —On... allume à sept heures.
3. —Ta sœur lit le nouveau roman de Danielle Steele?
   —Non, elle ne... lit pas.
4. —Tu vois les films d'amour avec ta sœur ou tes copains?
   —Je... vois avec mes copains.
5. —Est-ce que ton petit frère aime "Disney Club"?
   —Oui, il... adore.
6. —Tes parents voient cette comédie?
   —Non, ils ne... voient pas.

6 ▸ Je peux l'acheter ou pas?

Imaginez que vous avez 250 euros. Dites si vous pouvez acheter ou pas chaque objet.

Modèles:

Non, je ne l'achète pas. **Oui, je les achète.**

1.

2.

3.

4.

5.

6.

7.

8.

9.

Avec un(e) partenaire, posez des questions sur ce que vous allez faire aujourd'hui après les cours. Puis répondez aux questions. Suivez le modèle.

Modèle:

attendre tes amis

A: **Est-ce que tu vas attendre tes amis?**
B: **Oui, je vais les attendre. Et toi, est-ce que tu vas attendre tes amis?**
A: **Non, je ne vais pas les attendre.**

1. prendre le goûter
2. regarder les informations
3. écouter ton nouveau CD
4. faire tes devoirs
5. aider ta mère à faire le dîner
6. faire la vaisselle
7. inviter tes amis chez toi

Tu vas regarder le match de tennis?

Oui, je vais le regarder. J'arrive.

Communication

8 **Correspondance par e-mail**

Imaginez que vous êtes à l'ordinateur et que vous correspondez par e-mail avec un(e) partenaire qui, comme vous, aime beaucoup regarder la télé. Prenez une petite carte (3" x 5") et écrivez une question sur la télé. Donnez la carte à votre partenaire. Il ou elle écrit une réponse à votre question et écrit une autre question pour vous. Continuez à poser et répondre aux questions par écrit (in writing) aussi longtemps que possible. Suivez le modèle.

Modèle:

A: **Est-ce que tu aimes regarder les dessins animés?**
B: **Non, je n'aime pas les regarder. Est-ce que tu regardes les informations?**
A: **Oui, je les regarde souvent. Quel drame préfères-tu?**
B: **Je préfère "ER."**

9 ▸ À vous de jouer!

Avec un(e) partenaire, jouez les rôles de deux personnes dans un vidéo-club. L'Élève A joue le rôle d'un(e) client(e) qui veut louer (rent) des DVDs. L'Élève B joue le rôle d'un(e) employé(e).

Montrez deux DVDs à l'employé(e) et demandez quel est le genre (*type*) de ces deux films.

Dites le genre de ces films. Demandez à votre client(e) quels genres de films il ou elle aime.

Dites les genres de films que vous aimez et n'aimez pas.

Dites si votre client(e) va aimer ces deux films.

10 ▸ Une critique

Choisissez un film que vous venez de voir. Écrivez un article pour un journal français où vous décrivez et donnez vos réactions sur ce film. D'abord, identifiez le genre du film et les acteurs et les actrices. Puis dites comment vous trouvez ce film et si vous le recommandez.

Les sports et les loisirs

The French are famous for their **joie de vivre** (*enjoyment of life*). Therefore, they like to make the most of even an hour of free time after a long day at work or school. How the French spend their leisure time depends, of course, on individual habits, finances, interests and surroundings. But regardless of what they do, most French people agree that leisure activities help relieve daily stress and keep life interesting.

Sports play an important role in the lives of many French people. Individual sports, such as hiking, fencing, parasailing and archery are becoming increasingly popular.

The *Tour de France* takes place every summer.

Biking is a national passion, both for those who participate in the sport and for those who simply like to watch the month-long **Tour de France** on TV. Horse races (**les courses de chevaux**) draw spectators to racetracks at Longchamp, Auteuil, Vincennes and Chantilly. Automobile enthusiasts enjoy watching **le rallye de Monte-Carlo** and **le Paris-Dakar**. Another automobile race, **les 24 heures du Mans**, takes place every June from 4:00 P.M. Saturday until 4:00 P.M. Sunday. Drivers compete to see which car can cover the greatest distance during this 24-hour period.

Nearly every region in France supports its own soccer team, and on evenings and weekends many people watch professional soccer games on TV. Each May thousands of people attend **la Finale de la Coupe de France**, the national soccer tournament, which takes place at the Parc des Princes Stadium in Paris.

Racing across the hot sands of the Sahara Desert in *le Paris-Dakar* presents a special challenge to race car drivers.

People of all ages in southern France play **pétanque**. The object of this game, known as **boules** elsewhere in the country, is to throw small metal balls as close as possible to a little target ball. The fast game of **pelote**, in which players alternately hit a ball against a wall with a long, curved mallet, attracts large crowds in **le Pays Basque** near Spain.

The Spanish name for *pelote* is *cesta punta*. (Biarritz)

In addition to sports, cultural activities fill the leisure hours of many French people. The Ministry of Culture strives to preserve the country's rich heritage and to make interesting cultural events available to people outside of the capital. For example, cities such as Avignon hold summer festivals which feature theater, music, parades, fireworks, regional costumes and folk dancing.

Reading (**la lecture**) is also a common pastime. French poets, playwrights and novelists enjoy a worldwide reputation. People of all ages head to the bookstores along the **boulevard Saint-Michel** in Paris to browse through contemporary novels, classical literature, nonfiction books and even comics. Many people have their noses buried in a book during their long train, **métro** or bus rides to and from work or school every day.

Would you rather see a ballet at the *Opéra Garnier* or...

An evening at the theater appeals to some people. The national government subsidizes theaters like the **Comédie-Française**, which presents classical plays at prices that all can afford. Ballets are usually staged at the **Opéra Garnier**, while the newer **Opéra de la Bastille** features operas. Older nightclubs, such as the **Moulin Rouge** and the **Folies-Bergère**, offer another kind of musical and dance entertainment.

It's easy to understand why English speakers use the French phrase **bon vivant** to describe a person who lives life to the fullest, be it attending or participating in sporting events, going to cultural activities, watching TV, strolling outdoors or tinkering with do-it-yourself projects at home.

... an opera at the *Opéra de la Bastille?* (Paris)

11 ▶ Les sports et les loisirs

Répondez aux questions suivantes.

1. What does the expression **joie de vivre** mean?
2. What four factors influence how people spend their leisure time?
3. What are three individual sports that are gaining in popularity in France?
4. What is the name of the month-long bicycle race that takes place in France every year?
5. What three races do automobile enthusiasts enjoy watching every year?
6. In what Paris stadium does the national soccer tournament take place?
7. What are two popular sports in southern France?
8. What types of activities take place during summer festivals?
9. What leisure activity do many Parisians enjoy during their daily commute to and from work or school?
10. What is the name of a government-subsidized theater that presents classical plays?
11. What is the French expression for a person who lives life to the fullest?

The last stage of the *Tour de France* takes the cyclists to the finish line on the *Champs-Élysées*. (Paris)

Whose *boule* is closest to the target ball? (Verneuil-sur-Seine)

12 ▸ Sports

Regardez les horaires de printemps et d'été d'un centre de loisirs à Issoudun en France et répondez aux questions.

1. What is the name of the sports facility?
2. What is its phone number?
3. When is the swimming pool open on Sunday?
4. On what three days can you play tennis from 8:00 A.M. until 11:00 P.M.?
5. How much do you pay to swim there on weekends and holidays?
6. If you play squash, how many minutes of playing time does the fee include?
7. Why do you think that it is less expensive to bowl on Wednesday?

On fait du camping.

Vocabulaire

M. Chéreau fait de l'escalade (f.).

Caro fait du baby-sitting. Elle joue aux cartes avec Monique.

Didier et Martin jouent aux échecs.

Pierre collectionne des timbres.

un trombone

une flûte

une clarinette

un synthé (synthétiseur)

un saxophone

une guitare

un violon

une trompette

une batterie

un piano

Delphine, Jean-Christophe et Élisabeth habitent à Bordeaux. Ils sont en train de parler du weekend dernier.

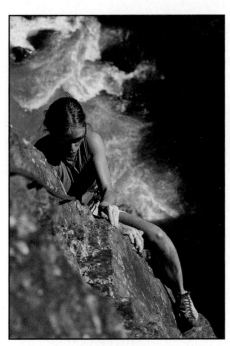

Delphine

Jean-Christophe

Élisabeth

Delphine:	Mes parents m'ont emmenée à la montagne. On a fait du camping et de l'escalade. Et toi, Jean-Christophe, tu as fait du baby-sitting, n'est-ce pas?
Jean-Christophe:	Ouais... les enfants de ma sœur. Je les ai gardés tout le weekend. On a joué aux cartes et on a lu beaucoup de bandes dessinées. Et toi, Élisabeth?
Élisabeth:	J'ai assisté à un concert de rock. J'ai beaucoup aimé le mec qui a joué du synthé et la fille qui a joué de la guitare.
Delphine:	Et maintenant c'est lundi et l'école recommence. Quelle galère!

Bordeaux

Port actif et centre de commerce des vins célèbres de la région, Bordeaux est la capitale de l'Aquitaine dans le sud-ouest de la France. Située sur la Garonne et près de l'océan Atlantique, Bordeaux est une des plus grandes villes du pays. À Bordeaux vous pouvez marcher sur les quais charmants de la Garonne, aller au Grand Théâtre ou acheter des vêtements chic dans les boutiques du centre-ville.

On cultive des raisins près de Bordeaux. (Nerigean)

Le camping

Le camping, c'est une pause dans la vie quotidienne, et les jeunes Français l'adorent. Il y a approximativement 11.000 campings dans le pays. On peut installer sa tente près d'une ferme ou près d'un château, par exemple.

Est-ce que tu préfères faire du camping sous une tente ou dans une caravane? (Mende)

L'escalade

Aujourd'hui les Français sportifs choisissent souvent des sports avec un peu de risques. Beaucoup de personnes font de l'escalade en France. On pratique ce sport dans les montagnes du pays.

Les B.D.

Beaucoup d'ados lisent et collectionnent les bandes dessinées (les B.D.). Les B.D. sont très populaires en France et en Belgique. On peut trouver beaucoup de B.D. variées dans les librairies de ces deux pays. *Astérix*, une B.D. française, et *Les Aventures de Tintin*, une B.D. belge, sont célèbres dans le monde entier. Il y a un musée de la bande dessinée à Bruxelles en Belgique et à Angoulême au sud-ouest de la France. À Angoulême il y a aussi un festival international de la B.D. en janvier.

Quelle bande dessinée Simone préfère-t-elle?

La Fête de la musique

La musique est si populaire en France qu'il y a la Fête de la musique annuellement en juin. Il y a des concerts dans beaucoup de villes du pays. On danse et on écoute de la musique traditionnelle et contemporaine.

Les MJC

On peut trouver une Maison des Jeunes et de la Culture (MJC) dans les grandes villes et les petits villages de la France. Là, il y a des activités culturelles et artistiques, par exemple, on peut danser, regarder un film ou faire de la gym.

De jeunes musiciens participent à la Fête de la musique. (Paris)

1 Les instruments de musique

Faites correspondre la lettre de la photo à ce que vous entendez.

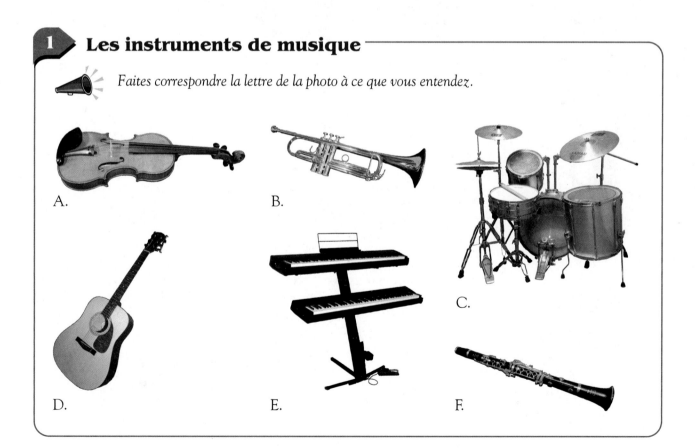

A.

B.

C.

D.

E.

F.

2 ▸ Le weekend dernier

Répondez aux questions d'après la conversation.

1. Où est-ce que Delphine, Jean-Christophe et Élisabeth habitent?
2. De quoi est-ce qu'ils parlent?
3. Où est-ce que Delphine est allée?
4. Qui est-ce que Jean-Christophe a gardé tout le weekend?
5. Qu'est-ce qu'Élisabeth a fait?
6. Qui est-ce qu'Élisabeth a aimé?
7. Est-ce que Delphine est heureuse que l'école recommence?

3 ▸ Les instruments de musique

Qu'est-ce que c'est?

Modèle:

Ce sont des violons.

1.

2.

3.

4.

5.

6.

7.

8.

C'est à toi!

Questions personnelles.

1. Es-tu musicien(ne)?
2. Combien de fois par an assistes-tu aux concerts?
3. Aimes-tu jouer aux cartes?
4. Est-ce que tu préfères lire des bandes dessinées ou regarder des dessins animés?
5. Quelles bandes dessinées est-ce que tu préfères?
6. Est-ce que tu fais du baby-sitting beaucoup, un peu ou pas du tout?
7. Est-ce que tu collectionnes quelque chose? Qu'est-ce que tu collectionnes?

Tu joues aux cartes à la plage comme ces ados?

Direct object pronouns in the *passé composé*

You have already learned the direct object pronouns in French: **me**, **te**, **nous**, **vous**, **le**, **la**, **l'** and **les**. In the **passé composé** direct object pronouns precede the form of the helping verb **avoir**.

Comment as-tu trouvé le concert?   *What did you think of the concert?*
Je **l'**ai aimé.   *I liked it.*

The past participle agrees with this preceding direct object pronoun in gender and in number. For a masculine singular direct object pronoun, add nothing to the past participle. If the direct object pronoun is masculine plural, add an **s**; if it is feminine singular, add an **e**; if it is feminine plural, add an **es**.

Qu'est-ce que tu as fait, Delphine?   *What did you do, Delphine?*
Mes parents **m'**ont **emmenée** à la montagne.   *My parents took me to the mountains.*

Qui a gardé les enfants pendant le weekend?   *Who kept the children during the weekend?*
Jean-Christophe **les** a **gardés**.   *Jean-Christophe kept them.*

Où sont tes frites?

Je les ai déjà mangées.

Past participles that end in -s (**mis** and **pris**) do not change in the masculine plural.

Où sont les billets?   *Where are the tickets?*
Je ne les ai pas **pris**.   *I didn't take them.*

If the past participle ends in -s or -t, this consonant is pronounced in the feminine forms.

La raquette de tennis? Les Dupin   *The tennis racket? The Dupins*
l'ont **offerte** à leur fille.   *gave it to their daughter.*

La photo? Christelle l'a prise sur la Grand-Place à Bruxelles.

Pratique

5 Les corvées de Khaled

Khaled a fait une liste de toutes les choses qu'il a dû faire pendant le weekend. Parce que Khaled est très diligent, il a tout accompli. Dites ce que Khaled a fait.

Modèle:

Il l'a tondue.

VENDREDI	SAMEDI	DIMANCHE
tondre la pelouse	nourrir les chiens	acheter les croissants
mettre la table	ranger ma chambre	lire le journal
faire la vaisselle	faire la lessive	faire mes devoirs
nettoyer le garage	voir mes tantes	

6 Élisabeth l'a pris ou non?

Élisabeth est en vacances en Espagne cet été. Elle a décidé de prendre seulement les choses qui sont nécessaires. Dites si elle a pris ou n'a pas pris les choses suivantes.

Modèle:

Elle ne l'a pas pris.

Avec un(e) partenaire, posez des questions sur ce que vous avez fait hier. Puis répondez aux questions. Suivez le modèle.

Modèle:

tes parents/t'emmener au restaurant

A: **Est-ce que tes parents t'ont emmené(e)**
   au restaurant?
B: **Oui, ils m'ont emmené(e) au restaurant.**
   Et toi, est-ce que tes parents t'ont emmené(e)
   au restaurant?
A: **Non, ils ne m'ont pas emmené(e) au restaurant.**

1. ton ami(e)/t'aider à faire
   tes devoirs
2. tes copains/t'attendre après
   les cours
3. quelqu'un/t'inviter à sortir
4. ton prof de français/te voir
   au centre commercial

Communication

8 > **Trouvez une personne qui....**

Interviewez des élèves de votre classe pour déterminer quelles activités ils font. Sur une feuille de papier copiez les expressions indiquées. Formez des questions avec ces expressions que vous allez poser aux autres élèves. Quand vous trouvez une personne qui répond par "oui," dites à cette personne de signer votre feuille de papier à côté de l'activité convenable. Trouvez une personne différente pour chaque activité.

Modèle:

Alex: **Tu joues aux échecs?**
Sonia: **Oui, je joue aux échecs.**
       (Elle signe à côté de #1.)

1. jouer aux échecs
2. faire souvent du baby-sitting
3. collectionner des CDs
4. jouer du piano
5. lire des bandes dessinées

6. faire du camping en été
7. jouer du synthé
8. collectionner des jeux vidéo
9. jouer de la guitare
10. faire de l'escalade

9 > **Un sommaire**

Maintenant écrivez un sommaire de vos interviews dans l'Activité 8. Dites quel(le) élève fait chaque activité. Utilisez des phrases complètes.

Modèle:

Sonia joue aux échecs.

10 > **Une B.D.**

Dans un petit groupe de trois ou quatre élèves, faites une bande dessinée où Raoul (de la bande dessinée "Nathalie et Raoul") raconte (tells about) à Nathalie ses expériences humoristiques pendant le weekend. Avec votre groupe vous pouvez déterminer si Raoul a fait du camping ou a fait du baby-sitting. Développez votre bande dessinée selon le thème que votre groupe a choisi.

Recognizing Word Families

You can increase your vocabulary in French by using the words you already know to help you guess the meanings of new words that are in the same word family and have a root word in common. For example, knowing that the verb **courir** means "to run" can help you guess that the noun **une course** is "a race."

As you read some information about a French pop rock group, keep these two questions in mind:

1. Where are the musicians from?
2. What has this group recently added to its repertoire?

To answer the first question, look under the musicians' picture and note the word **Rochelais**. The ending **-ais** describes someone from a certain geographic location, such as a city, region or country. For example, **un Français** is a person from France. In the same way, **un Rochelais** is someone from La Rochelle. To answer the second question, note the adjective **riche** in the verb form **s'est enrichie**. Since reflexive verbs often mean "to become...," you can assume that this verb means "became rich." Peach Soap has recently "enriched" its repertoire with original compositions.

PEACH SOAP
LE RIBOULDING', La Rochelle
Samedi 2 mars

■ «Pop rock. Si ces quatre Rochelais percèrent dans la voie qui est la leur aujourd'hui, on pourrait bientôt se targuer de les avoir vus à leurs débuts. Après une restructuration récente de la formation, leur musique, toujours bien réalisée, s'est enrichie de compositions originales.

As you read information about other musical groups performing in this area, keep these points in mind to help you recognize word families:

1. Just as in English, the prefix **re-** means "again" in French. For example, **revenir** means "to come again."
2. The suffix **-aine** after a number means "about (that number)." For example, **une vingtaine** means "about 20."
3. The suffix **-iste** after a noun means "someone who engages in a certain activity." For example, **un fleuriste** means "florist."

"MERCI" JAZZ
Création originale de Jo BENOTTI
Vendredi 22 mars • 20 h 30
LA COUPE D'OR, Rochefort (05 46 82 15 15)

■ Originaire du pays rochefortais, il a joué en France et à l'étranger avec Escoudé, Rouere, Lockwood, Barelli. Il a pratiqué des styles de musique très différents et aujourd'hui on le retrouve avec une formation de 5 musiciens : Thierry BOUYER, guitare, Pascal COMBEAU, basse, José LOUYOS, accordéon, Michel DELAGE, trompette et orchestration.

AFICIONADOS
Mercredi 27 mars
MUSIC HALL, La Rochelle

■ Rock'n roll. La scène rock toulousaine est depuis longtemps une pépinière de talents. De Fly and the Tax à Kill de Bleu, c'est toujours du rock de qualité, beaucoup d'humour et le même plaisir de jouer ensemble.

F.O.U.
LE RIBOULDING', L.R., 05 46 41 24 24 • 6 avril

■ Formé en 1991 autour du délirant Christophe Meyer, dit le Fou, le groupe jurassien a déjà enregistré trois albums et donné des centaines de concerts. Il nous balance des chansons bien ficelées où les riffs de guitare sont rois. La prose est à mi-chemin entre le jargon de café populaire et l'éloquence littéraire. Humour et dérision, zeste de naïveté. Ce rock débridé et énergique commence par nous amuser et finit par nous émouvoir.

XAVIER RICHARDEAU TRIO
LE GARIBALDI, La Rochelle
Samedi 2 mars

■ Xavier Richardeau, jeune saxophoniste plein de talent, nous propose, avant la sortie de son CD avec des musiciens parisiens, une soirée de jazz haute en couleur. Il sera accompagné de Jean-Luc Aramy à la contrebasse et Jo Benotti à la batterie.

FOLKLORE HONGROIS
Dimanche 24 mars • 15 h
Foyer Communal - DOMPIERRE-SUR-MER
Rens. 05 46 35 36 42 - 05 46 35 32 04

■ Le groupe folklorique hongrois **SZAZSZORSZEP MARTONVASAR** sera l'hôte des **BALLASSOUX**. Ce groupe, créé en 1979, est originaire de Martonvasar, petite ville située à 30 km de Budapest. De réputation internationale, il a remporté de grands succès à travers toute l'Europe et a obtenu la Médaille d'Or dans plusieurs concours internationaux.
Avec plus de 40 exécutants, ce ballet entend perpétuer la danse traditionnelle hongroise sous la forme la plus authentique. Le répertoire reflète toute la richesse et la variété des danses et musiques du Bassin des Carpates. Les danseurs peignent les vendanges, la moisson, le mariage, l'amour... en faisant claquer leurs doigts et leurs bottes, en frappant dans leurs mains, en chantant et en faisant virevolter les jupes colorées. Ils présentent sur scène une vingtaine de costumes.

11   Arts et Spectacles à La Rochelle et Rochefort

Répondez aux questions.

1. What city is Jo Benotti from?
2. Music lovers can "find him again" with what type of group?
3. What city do Les Aficionados come from?
4. From what mountainous area does the group F.O.U. originate?
5. How many concerts has this group given?
6. What is the French word for someone who plays the saxophone?
7. What has Xavier Richardeau just come out with?
8. What does the dance repertoire of Folklore Hongrois reflect about the dances and music from the region of the Carpathian Mountains?
9. How many changes of costume do the Hungarian folk dancers have?
10. Which group would you be interested in seeing perform? Why?

Nathalie et Raoul

Évaluation

✓ Évaluation culturelle

Decide if each statement is **vrai** or **faux**.

1. The French have played tennis since the thirteenth century.
2. Amiens, northeast of Paris, is famous for its Gothic cathedral.
3. At a **cinéclub** you can play golf and do aerobics.
4. French TV has six main channels.
5. The **Tour de France** is a 24-hour automobile race that takes place every June.
6. **La pétanque**, also known as **boules**, is a game in which players hit a ball against a wall with a mallet.
7. The **Comédie-Française** presents classical plays at prices that everyone can afford.
8. Bordeaux is a large city in the heart of the winegrowing region in southwestern France.
9. *Astérix* is an example of a French comic strip.
10. At the **MJC (Maison des Jeunes et de la Culture)** you can dance, watch movies or work out.

How do people in southern France refer to the game of *boules*? (Verneuil-sur-Seine)

In the thirteenth century tennis was called *jeu de paume*.

✓ Évaluation orale

With a partner, play the roles of a visiting French exchange student and an American student who studies French. They interview each other to find out about the leisure activities they each enjoy. First they greet each other and the American welcomes the French student. Then they ask each other if they are athletic and what sports they play. Next they talk about what TV programs they watch and what kinds of movies they like and don't like. Finally, they ask each other if they play any musical instruments and games.

After the interview, one of the students asks if the other is free this weekend and suggests an activity that they can do together. The other student graciously accepts the invitation.

✓ Évaluation écrite

Continue playing the roles of the visiting French exchange student and the American student. Use the information you learned in your interview to write an article for your school newspaper, either in France or in the U.S., in which you describe the interests of a "typical" French or American student. Tell about your friend's favorite sports, TV programs, movies and what musical instruments and games he or she plays.

Three of Caroline's friends are discussing what they are going to get her for her birthday next week. With your classmates, complete their dialogue. (You may want to refer to the *Révision de fonctions* on page 234 and the *Vocabulaire* on page 235.)

Révision de fonctions

Can you do all of the following tasks in French?

- I can talk about what happened in the past.
- I can wish someone a happy birthday.
- I can describe someone's talents and abilities, such as in sports and music.
- I can describe someone's character traits.
- I can describe daily routines.
- I can ask what something is.
- I can tell what I dislike.
- I can point out exceptions.
- I can make a prediction.
- I can ask if someone is free.
- I can accept an invitation.
- I can express appreciation.

Le père de Denise l'a emmenée au café.

To describe past events, use:

Mes parents m'ont emmené(e) à la montagne.   *My parents took me to the mountains.*
J'ai assisté à un concert de rock.   *I attended a rock concert.*

To congratulate someone, use:

Bon anniversaire!   *Happy Birthday!*

To describe talents and abilities, use:

Je ne joue pas très bien.   *I don't play very well.*
Le mec **a joué du synthé**.   *The guy played the synthesizer.*
La fille **a joué de la guitare**.   *The girl played the guitar.*

To describe character, use:

Tu es **sportif/sportive**.   *You are athletic.*

To describe daily routines, use:

C'est lundi et l'école **recommence**.   *It's Monday and school begins again.*

To ask what something is, use:

Est-ce que c'est un film d'amour?   *Is it a love story?*

To say what you dislike, use:

Je ne les aime pas.   *I don't like them.*

To point out exceptions, use:

J'aime tous les films **sauf** les films d'amour.   *I like all movies except love stories.*

To make a prediction, use:

Tu vas l'aimer.   *You're going to like it.*

Thibault joue de la guitare, mais il ne joue pas très bien.

To ask if someone is free, use:

Est-ce que tu es libre ce weekend?   *Are you free this weekend?*

To accept an invitation, use:

Je voudrais bien.   *I would be willing.*

To express appreciation, use:

Je vous remercie tous!   *I thank you all.*

Vocabulaire

l' **aérobic (m.)** aerobics A
allumer to turn on B
l' **amour (m.)** love B
anniversaire: Bon anniversaire!
    Happy Birthday! A
assister à to attend C
une **aventure** adventure B

le **baby-sitting** baby-sitting C
une **batterie** drums C
bon: Bon anniversaire! Happy Birthday! A
un **bulletin météo** weather report B

un **canoë** canoe A
un(e) **chéri(e)** darling A
une **clarinette** clarinet C
collectionner to collect C
une **comédie** comedy B
un **concert** concert C
courir to run A

de (d') about B
un **dessin animé** cartoon B
un **documentaire** documentary B
un **drame** drama B

les **échecs (m.)** chess C
une **émission** program B
emmener to take (someone) along C
l' **épouvante (f.)** horror B
l' **escalade (f.)** climbing C
éteindre to turn off B

faire de l'aérobic (m.) to do aerobics A
faire de l'escalade (f.) to go climbing C
faire de la gym (gymnastique) to do
    gymnastics A
faire de la musculation to do body
    building A
faire de la planche à voile to go
    windsurfing A
faire de la plongée sous-marine to go
    scuba diving A
faire de la voile to go sailing A
faire du baby-sitting to baby-sit C
faire du camping to go camping, to camp C
faire du canoë to go canoeing A
faire du karaté to do karate A
faire du ski nautique to go waterskiing,
    to water-ski A
fêter to celebrate A
une **flûte** flute C

une **galère: Quelle galère!** What a drag! C
gâter to spoil A
le **golf** golf A
une **guitare** guitar C
la **gym (gymnastique)** gymnastics A
des **informations (f.)** news B

un **jeu** game B
    un jeu télévisé game show B
jouer au golf to play golf A
jouer aux cartes (f.) to play cards C
jouer aux échecs (m.) to play chess C

le **karaté** karate A

le, la, l' him, her, it B
les them B
libre free (not busy) A
les **loisirs (m.)** leisure activities A

un **match** game, match B
un **mec** guy C
mieux better A
la **musculation** body building A

offrir to offer, to give A

papa (m.) Dad A
un **piano** piano C
la **planche à voile** windsurfing A
la **plongée sous-marine** scuba diving A
plonger to dive A
un **policier, une policière** detective B

quel: Quel, Quelle...! What (a) . . . ! C

une **raquette** racket A
recommencer to begin again C
remercier to thank A

sauf except B
un **saxophone** saxophone C
la **science-fiction** science fiction B
le **ski nautique** waterskiing A
sportif, sportive athletic A
un **synthé (synthétiseur)** synthesizer C

te you A
tous all A
un **trombone** trombone C
une **trompette** trumpet C

un **violon** violin C
la **voile** sailing A

Unité 6

Les pays du Maghreb

In this unit you will be able to:
- express need and necessity
- inquire about details
- identify objects
- point out something
- ask someone to repeat
- restate information
- give opinions
- make requests
- choose and purchase items
- write a letter
- sequence events
- describe daily routines
- report

www.emcp.com

Vocabulaire

À la poste

un guichet automatique

une boîte aux lettres

une factrice

Le postier pèse un colis.

une adresse

M. Leclerc
47, rue de Flandres
60200 Compiègne

un aérogramme

une enveloppe

un facteur

La postière faxe une lettre.

le courrier

des bijoux (m.)

un collier

des boucles d'oreilles (f.)

une montre

un bracelet en argent (m.)

une bague en or (m.)

Madame Garnier   Abdel-Cader   La postière

Abdel-Cader, qui est algérien, passe l'année scolaire chez la famille Garnier à Strasbourg. Il veut envoyer des cadeaux à ses parents à Alger.

Mme Garnier: Qu'est-ce que tu vas offrir à ta mère?

Abdel-Cader: Le collier et les boucles d'oreilles que je viens d'acheter hier. Elle adore les bijoux.

Mme Garnier: Et à ton père?

Abdel-Cader: Cette nouvelle montre. Quand il ouvre un cadeau, il est toujours content.

Mme Garnier: Tu es très généreux. Tu veux les envoyer cet après-midi, n'est-ce pas? Je vais en ville, alors je peux te laisser à la poste.

Abdel-Cader: D'accord. Merci.

Abdel-Cader: Je voudrais envoyer ce colis en Algérie.

La postière: Bon, je vais le peser... par avion, l'affranchissement est de 8,84 euros.

Abdel-Cader: Comment? Je n'ai pas entendu.

La postière: Je dis que ça coûte 8,84 euros.

Abdel-Cader: D'accord. Je voudrais deux aérogrammes et cinq timbres aussi.

La postière: Alors, ça fait 14,18 euros.

Abdel-Cader: Et voilà. Merci et au revoir, Mademoiselle.

Strasbourg

Près du Rhin et de l'Allemagne, Strasbourg est le centre intellectuel et économique de l'Alsace à l'est de la France. Ville cosmopolite, Strasbourg est une des capitales de l'Union européenne. Au

Les membres du Parlement européen se réunissent *(gather)* au palais de l'Europe. (Strasbourg)

La cathédrale gothique de Strasbourg a seulement une tour.

centre-ville il y a une grande cathédrale gothique, finie en 1439. Le vieux quartier de la ville, plein de vieilles maisons et de petits ponts, s'appelle la "Petite France." Il y a une influence allemande sur l'architecture et la nourriture à Strasbourg.

L'Algérie

Alger est un port près de la mer Méditerranée et la capitale de l'Algérie en Afrique du Nord. Avec le Maroc à l'ouest et la Tunisie à l'est, l'Algérie fait partie du Maghreb. L'Algérie est quatre fois plus grande que la France. Le Sahara est un grand désert en Algérie. Beaucoup d'Algériens parlent arabe et français.

Alger s'appelle la "Ville blanche" parce que ses immeubles sont blancs. (Algérie)

L'oasis Salah est près des dunes du Sahara. (Algérie)

M. Chastain achète des timbres à un distributeur.

La poste

À la poste on peut acheter des timbres ou envoyer des colis. On peut aussi acheter des cartes téléphoniques (les télécartes), utiliser le Minitel ou le téléphone public, chercher un numéro de téléphone et envoyer de l'argent. En France les boîtes aux lettres sont jaunes.

1 Logique ou non?

Écrivez "V" si la phrase est logique; écrivez "F" si la phrase n'est pas logique.

2 Les cadeaux d'Abdel-Cader

Choisissez la bonne réponse.

1. Où est-ce qu'Abdel-Cader passe l'année scolaire?
   A. à Strasbourg
   B. à Alger
   C. à Paris

2. À qui est-ce qu'il parle?
   A. à sa mère
   B. à son père
   C. à Mme Garnier

Abdel-Cader passe l'année scolaire à Strasbourg, en Alsace.

3. Qu'est-ce qu'Abdel-Cader va offrir à son père?
   A. un collier et des boucles d'oreilles
   B. une nouvelle montre
   C. des timbres

4. Quand est-ce qu'il va aller à la poste?
   A. ce matin
   B. cet après-midi
   C. ce soir

5. Où est-ce qu'il veut envoyer son colis?
   A. à Alger
   B. par avion
   C. à Strasbourg

6. L'affranchissement, c'est combien?
   A. 4,48 euros
   B. 8,84 euros
   C. 14,18 euros

7. Combien d'aérogrammes est-ce qu'Abdel-Cader veut acheter?
   A. deux
   B. cinq
   C. dix

3 ▶ À la poste

Qu'est-ce qu'on peut voir à la poste?

Modèle:

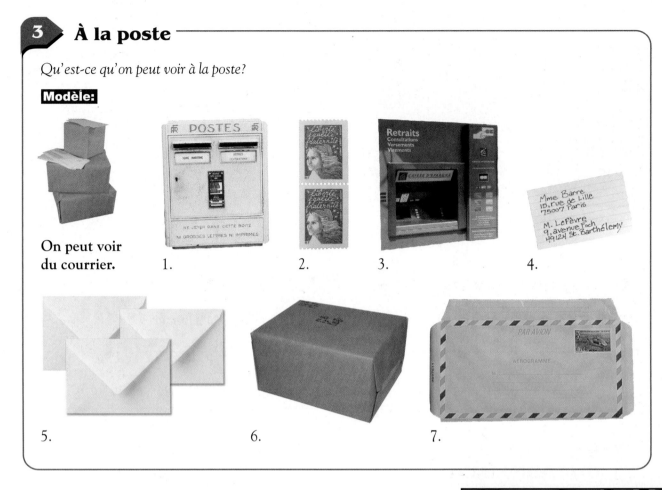

On peut voir du courrier.

1.

2.

3.

4.

5.

6.

7.

4 ▶ C'est à toi!

Questions personnelles.

1. Est-ce que tu portes une montre aujourd'hui?
2. Est-ce que tu portes des boucles d'oreilles? Si oui, combien?
3. Est-ce que tu préfères les bijoux en or ou en argent?
4. Est-ce que tu faxes souvent des lettres?
5. Quelle est ton adresse?
6. À quelle heure est-ce que le facteur/la factrice passe chez toi?
7. Qui cherche le courrier chez toi?

Est-ce que tu utilises souvent un guichet automatique? (Cavaillon)

deux cent quarante-deux

Unité 6

Present tense of the irregular verb *dire*

The verb **dire** (*to say, to tell*) is irregular.

dire			
je	**dis**	nous	**disons**
tu	**dis**	vous	**dites**
il/elle/on	**dit**	ils/elles	**disent**

Qu'est-ce que vous **dites**?   *What are you saying?*
Je **dis** que c'est cher.   *I say it's expensive.*

The irregular past participle of **dire** is **dit**.

J'ai **dit** que je n'ai pas   *I said that I don't need*
besoin d'aller à la poste.   *to go to the post office.*

M. Marnas dit à sa fille, "Je peux te laisser devant la poste?"

Pratique

5 **Qu'est-ce qu'on dit?**

Il y a un match de foot cet après-midi. Dites si les personnes suivantes disent qu'elles vont venir ou pas. Suivez les modèles.

Modèles:

Jacques/oui
Jacques dit que oui.

Sandrine et Amina/non
Sandrine et Amina disent que non.

1. Jean-Luc/non
2. tu/oui
3. les copines de Bertrand/oui
4. Louis et toi/oui
5. je/non
6. les parents de Dikembe/oui
7. la prof de musique/non
8. Margarette et moi/non

Je dis que oui.

6 Des excuses

Les personnes suivantes ne vont pas au match de foot cet après-midi. Faites leurs excuses.

aller à la poste	travailler	faire du baby-sitting
être malade	aller au cinéma	jouer au tennis
faire les magasins	faire la lessive	avoir trop de devoirs

Modèle:

Élisabeth dit qu'elle a trop de devoirs.

1. Mme Darmond

2. je

3. Dikembe

4. Rachel et toi

5. Alexandre et Paul

6. tu

7. mes sœurs

8. Claudette et moi

Jacques dit qu'il va en ville cet après-midi.

Present tense of the irregular verb *ouvrir*

Here are the present tense forms of the irregular verb **ouvrir** (*to open*). Note that in the present tense it has the endings of an **-er** verb.

ouvrir			
j'	**ouvre**	nous	**ouvrons**
tu	**ouvres**	vous	**ouvrez**
il/elle/on	**ouvre**	ils/elles	**ouvrent**

Qu'est-ce que vous **ouvrez**? *What are you opening?*
Nous **ouvrons** nos cadeaux. *We're opening our gifts.*

The irregular past participle of **ouvrir** is **ouvert**.

Chloé a **ouvert** sa trousse. *Chloé opened her pencil case.*

BANQUE DE SAVOIE

AGENCE REPUBLIQUE

HORAIRE D'OUVERTURE

MATIN..............DE **8** H. **50** A **12** H. **30**
APRES-MIDI....DE **13** H. **30** A **17** H. **20**
DU ___**LUNDI**___ AU **VENDREDI**___

À quelle heure est-ce que la banque ouvre après le déjeuner? (Lyon)

Pratique

7 Qu'est-ce qu'on ouvre?

Imaginez que vous travaillez dans un office de tourisme en France. Pendant une journée typique dites ce que vos collègues et vous ouvrez.

Modèle:

M. Daumier ouvre la fenêtre.

The relative pronouns *qui* and *que*

The relative pronouns **qui** and **que** are used to combine two shorter sentences into one longer one. They are called "relative" pronouns because they "relate" or connect these sentences to one another. Note how the following pairs of sentences are joined together by **qui** or **que**.

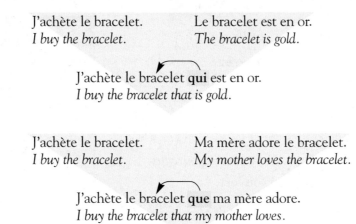

J'achète le bracelet.   Le bracelet est en or.
I buy the bracelet.   *The bracelet is gold.*

J'achète le bracelet **qui** est en or.
I buy the bracelet that is gold.

J'achète le bracelet.   Ma mère adore le bracelet.
I buy the bracelet.   *My mother loves the bracelet.*

J'achète le bracelet **que** ma mère adore.
I buy the bracelet that my mother loves.

If both **qui** and **que** mean "that" in these combined sentences, why is **qui** used in the first one and **que** in the second one? Because **qui** is used as the *subject* of the phrase **qui est en or** and **que** is used as the *direct object* of the phrase **que ma mère adore**.

The relative pronoun **qui** means "who," "which" or "that." **Qui** may refer to a person or to a thing.

Abdel-Cader envoie des cadeaux à ses parents **qui** sont en Algérie.

Abdel-Cader is sending gifts to his parents who are in Algeria.

Son père adore sa nouvelle montre **qui** est suisse.

His father loves his new watch that is Swiss.

Brigitte choisit des vêtements qui sont en solde.

The relative pronoun **que** means "that," "whom" or "which." **Que** may refer to a person or to a thing.

> Le garçon **que** Rose invite à la boum est très sympa.
>
> *The boy that Rose is inviting to the party is very nice.*
>
> Le colis **que** tu envoies ne pèse pas beaucoup.
>
> *The package that you are sending doesn't weigh a lot.*

You remember that the past participle of a verb in the **passé composé** agrees in gender and in number with the preceding direct object pronoun. Since **que** is used as a direct object, the past participle must agree in gender and in number with the word that **que** refers to.

> Les boucles d'oreilles **qu'**Abdel-Cader a offert**es** à sa mère sont belles.
>
> *The earrings that Abdel-Cader gave his mother are beautiful.*

Les pommes que Mme Danaud achète sont mûres.

Pratique

8 En partenaires

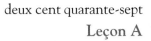

Avec un(e) partenaire, parlez des cadeaux que vous offrez. L'Élève A pose les questions; l'Élève B répond aux questions. Suivez le modèle.

Modèle:

montre/suisse

A: **Quelle montre offres-tu?**

B: **J'offre la montre qui est suisse.**

1. bracelet/italien
2. boucles d'oreilles/cher
3. bague/en or
4. collier/mexicain
5. bijoux/en argent

Anne-Marie offre un bracelet qui est en argent.

9 ▸ Faites des compliments!

Dites à la personne indiquée que l'objet qu'il ou elle a acheté est très beau. Suivez les modèles.

Modèles:

Mme Legrand
Le manteau que vous avez acheté est très beau!

Assia
Les boucles d'oreilles que tu as achetées sont très belles!

1. Emmanuel

2. Mme Tremblay

3. Mlle Desjardins

4. les Cheutin

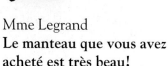

5. Étienne

6. ta mère

7. Patricia

8. M. Aknouch

10 ▸ Complétez!

*Choisissez **qui** ou **que** (**qu'**) pour compléter les phrases suivantes.*

1. Abdel-Cader,... est algérien, va offrir des cadeaux à ses parents.
2. Abdel-Cader passe l'année scolaire chez la famille Garnier... habite à Strasbourg.
3. Les cadeaux... ce jeune homme va offrir à sa mère sont un collier et des boucles d'oreilles.
4. Le collier,... est en or, est très joli.
5. La montre... Abdel-Cader va offrir à son père est suisse.
6. Cet après-midi Abdel-Cader veut envoyer les cadeaux... il a achetés hier.
7. La postière va peser le colis... est très grand.
8. Les aérogrammes et les timbres... Abdel-Cader achète coûtent 14,18 euros.

Le pays qu'Abdel-Cader a quitté est l'Algérie. (El Oued)

Communication

11 ▶ **À vous de jouer!**

Avec un(e) partenaire, jouez les rôles de deux personnes à la poste. L'Élève A joue le rôle d'un(e) Américain(e); l'Élève B joue le rôle d'un postier (une postière).

Dites "Bonjour" et que vous voulez acheter des timbres pour des lettres et des cartes postales pour les États-Unis.

Donnez les timbres à l'Américain(e) et dites combien ils coûtent.

Dites que vous voulez aussi envoyer un colis par avion aux États-Unis.

Pesez le colis et dites combien ça coûte pour envoyer le colis.

Dites que vous n'avez pas entendu.

Répétez ce que vous avez dit.

Dites que vous ne pouvez pas voir la boîte aux lettres.

Montrez la boîte aux lettres à l'Américain(e).

Remerciez l'employé(e) et dites "Au revoir."

12 ▶ **Un cadeau amérindien**

Après votre séjour en famille à Strasbourg, vous avez décidé d'envoyer un bracelet amérindien en argent à la mère de votre famille, Mme Richelieu. Mais elle n'a pas écrit (written) pour vous remercier. Pour être sûr(e) que votre colis est arrivé, vous envoyez un fax à Mme Richelieu. Dans ce fax vous remerciez Mme Richelieu pour votre visite, décrivez ce que vous avez acheté pour elle (her), dites quand vous avez envoyé ce cadeau et demandez si le colis est arrivé ou pas. Enfin dites à Mme Richelieu de vous faxer sa réponse.

des accessoires (m.)

Vocabulaire

des lunettes de soleil (f.)

une ceinture

un portefeuille

un parapluie

un foulard

des gants (m.)

un mouchoir

une casquette

un sac à main

des verres de contact (m.)

des sandales (f.)

un imperméable (imper)

un pyjama

un peignoir de bain

des sous-vêtements (m.)

des pantoufles (f.)

Yasmine est tunisienne. Elle passe un été en France chez les Lambert. Elle écrit une lettre à sa mère à Tunis.

le 7 juillet

Chère maman,

C'est extra chez cette famille française! Quand je suis arrivée, je leur ai donné les jolis cadeaux en cuir de Tunisie... le sac à main pour Madame Lambert; la ceinture pour son mari; le portefeuille pour le fils, Pierre; et les gants pour la fille, Nadia. La semaine suivante je leur ai préparé un bon repas tunisien, du couscous, naturellement! Pendant la journée je sors souvent avec Nadia, et on s'amuse beaucoup. Je lui parle de ma vie à Tunis et de mes amis. Elle est très sympa. Le temps passe vite!

À bientôt,
Yasmine

Yasmine a préparé du couscous pour les Lambert.

La Tunisie

Grand port de la Méditerranée et centre touristique, culturel, industriel, administratif et commercial, Tunis est la capitale de la Tunisie. C'est une ville avec des marchés (*souks*) pittoresques. La France a contrôlé la Tunisie de 1881 à 1956, année de son indépendance. Même aujourd'hui, on parle français et arabe en Tunisie. Il y a des Tunisiens qui ont quitté leur pays pour aller travailler en France.

Près de Tunis sont les ruines romaines de Carthage. (Tunisie)

Les objets qu'on trouve dans les *souks* de Tunis sont bon marché.

Pour écrire une lettre...

En général, quand on écrit une lettre en français à un(e) ami(e), on écrit à la main. Quand on écrit une lettre officielle, on peut utiliser un ordinateur. Quand on écrit l'adresse

Mlle Gélas achète des vêtements par Minitel.

sur l'enveloppe, on met le code postal devant le nom de la ville. Naturellement, les Français utilisent l'e-mail et le fax aussi. Et souvent on communique avec le Minitel. C'est un petit ordinateur qui fonctionne avec le téléphone. On peut utiliser le Minitel pour des services variés, par exemple, on peut chercher un numéro de téléphone par Minitel. On peut aussi réserver des billets pour voyager ou pour aller au théâtre, et on peut envoyer des messages. On ne paie pas l'ordinateur, mais on paie le temps qu'on utilise, et c'est assez cher.

Quels accessoires?

Faites correspondre la lettre de la photo à ce que vous entendez.

A.

B.

C.

D.

E.

F.

2 L'été de Yasmine

D'après la lettre de Yasmine, expliquez par des phrases complètes…

1. la date.
2. à qui elle écrit la lettre.
3. où elle passe l'été.
4. chez qui elle reste.
5. quels cadeaux elle a donnés aux Lambert.
6. avec qui elle sort pendant la journée.
7. quel plat elle a préparé pour la famille.

Yasmine a acheté des cadeaux en cuir pour la famille Lambert. (Tunisie)

3 **Choisissez!**

Quel accessoire est généralement associé à chaque partie du corps?

un bracelet	des lunettes de soleil	une bague	des gants
une casquette	des boucles d'oreilles	des sandales	un collier

1. le doigt
2. le bras
3. le cou
4. les oreilles
5. les mains
6. les yeux
7. la tête
8. les pieds

Mme Brunet porte de grandes boucles d'oreilles et un collier en or. (Guadeloupe)

4 **Les vêtements**

Qu'est-ce qu'on porte?

Modèle:

Elle porte
un manteau,
un foulard,
des bottes et
un sac à main.

1.

2.

3.

5 ▸ **C'est à toi!**

Questions personnelles.

1. Est-ce que tu t'es amusé(e) pendant le weekend?
2. Quels sont trois accessoires que tu portes souvent?
3. Qu'est-ce que tu portes à l'école aujourd'hui? Quand il pleut? Quand il fait froid?
4. Est-ce que tu portes des lunettes de soleil en été? Et en hiver?
5. Est-ce que tu portes des verres de contact? Si oui, est-ce que tu les portes chaque jour?
6. Est-ce que tu peux porter une casquette en cours?
7. Selon toi, est-ce que l'année scolaire passe vite?

> Où sont mes lunettes de soleil?

Present tense of the irregular verb *écrire*

The verb **écrire** (*to write*) is irregular.z

écrire			
j'	**écris**	nous	**écrivons**
tu	**écris**	vous	**écrivez**
il/elle/on	**écrit**	ils/elles	**écrivent**

Écrivez-vous une lettre?   *Are you writing a letter?*
Oui, j'**écris** à mes parents.   *Yes, I'm writing to my parents.*

The irregular past participle of **écrire** is **écrit**.

Karine a **écrit** un aérogramme.   *Karine wrote an aerogram.*

Qui écrit un e-mail en classe?

Pratique

6 ▶ **Qu'est-ce qu'on écrit?**

Utilisez les illustrations pour dire ce que les personnes indiquées écrivent.

 Modèle:

M. Garnier

M. Garnier écrit des adresses.

1. M. Stendhal

2. tu

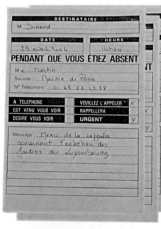

3. Mlle Hatier et toi

4. les Allemands

5. je

Éric écrit une rédaction (*composition*) pour son cours de français.

*Formez sept phrases logiques qui utilisent le verbe **écrire** au passé composé.*
Choisissez un élément des colonnes A, B et C pour chaque phrase.

A	B	C
tu	une lettre d'amour	de leur vie
le prof	la date	sur son ordinateur
mes amis et moi	les adresses	d'Europe
je	un message	à mon correspondant
M. et Mme Clinton	l'histoire	à son ami Francis
Mlle Colbert	un aérogramme	au travail
ma sœur	une interro	sur le chèque de voyage
Magali et toi	des cartes postales	sur les enveloppes

Modèle:

Tu as écrit la date sur le chèque de voyage.

Clément a écrit une lettre à son cousin.

Indirect object pronouns: *lui, leur*

The indirect object of a verb is the person to whom the verb's action is directed. The indirect object answers the question "to whom." In the sentence **Je parle à Denise**, the word **Denise** is the indirect object of the verb **parle**. Notice the use of the preposition **à** between the verb and the indirect object.

As in English, the indirect object may be replaced by a pronoun. The indirect object pronouns **lui** and **leur** replace **à** plus a noun.

Singular	lui	to him, to her
Plural	leur	to them

Offres-tu un cadeau à Assia?   *Are you giving a gift to Assia?*
Oui, je **lui** offre une montre.   *Yes, I'm giving her a watch.*

Écrivez-vous à vos parents?   *Are you writing to your parents?*
Oui, je **leur** écris.   *Yes, I'm writing to them.*

The indirect object pronouns **lui** and **leur** usually come right before the verb of which they are the object. The sentence may be affirmative, interrogative, negative or have an infinitive.

Lui téléphone-t-il?   *Does he call her?*
Non, il ne **lui** téléphone pas.   *No, he doesn't call her.*
Il va **lui** téléphoner demain.   *He's going to call her tomorrow.*

Aurélie? Je lui téléphone ce soir.

Pratique

*Choisissez **lui** ou **leur** pour compléter les petits dialogues.*

Modèle:

—Qu'est-ce que tu offres à ton amie?
—Je **lui** offre un foulard.

1. —Qui montre Strasbourg à Abdel-Cader?
   —Les Garnier... montrent Strasbourg.
2. —Est-ce qu'Abdel-Cader parle à la postière?
   —Oui, il... parle au guichet.
3. —Est-ce que Yasmine donne de jolis cadeaux tunisiens aux Lambert?
   —Oui, elle... donne de jolis cadeaux tunisiens.
4. —Est-ce que la famille Lambert présente Yasmine à leurs amis?
   —Oui, elle... présente Yasmine.
5. —Est-ce que Marie-Claire ressemble à sa sœur?
   —Non, elle ne... ressemble pas du tout.
6. —Quand Marcel fait du baby-sitting, lit-il des histoires aux enfants?
   —Oui, quand il fait du baby-sitting, il... lit des histoires.
7. —Est-ce que tu écris à ta correspondante française?
   —Oui, je... écris souvent.
8. —Est-ce que vous téléphonez à vos cousins ce soir?
   —Non, nous ne... téléphonons pas ce soir.

> Vous envoyez cette lettre à votre frère en Tunisie?
>
> Oui, je lui envoie cette lettre.

Les parents de Béatrice disent qu'elle téléphone trop à ses copains. Ils lui demandent de voir une liste de ses coups de téléphone (phone calls). Voici la liste que Béatrice a faite pour le mois de décembre. Pour chaque date, dites si elle a téléphoné ou pas aux personnes indiquées.

Modèles:

2.12/Pierre
Non, elle ne lui a pas téléphoné.

3.12/Élise, Guillaume, Luc
Oui, elle leur a téléphoné.

1. 20.12/Nadine
2. 30.12/Élisabeth et Jean-Claude
3. 21.12/le prof de physique
4. 13.12/Raoul et Nadine
5. 28.12/Yasmine
6. 17.12/Raoul
7. 11.12/sa grand-mère
8. 21.12/Thierry et Benoît

date	personne
2.12	Nadine
3.12	Élise, Guillaume, Luc
5.12	la prof de dessin
8.12	Marie-Claire
10.12	Raoul
13.12	Raoul, Nadine
16.12	Raoul
17.12	Raoul
20.12	Nadine
21.12	Robert
22.12	Étienne
26.12	Mahmoud
28.12	Véro
30.12	Nadine

10 ▶ **En partenaires**

Avec un(e) partenaire, posez et répondez aux questions. Suivez le modèle.

Modèle:

envoyer des cadeaux de Noël à tes cousins

A: **Est-ce que tu envoies des cadeaux de Noël à tes cousins?**
B: **Oui, je leur envoie des cadeaux de Noël. Et toi, est-ce que tu envoies des cadeaux de Noël à tes cousins?**
A: **Non, je ne leur envoie pas de cadeaux de Noël.**

1. dire toujours "Bonjour" au prof de français
2. montrer tes devoirs aux autres élèves
3. offrir des boissons à tes copains
4. téléphoner à ton ami(e) chaque soir
5. ressembler à tes parents
6. écrire souvent à ta grand-mère

Communication

11 ▶ **Un défilé de mode**

Avec les autres élèves de votre classe, organisez un défilé de mode (fashion show). Trouvez un(e) partenaire, et écrivez une description de ce que cette personne porte aujourd'hui. Parlez de ses vêtements et de ses accessoires, et donnez la couleur de chaque article et d'autres détails intéressants, si possible. Puis, avec les autres élèves, présentez votre défilé de mode. Quand c'est le tour (turn) de votre partenaire de montrer ses vêtements et ses accessoires, lisez aux autres la description que vous avez écrite.

12 ▶ **Une capsule témoin**

Imaginez que c'est l'année 2300. Vous êtes archéologue (archaeologist) et vous venez de découvrir (discover) une boîte (box) avec des vêtements, des accessoires et des bijoux pour hommes et femmes. Cette boîte date de l'année 2007. Vous devez identifier chaque article, déterminer son usage et donner sa couleur. Dessinez chaque article dans la boîte. Puis écrivez votre description sous chaque dessin.

L'Algérie, la Tunisie et le Maroc

Millions of people speak French on a daily basis, some of whom live in North Africa. Three North African countries that form **le Maghreb—l'Algérie, la Tunisie** and **le Maroc**—once belonged to France's colonial empire. Although all three countries are now independent, the influence of French language and culture still remains.

Algeria is the second largest African country. Two separate groups, the Arabs and the Berbers, account for most of the population, with each group maintaining its own language and customs. The Islamic faith unites the majority of Algerians, and 99 percent of the people are Muslim. The government strongly supports Islam and pays for the upkeep of the country's elegant domed mosques (Islamic places of worship).

Like many countries, Algeria blends the traditional and the contemporary. While rural Algerians often live with their extended family, city dwellers usually reside with just their immediate family. The cities themselves combine the old and the new—from open-air markets and older sections of the city (**casbahs**) to wide boulevards

What is the name of the garment that these Algerian women are wearing? (Alger)

and skyscrapers. Traditionally, women wear a long, white outer garment (**haik**) and a veil, while men often dress in a long, hooded cloak (**burnoose**). Some city residents favor Western-style clothing.

Algerian singer Khaled's first *raï* hit was "Didi" in 1992.

Algerians make beautiful pottery, rugs, jewelry and other handicrafts that reflect Islamic designs and traditional techniques. Once strongly influenced by the French language and culture, many Algerian artists and writers now draw upon their Arabic, Berber and Islamic roots for inspiration. **Le raï**, a type of music that mixes the traditional singing and rhythms of North Africa with electric guitars, keyboards and drums, is very popular in France with young immigrants from Algeria.

After Algeria's independence from France in 1962, only one political party was allowed in the newly formed socialist state, the National Liberation Front (**F.L.N.**). Then in 1989 the Islamic Salvation Front (**F.I.S.**) gathered strength, calling for Algeria to become an Islamic republic. The military seized power in 1992 to keep the fundamentalist **F.I.S.** from winning parliamentary elections. Much bloodshed followed. Groups that the **F.I.S.** disapproved of, such as women not wearing veils, journalists, artists, students, teachers and heads of state companies, were targeted for violence. Although violence declined in Algeria after Abdelazziz Bouteflika was elected president in 1999, unemployment rates of up to 60 percent are among the social issues that continue to cause friction in the country.

Port El Kantaoui is on the Mediterranean Sea. (Tunisie)

Tunisia is appropriately called "the crossroads between the East and West" due to its strategic location on the Mediterranean Sea. A French protectorate for almost 80 years, Tunisia became a republic in 1957.

In the past, the high walls of the exotic, older section of many Tunisian cities, called **la médina**, protected the residents after nightfall. These cities still count mosques and ancient palaces among their many treasures. Narrow streets line the markets, where displays of leather goods, wooden and iron artwork, rugs and pottery vie for the shopper's pocketbook. Tunisians celebrate both religious and civil holidays, and their local ceremonies honor everything from the olive harvest to the invaluable camel and international films.

In 1995 Tunisia signed an agreement with the European Union to join a free-trade area around the Mediterranean known as the European Economic Area. Although Italy is Tunisia's second largest trading partner after France, relations between the countries have sometimes been strained because of illegal immigration and disagreements over fishing rights.

In Tozeur, an oasis city in central Tunisia, wares are displayed in the *souks*.

A Moroccan family visits the mausoleum of Mohammed V in Rabat. (Maroc)

Even though Rabat serves as Morocco's capital, Casablanca has become the country's largest city. Fès, known in English as Fez, is the oldest city in Morocco as well as its religious center.

The word **fez** has yet another meaning in Morocco. It's a type of red, flat-topped cap that men wear for special occasions instead of the customary turban. Traditional apparel for both men and women is the **djellaba**, a long, hooded robe with long sleeves and an embroidered front seam. Some women also cover their face with a veil. On special occasions women dress in a long **caftan**. For holiday celebrations everyone wears white.

Moroccans are famous for their pottery, rugs, metal products and leather goods. Since France and Spain controlled the country from early in the twentieth century until 1956, painting, drama and folk music show a strong French and Spanish influence. Because of their long multiethnic history, **les Maghrébins** continue to search for their cultural identity.

Wearing a *fez*, a waiter in Rabat carries a tray of mint tea to some customers. (Maroc)

13 ▶ L'Algérie, la Tunisie et le Maroc

Répondez aux questions suivantes.

1. What is the second largest African country?
2. Which world religion unites most of the Algerian people?
3. What are mosques?
4. What do men and women traditionally wear in Algeria?
5. For what three types of handicrafts are Algerians famous?
6. What is **le raï**?
7. For radical Algerian political groups, who might be a target of disapproval?
8. In what year did Tunisia become a republic?
9. What are the older sections of Tunisian cities called?
10. For what reasons do Tunisians hold local celebrations?
11. What city is the capital of Morocco?
12. What is a **djellaba**?
13. What color do Moroccans wear for holiday celebrations?
14. What two countries have influenced Moroccan art, music and drama?

Le Maroc

Regardez la carte du Maroc. Puis répondez aux questions.

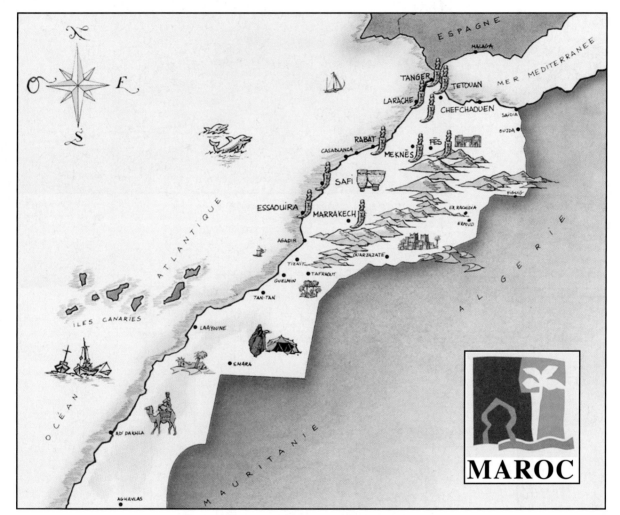

1. What is the largest body of water that borders Morocco?
2. What two countries border Morocco?
3. Which European country is closest to Morocco?
4. Is Morocco's capital city on the water or inland?
5. Is Morocco's oldest city closer to the Sahara Desert or to the Atlas Mountains?
6. Is Morocco's largest city on the coast, in the mountains or in the desert?
7. If you wanted to swim and take part in other water sports, would you go to Agadir or Fez?

Vocabulaire

À la banque

une banquière   un banquier

Claire signe ses chèques de voyage.

CAISSE

une pièce

un billet

de la monnaie

de l'argent liquide (m.)

Fatima   Le banquier

Fatima vient de Casablanca, au Maroc. Elle fait un stage de journalisme à Paris. Aujourd'hui elle est allée à la BNP pour changer de l'argent.

Fatima:	**Je voudrais changer mon argent en euros, s'il vous plaît.**
Le banquier:	**Bien sûr, Mademoiselle. Vous avez de l'argent liquide ou des chèques de voyage?**
Fatima:	**Des chèques de voyage. Je les ai déjà signés.**
Le banquier:	**Bon. Votre passeport, s'il vous plaît?**
Fatima:	**Le voilà.**
Le banquier:	**Maintenant vous pouvez passer à la caisse. La caissière va vous donner de l'argent.**
Fatima:	**Merci, mais il me faut aussi de la monnaie.**
Le banquier:	**Elle peut vous faire de la monnaie aussi.**
Fatima:	**Merci, Monsieur.**

Le Maroc

Le Maroc est situé sur l'océan Atlantique et sur la mer Méditerranée au nord-ouest de l'Afrique. Casablanca, qui est sur l'océan Atlantique, est la plus grande ville du pays. C'est un centre industriel, commercial et économique. Casablanca est aussi le centre du transport du Maroc. L'argent marocain est le dirham. On parle arabe à l'école, dans l'administration et dans les médias au Maroc. La majorité des Marocains parlent français, et beaucoup parlent espagnol et anglais.

Ces étudiants marocains visitent Rabat, la capitale.

Au Maroc les panneaux (signs) sur la route sont en arabe et en français. (Boulemane)

Les banques

La BNP est la Banque Nationale de Paris. Il y a d'autres banques françaises: le Crédit Lyonnais, le Crédit Agricole, le Crédit Commercial. On voit ces banques dans chaque région de la France.

Les stages

Les étudiants du monde francophone font souvent des stages techniques. Ils travaillent pour des compagnies, mais on ne leur donne pas de salaire. Avec ces expériences professionnelles, ces étudiants peuvent plus vite trouver un travail quand ils ont leur diplôme.

Au Crédit Lyonnais il y a un guichet automatique.

Vrai ou faux?

Écrivez "V" si la phrase est vraie; écrivez "F" si la phrase est fausse.

2 À la BNP

Répondez aux questions d'après le dialogue.

1. D'où vient Fatima?
2. Qu'est-ce qu'elle étudie à Paris?
3. Pourquoi est-ce qu'elle est allée à la banque aujourd'hui?
4. Est-ce qu'elle a de l'argent liquide ou des chèques de voyage?
5. Est-ce qu'elle a son passeport?
6. Est-ce que le banquier va lui donner de l'argent?
7. Qui peut lui faire de la monnaie?

3 Choisissez!

Complétez chaque phrase avec l'expression convenable de la liste suivante.

| banquier | monnaie | pièce | billets | chèques de voyage | passeport | bureau de change |

1. Pour changer de l'argent, on va à la banque ou au....
2. On parle au... à la banque.
3. Il faut signer des... à la banque.
4. Pour toucher des chèques de voyage, il faut montrer son....
5. On met des... dans un portefeuille.
6. J'ai seulement des billets; il me faut aussi de la....
7. Donnez-moi une... de deux euros, s'il vous plaît.

Stéphanie va mettre ses billets dans son portefeuille.

4 ▶ C'est à toi!

Questions personnelles.

1. Est-ce que tu as un travail?
2. Est-ce que tu vas souvent à la banque?
3. Est-ce qu'il y a une banque près de ta maison ou de ton appartement? Si oui, elle s'appelle comment?
4. Quand tes parents voyagent, est-ce qu'ils préfèrent les chèques de voyage ou l'argent liquide?
5. Est-ce que tu as un passeport?
6. Est-ce que tu as envie de visiter le Maroc?

As-tu envie de visiter mon pays, le Maroc?

Indirect object pronouns: *me, te, nous, vous*

You have already seen the indirect object pronouns **lui** and **leur**. There are other indirect object pronouns, **me, te, nous** and **vous**, that may be used to talk about the subjects **je, tu, nous** and **vous**, respectively. The preposition **à** (*to*) is considered part of the indirect objects **me, te, nous** and **vous**.

me	Cédric **m'**offre un cadeau.	*Cédric is giving (to) me a gift.*
te	Est-ce qu'il **t'**offre quelque chose?	*Is he giving (to) you something?*
nous	Est-ce que maman **nous** donne de l'argent?	*Is Mom giving (to) us some money?*
vous	Non, elle ne **vous** donne pas d'argent.	*No, she's not giving (to) you any money.*

Vous pouvez me recommander quelque chose?

Je vous recommande le menu à 20 euros.

Note that **me** and **te** become **m'** and **t'** before a verb beginning with a vowel sound.

Jérémy **m'**écrit souvent.   *Jérémy writes to me often.*

Me, te, nous and **vous** usually come right before the verb of which they are the object. The sentence may be affirmative, interrogative, negative or have an infinitive.

Te parle-t-il?	*Does he talk to you?*
Non, il ne **me** parle pas.	*No, he doesn't talk to me.*
Christiane va **nous** dire sa nouvelle adresse.	*Christiane is going to tell (to) us her new address.*

5 **En partenaires**

Demandez à votre partenaire s'il ou elle fait les choses suivantes pour vous.

Tu m'offres des croissants avec mon jus d'orange?

Modèle:

offrir un coca
A: **Tu m'offres un coca?**
B: **Oui, je t'offre un coca.**

1. dire l'heure qu'il est
2. parler de tes vacances
3. montrer tes photos
4. écrire un message
5. présenter le nouvel élève
6. préparer un sandwich
7. donner dix euros
8. téléphoner ce soir

6 **Complétez!**

Choisissez **me**, **te**, **nous** *ou* **vous** *pour compléter les petits dialogues.*

Modèle:

—Tu **me** donnes ta nouvelle adresse, Béatrice?
—Bien sûr, Fabrice. Je **te** donne mon adresse.

Tu me donnes 20 euros, papa?

1. —Est-ce que ta correspondante...
   écrit souvent?
   —Oui, elle... écrit chaque semaine.
2. —Paul et Jeanne, est-ce que la prof...
   a présenté son ami français?
   —Non, elle ne... a pas présenté
   M. Faucher.
3. —Est-ce que tes amis peuvent...
   téléphoner après 22h00?
   —Non, mais ils peuvent... téléphoner
   jusqu'à 21h00.
4. —Est-ce que Nathalie... a montré son
   appartement, Bruno?
   —Oui, elle... a déjà montré son nouvel appartement.
5. —Madame, vous n'allez pas... donner de devoirs pendant le weekend?
   —Mais si, mes élèves! Je vais... donner beaucoup de devoirs!

Non, Aurélie, je te donne seulement 10 euros.

Communication

7 ▶ À vous de jouer!

Avec un(e) partenaire, jouez les rôles de deux personnes dans une banque parisienne. La première personne joue le rôle d'un banquier ou d'une banquière; la deuxième personne joue le rôle d'un(e) touriste américain(e) qui a besoin de toucher des chèques de voyage. Le banquier ou la banquière lui demande de signer les chèques, de montrer son passeport et d'attendre son argent à la caisse.

8 ▶ Des euros, s'il vous plaît!

Voici l'opération de change (exchange receipt) pour une transaction effectuée (carried out) dans une banque française. Un touriste américain veut changer des dollars pour des euros. Regardez cette opération de change, et répondez aux questions.

SOCIÉTÉ GÉNÉRALE   opération de change

SOCIÉTÉ ANONYME R.C.S PARIS B 552 120 222

AÉROGARE ORLY - ORLY SUD Nº 182	AÉROGARES ROISSY 1 et 2
94542 ORLY AÉROGARE CEDEX	95713 ROISSY - AÉROPORT CHARLES-DE-GAULLE
TÉL. : 01.48.53.11.13	CEDEX - B.P. 20.350 - TÉL. : 01.48.62.24.92

LA SOCIÉTÉ GÉNÉRALE EST PRÉSENTE DANS 63 PAYS DANS LE MONDE, ET DANS 2 000 AGENCES EN FRANCE

conserver ce reçu pour toute justification de cette opération

Date : 27/06   Heure : 14:37   Numero : 26 26   497
                                                 123536

Operation	Devise	Montant	Cours	Devise	Montant	Commission	Rendu	Net Euros
ACHAT TC	DOLLARS USA	200.00	1.1025					220,50

Net a recevoir : Euros   220,50

---

1. Où est cette banque?
2. Quelle est la date?
3. À quelle heure est-ce que le touriste a changé ses dollars?
4. Est-ce que le touriste a changé des chèques de voyage ou de l'argent liquide?
5. Combien d'euros est-ce que le touriste a achetés?
6. Combien de dollars est-ce que le touriste a donnés pour ces euros?
7. Combien d'euros est-ce que le touriste a eus pour chaque dollar?

Repetition and Point of View

In this unit you will read a poem by the contemporary Cameroonian poet René Philombe. First answer the following questions to connect you with the subject of his poem.

1. Have you ever been left out of a group or an activity? How did that make you feel?
2. What images come to mind when you hear the expression "a good fire" (for example, a campfire)?
3. Imagine a stranger knocking at your door. What do you imagine this person is asking for? How would you respond? Do you think most people would help the stranger or not?

Understanding the use of repetition and point of view will increase your appreciation of the poem. Poets often use repetition to make their meaning more vivid, clear and memorable. In this poem the poet repeats certain words, phrases, sentences and structures. Try to determine how these specific uses of repetition help you figure out the main idea of the poem. Poems are often written from a first-person point of view (using "I" or "we" as the vantage point) or a third-person point of view (using "he," "she" or "they"). Which point of view does Philombe use in this poem? Does it make the poem more or less personal?

L'homme qui te ressemble

J'ai frappé à ta porte
J'ai frappé à ton cœur
pour avoir bon lit
pour avoir bon feu
pourquoi me repousser?
Ouvre-moi mon frère! . . .

Pourquoi me demander
si je suis d'Afrique
si je suis d'Amérique
si je suis d'Asie
si je suis d'Europe?
Ouvre-moi mon frère! . . .

Pourquoi me demander
la longueur de mon nez
l'épaisseur de ma bouche
la couleur de ma peau
et le nom de mes dieux?
Ouvre-moi mon frère! . . .

Je ne suis pas un noir
je ne suis pas un rouge
je ne suis pas un jaune
je ne suis pas un blanc
mais je ne suis qu'un homme
Ouvre-moi mon frère! . . .

Ouvre-moi ta porte
Ouvre-moi ton cœur
car je suis un homme
l'homme de tous les temps
l'homme de tous les cieux
l'homme qui te ressemble! . . .

9   "L'homme qui te ressemble"

Répondez aux questions.

1. What does the title mean? Make a prediction about what the main idea of the poem might be.
2. Does the poet use a first-person or a third-person point of view? Why?
3. A symbol stands for or represents something else as well as itself. What do you think a **bon lit** and a **bon feu** symbolize in this poem? (For example, a mirror could symbolize vanity.)
4. A refrain is a line or a group of lines that is repeated. What is the refrain in this poem? What does the poet seek in the refrain? Why does he use the **tu** form rather than the **vous** form in his command?
5. Philombe writes the second and third stanzas in the form of a question. In phrasing his two questions, what behavior does he say that he does not understand? How does he imply that people judge each other?
6. Where does the poet answer the questions posed in stanzas two and three? How does he define himself in this stanza?
7. In which lines are the words **ta porte** and **ton cœur** repeated? Why are they repeated? On what note does the poem end?
8. What kinds of experiences do you think the poet had that influenced him to write this poem?

10   Un sommaire

Imaginez que vous êtes le poète camerounais René Philombe. Écrivez un sommaire du poème à la première personne. D'abord, dites qui vous êtes, puis dites ce que vous voulez et ne voulez pas. Enfin, donnez vos idées sur l'humanité. Utilisez le vocabulaire du poème si possible.

Nathalie et Raoul

✔ Évaluation culturelle

Decide if each statement is **vrai** or **faux**.

1. There is a strong Spanish influence in the city of Strasbourg since it is located in the southwestern part of France.
2. In France, as in the United States, mailboxes are red, white and blue.
3. Using the Minitel you can look for phone numbers, reserve tickets for travel or the theater and send messages.
4. **La BNP**, le **Crédit Lyonnais** and le **Crédit Commercial** are names of French banks.
5. **L'Algérie**, **la Tunisie** and le **Maroc** are now independent countries that once belonged to France's colonial empire.
6. Algeria enforces a dress code which requires all women to wear the traditional long, white outer garment and a veil.
7. **Le raï** is a type of music that mixes the traditional singing and rhythms of North Africa with modern electronic sounds.
8. Alger, a large Mediterranean port, is the capital of Tunisia.
9. The word **fez** refers both to a red, flat-topped cap that Moroccan men wear on special occasions and to the name of the oldest city in Morocco.
10. Moroccan painting, drama and folk music reflect a French and Spanish influence.

There is a strong German influence in Strasbourg, which is located in the northeastern part of France near Germany.

Le Maroc is a North African country that once belonged to France's colonial empire. (Tamoudant)

✓ Évaluation orale

With a partner, play the roles of an American student and a clerk in a French boutique.

Say that you need a gift for your aunt.

Show the student some gloves, scarves, wallets and purses.

Ask questions about the items you're interested in, including prices.

Give as much detailed information as possible.

Give your opinion about the items and finally select a gift.

Ask if the student has cash or traveler's checks.

Answer, pay and thank the clerk.

✓ Évaluation écrite

Imagine that you are the student who bought a gift for your aunt. In your journal, write an account of your shopping experience at the French boutique. Tell why you went shopping, where you went, what the clerk showed you, what he or she told you about each item, what you thought about the items, and then what you purchased and how you paid. Finally, say when you're going to the post office to send the package.

✓ Évaluation visuelle

Imagine that you are Karim, a Tunisian student who is spending the school year in Strasbourg. Write a letter to your sister telling her how you're enjoying your stay in France and describing what you did this morning, according to the illustration. (You may want to refer to the *Révision de fonctions* on pages 275–76 and the *Vocabulaire* on page 277.)

Révision de fonctions

Can you do all of the following tasks in French?

- I can say what I need.
- I can ask for detailed information.
- I can identify objects.
- I can point out something.
- I can ask someone to repeat.
- I can restate what I have said.
- I can give my opinion by saying what I think.
- I can request what I would like.
- I can purchase items at a post office.
- I can write a letter.
- I can talk about things sequentially.
- I can describe daily routines.
- I can report to someone about something.

Il me faut un sac à main noir en cuir.

To express need and necessity, use:

Il me faut aussi de la monnaie.

I also need change.

To inquire about details, use:

Vous avez de l'argent liquide **ou** des chèques de voyage?

Do you have cash or traveler's checks?

To identify objects, use:

Je leur ai donné les jolis cadeaux **en cuir** de Tunisie.

I gave them the pretty leather gifts from Tunisia.

To point out something, use:

Le voilà.

Here it is.

To ask someone to repeat, use:

Comment? Je n'ai pas entendu.

What? I didn't hear.

To restate information, use:

Je dis que ça coûte 8,84 euros.

I'm saying that it costs 8,84 euros.

To give opinions, use:

C'est extra chez cette famille française!

It's fantastic staying with this French family!

To make requests, use:

Je voudrais envoyer ce colis en Algérie.

I'd like to send this package to Algeria.

Je voudrais envoyer ce colis par avion.

To purchase items, use:

Je voudrais deux aérogrammes et cinq timbres.   *I'd like two aerograms and five stamps.*

To write a letter, use:

le 7 juillet   *July 7*
Chère maman   *Dear Mom*
À bientôt.   *See you soon.*

To sequence events, use:

Quand je suis arrivé(e), je leur ai donné les cadeaux.   *When I arrived, I gave them the gifts.*
La semaine suivante je leur ai préparé un bon   *The following week I prepared a good*
repas tunisien.   *Tunisian meal for them.*
Je les ai **déjà** signés.   *I've already signed them.*

To describe daily routines, use:

Pendant la journée, je sors souvent avec Nadia.   *During the day, I often go out with Nadia.*

To report, use:

Je lui parle de ma vie.   *I talk to her/him about my life.*

Vocabulaire

un **accessoire** accessory *B*
une **adresse** address *A*
un **aérogramme** aerogram (air letter) *A*
l' **affranchissement (m.)** postage *A*
s' **amuser** to have fun, to have a good time *B*
une **année** year *A*
l' **argent (m.)** silver *A*
    l' **argent liquide (m.)** cash *C*
automatique automatic *A*
avion: par avion by air mail *A*

une **bague** ring *A*
un **bain: un peignoir de bain** bathrobe *B*
un **banquier, une banquière** banker *C*
un **bijou** jewel *A*
un **billet** bill (money) *C*
une **boîte aux lettres** mailbox *A*
une **boucle d'oreille** earring *A*
un **bracelet** bracelet *A*
un **bureau de change** currency exchange *C*

une **caisse** cashier's (desk) *C*
une **casquette** cap *B*
une **ceinture** belt *B*
un **change: un bureau de change** currency exchange *C*
un **colis** package *A*
un **collier** necklace *A*
le **courrier** mail *A*
le **cuir** leather *B*

dire to say, to tell *A*

écrire to write *B*
en made of *A*
entendre to hear *A*
une **enveloppe** envelope *A*
extra fantastic, terrific, great *B*

un **facteur, une factrice** letter carrier *A*
faire un stage to have on-the-job training *C*
faut: il me faut I need *C*
faxer to fax *A*
un **foulard** scarf *B*

un **gant** glove *B*
guichet: un guichet automatique ATM machine *A*

un **imperméable (imper)** raincoat *B*
le **journalisme** journalism *C*

laisser to leave *A*
leur to them *B*
liquide: l'argent liquide (m.) cash *C*
lui to him, to her *B*
des **lunettes (f.)** glasses *B*
    des lunettes de soleil (f.) sunglasses *B*

la **monnaie** change *C*
une **montre** watch *A*
un **mouchoir** handkerchief *B*

naturellement naturally *B*
nous to us *C*

l' **or (m.)** gold *A*
ouvrir to open *A*

une **pantoufle** slipper *B*
un **parapluie** umbrella *B*
passer to pass, to go (by) *B*
un **peignoir de bain** bathrobe *B*
peser to weigh *A*
une **pièce** coin *C*
un **portefeuille** billfold, wallet *B*
un **postier, une postière** postal worker *A*
préparer to prepare *B*
un **pyjama** pyjamas *B*

que which, whom *A*
qui which, that *A*

un **sac à main** purse *B*
une **sandale** sandal *B*
scolaire school *A*
signer to sign *C*
des **sous-vêtements (m.)** underwear *B*
un **stage** on-the-job training *C*
suivant(e) following, next *B*

le **temps** time *B*

des **verres de contact (m.)** contacts *B*
ville: en ville downtown *A*

Unité 7

Les châteaux

In this unit you will be able to:
- indicate knowing and not knowing
- ask for information
- give information
- inquire about suggestions
- make suggestions
- give opinions
- state a preference
- give orders
- give directions
- point out something
- express astonishment and disbelief
- express emotions
- hypothesize
- congratulate and commiserate
- express hope
- acknowledge thanks
- leave someone

www.emcp.com

Vocabulaire

À l'aéroport

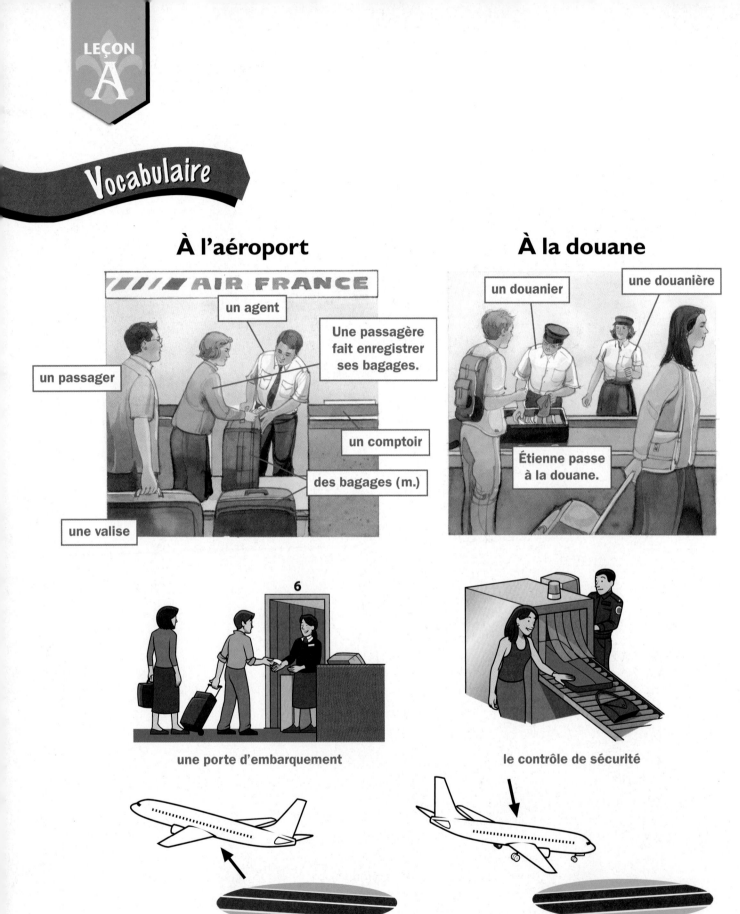

AIR FRANCE

un agent

Une passagère fait enregistrer ses bagages.

un passager

un comptoir

des bagages (m.)

une valise

À la douane

un douanier

une douanière

Étienne passe à la douane.

6

une porte d'embarquement

le contrôle de sécurité

L'avion décolle.

L'avion atterrit.

L'agent   Brooke

Brooke va rentrer en Amérique. Elle parle à l'agent au comptoir d'Air France à l'aéroport Roissy-Charles de Gaulle à Paris. L'agent a besoin de vérifier son billet et son passeport. Brooke les lui montre.

J'ai besoin de vérifier votre billet et votre passeport.

Je vous les montre.

L'agent: Votre destination, Mademoiselle?
Brooke: Je vais à Chicago. Est-ce que c'est un vol direct?
L'agent: Non, il y a une escale à Boston. Là, vous allez
           passer à la douane. Mais, si vous n'avez rien
           à déclarer, c'est rapide. Vous avez combien
           de valises?
Brooke: Seulement une grande valise à faire enregistrer.
L'agent: Très bien. Est-ce que vous préférez un siège côté
           fenêtre ou côté couloir?
Brooke: Côté fenêtre, s'il vous plaît.
L'agent: D'accord. L'avion va décoller dans une heure
           et demie.
Brooke: Bon. Et la porte d'embarquement?
L'agent: Voyons, c'est la porte numéro 6. Vous prenez
           l'ascenseur là-bas, vous passez l'immigration et le
           contrôle de sécurité, puis regardez les panneaux
           qui vont vous l'indiquer.

Pour arriver à Paris...

Il y a deux aéroports principaux à Paris, Roissy-Charles de Gaulle et Orly. En général, les avions américains arrivent à l'aéroport Roissy-Charles de Gaulle qui est à 25 kilomètres au nord de Paris. C'est un grand aéroport moderne. Quand on arrive des États-Unis à l'aéroport en France, on quitte d'abord l'avion, puis on va au contrôle des passeports. Après ça, on cherche les valises qu'on a enregistrées et on passe à la douane. Enfin, on sort pour prendre l'autobus, le train ou le taxi pour aller au centre-ville.

À l'aéroport Roissy-Charles de Gaulle il y a une liaison avec le TGV.

L'employée d'Air France prend les cartes d'embarquement.

Pour quitter Paris...

Pour retourner en Amérique de Roissy-Charles de Gaulle, on fait enregistrer ses bagages et on passe à l'immigration et au contrôle de sécurité. Puis on attend le vol à la porte d'embarquement. En France, les amis ou la famille qui accompagnent les voyageurs ne peuvent pas passer l'immigration s'ils ne voyagent pas.

1 ### À l'aéroport

Faites correspondre la lettre de la photo à ce que vous entendez.

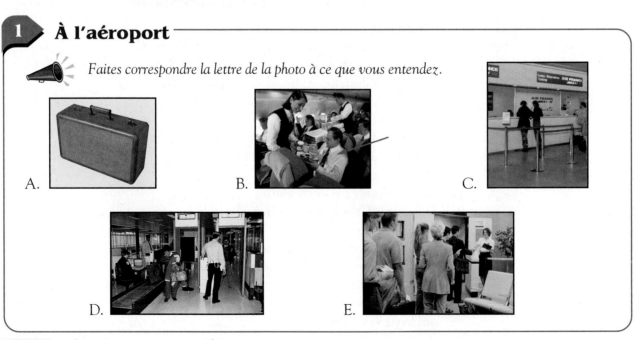

A.

B.

C.

D.

E.

2 Le voyage de Brooke

Choisissez la bonne réponse.

1. Où est-ce que Brooke va rentrer?
   A. aux États-Unis   B. à Paris   C. à Boston
2. De quel aéroport Brooke part-elle?
   A. Air France   B. Orly   C. Roissy-Charles de Gaulle
3. Qu'est-ce que l'agent n'a pas besoin de vérifier?
   A. son passeport   B. ses valises   C. son billet
4. Où est-ce qu'il y a une escale?
   A. à Paris   B. à Boston   C. à Chicago
5. Combien de valises est-ce que Brooke va faire enregistrer?
   A. une   B. deux   C. quatre
6. Quand est-ce que l'avion va décoller?
   A. dans une demi-heure
   B. dans une heure et demie
   C. à quatre heures
7. Quelle est la porte d'embarquement?
   A. numéro 1   B. numéro 6   C. numéro 25

Combien de valises Saïd va-t-il faire enregister pour son vol au Maroc? (La Rochelle)

3 Que fait la dame à l'aéroport?

Écrivez une phrase complète, selon l'illustration.

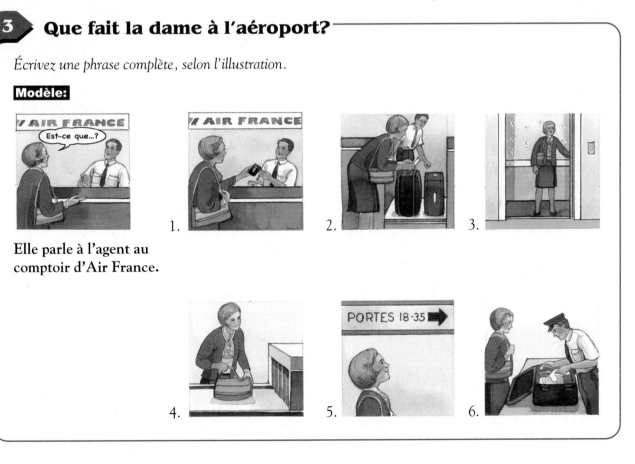

Modèle:

Elle parle à l'agent au comptoir d'Air France.

Questions personnelles.

1. Est-ce que tu as un passeport? Si oui, où as-tu voyagé?
2. Est-ce que tu voyages avec seulement une valise ou avec beaucoup de bagages?
3. Est-ce que tu préfères voyager en avion, en voiture ou en train? Pourquoi?
4. Est-ce qu'il y a un aéroport près de ta ville? Si oui, comment s'appelle-t-il?
5. Quand tu voyages en avion, est-ce que tu fais enregistrer tes bagages ou est-ce que tu les prends avec toi dans l'avion?
6. Est-ce que tu préfères avoir un siège côté fenêtre ou côté couloir?
7. Est-ce qu'il y a un ascenseur dans ton école? Si oui, est-ce qu'il est pour les élèves?

Langue active

Double object pronouns

A sentence may have both a direct and an indirect object. The order of these pronouns before the verb in a declarative sentence is:

subject	+	me te nous vous	+	le la les	+	lui leur	+	verb

Est-ce que Brooke donne ses valises à l'agent?	*Does Brooke give her suitcases to the agent?*
Oui, elle **les lui** donne.	*Yes, she gives them to him.*
Qui vous montre son passeport, Monsieur?	*Who shows you his passport, Sir?*
Le passager **me le** montre.	*The passenger shows it to me.*

Direct and indirect object pronouns come right before the verb of which they are the object. The sentence may be affirmative, interrogative, negative or have an infinitive.

La porte? **Te l'**indique-t-il?	*The gate? Does he point it out to you?*
Non, il ne **me l'**indique pas.	*No, he doesn't point it out to me.*
Est-ce que l'agent va indiquer le panneau aux passagers?	*Is the agent going to point out the sign to the passengers?*
Oui, il va **le leur** indiquer.	*Yes, he's going to point it out to them.*

Remember that in the **passé composé**, the past participle agrees only with the preceding direct object pronoun.

Ton adresse? Je **la** lui ai déjà donné**e**.	*Your address? I already gave it to him.*

> Je vous les offre.

Avec un(e) partenaire, posez et répondez aux questions.

Modèle:

offrir sa voiture
A: **Qui t'offre sa voiture?**
B: **Mon frère me l'offre. Qui t'offre sa voiture?**
A: **Ma mère me l'offre.**

1. offrir son billet pour le concert
2. donner son adresse
3. vendre ses vieux CDs
4. montrer ses devoirs

6 **À Roissy-Charles de Gaulle**

Brooke est en train de rentrer aux États-Unis. Répondez logiquement aux questions suivantes.

Modèle:

Est-ce que l'agent montre l'ascenseur à Brooke?
Oui, elle le lui montre.

1. Est-ce que Brooke offre son passeport à l'agent?
2. Est-ce que Brooke parle anglais à l'agent?
3. Est-ce que Brooke donne sa valise à l'agent?
4. Est-ce que l'agent indique son siège à Brooke?
5. Est-ce que l'agent donne l'heure du départ à Brooke?
6. Est-ce que l'agent montre la porte d'embarquement à Brooke?
7. Est-ce que Brooke vend son billet à une autre passagère?
8. Est-ce que l'agent dit "Bon anniversaire!" à Brooke?

7 **Qu'est-ce qu'on vous a offert?**

Avec vos amis, vous parlez de ce qu'on vous a offert pour vos vacances en France. Identifiez qui vous a offert les choses suivantes.

Modèle:

Qui t'a offert son vélo?/ton correspondant
Mon correspondant me l'a offert.

3. Qui a offert la valise à Sandrine?/ sa grand-mère
4. Qui a offert les boissons aux passagers?/ Mlle Bercy
5. Qui t'a offert les fleurs?/ta famille française
6. Qui nous a offert le repas au restaurant?/ les Garnier

1. Qui a offert les lunettes de soleil à Bernard?/sa mère
2. Qui vous a offert les billets d'avion?/ vos parents
7. Qui m'a offert leur voiture?/les amis de mes parents

Communication

8 ▶ À vous de jouer!

Avec un(e) partenaire, jouez les rôles de deux personnes au comptoir d'Air France à l'aéroport Roissy-Charles de Gaulle à Paris. La première personne joue le rôle d'un agent; la deuxième personne joue le rôle d'un passager ou d'une passagère qui va rentrer aux États-Unis.

L'agent lui demande:

1. sa destination
2. son billet et son passeport
3. combien de valises il ou elle va faire enregistrer
4. s'il ou elle préfère un siège côté fenêtre ou côté couloir

Le passager ou la passagère demande à l'agent:

1. si c'est un vol direct
2. si l'avion est à l'heure
3. le numéro de la porte d'embarquement
4. le nom du film
5. le choix de repas

9 ▶ Zut alors!

Il y a une valise perdue (lost) à Roissy-Charles de Gaulle. Avec un(e) partenaire, jouez les rôles de deux personnes au comptoir d'Air France. La première personne joue le rôle d'un agent. La deuxième personne joue le rôle d'un passager ou d'une passagère qui a perdu sa valise. Il ou elle explique sa situation à l'agent. L'agent lui demande:

1. le numéro de son vol
2. si sa valise est grande, moyenne ou petite
3. la couleur de sa valise
4. quels vêtements et accessoires sont dans sa valise
5. le nom et l'adresse de son hôtel à Paris

10 ▸ La fiche d'Air France

Maintenant jouez le rôle de la personne qui a perdu sa valise dans l'Activité 9. Copiez et remplissez (fill out) la fiche (form) que l'agent vous donne.

///// AIR FRANCE

BAGAGES ÉGARÉS

Nom _____

Prénoms _____

Nationalité _____

Adresse _____

Ville _____

Code postal _____

Pays _____

Numéro de téléphone _____

Adresse en France _____

Numéro de téléphone en France _____

Date _____

Numéro de vol _____

En provenance de _____

Description des valises:

_____ petite(s)   _____ moyenne(s)   _____ grande(s)

_____ noire(s)   _____ bleue(s)   _____ grise(s)

_____ marron   _____ verte(s)   _____ rouge(s)

Description du contenu (vêtements, accessoires, affaires de toilette, etc.): _____

_____

_____

Valeur totale du contenu (en euros): _____

Signature _____

Date _____

Vocabulaire

le tableau des arrivées et des départs

une contrôleuse

une voie

un contrôleur

une voyageuse

un composteur

un voyageur

DÉPARTS   ARRIVÉES

VOIE 4

Depuis combien de temps voyage-t-il? Il voyage depuis une heure.

Depuis quand voyage-t-il? Il voyage depuis hier.

André   Étienne

André, Paul et Étienne vont prendre le train à Blois où ils vont louer des vélos pour faire des promenades à la campagne. André voit Étienne qui vient d'arriver sur le quai.

André: **Étienne, viens vite! Paul est déjà monté dans le train. Il va partir dans cinq minutes sur la voie numéro 4.**

Étienne: **Depuis quand est-ce que vous m'attendez?**

André: **Depuis 9h45. Nous sommes arrivés il y a une demi-heure pour faire la queue devant le guichet.**

Étienne: **Tu parles! Il me semble que tout le monde va à Blois aujourd'hui. Mince! Je n'ai pas eu le temps de composter mon billet.**

André: **Tant pis, mon vieux. Tu dois espérer que le contrôleur ne te donne pas d'amende!**

Blois

Blois est une ville de la vallée de la Loire. Le château de Blois, la résidence favorite de la royauté française pendant le XVIe siècle, montre l'influence de la Renaissance italienne. Le château est célèbre pour son grand escalier en spirale. Dans une des salles du château il y a des cabinets secrets où Catherine de Médicis a mis des bijoux, des papiers d'état et du poison. Il y a d'autres attractions dans la ville de Blois, par exemple, un magasin où l'on fait des chocolats délicieux.

Le style de cette partie du château de Blois reflète la Renaissance italienne.

Voyager en train

Pour faire un voyage en train, on va à la gare. À l'intérieur de la gare, il y a le tableau des départs et le tableau des arrivées des trains. Au guichet on fait la queue et on achète un billet. Il est nécessaire de composter le billet. On attend le train sur le quai. Quand le train arrive, on monte dans la voiture indiquée sur sa réservation et on trouve sa place.

À la gare Montparnasse, Michel achète son billet de train à la billetterie automatique.

Les transports

Quand les jeunes Français visitent les châteaux de la Loire ou d'autres sites pittoresques de la France, ils voyagent souvent à vélo. Mais on peut aussi louer un vélo en ville. Les touristes peuvent utiliser le système **train + voiture**, un système de transport très pratique. On voyage en train, puis la voiture est là quand on arrive à sa destination.

Est-ce que tu veux visiter les châteaux de la Loire à vélo?

1 ▸ **Vrai ou faux?**

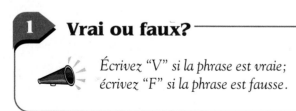 *Écrivez "V" si la phrase est vraie; écrivez "F" si la phrase est fausse.*

À la gare

Répondez aux questions d'après le dialogue.

1. Où est-ce qu'André, Paul et Étienne vont aller?
2. Pourquoi est-ce qu'ils vont louer des vélos?
3. Qui est le dernier garçon à arriver sur le quai?
4. Qui est déjà monté dans le train?
5. Quand est-ce que le train va partir?
6. Depuis quand est-ce qu'André et Paul attendent Étienne?
7. Pourquoi est-ce qu'Étienne n'a pas composté son billet?
8. Qu'est-ce qu'Étienne espère?

---

3 **Un voyage en train**

Complétez chaque phrase avec l'expression convenable de la liste suivante.

tableau des départs	gare	composteur	voyageur
faire la queue	quai	contrôleur	guichet

1. Un... est quelqu'un qui voyage.
2. Pour prendre le train, on va à la....
3. On achète un billet au....
4. Quand il y a beaucoup de monde au guichet, il faut....
5. On doit mettre son billet dans le....
6. Le... dit de quelle voie le train part.
7. On attend le train sur le....
8. Le... peut vous donner une amende.

Il faut faire la queue au guichet de la gare.

---

4 **C'est à toi!**

Questions personnelles.

1. Est-ce que tu as déjà voyagé en train? Si oui, où est-ce que tu es allé(e)?
2. Est-ce que tu fais souvent des promenades à la campagne?
3. Quand tu as un rendez-vous avec quelqu'un, est-ce que tu arrives en avance, à l'heure ou en retard?
4. Est-ce que tu loues souvent des DVDs?
5. Depuis quand es-tu en cours de français aujourd'hui?
6. Qu'est-ce que tu n'as pas eu le temps de faire aujourd'hui?

Veux-tu louer un canoë? (Castlenaud)

Il y a + time expressions

To tell how long ago something happened, use **il y a** (*ago*) followed by an expression of time.

M. Arnauld est arrivé à Blois **il y a** trois jours.

M. Arnauld arrived in Blois three days ago.

Il a quitté son hôtel **il y a** une heure.

He left his hotel an hour ago.

On a visité le château de Blois il y a six mois.

Pratique

5 ▶ En vacances

C'est aujourd'hui le 28 juillet. En ce mois beaucoup de vos copains sont partis en vacances. Regardez le calendrier pour dire quand ces copains sont partis.

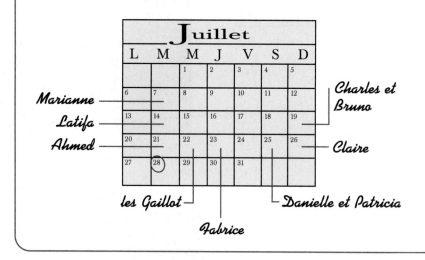

Modèle:

Claire
Elle est partie il y a deux jours.

1. Danielle et Patricia
2. Ahmed
3. Latifa
4. Fabrice
5. Charles et Bruno
6. Marianne
7. les Gaillot

Depuis + present tense

To ask when an action began in the past and is still going on in the present, use the expression **depuis quand** (*since when*) followed by a verb in the present tense. To answer this question, use a verb in the present tense followed by **depuis** (*since*) and an expression of time.

Depuis quand es-tu à Blois?
Je suis à Blois **depuis** lundi.

Since when have you been in Blois?
I've been in Blois since Monday.

Depuis quand est-ce que Paul fait la queue?
Il fait la queue **depuis** dix heures et quart.

Since when has Paul been standing in line?
He's been standing in line since 10:15.

Dominique et Anne jouent du saxophone depuis trois ans.

To ask how long an action has been going on, use the expression **depuis combien de temps** (*how long*) followed by a verb in the present tense. To answer this question, use a verb in the present tense followed by **depuis** (*for*) and an expression of time.

Depuis combien de temps es-tu à Blois? *How long have you been in Blois?*

Je suis à Blois **depuis** trois jours. *I've been in Blois for three days.*

Depuis combien de temps est-ce que Paul fait la queue? *How long has Paul been standing in line?*

Il fait la queue **depuis** une demi-heure. *He's been standing in line for half an hour.*

Pratique

6 ▸ La retardataire

Suzanne est toujours en retard! Les personnes indiquées dans son agenda ont rendez-vous avec elle. Selon l'heure indiquée dans l'activité, dites depuis combien de temps ces personnes l'attendent.

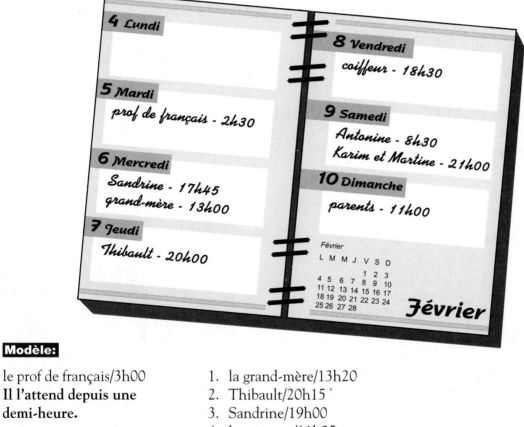

Modèle:

le prof de français/3h00
Il l'attend depuis une demi-heure.

1. la grand-mère/13h20
2. Thibault/20h15
3. Sandrine/19h00
4. les parents/11h25
5. Antonine/9h15
6. Karim et Martine/21h10
7. le coiffeur/19h30

7 ▶ En partenaires

Leïla, depuis combien de temps habites-tu à La Rochelle?

Depuis un an.

Avec un(e) partenaire, demandez combien de temps vous faites les activités suivantes. Puis répondez aux questions. Suivez le modèle.

Modèle:

faire du baby-sitting

A: **Depuis combien de temps fais-tu du baby-sitting?**

B: **Je fais du baby-sitting depuis quatre ans. Et toi, depuis combien de temps fais-tu du baby-sitting?**

A: **Moi, je ne fais pas de baby-sitting.**

1. parler français
2. assister à des concerts de rock
3. jouer du piano
4. skier
5. faire du vélo
6. habiter dans ton appartement ou dans ta maison
7. nettoyer ta chambre

8 ▶ Depuis quand ou depuis combien de temps?

Demandez depuis quand ou depuis combien de temps les personnes suivantes font leurs métiers ou professions.

Modèles:

M. Arnauld/ingénieur/1978
Depuis quand M. Arnauld est-il ingénieur?

Mlle Sardot/boulangère/deux ans
Depuis combien de temps Mlle Sardot est-elle boulangère?

M. Clouzot, depuis quand êtes-vous policier?

1. Mlle Bérenger/factrice/six mois ⊢⊣
2. M. Clouzot/policier/le mois de mars •
3. Mme Martinez/informaticienne/trois semaines ⊢⊣
4. Mlle Éluard/fleuriste/l'âge de 19 ans •
5. M. Lamoureux/comptable/1989 •
6. Mme Launay/médecin/quatre ans ⊢⊣
7. M. Olivetti/cuisinier/le 15 décembre •
8. Mlle Monet/banquière/hier •

Communication

9 ▶ **À vous de jouer!**

Avec un(e) partenaire, jouez les rôles de Christophe et de Karine. Ils ont rendez-vous devant le cinéma où ils vont voir un film ce soir. Mais Christophe n'est pas là, et Karine n'est pas du tout heureuse.

Dites "Salut!" à Karine et demandez-lui l'heure.

Dites qu'il est 20h20.

Dites "Mince!"

Demandez à Christophe de venir vite parce qu'il est en retard.

Dites que vous êtes en retard parce que vous n'avez pas pu trouver un guichet automatique. Puis demandez à Karine depuis combien de temps elle vous attend.

Dites que vous attendez Christophe depuis une demi-heure. Dites que vous êtes arrivée à 19h50 pour faire la queue au guichet.

Remerciez Karine.

Dites que Christophe doit espérer que le film n'a pas commencé.

Après votre séjour dans une famille française, vous allez à Paris en train. Vous devez partir le samedi 12 août pour arriver à Paris à 11h00. Vous voulez voyager de Tours à Paris sans (without) changer de train. Selon l'horaire, déterminez quel train vous devez prendre. Puis écrivez le numéro de ce TGV, l'heure du départ et l'heure de l'arrivée à Paris. Enfin, expliquez pourquoi vous ne pouvez pas prendre les autres trains indiqués.

Tours → Vendôme → Paris

PRIX — Pour connaître le prix de votre billet, consultez :
si vous voyagez en 1re classe la page 3
si vous voyagez en 2e classe la page 46
☐ TGV ne circulant pas ce jour-là

N° du TGV		8300	8302	8308	8200	8200	8414	8420	8322	8328
Particularités								⚠		
Tours	D	6.26	7.04	a	8.29	a	a		12.09	a
Saint-Pierre-des-Corps	D	6.32	7.10	8.18	8.36	8.36	9.37	10.57	12.16	13.14
Vendôme-Villiers-sur-Loir	D	6.53	7.32						12.36	
Massy	A				9.28	9.28				
Paris-Montparnasse 1-2	A	7.35	8.15	9.15			10.35	11.55	13.20	14.10

SEMAINES TYPES

Du 28 mai au 30 juin et du 4 au 23 septembre

Jour	8300	8302	8308	8200	8200	8414	8420	8322	8328
Lundi	3	4	4	1		3	4	1	1
Mardi	1	3	4	1		4	1	1	1
Mercredi	1	3	4	1		4	1	1	1
Jeudi	1	3	4	1		4	1	1	1
Vendredi	1	4	4	1		3	1	1	1
Samedi		1	1		1	1		1	1
Dimanche				1		1		1	1

Du 1er juillet au 3 septembre

Jour	8300	8302	8308	8200	8200	8414	8420	8322	8328
Lundi	3	4	4	1		3	3	1	1
Mardi	1	1	1	1		1	1	1	1
Mercredi	1	1	1	1		1	1	1	1
Jeudi	1	1	1	1		1	1	1	1
Vendredi	1	1	1	1		3	1	1	1
Samedi		1	1		1	1		1	1
Dimanche			1	1		1		1	1

JOURS PARTICULIERS

	Jour	8300	8302	8308	8200	8200	8414	8420	8322	8328
MAI	Dimanche 28				1	1		1		4
JUIN	Dimanche 4				1	1		1	1	
	Lundi 5				1			1		4
	Mardi 6	3	4	4	1		3	4	1	1
JUILLET	Jeudi 13	1	1	1	1		1	1	1	1
	Vendredi 14		1	1	1	1		1	1	1
	Samedi 15		1	1		1		1	1	1
	Dimanche 16				1	1		1		1
AOUT	Dimanche 13				1	1		1		1
	Lundi 14		1		1	1		1		1
	Mardi 15			1	1		1		1	1
	Mercredi 16	3	4	4	1		3	3	1	1

D Départ A Arrivée
a Correspondance à Saint-Pierre des Corps.

⚠ En raison des travaux, ce TGV verra ses horaires modifiés. Renseignez-vous dans votre gare ou dans votre agence de voyages. Vérifiez l'horaire exact sur votre billet.

11 ▶ **Une carte postale**

Mince! Vous êtes arrivé(e) à la gare de Tours cinq minutes en retard, et le train est déjà parti. Il faut attendre le prochain (next) train. Pendant ce temps, vous écrivez une carte postale à votre famille française où vous expliquez que vous êtes arrivé(e) en retard et que votre train est déjà parti. Puis dites depuis combien de temps vous attendez au café de la gare et ce que vous faites pour passer le temps jusqu'à l'arrivée du prochain train. Enfin, remerciez la famille de votre visite.

À quelle heure est-ce que le prochain train va paritr?

Les châteaux de la Loire et Versailles

Nicknamed **le jardin de la France** because of its fertile soil and mild climate, the Loire Valley is a charming site for the castles and large country estates known as châteaux. From the early Middle Ages until the late Renaissance, many counts and kings built their dwellings along the banks of the Loire River and its tributaries. Between the cities of Gien and Angers, over 100 châteaux still reflect great eras in French art and history.

The area's first castle builders sought to protect or expand their feudal holdings. The hilltops along the Loire offered the defenders of these fortresses a clear view for spotting the oncoming enemy. When peace came to the valley, many of these structures took on the look of pleasure palaces. During the late fifteenth and sixteenth centuries the châteaux were the favorite residences of the kings of France.

Charles VIII, the French king from 1483 until 1498, started the work that was to change the small fortress of Amboise into a beautiful palace. Filled with admiration for Italian art and culture after a trip to Italy, Charles VIII brought back to Amboise a wealth of Italian artworks and the artists needed to design his new residence. The subsequent influence of Italian art reached its peak during the reign of the great French Renaissance king, François I. Although he ruled

The feudal castle of Angers, which was built in the early thirteenth century, was designed with a wide moat that has been transformed into formal French gardens.

From François I's castle at Amboise,...

... he constructed an underground tunnel to his friend Leonardo da Vinci's nearby manor house, Clos Lucé, five minutes away.

from 1515 until 1547, François I lived in Amboise for only the first few years of his reign. In a little chapel nearby is the tomb of Leonardo da Vinci, the great Italian genius who spent the last years of his life in Amboise. A tragic historical event stained the reputation of the château at Amboise. On the "Conspirators' Balcony" many French Protestant rebels called Huguenots were hanged and beheaded in 1560. Although much of the palace of Amboise has been destroyed since the sixteenth century, it still remains quite large and well furnished.

deux cent quatre-vingt-dix-sept

Chenonceaux, built over the river Cher, marked the division between Free France and Occupied France during World War II.

Not atop a hillside but mirrored in water, some châteaux were designed to please the eye. Chenonceaux spans the river Cher, combining fine proportions with a delightful setting. François I took the castle as payment for a debt when it was not much more than a block of towers close to the shore. His son, Henri II, gave it to his mistress, Diane de Poitiers, who had a bridge built to the opposite side of the river.

Upon Henri's death, his widow, Catherine de Médicis, forced Diane to exchange Chenonceaux for the smaller Chaumont castle, and Catherine added a two-story gallery over the bridge. She also enlarged the gardens that her rival had laid out around the château. Catherine, Diane and four other great ladies are most responsible for the refined majesty found at this castle, known as **le château des six femmes**.

Some châteaux served as large country estates. François I had Chambord built on the original site of a small hunting lodge within a vast, thick forest. Containing 440 rooms, it is the largest of the Loire castles and the symbol of the French Renaissance at its height. Chambord has a very harmonious shape with its four central towers connected to the outer ones by two floors of galleries. In the middle of the guardroom rises a famous, unique stairway consisting of a double spiral whose ramps intersect but never meet. In fact, Chambord boasts 14 main staircases and 60 smaller ones. The roof-terrace offers a spectacular view on all sides of the castle. Decorated with skylights, gables, bell-turrets, spires

The golden age of *les châteaux de la Loire* reached its peak during the reign of the great Renaissance king, François I.

Chambord's roofscape has been called "icing on a cake," "an overcrowded chessboard" and "a town suspended in mid-air."

and 365 chimneys, it provided the setting from which the court used to watch parades, tournaments, balls and the hunt. Until the eighteenth century the French kings vacationed here with their court to enjoy rural life and hunt wild boar and deer. François I spent as much time as he could at this palace which he casually called "my place in the country."

A brief look at French châteaux must naturally include the most famous one of all, the palace of Versailles. Located not in the Loire Valley but 11 miles southwest of Paris, the castle was built in the seventeenth century for Louis XIV (1638-1715).

Early during his reign, the Sun King (**le Roi Soleil**) had work begun on a palace so splendid and huge that the whole court could permanently surround him. He asked the most famous architects, painters and gardeners of the time to design, decorate and landscape a residence that would mirror himself in its radiance. Louis XIV carefully

At Versailles the fountains run only one day a week.

supervised the construction of the castle, which took more than 50 years to build. Versailles and its park extend over 250 acres. Aqueducts bring water from distant sources to the ornamental ponds at Versailles, some of which are the size of lakes. Statues decorate several of the fountain basins. No expense was spared; gold even covers some of the basins' sculptures.

At the height of the Sun King's reign, the court of Versailles included 20,000 people. About 1,000 high-ranking nobles and 4,000 servants lived in the palace with the royal family. In those days life was an uninterrupted display of pomp and circumstance. Favored were the nobles permitted to watch their monarch get out of bed in the morning and retire at night. Louis XIV's successors, Louis XV and Louis XVI, also made Versailles their home. However, royal extravagance eventually contributed to a decline in France's power, the downfall of the French aristocracy and consequently the French Revolution.

During the daily *lever du roi*, 10 to 15 privileged nobles were allowed in the King's Bedroom to watch him get out of bed, perfume himself and dress. (Versailles)

For political and social events, Louis XIV had *la galerie des Glaces* decorated with 3,000 candles, rich carpets and trees. (Versailles)

Original sculptures and fine paintings decorate the interior of the palace. Many rooms in Versailles have been restored with beautiful furnishings that reveal the extravagance of the Sun King's era. The most famous room is the Hall of Mirrors (**la galerie des Glaces**), almost 250 feet long. Seventeen tall panels of mirrors reflect light from the 17 equally tall windows opposite them. In the seventeenth century, mirrors of this size were rare and very expensive. Since then Versailles has hosted important world events, such as the signing of the peace treaty that ended World War I.

12 ▶ Les châteaux de la Loire et Versailles

Répondez aux questions suivantes.

1. Why did many French counts and kings choose to build their dwellings along the Loire River?
2. Why were the earliest castles built?
3. What king played a major role in all the **châteaux de la Loire** mentioned in this reading?
4. What country's art and culture influenced the builders of the Loire castles?
5. Who were the Huguenots and what happened to many of them at Amboise?
6. Which castle crosses a river?
7. What two women were mainly responsible for building and enlarging this castle?
8. How many rooms are in the château at Chambord?
9. How is one of the stairways at Chambord unique?
10. What activities did the court enjoy at Chambord?
11. Is the palace of Versailles also in the Loire Valley?
12. In what ways was Louis XIV's nickname appropriate?
13. What is in the gardens at Versailles?
14. How many people lived in the palace of Versailles during its brightest period?
15. Which is the most famous room in Versailles?

Was Azay-le-Rideau built as a pleasure palace or a fortress?

Regardez la publicité pour le château de Villandry. Puis répondez aux questions.

VALLÉE DE LA LOIRE

VILLANDRY

UN TÉMOIGNAGE UNIQUE
DE L'ARCHITECTURE
ET DES JARDINS DE LA RENAISSANCE

A 15 km à l'ouest de Tours par la D 7,
à 10 km d'Azay-le-Rideau

Jardins ouverts toute l'année, toute la journée
Château ouvert de la Mi-Février au 11 Novembre

CHÂTEAU DE VILLANDRY • 37510 • TÉL. 02 47 50 02 09

1. During what historical period were the castle and gardens at Villandry designed?
2. Was Villandry built to be a fortress or a pleasure palace?
3. Where is Villandry located in relation to the city of Tours?
4. What highway do you take to go from Tours to Villandry?
5. When are the gardens open to the public?
6. When is the castle open?
7. What telephone number can you call to get more information about Villandry?

le château de Versailles

les jardins de Versailles

la galerie des Glaces

la chambre de la Reine dans
les petits appartements

la chapelle

un roi

une reine

Jérémy

Abdoul

Stéphanie

C'est dimanche. Jérémy et Stéphanie sont dans le R.E.R. qui va de Paris à Versailles. Ils veulent voir le château, mais ils ne connaissent pas très bien la ville. Le syndicat d'initiative est fermé aujourd'hui, mais pendant le trajet ils font la connaissance d'Abdoul qui est de Versailles.

Jérémy: Est-ce que le château est loin de la gare?

Abdoul: Non, pas du tout. Vous prenez l'avenue de Paris, puis vous allez voir l'entrée du château.

Stéphanie: Tout le monde connaît la galerie des Glaces, mais à part ça, qu'est-ce que nous devons voir?

Abdoul: Dans le château il faut surtout voir la chapelle et les petits appartements du Roi et de la Reine.

Jérémy: Est-ce que tu sais s'il y a des visites spéciales aujourd'hui?

Abdoul: Non, je ne sais pas. Il faut demander au guichet.

Stéphanie: Plus tard je voudrais aussi aller flâner dans les jardins.

Abdoul: Bien sûr. Ils sont superbes.

Jérémy: Merci. Tu nous as bien aidés.

Abdoul: Il n'y a pas de quoi. Bonne journée!

Versailles

La ville de Versailles est à 18 kilomètres au sud-ouest de Paris. On peut vite aller à Versailles par la ligne C5 du R.E.R. Le château de Versailles est fermé le lundi. D'autres sites célèbres en France sont aussi fermés le lundi ou le mardi. Pour savoir quand une attraction est ouverte, demandez au syndicat d'initiative de la ville.

Un autre nom pour un syndicat d'initiative est un "office de tourisme."

Le syndicat d'initiative offre aux touristes un plan de la ville et des brochures.

Le syndicat d'initiative

Au syndicat d'initiative les touristes peuvent trouver des informations, les plans de la ville, les listes d'activités culturelles et de bons restaurants. On peut aussi réserver une chambre dans un hôtel de la région. À Versailles le syndicat d'initiative est à cinq minutes du château à pied.

1 ## À Versailles

Faites correspondre la lettre de la photo à ce que vous entendez.

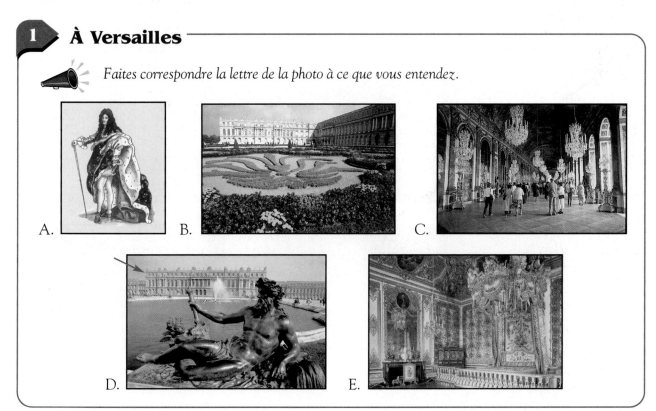

A.

B.

C.

D.

E.

2 ▸ Une excursion à Versailles

Dans chaque phrase corrigez la faute en italique d'après le dialogue.

1. C'est *mardi*.
2. Jérémy et Stéphanie prennent *le métro* pour aller de Paris à Versailles.
3. *Le guichet* est fermé aujourd'hui.
4. Abdoul habite à *Paris*.
5. Le château de Versailles est *loin* de la gare.
6. Dans le château il faut voir les petits appartements *du contrôleur*.
7. Stéphanie veut aussi aller flâner dans *la chapelle*.

3 ▸ Identifiez!

Qui ou qu'est-ce qu'on doit voir à Versailles?

Modèle:

On doit voir le tableau du Roi.

1.

2.

3.

4.

5.

6.

C'est à toi!

Questions personnelles.

1. Est-ce que tu veux visiter le château de Versailles? Si oui, qu'est-ce que tu veux voir?
2. Est-ce que tu préfères flâner en ville ou à la campagne?
3. Est-ce que tu habites loin de l'école?
4. Est-ce que ta famille a un jardin? Si oui, est-ce que c'est un jardin de fleurs ou de légumes?
5. Qui t'a aidé(e) aujourd'hui?
6. De qui veux-tu faire la connaissance?

Antoine et Mahmoud préfèrent flâner en ville. (Maroc)

Present tense of the irregular verb *savoir*

The verb **savoir** (*to know, to know how*) is irregular.

savoir			
je	**sais**	nous	**savons**
tu	**sais**	vous	**savez**
il/elle/on	**sait**	ils/elles	**savent**

Savez-vous mon adresse?	*Do you know my address?*
Non, je ne **sais** pas où vous habitez.	*No, I don't know where you live.*

Use **savoir** to say that you know factual information or that you know how to do something.

Je **sais** son nom.	*I know her name.*
Sais-tu la date?	*Do you know the date?*
Karine **sait** faire du roller.	*Karine knows how to in-line skate.*

The irregular past participle of **savoir** is **su**.

J'ai **su** où ils sont allés.	*I knew (found out) where they went.*

André et Paul savent faire de la voile.

Pratique

5 **Quels sports fait-on?**

Vous êtes à un camping où vous parlez des sports avec d'autres ados. Avec un(e) partenaire, demandez quels sports vous savez faire. Puis répondez aux questions. Suivez le modèle.

Modèle:

A: **Sais-tu faire de l'escalade?**
B: **Oui, je sais faire de l'escalade. Et toi, sais-tu faire de l'escalade?**
A: **Non, je ne sais pas faire de l'escalade.**

1.

2.

3.

4.

5.

6.

6 **Que savez-vous?**

Avec vos amis, vous allez faire le tour du château de Versailles. Dites ce que les personnes indiquées savent sur le château.

Modèle:

Anne-Marie/à quelle heure le tour commence
Anne-Marie sait à quelle heure le tour commence.

1. Mireille/que le château est fermé le lundi
2. Véro et toi/quelle rue il faut prendre pour arriver au château
3. Jérémy et moi/où est l'entrée du château
4. je/combien coûte le billet
5. tu/qu'on peut visiter les petits appartements
6. Luc et Catherine/les noms des rois qui ont habité dans le château
7. Ousmane/pourquoi Louis XVI a quitté Versailles

Present tense of the irregular verb *connaître*

Another irregular verb meaning "to know" is **connaître**. But **connaître** and **savoir** are used differently.

connaître			
je	**connais**	nous	**connaissons**
tu	**connais**	vous	**connaissez**
il/elle/on	**connaît**	ils/elles	**connaissent**

Tu **connais** ma sœur?	*Do you know my sister?*
Non, je ne la **connais** pas.	*No, I don't know her.*

Use **connaître** to say that you are familiar or acquainted with people, places or works of art, such as paintings, books, films, music, etc.

Connaissez-vous Monet?	*Are you familiar with Monet?*
Non, je ne **connais** pas ses tableaux.	*No, I don't know his paintings.*

The irregular past participle of **connaître** is **connu**.

J'ai **connu** Clémence à la boum.	*I met Clémence at the party.*

Connais-tu le village de Conques?

Pratique

7 On aime ce qu'on connaît.

Dites que les personnes suivantes connaissent bien ce qu'elles aiment.

Modèle:

Abdoul aime le château de Versailles.
Il le connaît bien.

1. J'aime les châteaux de la Loire.
2. Cécile et sa sœur aiment ce restaurant à Tours.
3. M. Legendre et toi, vous aimez les romans de Victor Hugo.
4. Mme Hopen aime les tableaux de Monet.
5. Marc aime la cousine de Latifa.
6. Tu aimes la ville de Paris.
7. Thérèse et moi, nous aimons l'avenue des Champs-Élysées.

Les châteaux de la Loire? M. et Mme Estienne les connaissent bien.

8 ▸ Savoir ou connaître?

Choisissez la forme convenable de savoir ou connaître.

Modèles:

Clémence ne **sait** pas la date de la boum.

Connais-tu le nouvel élève?

Julien et Christophe ne connaissent pas ces filles, mais ils savent qu'elles sont belges. (La Rochelle)

1. Raphaël... où est le comptoir d'Air France.
2. Laurent et toi, vous... le numéro de vol.
3. Est-ce que les garçons... l'heure du match de foot?
4. Mon copain ne... pas le nouveau film au Gaumont.
5. ... -tu le temps qu'il va faire demain?
6. Mes petits frères... *Le Comte de Monte-Cristo*.
7. Je... parler français.
8. Sébastien et moi, nous... bien le beau-père de Jean.
9. Est-ce que tu... les Pyrénées?
10. M. Dufour, est-ce que vous... les Champs-Élysées?

Communication

9 ▸ Qu'est-ce que vous savez faire?

Faites une enquête où vous demandez à cinq élèves s'ils savent ou ne savent pas faire certaines choses. Copiez la grille suivante. Demandez à chaque élève s'il ou elle sait faire chaque activité. Si la réponse est "oui," mettez un ✓ dans l'espace blanc.

	Robert	Patrick	Sonia	Marc	Marie
jouer aux échecs	✓				
parler allemand					
faire du roller					
préparer une quiche					
jouer de la guitare					
faxer une lettre					
nager					
faire la lessive					

Modèle:

Anne: **Sais-tu jouer aux échecs?**

Robert: **Oui, je sais jouer aux échecs.**

10 ▶ Un sommaire

Maintenant écrivez un sommaire de l'enquête que
vous avez faite dans l'Activité 9. Dites ce que chaque
élève sait et ne sait pas faire.

Modèle:

Robert sait jouer aux échecs....
Il ne sait pas....

Roger et M. Peythieu savent jouer aux échecs.

11 ▶ Au syndicat d'initiative

Avec un(e) partenaire, jouez les rôles de deux personnes au syndicat d'initiative de Versailles.
Un(e) touriste américain(e) visite Versailles pour la première fois et pose des questions à M.
Meunier, un employé. Le/la touriste lui demande:

1. s'il connaît bien le château.
2. si le château est loin d'ici.
3. s'il a un plan de la ville et du château.
4. jusqu'à quelle heure on peut visiter le château.
5. s'il y a des visites spéciales aujourd'hui.
6. s'il faut voir la galerie des Glaces.
7. si on peut flâner dans les jardins.
8. s'il connaît un bon restaurant près du château.

Enfin, le/la touriste remercie l'agent et lui dit au revoir.

Writing a Formal Outline

Making an outline will help you to focus on the highlights of what you are reading. First, as you read the brochure about things to see and do near Tours in the heart of the Loire Valley:

1. Mentally review what you already know about this region and its castles.
2. Decide whether each sentence you read is a fact or an opinion. (You will want to include only facts in your outline.)

TOURS, AU CŒUR DE LA TOURAINE

Tout au long de l'année, TOURS et ses environs offrent les possibilités les plus variées aux Français et aux étrangers en quête de loisirs: visite des monuments pendant le jour, spectacles, concerts et illuminations le soir, promenades et navigation le long des rivières, randonnées, repos et détente dans les restaurants et auberges de renom gastronomique.

Au bord de la Loire, le château de LANGEAIS se dresse, formidable et sévère forteresse médiévale. En 1491 y fut célébré le mariage de Charles VIII avec la Duchesse Anne, qui devait entraîner la réunion de la Bretagne au royaume de France.

En aval, le Cher traverse, canalisé, les nouveaux quartiers de Tours, avant d'aller recevoir les eaux des fontaines et des douves de VILLANDRY, dernier en date des grands châteaux Renaissance de Touraine. Ses jardins, qui unissent harmonieusement fleurs et légumes, composés de trois niveaux superposés, sont uniques en Europe et attirent les amateurs du monde entier.

Les environs de TOURS, les vastes forêts de LOCHES, d'AMBOISE et de TEILLAY entre CHINON et AZAY-LE-RIDEAU, offrent de multiples possibilités de promenades équestres et de randonnées à pied ou à bicyclette. Pendant l'hiver il est possible de participer à une chasse à courre en suivant l'un des nombreux équipages qui découplent habituellement les mardis et samedis.

In making an outline, keep these points in mind:

1. Write your notes in the form of phrases rather than complete sentences.
2. Use Roman numerals to designate main headings, indent and use capital letters to designate subheadings, and indent and use numbers to designate items under the subheads.
3. Start each level of organization (main headings, subheadings, items) with the same parallel grammatical structure, for example, a verb or a noun.
4. Never have just one numeral or letter at a given level. For example, if you have a subhead "A," you must have a subhead "B."

Now look at the outline of the first paragraph of the reading that has already been done for you.

Tours et sa région
I. Loisirs variés
   A. Jour
      1. Visite des monuments
      2. Promenades le long des rivières
      3. Randonnées
   B. Soir
      1. Spectacles
      2. Concerts
      3. Illuminations
      4. Restaurants de renom gastronomique

12   **Tours et sa région**

Maintenant, suivez le modèle pour le premier paragraphe de la lecture. Faites la même chose pour les trois paragraphes qui restent.

Nathalie et Raoul

Évaluation

✓ Évaluation culturelle

Decide if each statement is **vrai** or **faux**.

1. Roissy-Charles de Gaulle and Orly are Paris' two main airports.
2. Upon arriving in France from the U.S., the first thing you do is to go through customs.
3. At a city's **syndicat d'initiative** tourists can get maps, lists of cultural activities, and names of recommended hotels and restaurants.
4. Many French monuments are closed to visitors on the weekend.
5. All the castles in the Loire Valley were designed primarily as fortresses so that kings and counts could protect their holdings.
6. In the city of Blois is a Renaissance castle with a famous spiral staircase.
7. Chenonceaux is called **le château des six hommes** because of the six kings who lived there during the Renaissance.
8. Chambord, the largest château in the Loire Valley, is built over the river Cher.
9. Surrounded by his court, the Sun King, Louis XIV, lived a life of royal splendor in the palace of Versailles.

Roissy-Charles de Gaulle is the largest and most modern airport in Paris.

If you travel to a French city and need a hotel, go to the *syndicat d'initiative*, or *office de tourisme*, for recommendations.

✓ Évaluation orale

 With a partner, play the roles of Kelly, an American exchange student, and M. Bobigny, the father of her French host family. He has taken her to Roissy-Charles de Gaulle for her return flight home.

> Say that it seems everyone is at the airport today.

> Ask M. Bobigny if he knows the airport well, where the Air France counter is and what you must show the ticket agent.

> Answer and then ask Kelly how many suitcases she is going to check and if she prefers a window or an aisle seat.

> Answer and then ask him if the plane is going to take off on time and where the departure gate is.

> Answer.

> Thank M. Bobigny for his help and tell him to have a good day.

> Tell her to have a good trip.

✓ Évaluation écrite

Imagine that you are Kelly and are waiting for your return flight home. In your journal, write an account about today's experiences at the airport with M. Bobigny. Tell how long you have been at the airport and at what time your plane is going to take off. Then write about what you did at the Air France counter and how you got to the departure gate. To reflect on your past experiences, state which châteaux you now know and give your opinions about them. Finally, make some observations about the French people you have met.

✓ Évaluation visuelle

Write a paragraph in the **passé composé** that tells what happened during Megan's trip to France and visit to **les châteaux de la Loire**. (You may want to refer to the *Révision de fonctions* on pages 317-18 and the *Vocabulaire* on page 319.)

Révision de fonctions

Can you do all of the following tasks in French?
- I can say what and whom I know and don't know.
- I can ask for and give information about various topics, including traveling by train and plane.
- I can ask for suggestions and suggest what people can do.
- I can give my opinion by saying what I think.
- I can state my preference.
- I can tell someone to do something.
- I can give directions.
- I can point out something.
- I can express astonishment.
- I can express emotions.

- I can make an assumption.
- I can express sympathy.
- I can express hope.
- I can acknowledge someone's thanks.
- I can tell someone to have a good day.

Tout le monde connaît les châteaux de la Loire.

To indicate knowing and not knowing, use:

Tout le monde connaît la galerie des Glaces.	*Everybody knows the Hall of Mirrors.*
Est-ce que tu sais s'il y a des visites spéciales aujourd'hui?	*Do you know if there are special visits today?*
Non, je ne sais pas.	*No, I don't know.*

To ask for information, use:

Votre destination, Mademoiselle?	*Your destination, Miss?*
Vous avez combien de valises?	*How many suitcases do you have?*
Depuis quand est-ce que vous m'attendez?	*Since when have you been waiting for me?*

To give information, use:

Je vais à Chicago.	*I'm going to Chicago.*
Il y a une escale à Boston.	*There's a stop in Boston.*
Il va partir dans cinq minutes **sur la voie numéro 4.**	*It's going to leave in five minutes on track number 4.*
Depuis 9h45.	*Since 9:45.*
Nous sommes arrivés **il y a** une demi-heure.	*We arrived half an hour ago.*

To inquire about suggestions, use:

Qu'est-ce que nous devons voir?	*What should we see?*

To make suggestions, use:

Il faut voir la chapelle.	*You have to see the chapel.*

To give opinions, use:

Ils sont superbes.	*They are superb.*

To state a preference, use:

Côté fenêtre, s'il vous plaît.	*(A) window (seat), please.*

To give orders, use:

Viens vite!	*Come quickly!*

To give directions, use:

Vous allez passer à la douane.	*You're going to go through customs.*
Vous passez l'immigration et le contrôle de sécurité.	*You go through immigration and the security check.*
Regardez les panneaux.	*Look at the signs.*

To point out something, use:

C'est la porte numéro 6.	*It's gate number 6.*

To express astonishment, use:

Tu parles!	*You're kidding!*

To express emotions, use:

Mince!	*Darn!*

To hypothesize, use:

Il me semble que tout le monde va à Blois.	*It seems to me that everybody's going to Blois.*

To commiserate, use:

Tant pis.	*Too bad.*

To express hope, use:

Tu dois espérer que le contrôleur ne te donne pas d'amende!	*You have to hope that the inspector doesn't give you a fine.*

To acknowledge thanks, use:

Il n'y a pas de quoi.	*You're welcome.*

To leave someone, use:

Bonne journée!	*Have a good day!*

Vocabulaire

à: à part aside from C
un agent agent A
une amende fine B
l' Amérique (f.) America A
une arrivée arrival B
un ascenseur elevator A
atterrir to land A

des bagages (m.) luggage, baggage A
bon: Bonne journée! Have a good day! C

une chapelle chapel C
composter to stamp B
un composteur ticket stamping machine B
un comptoir counter A
une connaissance acquaintance C
connaître to know C
un contrôle de sécurité security check A
un contrôleur, une contrôleuse inspector B
un côté side A
un couloir aisle A

déclarer to declare A
décoller to take off A
demander to ask C
un départ departure B
depuis for, since B
depuis combien de temps how long B
depuis quand since when B
une destination destination A
direct(e) direct A
la douane customs A
un douanier, une douanière customs agent A

enregistrer: faire enregistrer ses bagages (m.) to check one's baggage A
une escale stop, stopover A
espérer to hope B

faire enregistrer ses bagages (m.) to check one's baggage A
faire la connaissance (de) to meet C
faire la queue to stand in line B
flâner to stroll C

une galerie hall, gallery C

Il n'y a pas de quoi. You're welcome. C
il y a ago B
l' immigration (f.) immigration A
indiquer to indicate A

journée: Bonne journée! Have a good day! C

louer to rent B
Mince! Darn! B
monter to get on B

un panneau sign A
parler: Tu parles! No way! You're kidding! B
part: à part aside from C
un passager, une passagère passenger A
passer à la douane to go through customs A
plus: plus tard later C
une porte gate A
une porte d'embarquement departure gate A

la queue: faire la queue to stand in line B
rapide fast A
une reine queen C
le R.E.R. (Réseau Express Régional) express subway to suburbs C
un roi king C

savoir to know (how) C
sembler to seem B
Il me semble.... It seems to me .... B
un siège seat A
spécial(e) special C
superbe superb C
surtout especially C
un syndicat d'initiative tourist office C

le tableau des arrivées et des départs arrival and departure information B
Tant pis. Too bad. B
tard late C
plus tard later C
un trajet trip C

une valise suitcase A
vérifier to check A
vieux: mon vieux buddy B
une visite visit C
une voie (train) track B
un vol flight A
un voyageur, une voyageuse traveler B

Unité 8

En voyage

In this unit you will be able to:
- describe people you remember
- identify nationalities
- describe past events
- describe daily routines
- ask for information
- give information
- explain something
- express reassurance
- inquire about details
- order food and beverages
- give orders
- state prices
- give telephone numbers

www.emcp.com

une chambre d'hôtel

Vocabulaire

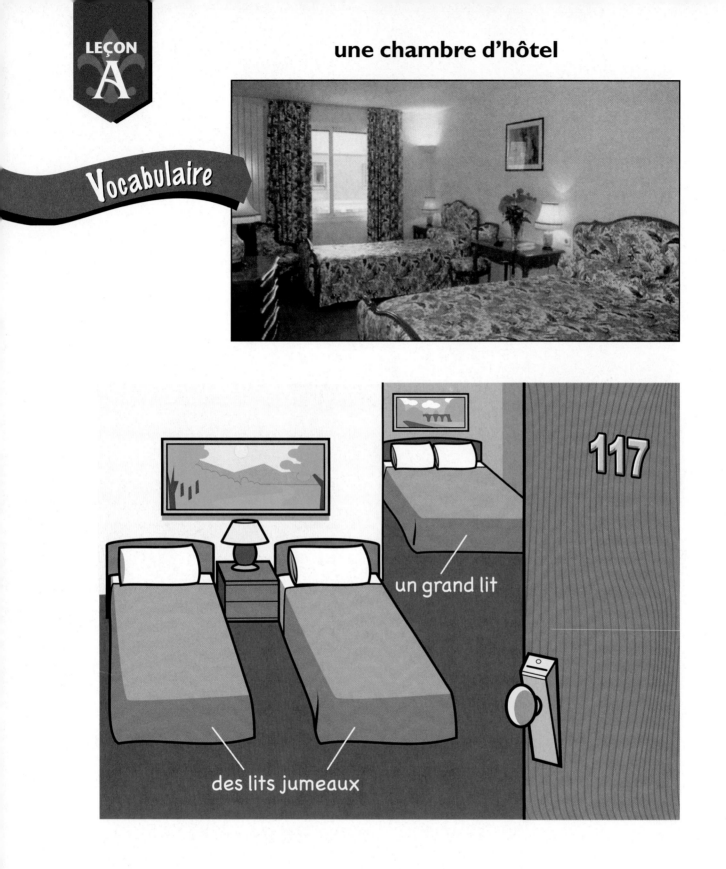

un grand lit

des lits jumeaux

117

Mme Boulet, une Québécoise, attend l'arrivée de son amie Clarence. Clarence est née à Québec, mais elle habite en France maintenant avec son mari, Fabrice. Mme Boulet téléphone à la réception de l'Hôtel Château Laurier pour réserver une chambre pour eux.

La réceptionniste:	**Allô, Hôtel Château Laurier, bonjour!**
Mme Boulet:	**Bonjour! Je voudrais réserver une chambre pour un couple français, s'il vous plaît.**
La réceptionniste:	**C'est pour quelles dates?**
Mme Boulet:	**Du 26 juillet au 2 août.**
La réceptionniste:	**Avec un grand lit ou des lits jumeaux?**
Mme Boulet:	**Un grand lit, s'il vous plaît.**
La réceptionniste:	**Bien. Nous avons une chambre à 98 dollars avec un grand lit, une salle de bains, la climatisation, la télévision et le téléphone. Elle donne sur la rue, mais la vue est très jolie.**

Mme Boulet:	**D'accord. Le petit déjeuner est compris?**
La réceptionniste:	**Non, il y a un supplément de dix dollars.**
Mme Boulet:	**Très bien. Je vais la réserver au nom de Monsieur et Madame Lambert, mais moi, je suis Madame Boulet.**
La réceptionniste:	**Votre prénom et numéro de téléphone, s'il vous plaît, Madame?**
Mme Boulet:	**Joanne, et mon numéro de téléphone est le 522-7630.**
La réceptionniste:	**Bon. Comment allez-vous régler?**
Mme Boulet:	**Pour le moment je peux vous donner le numéro de ma carte de crédit.**
La réceptionniste:	**Merci, Madame.**

Québec

Québec, située sur le fleuve Saint-Laurent, est la capitale de la province de Québec. Québec est l'une des plus vieilles villes de l'Amérique du Nord; elle date de 1608. Québec est un grand port et un centre administratif, culturel, commercial et industriel. En 1952 l'université Laval a ouvert ses portes à Québec. Il y a deux quartiers différents de Québec, le Vieux-Québec et le quartier moderne. Avec ses rues pittoresques, le Vieux-Québec est le centre du gouvernement et de la culture de la province. La Citadelle, un fort ancien, et le château Frontenac, un immense hôtel qui ressemble à un château gothique d'Europe, sont dans le Vieux-Québec.

On peut voir que le château Frontenac domine le Vieux-Québec.

Le Vieux-Québec est une ville fortifiée.

Les hôtels en France

Pour trouver un hôtel en France, on peut utiliser le *Guide Michelin Rouge* qui classifie les hôtels et les restaurants. Un hôtel peut être assez simple, souvent avec les salles de bains dans le couloir; il peut être assez confortable avec un ascenseur et les salles de bains dans les chambres; il peut être assez grand et luxueux. Quand on réserve une chambre d'hôtel en France, on spécifie si on préfère la chambre avec douche ou baignoire. Il faut noter que le voltage électrique en France (220) est différent que le voltage électrique aux États-Unis (110). Donc, les touristes doivent utiliser des adaptateurs.

Dans les Michelin *Guides Verts* on peut trouver des descriptions détaillées de certaines régions françaises.

Est-ce que c'est un hôtel simple, confortable ou luxueux?

1 Qui parle?

D'après le dialogue, écrivez "R" si la réceptionniste dit la phrase; écrivez "B" si Mme Boulet dit la phrase.

2 ▶ On réserve une chambre.

Répondez aux questions d'après le dialogue.

1. Où est-ce que Clarence est née?
2. Le mari de Clarence s'appelle comment?
3. Pourquoi est-ce que Mme Boulet téléphone à la réception de l'Hôtel Château Laurier?
4. Elle veut réserver une chambre pour quelles dates?
5. Est-ce que Mme Boulet choisit une chambre avec un grand lit ou des lits jumeaux?
6. Est-ce que le petit déjeuner est compris?
7. Quel est le prénom de Mme Boulet?
8. Comment est-ce que Mme Boulet va régler?

Mme Boulet choisit une chambre avec un grand lit pour ses amis.

3 ▶ À l'hôtel

Regardez la chambre. Puis répondez aux questions.

1. Quel est le numéro de la chambre?
2. Est-ce que la porte est ouverte ou fermée?
3. C'est une chambre avec un grand lit ou des lits jumeaux?
4. Combien de téléphones est-ce qu'il y a dans la chambre?
5. Est-ce qu'il y a une télé dans la chambre?
6. Est-ce que la chambre donne sur la rue ou sur le jardin?
7. Est-ce que la salle de bains est dans la chambre ou dans le couloir?

Questions personnelles.

1. Quel est ton prénom? Quel est ton nom de famille?
2. Quelle est ton adresse?
3. Quel est ton numéro de téléphone?
4. Où est-ce que tu es né(e)?
5. Est-ce que ta chambre donne sur la rue ou sur le jardin?
6. Est-ce que tu as un grand lit ou un lit jumeau dans ta chambre?
7. Est-ce que tu as une carte de crédit?

M. Lavandier utilise sa carte de crédit pour acheter quelque chose sur le Minitel.

Stress pronouns

In English we emphasize certain words by putting stress on them with our voice. For example, "*I don't mind.*" In French a group of pronouns called "stress pronouns" is used for emphasis. Here are the stress pronouns with their corresponding subject pronouns.

Singular		Plural	
moi	*je*	**nous**	*nous*
toi	*tu*	**vous**	*vous*
lui	*il*	**eux**	*ils*
elle	*elle*	**elles**	*elles*

Use stress pronouns:

- to emphasize the subject pronoun

  Moi, je suis Joanne.   *I am Joanne.*
  Tu t'appelles comment, **toi**?   *What is your name?*

- in a short sentence that has no verb

  Qui veut un grand lit? **Lui**?   *Who wants a double bed? Him?*
  Non, **nous**.   *No, we (do).*

- after **c'est** or **ce sont**

  C'est **vous**?   *Is it you?*
  Non, ce sont **elles**.   *No, it's they.*

- in a compound subject

  Lui et **elle**, ils veulent prendre le petit déjeuner.   *He and she want to have breakfast.*

- after a preposition

  Ils ne vont pas rester chez **elle**.

  Joanne réserve une chambre pour **eux**.

  They're not going to stay at her house.

  Joanne is reserving a room for them.

- after **que** in a comparison

  Ils sont aussi fatigués que **moi**.

  They are as tired as I.

Léa et Jean? Caro est en aussi bonne forme qu'eux.

Pratique

5 Qui sont les responsables?

Pendant que la prof de français écrit au tableau, elle entend des élèves qui parlent et ne l'écoutent pas. (Les responsables, ce sont Raoul et Clarisse!) La prof veut savoir qui parle. Répondez-lui.

Modèle:

C'est Martine?
Non, ce n'est pas elle.

1. C'est Caroline?
2. Ce sont Béatrice et Guillaume?
3. C'est Étienne?
4. C'est Marc et toi?
5. Ce sont Véronique et Karine?
6. C'est toi?
7. Ce sont Raoul et Clarisse?

Véronique et Karine? Ce ne sont pas elles.

6 Bon anniversaire!

Votre prof offre des cartes d'anniversaire aux élèves de votre classe. Donc, elle a préparé la liste des élèves avec les dates de leurs anniversaires. Comparez les âges des personnes suivantes. Dites si ces personnes sont plus, moins ou aussi âgées que les autres.

Modèle:

Modèle:
Stéphane/Abdou
Stéphane est plus âgé que lui.

1. Assane/Thierry
2. Yasmine/Francine et Benjamin
3. Jean-Claude/Barbara
4. Denis/Chloé et Yasmine
5. Barbara/Pierre et Jean-Claude
6. Malick/Stéphane
7. Benjamin/Barbara

Élèves	Anniversaires
Denis	10.03.89
Barbara	4.07.91
Pierre	30.10.91
Jean-Claude	6.12.91
Assane	15.01.91
Stéphane	24.02.91
Chloé	17.08.91
Benjamin	4.07.91
Francine	19.08.91
Thierry	1.09.91
Yasmine	10.04.91
Malick	6.11.90
Abdou	20.05.91

7 ▸ En partenaires

Avec un(e) partenaire, posez et répondez aux questions.

Modèle:

faire du baby-sitting pour les amis de tes parents
A: **Est-ce que tu fais du baby-sitting pour les amis de tes parents?**
B: **Oui, je fais du baby-sitting pour eux. Et toi, est-ce que tu fais du baby-sitting pour les amis de tes parents?**
A: **Non, je ne fais pas de baby-sitting pour eux.**

1. rester chez toi ce soir
2. sortir avec tes copains ce weekend
3. habiter loin de ta grand-mère
4. faire le ménage pour tes parents
5. s'asseoir près de ton ami(e) en cours d'anglais

Est-ce que tu prépares le petit déjeuner pour ton petit frère?

Oui, je le prépare pour lui.

8 ▸ Complétez!

*Choisissez **moi**, **toi**, **lui**, **elle**, **nous**, **vous**, **eux** ou **elles** pour compléter les petits dialogues.*

1. — Vous voulez réserver une chambre pour ce soir?
   — Oui, mon mari et..., nous voulons réserver une chambre qui ne donne pas sur la rue.
2. — Et votre mari, il s'appelle comment?
   — ...? Il s'appelle François.
3. — Et votre prénom, Madame?
   — ..., je suis Delphine.
4. — Quand est-ce que Jean-Claude et Thérèse vont arriver?
   — ... et..., ils vont arriver après 20h00.
5. — Vous allez prendre le petit déjeuner avec les Paquette?
   — Oui, je vais le prendre avec....
6. — Et votre mari?
   — Non, il va dormir tard parce qu'il est plus fatigué qu'....
7. — Comment allez-vous régler, Madame?
   — ..., nous avons une carte de crédit.
8. — Le téléphone, c'est pour vous, Madame.
   — Qui? ...?

Vous prenez une boisson avec eux?

9 ▸ À vous de jouer!

Avec un(e) partenaire, jouez les rôles de deux personnes au téléphone. La première personne joue le rôle d'un touriste de Montréal, M. Tourdot, qui va visiter Paris. La deuxième personne joue le rôle d'une réceptionniste, Mme Desmarets, à l'Hôtel Mercure.

Demandez si vous pouvez réserver une chambre du 7 au 14 avril.

Demandez pour combien de personnes et si le touriste veut un grand lit ou des lits jumeaux.

Répondez et demandez le prix d'une chambre avec salle de bains et si le petit déjeuner est compris.

Répondez aux questions.

Dites que vous allez prendre la chambre.

Demandez le nom et le numéro de téléphone du touriste et comment il va régler.

Répondez aux questions.

10 ▸ Une réservation

Imaginez que votre père va assister à un meeting professionnel à Québec. Parce que vous étudiez le français, il vous demande d'envoyer un fax au Château Frontenac pour réserver une chambre pour lui. Dans votre fax dites que votre père veut avoir une chambre du 23 au 25 septembre qui donne sur le Saint-Laurent avec un grand lit et le petit déjeuner. Indiquez son numéro de fax et le numéro de sa carte de crédit.

une auberge de jeunesse

un dortoir

Conversation culturelle

Charles Bertin rentre à Sainte-Anne-de-Beaupré après un voyage en France. Au cours d'une conversation avec son père, il décrit son séjour dans une auberge de jeunesse à Paris.

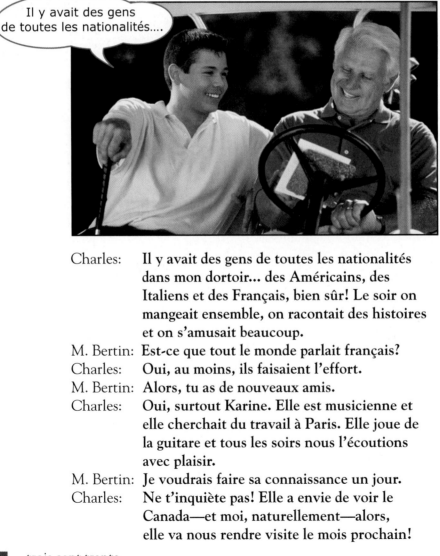

Il y avait des gens de toutes les nationalités....

Charles:	Il y avait des gens de toutes les nationalités dans mon dortoir... des Américains, des Italiens et des Français, bien sûr! Le soir on mangeait ensemble, on racontait des histoires et on s'amusait beaucoup.
M. Bertin:	Est-ce que tout le monde parlait français?
Charles:	Oui, au moins, ils faisaient l'effort.
M. Bertin:	Alors, tu as de nouveaux amis.
Charles:	Oui, surtout Karine. Elle est musicienne et elle cherchait du travail à Paris. Elle joue de la guitare et tous les soirs nous l'écoutions avec plaisir.
M. Bertin:	Je voudrais faire sa connaissance un jour.
Charles:	Ne t'inquiète pas! Elle a envie de voir le Canada—et moi, naturellement—alors, elle va nous rendre visite le mois prochain!

Sainte-Anne-de-Beaupré

Plus d'un million de visiteurs viennent chaque année pour voir la basilique à Sainte-Anne-de-Beaupré.

Sainte-Anne-de-Beaupré est une petite ville sur le Saint-Laurent près de Québec. C'est un centre religieux important au Canada. Des gens malades vont à la basilique de la ville pour recouvrer leur santé.

Les auberges de jeunesse

Dans des auberges de jeunesse on peut faire la connaissance de jeunes gens du monde entier, et c'est bon marché. Pour rester dans les auberges de jeunesse, il faut avoir une carte de la FUAJ (Fédération Unie des Auberges de Jeunesse). Si on n'a pas de carte, on paie un supplément. On doit être avec un groupe ou avec sa famille, si on n'a pas 18 ans. En général, on dort dans les dortoirs. On peut acheter le petit déjeuner et souvent le dîner. Il y a des auberges de jeunesse qui ont une cuisine où l'on peut préparer des repas. Dans les hôtels en France on paie par chambre, pas par personne. Alors, si on voyage avec une autre personne, il n'est souvent pas plus cher de rester dans un hôtel simple que dans une auberge de jeunesse.

Thierry dîne à l'auberge de jeunesse.

1 ▸ Vrai ou faux?

Écrivez "V" si la phrase est vraie; écrivez "F" si la phrase est fausse.

2 ▸ Le séjour de Charles

Mettez les phrases en ordre chronologique d'après le dialogue. Écrivez "1" pour la première phrase, "2" pour la deuxième phrase, etc.

1. Charles décrit son séjour à son père.
2. Karine va rendre visite à la famille Bertin le mois prochain.
3. Il y avait des gens de toutes les nationalités dans le dortoir de Charles.
4. Le soir on mangeait ensemble, on racontait des histoires et on s'amusait beaucoup.
5. Charles est rentré à Sainte-Anne-de-Beaupré.
6. M. Bertin dit qu'il veut faire la connaissance de Karine.

Vous allez rester dans une auberge de jeunesse à Paris. Complétez votre carte d'identité.

Nom (de famille): _____

Prénom: _____

Né(e) le: _____

À: _____

Domicile: _____

Numéro de téléphone: _____

Profession: _____

Nationalité: _____

Numéro de passeport: _____

Date d'entrée en France: _____

Date d'arrivée: _____

Venant de: _____

Allant à: _____

Taille: _____

Couleur des cheveux: _____

Couleur des yeux: _____

4 **C'est à toi!**

Questions personnelles.

1. Quand tu voyages, est-ce que tu préfères rester dans une auberge de jeunesse ou dans un hôtel?
2. As-tu déjà voyagé au Canada? Si non, est-ce que tu as envie de voir le Canada?
3. Est-ce que tu connais des Canadiens? Des Italiens? Des Français?
4. À qui est-ce que tu rends souvent visite?
5. Est-ce que tu fais un grand effort de parler français en cours de français?
6. Quand est-ce que tu t'inquiètes?
7. Si tu choisis d'aller à une université, est-ce que tu veux rester dans un dortoir, dans un appartement ou chez toi?

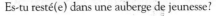
Es-tu resté(e) dans une auberge de jeunesse?

Imperfect tense

You have already learned the most common past tense, **le passé composé**. Another important tense used to talk about the past is **l'imparfait** (*imperfect*). Unlike **le passé composé**, the imperfect consists of only one word and is used to describe how people or things were and what happened repeatedly in the past.

Il y **avait** des gens de toutes les nationalités.	*There were people of all nationalities.*

To form the imperfect of all verbs (except **être**), drop the **-ons** ending from the present tense **nous** form. Then add the endings **-ais**, **-ais**, **-ait**, **-ions**, **-iez** and **-aient** to the stem of the verb depending on the corresponding subject pronouns.

faire			
je	**faisais**	nous	**faisions**
tu	**faisais**	vous	**faisiez**
il/elle/on	**faisait**	ils/elles	**faisaient**

Qu'est-ce que vous **faisiez**?	*What were you doing?*
Nous **faisions** du sport.	*We were playing sports.*

The only verb with an irregular stem in the imperfect is **être**. Its stem is **ét-**, but its endings are regular.

J'**étais** malade hier.	*I was sick yesterday.*

The imperfect is used to describe:

* people or things as they were or used to be

Charles **avait** dix-neuf ans.	*Charles was 19 years old.*
Son voyage **était** super.	*His trip was terrific.*

* conditions as they were or used to be

Tout le monde **parlait** français.	*Everybody spoke French.*
Karine **cherchait** du travail à Paris.	*Karine was looking for work in Paris.*

* actions that took place regularly in the past

On **mangeait** ensemble.	*We used to eat together.*
Nous **écoutions** Karine tous les soirs.	*We used to listen to Karine every night.*

Quand Marcel était à Paris, il passait beaucoup de temps au jardin du Luxembourg.

5 ▶ **Où étaient-ils?**

À l'auberge de jeunesse vous avez fait la connaissance de beaucoup de jeunes gens de pays différents aux (on the) étages variés. À quel étage étaient les personnes indiquées?

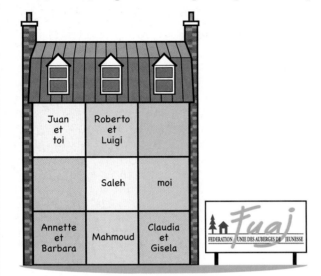

Modèle:

Annette et Barbara
Annette et Barbara étaient au rez-de-chaussée.

1. Saleh
2. Juan et toi
3. Claudia et Gisela
4. Mahmoud
5. Roberto et Luigi
6. moi

6 ▶ **À l'auberge de jeunesse**

Qu'est-ce que les autres jeunes gens et vous faisiez hier à l'auberge de jeunesse?

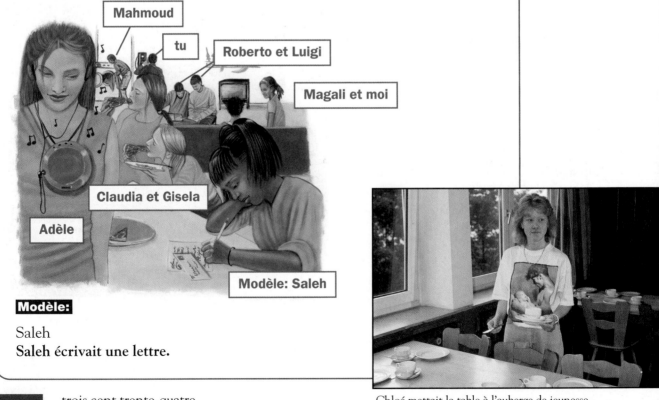

Modèle:

Saleh
Saleh écrivait une lettre.

Chloé mettait la table à l'auberge de jeunesse.

7 ▸ Une panne d'électricité

Imaginez qu'il y avait une panne d'électricité (power outage). Dites si les personnes suivantes pouvaient faire ou pas les choses indiquées.

Modèles:

je/raconter des histoires
Je racontais des histoires.

Céline/allumer la télé
Céline n'allumait pas la télé.

1. M. Beguin/travailler sur son ordinateur
2. tu/repasser les vêtements
3. David et Sébastien/jouer du violon
4. Max et moi/préparer le dîner
5. Mme Fralin/prendre le bus
6. je/passer l'aspirateur
7. Thomas et toi/nourrir les animaux
8. les Bertin/nous rendre visite

8 ▸ En partenaires

Avec un(e) partenaire, demandez si vous faisiez certaines choses quand vous étiez petit(e)s. Puis répondez aux questions. Suivez le modèle.

Modèle:

jouer au Monopoly
Caroline: **Est-ce que tu jouais au Monopoly quand tu étais petit?**
Djamel: **Oui, je jouais au Monopoly quand j'étais petit. Et toi, est-ce que tu jouais au Monopoly quand tu étais petite?**
Caroline: **Non, je ne jouais pas au Monopoly quand j'étais petite.**

1. parler français
2. vouloir être agent de police
3. jouer au docteur
4. avoir un chien
5. regarder les dessins animés
6. faire du roller

Est-ce que tu avais un chien quand tu étais petit(e)?

The adjective *tout*

The adjective **tout** (*all, every*) has four different forms depending on the gender and number of the noun it describes. Note that a definite article (**le, la, l', les**) follows the form of **tout**.

Masculine Singular	**tout**	J'ai fini **tout** le lait.	*I finished all the milk.*
Feminine Singular	**toute**	Mon frère a nettoyé **toute** la maison.	*My brother cleaned the whole house.*
Masculine Plural	**tous**	Karine jouait de la guitare **tous** les soirs.	*Karine played the guitar every evening.*
Feminine Plural	**toutes**	**Toutes** les histoires étaient drôles.	*All the stories were funny.*

Tout is used in the common expressions **tout le monde** (*everybody*) and **tout le temps** (*all the time*).

The definite article after the form of **tout** may be replaced by a possessive or a demonstrative adjective.

Toute ma famille est au Canada.　　　*My whole family is in Canada.*
Tous ces gens parlent français.　　　*All these people speak French.*

Mlle Jacquemin travaille comme réceptionniste tous les jours.

9 ▸ Quels gourmands!

Tout le monde avait très faim. Dites que les personnes suivantes ont tout mangé. Suivez le modèle.

Modèle:

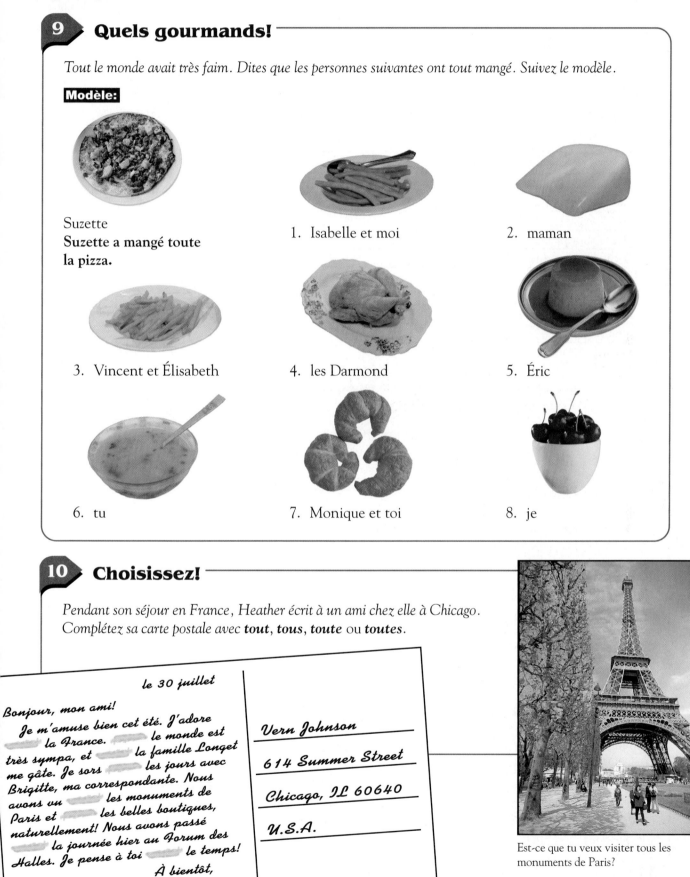

Suzette
Suzette a mangé toute la pizza.

1. Isabelle et moi

2. maman

3. Vincent et Élisabeth

4. les Darmond

5. Éric

6. tu

7. Monique et toi

8. je

10 ▸ Choisissez!

*Pendant son séjour en France, Heather écrit à un ami chez elle à Chicago. Complétez sa carte postale avec **tout**, **tous**, **toute** ou **toutes**.*

le 30 juillet

Bonjour, mon ami!
  Je m'amuse bien cet été. J'adore la France. _____ le monde est très sympa, et _____ la famille Longet me gâte. Je sors _____ les jours avec Brigitte, ma correspondante. Nous avons vu _____ les monuments de Paris et _____ les belles boutiques, naturellement! Nous avons passé _____ la journée hier au Forum des Halles. Je pense à toi _____ le temps!
          À bientôt,
          Heather

Vern Johnson

614 Summer Street

Chicago, IL 60640

U.S.A.

Est-ce que tu veux visiter tous les monuments de Paris?

Communication

11 ▶ Une enquête

 Faites une enquête sur les loisirs de cinq élèves de votre classe. Sur une autre feuille de papier, préparez une grille comme la suivante. Demandez à chaque élève quand il ou elle fait les activités suivantes (tous les jours, toutes les semaines, tous les mois, tous les ans). Quand il ou elle répond, écrivez son nom dans l'espace blanc approprié.

Activités	Jour	Semaine	Mois	An
écouter de la musique	*Luc*			
aller au cinéma				
faire du sport				
faire du shopping				
étudier le français				
lire un roman				
aller en vacances				
manger au fast-food				
regarder la télé				

Modèle:

Bernard: **Quand est-ce que tu écoutes de la musique?**
Luc: **J'écoute de la musique tous les jours.**

12 ▶ Un sommaire

Maintenant écrivez un sommaire de l'enquête que vous avez faite dans l'Activité 11 sur les loisirs des élèves de votre classe. Dites qui fait chaque activité tous les jours, toutes les semaines, tous les mois ou tous les ans. Utilisez des phrases complètes.

Modèle:

Luc écoute de la musique tous les jours....

13 ▶ Un séjour à Paris

Quand vous étiez à Paris, vous avez passé une semaine dans une auberge de jeunesse. Dans votre journal faites une description de votre séjour dans cette auberge. Dites où l'auberge était à Paris et comment vous la trouviez (grande, petite, nouvelle, vieille). Puis décrivez ce qu'il y avait dans votre dortoir (lits, armoires, glace, W.-C., douche, télé, téléphone). Dites aussi combien de personnes étaient dans ce dortoir, de quels pays elles venaient, et comment vous les trouviez. Enfin décrivez ce que vous faisiez avec ces nouveaux amis tous les jours et tous les soirs.

Le Canada français

The largest of Canada's ten provinces, Quebec has always maintained an independent spirit. The most obvious reasons for this separateness are the province's unique language and culture. More than 6,700,000 Canadians speak French as their mother tongue. Of these Canadians, over 5,700,000 live in the province of Quebec. French is used for communication in all areas of daily life: work, school, government, television, radio, films, books, newspapers and social situations.

In Canada, governmental organizations such as the postal service use both French and English.

Quebec City was founded on the shores of the St. Lawrence River.

Canada's French heritage can be traced back to Jacques Cartier, who left Saint-Malo in 1534 to look for gold, diamonds and spices. Instead he discovered the St. Lawrence River and an immense new land that came to be called **la Nouvelle-France**. Enchanted by the splendid view from atop the mountain in the river, he called the site **Mont-Royal** in honor of King François I. Samuel de Champlain founded the city of Quebec in 1608. The city's name comes from the Indian word meaning "the place where the river is narrow." The first real colony, **Ville-Marie de Montréal**, was established in 1642. It quickly became an important fur trading center, bringing both the French and English to the area, and was a starting point for further explorations into the vast wilderness of the North American continent.

In the middle of the eighteenth century, France lost its first colonial possession to the British, and New France became the English colony Quebec. The French philosopher Voltaire expressed the common sentiment of the time, that nothing was lost but "a few acres of snow." Although British laws replaced the former French laws, French-speaking residents of the province strove to maintain their native language and culture. Today the motto of Quebec, **Je me souviens** (*I remember*), attests to French Canadians' attempts to preserve their heritage.

During the twentieth century Quebec underwent many changes. A growing number of **Québécois** wanted to revise Canada's constitution to give Quebec the power to deal directly with foreign governments, to set policies regarding immigration and communications and to reduce federal

taxes. French speakers who wanted an even stronger measure, Quebec sovereignty or self-government, formed a new political party, **le Parti Québécois**. The Official Languages Act of 1969 acknowledged French as well as English as official languages of the entire country. However, in 1974, the province of Quebec declared French to be its only official language. (That is why today, for example, most road signs in Quebec are only in French.) In 1980 a referendum calling for Quebec sovereignty was defeated by a 20 percent margin. The rallying cry of separatists, **Le français, je le parle par cœur**, demonstrates the affection French speakers feel for their native language and culture.

To preserve a "distinct society," new calls for separatism were heard throughout Quebec, and in 1995 another referendum on Quebec sovereignty was held. Narrowly defeated by a one percent margin,

it became obvious that many French-speaking **Québécois** felt a profound dissatisfaction with the status quo. They wanted to ensure that the rights of future generations of French speakers would be respected so that they could continue to live and work in Quebec.

Several hundred years after the first explorers reached the New World, pride in French-Canadian culture and language remains strong in the province of Quebec. **Québécois** literature, music, films and art are flourishing. The language spoken in Quebec, **le québécois**, retains its own distinct expressions and vocabulary. You often hear sentences like **C'est le fun** (*That's fun*), **J'ai les bleus** (*I'm depressed*) and **J'aime magasiner** (*I like to shop*).

The second largest French-speaking city in the world, cosmopolitan Montreal has experienced a genuine revival. The construction of the **place Ville-Marie** and the "underground city," the restoration of the Old Montreal historic district, the opening of the **place des Arts** and the designing of a modern subway system confirm Montreal's international status. The "cradle of Canadian history," the quainter sections of Quebec City are reminiscent of many French provincial towns. Americans need only cross their northern border to experience this charm first-hand.

Built at the end of the seventeenth century, Montreal's *place d'Armes* is recognizable because of its statue of Paul de Chomeday, Sieur de Maisonneuve, who founded the city.

14 ▸ Le Canada français

Répondez aux questions suivantes.

1. Why does the province of Quebec have such an independent spirit?
2. How many residents of the province of Quebec speak French as their mother tongue?
3. What French explorer first traveled from Saint-Malo to the St. Lawrence River?
4. Why was the name **Mont-Royal** given to the mountain in the St. Lawrence River?
5. In what year did Samuel de Champlain establish the city of Quebec?
6. What was the importance of **Ville-Marie de Montréal** in the 1600s?
7. When did the English capture **la Nouvelle-France**?
8. What is the motto of Quebec?
9. What was the importance of the act passed in 1974?
10. What was the separatists' rallying cry?
11. By what margin was the 1995 referendum on Quebec sovereignty defeated?
12. What are some **Québécois** expressions that show the influence of English?
13. What city is the second largest French-speaking metropolis in the world?
14. What is the nickname of the city of Quebec?

Tu aimes magasiner?

Oui, c'est le fun.

z

Regardez la publicité pour les locations importantes de la ville de Montréal. Puis répondez aux questions.

Place des Arts. Fait l'orgueil de Montréal et se compose de la salle Wilfrid Pelletier, des théâtres Maisonneuve et Port-Royal. Rue Sainte-Catherine ouest.

Parc LaFontaine. Le Jardin des merveilles avec son mini-zoo fera la joie des enfants. Domaine enchanteur abritant près de 500 animaux et volatiles. Rue Calixa-Lavallée entre Sherbrooke et Rachel.

Église Notre-Dame. Une église historique qui fait l'orgueil des Montréalais, sise au cœur du quartier des affaires. Visites organisées.

Le site olympique principal. Le complexe olympique, œuvre maîtresse sans pareille, comprend le stade olympique, le centre de natation et le vélodrome. À deux pas du site se dresse le village olympique. Accès facile par le métro.

1. What are the names of two theaters in the **Place des Arts**?
2. What attraction appeals to children in the **Parc LaFontaine**?
3. How many animals and birds are in the **Parc LaFontaine**?
4. Where is the **Parc LaFontaine** located?
5. What is the name of the historic church in the heart of Montreal's financial district?
6. Does this church offer guided tours?
7. What are two of the sports facilities in the Olympic Complex?
8. What means of transportation provides easy access to the Olympic Complex?

du sirop d'érable

un jus de tomate

des crêpes (f.)

un jus de pamplemousse

du pain perdu

des saucisses (f.)

des œufs sur le plat (m.)

du pain grillé

un thé au lait

un café au lait

des céréales (f.)

un chocolat chaud

un thé au citron

des œufs brouillés (m.)

une tartine

Mme Durieu

M. Durieu

Monsieur et Madame Durieu sont dans un hôtel à Montréal. Ils ne veulent pas descendre le lendemain pour prendre le petit déjeuner. Alors, avant de dormir ils remplissent une fiche de commande pour le recevoir dans leur chambre.

Mme Durieu: **Je vais prendre un petit déjeuner complet avec un café au lait, un jus de pamplemousse, du pain, un croissant, du beurre et de la confiture.**

M. Durieu: **Pourquoi? Chez nous, tu bois toujours du thé et tu manges toujours une tartine le matin.**

Mme Durieu: **Mais, chéri, nous sommes en vacances. Il faut profiter de la vie au maximum!**

M. Durieu: **Dans ce cas, je vais choisir des crêpes avec du sirop d'érable et un thé au citron.**

Mme Durieu: **Bon. Mais, utilise un stylo, pas un crayon. C'est plus facile pour la personne qui reçoit la commande.**

M. Durieu: **D'accord. Je vais la mettre sur la porte.**

Montréal

Fondée en 1642 sous le nom de Ville-Marie de Montréal, Montréal est aujourd'hui la plus grande ville de la province de Québec. Finalement, la ville a reçu son nom du Mont-Royal, la petite montagne volcanique sur cette île du fleuve Saint-Laurent. Montréal est une ville cosmopolite. On dit que c'est la capitale gastronomique de l'Amérique du Nord avec des restaurants de toutes les nationalités. Il y a deux universités principales, l'Université McGill et l'Université de Montréal. Chaque été, en juin ou juillet, il y a un festival international de jazz à Montréal. En 1967, l'Exposition universelle était à Montréal. Une exposition, Terre des Hommes, est toujours ouverte. En 1976 Montréal était le site des Jeux olympiques d'été.

Au Parc olympique, on peut voir la Tour de Montréal, la plus haute tour inclinée au monde, et le Stade olympique où les Expos de Montréal jouaient au baseball.

M. et Mme Chapuis ont rempli une fiche de commande parce qu'ils voulaient prendre le petit déjeuner dans leur chambre.

Les repas à l'hôtel

En France les hôtels font aussi restaurants. Si l'on reste à l'hôtel deux ou trois jours, on peut payer une "demi-pension," une somme réduite, pour la chambre, le petit déjeuner et le dîner. Si l'on paie une "pension," on reçoit aussi le déjeuner. On trouve les détails sur les repas sur de petites affiches près de la réception ou dans les chambres. Si vous voulez prendre le petit déjeuner dans votre chambre, il vous faut souvent remplir une fiche de commande que vous mettez sur la porte de la chambre avant de dormir.

1 ▶ Le petit déjeuner

Faites correspondre la lettre de la photo à ce que vous entendez.

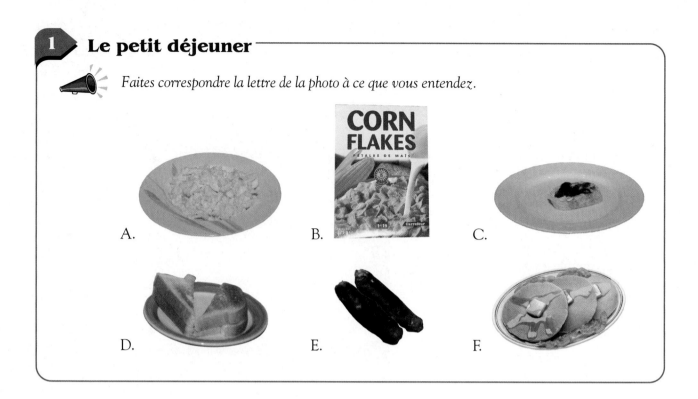

A.

B.

C.

D.

E.

F.

2 ▶ À l'hôtel

Répondez aux questions d'après le dialogue.

1. Où sont Monsieur et Madame Durieu?
2. Pourquoi est-ce qu'ils remplissent une fiche de commande avant de dormir?
3. Qu'est-ce que Mme Durieu va prendre pour le petit déjeuner?
4. Est-ce qu'elle prend un petit déjeuner complet chez elle?
5. Qu'est-ce que M. Durieu va choisir?
6. Pourquoi est-ce que Mme Durieu demande à son mari d'écrire avec un stylo?
7. Où est-ce que M. Durieu va mettre la fiche de commande?

3 ▶ La fiche de commande

Imaginez que vous êtes à l'Hôtel Sofitel. Le lendemain vous voulez prendre le petit déjeuner dans votre chambre. Complétez la fiche de commande. (Il faut choisir entre le petit déjeuner continental et le petit déjeuner américain.) Écrivez aussi votre nom de famille, votre prénom, le numéro de votre chambre, la date et votre signature.

Petit déjeuner continental

Jus de fruits au choix
☐ Orange
☐ Pamplemousse
☐ Ananas
☐ Pruneaux

Au choix
☐ Café nature
☐ Thé de Ceylan
☐ Chocolat chaud
☐ Avec lait
☐ Avec lait
☐ Avec citron

La corbeille du boulanger
☐ Croissant, brioche et
☐ Petit pain, ou
☐ Toasts
☐ Beurre
☐ Confiture
☐ Miel

Petit déjeuner américain

Avec choix de
☐ Jus d'orange
☐ Pamplemousse
☐ Jus d'ananas
☐ Ananas frais ou papaye
☐ Demi pamplemousse

Avec choix de
☐ Corn Flakes
☐ Compote de fruits

La Corbeille du boulanger
☐ Croissant, brioche et
☐ Petit pain, ou
☐ Toasts
☐ Beurre
☐ Miel

Avec choix de deux œufs
☐ A la coque
☐ Au plat
☐ Avec jambon ou ☐ Brouillés
                ou ☐ Saucisses
                    ☐ Bacon

Boissons
☐ Café Nature
☐ Thé de Ceylan
☐ Avec lait
☐ Avec lait
☐ Avec citron

☐ Chocolat au lait
☐ Pot de lait froid
☐ Pot de lait chaud

C'est à toi!

Questions personnelles.

1. Qu'est-ce que tu aimes prendre comme petit déjeuner?
2. Est-ce que tu préfères le café, le thé, le lait ou le chocolat chaud?
3. Quel jus de fruit est-ce que tu préfères? Le jus de pamplemousse? Le jus d'orange? Le jus de pomme? Le jus de raisin?
4. Est-ce que tu aimes les œufs beaucoup, un peu ou pas du tout? Comment est-ce que tu les aimes?
5. Est-ce que tu préfères les crêpes ou le pain perdu?
6. Qu'est-ce que tu as pris aujourd'hui pour le petit déjeuner?
7. Quand tu restes à l'hôtel, est-ce que tu préfères descendre pour le petit déjeuner ou le prendre dans ta chambre?

Pour le petit déjeuner, est-ce que tu aimes prendre une tartine?

Langue active

Present tense of the irregular verb *recevoir*

The verb **recevoir** (*to receive, to get*) is irregular.

recevoir			
je	**reçois**	nous	**recevons**
tu	**reçois**	vous	**recevez**
il/elle/on	**reçoit**	ils/elles	**reçoivent**

Vous ne **recevez** rien? — *Aren't you getting anything?*
Si, je **reçois** le petit déjeuner dans ma chambre. — *Yes, I'm getting breakfast in my room.*

The irregular past participle of **recevoir** is **reçu**.

Le cuisinier a **reçu** notre commande. — *The cook received our order.*

Les Aknouch reçoivent Aurélie pour fêter l'Aïd el-Fitr. (La Rochelle)

 Le courrier

La factrice passe dans votre quartier. Dites ce que tout le monde reçoit.

Modèle:

mon école
**Mon école reçoit
des journaux.**

1. tu

2. Leïla

3. mes parents

4. ma famille et moi

5. je

6. ta sœur et toi

Present tense of the irregular verb *boire*

Here are the present tense forms of the irregular verb **boire** (*to drink*).

boire			
je	**bois**	nous	**buvons**
tu	**bois**	vous	**buvez**
il/elle/on	**boit**	ils/elles	**boivent**

Qu'est-ce que vous **buvez**?
Djamel et moi, nous **buvons** toujours
de l'eau.

What are you drinking?
Djamel and I always
drink water.

The irregular past participle of **boire** is **bu**.

J'ai **bu** du jus de pamplemousse.

I drank some grapefruit juice.

En été, qu'est-ce que tu bois?

6 ▸ Qu'est-ce qu'on boit?

Il fait très froid aujourd'hui à Montréal. Alors tout le monde veut boire quelque chose de chaud. Dites si les personnes suivantes boivent les boissons indiquées ou pas.

Modèles:

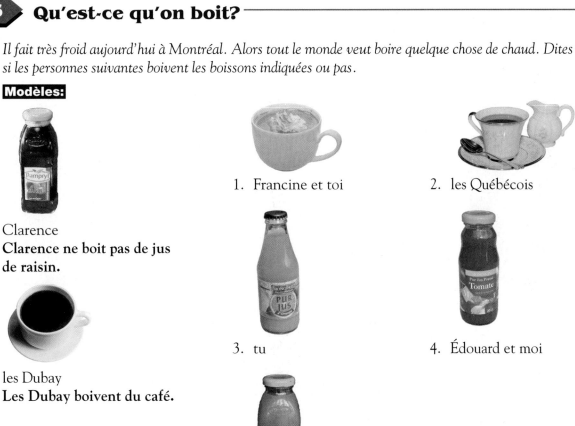

Clarence
Clarence ne boit pas de jus de raisin.

les Dubay
Les Dubay boivent du café.

1. Francine et toi

2. les Québécois

3. tu

4. Édouard et moi

5. mes tantes

6. Diane

7. je

7 ▸ Faites des phrases!

*Formez sept phrases logiques qui utilisent le verbe **boire** au présent. Choisissez un élément des colonnes A, B et C pour chaque phrase.*

A	B	C
les Français	du thé au lait	au fast-food
je	du lait	en hiver
les Anglais	de l'eau minérale	avec le dessert
Gilberte et toi	du vin	après notre match
le chat	du café	à 16h00
tu	du chocolat chaud	à la ferme
Nicolas et moi	de la limonade	avec leurs repas

8 ▸ À vous de jouer!

 *Imaginez que M. Durieu et sa femme sont toujours à l'hôtel à Montréal. Avant de dormir hier soir, ils ont rempli la fiche de commande pour recevoir le petit déjeuner dans leur chambre. Mais ce matin le petit déjeuner n'est pas arrivé. Avec un(e) partenaire, jouez les rôles de M. Durieu et du cuisinier de l'hôtel.*

> Téléphonez au cuisinier et dites que vous n'avez pas reçu le petit déjeuner.

> Dites à M. Durieu que vous le regrettez et expliquez pourquoi le petit déjeuner n'est pas arrivé.

> Répétez votre commande d'hier.

> Dites que ce n'est pas possible parce qu'il n'y a plus de sirop d'érable.

> Choisissez quelque chose de différent parce que vous n'aimez pas les crêpes sans sirop d'érable.

9 ▸ Trouvez une personne qui....

Interviewez des élèves de votre classe pour déterminer ce qu'ils prennent le matin. Sur une feuille de papier copiez les expressions indiquées. Formez des questions avec ces expressions que vous allez poser aux autres élèves. Quand vous trouvez une personne qui répond par "oui," dites à cette personne de signer votre feuille de papier à côté de l'expression convenable. Trouvez une personne différente pour chaque expression.

Modèle:

Robert: **Tu prends un petit déjeuner complet tous les jours?**

Sylvie: **Oui, je prends un petit déjeuner complet tous les jours.** (Elle signe à côté de #1.)

1. prendre un petit déjeuner complet tous les jours
2. aimer le jus de pamplemousse
3. boire du café
4. savoir préparer les œufs brouillés
5. mettre du sirop d'érable sur les crêpes
6. manger souvent des céréales
7. prendre le petit déjeuner au fast-food
8. mettre du beurre et de la confiture sur le pain grillé
9. recevoir le petit déjeuner dans sa chambre
10. utiliser le micro-onde pour préparer le petit déjeuner

Metaphors

To understand literature, you need to learn how to interpret metaphors. A metaphor is a figure of speech in which one thing is spoken, written or sung about as if it were another. For example, Romeo says "Juliet is the sun." In this unit you will read a "song-poem" by *Québécois* singer Gilles Vigneault and examine his use of metaphors to discover the theme of "Mon Pays."

A metaphor has two parts, a subject and an object. In the metaphor "Juliet is the sun," Juliet is the subject. She is compared to the sun, the object of the metaphor. When Romeo says "Juliet is the sun," he means that his feelings of love for her are so strong that she is the "light of his life." As you read "Mon Pays," look for metaphors and try to determine the deeper meaning of each one. Before you begin, write down all the words and phrases you associate with winter in order to connect with the subject of the song-poem.

Mon Pays

1 Mon pays ce n'est pas un pays c'est l'hiver
2 Mon jardin ce n'est pas un jardin c'est la plaine
3 Mon chemin ce n'est pas un chemin c'est la neige
4 Mon pays ce n'est pas un pays c'est l'hiver

5 Dans la blanche cérémonie
6 Où la neige au vent se marie
7 Dans ce pays de poudrerie
8 Mon père a fait bâtir maison
9 Et je m'en vais être fidèle
10 À sa manière à son modèle
11 La chambre d'amis sera telle
12 Qu'on viendra des autres saisons
13 Pour se bâtir à côté d'elle

14 Mon pays ce n'est pas un pays c'est l'hiver
15 Mon refrain ce n'est pas un refrain c'est rafale
16 Ma maison ce n'est pas ma maison c'est froidure
17 Mon pays ce n'est pas un pays c'est l'hiver

18 De mon grand pays solitaire
19 Je crie avant que de me taire
20 À tous les hommes de la terre
21 Ma maison c'est votre maison
22 Entre mes quatre murs de glace
23 Je mets mon temps et mon espace
24 À préparer le feu la place
25 Pour les humains de l'horizon
26 Et les humains sont de ma race

27 Mon pays ce n'est pas un pays c'est l'envers
28 D'un pays qui n'était ni pays ni patrie
29 Ma chanson ce n'est pas ma chanson c'est ma vie
30 C'est pour toi que je veux posséder mes hivers...

10 ▸ "Mon Pays"

Il y a trois métaphores dans "Mon Pays" aux lignes 6, 16 et 29. Pour chaque métaphore donnez le sujet, l'objet et le sens. Les questions suivantes peuvent vous aider à faire votre liste.

1. In lines 5-6, what ceremony is compared to the joining of snow and wind in winter? Like the promise made in this ceremony, Vigneault makes a promise to his forefathers. What promise does he make?

2. In line 16, what is the primary element of winter with which Vigneault associates his house? How does this contrast with the image of the house described in the preceding stanza? In other words, does the cold of the climate reflect a corresponding coldness in his human relationships?

3. In line 29, what does Vigneault's profession mean to him? Who is the "toi" referred to in the last line? (Refer back to lines 25-26 if you aren't sure.)

The three metaphors in lines 1-3 have been done for you as a model.

Subject	Object	Meaning of the Metaphor
Mon pays	l'hiver	Vigneault's homeland is characterized by winter.
Mon jardin	la plaine	Vigneault's backyard is a vast, open space, such as a territory or region. In other words, it encompasses all of Quebec.
Mon chemin	la neige	His path in life is paved with snow, which some might see as an obstacle. But snow has other associations: silence, stillness, reflection, solitude.

11 ▸ Le thème du poème

Écrivez une phrase qui décrit le thème (ou l'idée centrale) du poème. Considérez les traditions québécoises, l'importance de la musique dans la vie du poète et ce qu'il veut partager (to share) avec l'humanité.

Nathalie et Raoul

✓ Évaluation culturelle

Decide if each statement is **vrai** or **faux**.

1. The *Guide Michelin Rouge* is a guidebook that rates French hotels and restaurants.
2. If you pay the **demi-pension** rate at a hotel in France, no meals are included.
3. American electrical appliances won't work in France without an adapter.
4. Staying in French youth hostels is inexpensive and provides an opportunity to meet other young people from many different countries.
5. France has maintained control of the colony of Quebec since the eighteenth century.
6. The majority of French-speaking Canadians live in the province of Quebec.
7. French is the only official language of the province of Quebec.
8. Spoken in Quebec, **le québécois** blends French and English to make its own distinct expressions, such as **C'est le fun.**
9. Quebec City, with its **place Ville-Marie** and modern **métro**, is much more cosmopolitan than Montreal.
10. Montreal, located on an island in the St. Lawrence River, is Quebec's largest city.

✓ Évaluation orale

With a partner, play the roles of Steve, an American student, and Mme Leroy, his French teacher from Montreal. Steve and his parents will soon be vacationing in Montreal. Since Steve speaks French, he will be responsible for making trip preparations.

Ask Mme Leroy if she can recommend a good hotel in Montreal.

Suggest a nice hotel.

Ask what the rooms are like–if they have a bathroom, TV, phone, air conditioning and a good view. Also ask if you can pay with a credit card.

Describe the hotel.

Ask her if breakfast is included and what it consists of.

Answer his questions and then suggest several things that Steve's family can do and see in Montreal.

✓ Évaluation écrite

Imagine that you are Steve, who is returning from vacation in Canada with his parents. Write a post-card to Mme Leroy about your trip. Describe the hotel in Montreal and what you ate for breakfast every morning. Tell her what you and your parents usually did during the day and at night. Finally, tell Mme Leroy how you liked Montreal and the **Québécois**.

✓ Évaluation visuelle

Tell what Tim used to do every morning, every day and every evening during his stay in Quebec. In your paragraph use the imperfect tense to describe repeated actions in the past. (You may want to refer to the *Révision de fonctions* on pages 355-56 and the *Vocabulaire* on page 357.)

Révision de fonctions

Can you do all of the following tasks in French?
- I can describe people that I remember.
- I can tell someone's nationality.
- I can talk about what happened in the past.
- I can describe daily routines.
- I can ask for and give information about various topics, including making hotel reservations.
- I can explain why.
- I can reassure someone.
- I can ask for detailed information.
- I can order something to eat and drink.
- I can tell someone to do something.
- I can state the price of something.
- I can give my telephone number.

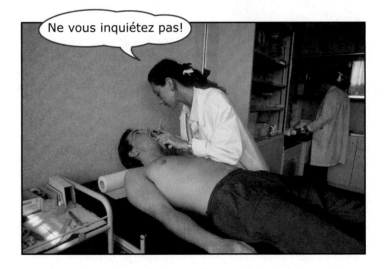

Ne vous inquiétez pas!

To describe people you remember, use:

Il y avait des gens de toutes
les nationalités.

There were people of every nationality.

To identify nationalities, use:

Il y a des Américains.

There are Americans.

To describe past events, use:

On mangeait ensemble, **on racontait**
des histoires et **on s'amusait** beaucoup.
Tout le monde parlait français.
Ils faisaient l'effort.
Elle cherchait du travail à Paris.

We ate together, we told stories and we had
a good time.
Everybody spoke French.
They made the effort.
She was looking for work in Paris.

On s'amusait en ville.

To describe daily routines, use:

Tous les soirs nous l'écoutions.
Tu manges **toujours** une tartine
le matin.

We listened to her every evening.
You always eat a slice of buttered bread in
the morning.

To ask for information, use:

Le petit déjeuner **est compris**?
**Votre prénom et numéro de téléphone,
s'il vous plaît?**

Is breakfast included?
Your first name and telephone
number, please?

To give information, use:

Il y a un supplément de
dix dollars.

There's an extra charge of $10.00.

To explain something, use:

C'est plus facile pour la personne qui
reçoit la commande.

It's easier for the person who gets the order.

To express reassurance, use:

Ne t'inquiète pas!

Don't worry!

To inquire about details, use:

Avec un grand lit ou des lits jumeaux?

With a double bed or twin beds?

To order food and beverages, use:

Je vais prendre un petit déjeuner complet avec un café au lait, un jus de pamplemousse, du pain, un croissant, du beurre et de la confiture.

I'm going to have a full breakfast with coffee with milk, grapefruit juice, bread, a croissant, butter and jam.

To give orders, use:

Utilise un stylo, pas un crayon.

Use a pen, not a pencil.

To state prices, use:

Nous avons une chambre à 98 dollars.

We have a room for $98.00.

To give a telephone number, use:

Mon numéro de téléphone est le 597-6309.

My telephone number is 597-6309.

Vocabulaire

une **auberge de jeunesse** youth hostel *B*
avant (de) before *C*

bien fine, good *A*
boire to drink *C*

café: un café au lait coffee with milk *C*
carte: une carte de crédit credit card *A*
un **cas** case *C*
des **céréales (f.)** cereal *C*
une **chambre** room *A*
chocolat: un chocolat chaud hot chocolate *C*
un **citron** lemon *C*
la **climatisation** air conditioning *A*
une **commande** order *C*
complet, complète complete, full *C*
compris(e) included *A*
une **conversation** conversation *B*
cours: au cours de in the course of, during *B*
une **crêpe** pancake *C*

décrire to describe *B*
descendre to go down *C*
donner: donner sur to overlook *A*
un **dortoir** dormitory room (for more than one person) *B*

un **effort** effort *B*
elle her *A*
elles them (f.) *A*
eux them (m.) *A*

fiche: une fiche de commande order form *C*

des **gens (m.)** people *B*
s' **inquiéter** to worry *B*

jumeau, jumelle twin *A*
le **jus de pamplemousse** grapefruit juice *C*
le **jus de tomate** tomato juice *C*

le **lendemain** the next day *C*
lit: des lits jumeaux twin beds *A*
un grand lit double bed *A*
lui him *A*

maximum: Il faut profiter de la vie au maximum. We have to live life to the fullest. *C*
un **moment** moment *A*

naître to be born *A*
une **nationalité** nationality *B*
numéro: un numéro de téléphone telephone number *A*

œuf: des œufs brouillés (m.) scrambled eggs *C*
des œufs sur le plat (m.) fried eggs *C*

pain: le pain grillé toast *C*
le pain perdu French toast *C*
un **pamplemousse** grapefruit *C*
une **personne** person *C*
un **plaisir** pleasure *B*
un **prénom** first name *A*
prochain(e) next *B*
profiter de to take advantage of *C*
Il faut profiter de la vie au maximum. We have to live life to the fullest. *C*

un(e) **Québécois(e)** inhabitant of Quebec *A*

raconter to tell (about) *B*
la **réception** reception desk *A*
recevoir to receive, to get *C*
régler to pay *A*
remplir to fill (out) *C*
rendre: rendre visite (à) to visit *B*
réserver to reserve *A*

une **saucisse** sausage *C*
le **sirop d'érable** maple syrup *C*
le **soir** in the evening *B*
un **supplément** extra charge *A*

une **tartine** slice of buttered bread *C*
un **téléphone** telephone *A*
thé: le thé au citron tea with lemon *C*
le thé au lait tea with milk *C*
tout(e); tous, toutes all, every *B*

utiliser to use *C*

visite: rendre visite (à) to visit *B*
une **vue** view *A*

Unité

9

Des gens célèbres du monde francophone

In this unit you will be able to:

- recount personal experiences
- describe past events
- sequence events
- ask for information
- give information
- identify professions
- describe talents and abilities
- describe physical traits
- express compliments
- give opinions
- hypothesize
- hesitate
- tell location

www.emcp.com

des professions et des métiers (m.)

Vocabulaire

un écrivain

une chanteuse

une athlète

un metteur en scène

un chef

une ouvrière

un chauffeur

un pompier

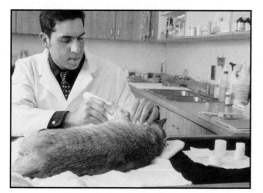

un vétérinaire

une actrice

une femme politique

une secrétaire

un pilote

une chercheuse

un écrivain	un écrivain
un chanteur	une chanteuse
un athlète	une athlète
un metteur en scène	un metteur en scène
un chef	un chef
un ouvrier	une ouvrière
un pompier	un pompier
un chauffeur	un chauffeur
un acteur	une actrice
un vétérinaire	un vétérinaire
un chercheur	une chercheuse
un secrétaire	une secrétaire
un pilote	un pilote
un homme politique	une femme politique

Anne-Marie, Thibault et Hervé sont en terminale. C'est samedi après-midi et ils vont se rejoindre au café. Anne-Marie et Thibault sont déjà assis quand Hervé arrive.

Hervé:	Salut! De quoi parlez-vous si sérieusement?
Thibault:	On parle de l'année prochaine. Je vais continuer mes études pour devenir vétérinaire. Anne-Marie a envie de chercher du travail, mais ses parents croient qu'elle doit aller à l'université.
Hervé:	Qu'est-ce qui t'intéresse comme profession, Anne-Marie?
Anne-Marie:	Je voudrais être actrice. À mon avis, je n'ai pas besoin d'aller à l'université pour me perfectionner en théâtre. Et toi, Hervé, qu'est-ce que tu vas faire?
Hervé:	Je crois que je vais être chercheur scientifique.
Anne-Marie:	C'est un boulot parfait pour toi parce que tu es très doué en sciences. Et avec ta barbe, tu ressembles déjà à Pierre Curie!

L'enseignement secondaire

En France les études secondaires sont dures. C'est parce que les élèves se préparent pour le baccalauréat (bac), l'examen nécessaire pour aller à l'université. Pour les études supérieures on peut choisir les Institutions Universitaires de Technologie et les Écoles Spécialisées, les universités (les facs), et les grandes écoles (qui forment souvent l'élite de la société). Il est difficile d'entrer dans les grandes écoles parce que la sélection est rigoureuse. Le système scolaire en France est l'objet de débats et de réformes continuels. Les étudiants font souvent des efforts pour le changer.

Simone et Mathieu, qui sont en terminale, se préparent pour le bac. (La Rochelle)

Isabelle Adjani a été nominée pour un Oscar en 1989 pour son rôle dans *Camille Claudel*, un film qui raconte l'histoire d'un sculpteur.

Isabelle Adjani

Isabelle Adjani est une actrice qui a commencé sa carrière au théâtre classique. Elle est née en 1955. Ses parents sont venus d'Allemagne et d'Algérie. Elle a joué dans des films comme *L'Histoire d'Adèle H.*, *Subway*, *Camille Claudel*, *La Reine Margot*, *Diabolique*, *La Repentie*, *Adolphe* et *Bon voyage*.

Gérard Depardieu

Né en 1948, Gérard Depardieu est un acteur bien connu dans le monde entier. Il a joué des rôles principaux dans des films variés, comiques et sérieux, historiques et imaginaires: *Cyrano de Bergerac*, *Jean de Florette*, *Tous les matins du monde*, *Camille Claudel*, *Green Card*, *Le Comte de Monte-Cristo*, *102 Dalmatians*, *Bon voyage* et *Les Temps qui changent*. Il a fait plus de 120 films.

Gérard Depardieu a reçu deux Césars, l'équivalent français de l'Oscar.

Pierre Curie

Pierre Curie (1859-1906) était un chercheur scientifique. Avec sa femme, Marie, il a découvert le radium et le polonium en 1898. Les Curie ont reçu le Prix Nobel de physique quand ils ont découvert la radioactivité en 1903.

Marie Curie

Marie Curie (1867-1934) est née en Pologne. Elle est allée en France pour faire des études scientifiques avancées. Après l'accident fatal de son mari, elle a pris un poste de professeur à la Sorbonne, et a été la première femme à être nommée professeur à cette université. Elle a reçu le Prix Nobel de chimie en 1911 parce qu'elle a découvert comment isoler le radium.

1 ▸ Quelle profession?

 Écrivez la lettre de la profession ou du métier que vous entendez.

A.

B.

C.

D.

E.

F.

2 ▸ L'année prochaine

Répondez par "vrai" ou "faux" d'après le dialogue.

1. Anne-Marie, Thibault et Hervé sont en première.
2. Hervé arrive au café avec ses amis.
3. Thibault a envie de chercher du travail.
4. Les parents d'Anne-Marie pensent qu'elle doit aller à l'université.
5. Anne-Marie n'a pas choisi de profession.
6. Anne-Marie n'a pas envie d'aller à l'université.
7. Hervé est très doué en maths.

3 ▶ Choisissez

Complétez chaque phrase avec l'expression convenable de la liste suivante.

chercheur/chercheuse	pilote	vétérinaire
ouvrier/ouvrière	secrétaire	chef
acteur/actrice	athlète	écrivain
chanteur/chanteuse		

1. Pour être..., il faut être doué en sciences.
2. Pour être..., il faut faire du sport.
3. Pour être..., il faut aimer les animaux.
4. Pour être..., il faut se perfectionner en théâtre.
5. Pour être..., il faut aimer les avions et les vols.
6. Pour être..., il faut bien écrire.
7. Pour être..., il faut préparer de bons repas.
8. Pour être..., il faut savoir utiliser un ordinateur.
9. Pour être..., il faut aimer la musique.
10. Pour être..., il faut travailler avec les mains.

Yasmine, qui est chanteuse et pianiste, est très douée en musique.

4 ▶ C'est à toi!

Questions personnelles.

1. Où est-ce que tes amis aiment se rejoindre?
2. Tes ami(e)s et toi, de quoi parlez-vous sérieusement?
3. Est-ce que tu as envie de chercher du travail ou d'aller à l'université après l'école?
4. Est-ce que tes parents croient que tu dois aller à l'université?
5. Qu'est-ce qui t'intéresse comme profession?
6. Es-tu doué(e) en sciences? En maths? En français?
7. Qui est ton chanteur favori? Ta chanteuse favorite?

Est-ce que tes amis aiment se rejoindre au cybercafé?

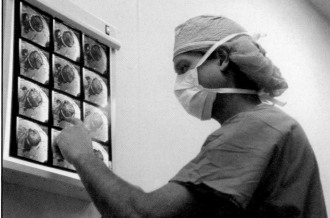

La médecine t'intéresse?

Interrogative pronouns

Interrogative pronouns are used to ask for information. Which one you use depends on whether it is the subject, direct object or object of a preposition and if it refers to a person or a thing.

	Subject	Direct Object	Object of Preposition
People	qui qui est-ce qui	qui qui est-ce que	qui
Things	qu'est-ce qui	que qu'est-ce que	quoi

As the subject of the verb,

- use **qui** or **qui est-ce qui** to refer to a person. (**Qui** is used more often.)

Qui va aller à l'université?	*Who's going to go to the university?*
Qui est-ce qui va devenir vétérinaire?	*Who's going to become a veterinarian?*

- use **qu'est-ce qui** to refer to a thing.

Qu'est-ce qui t'intéresse?	*What interests you?*

As the direct object of the verb,

- use **qui** in a question with inversion to refer to a person. To avoid inversion, use **qui est-ce que**.

Qui croient-ils? **Qui est-ce qu'**ils croient?	*Whom do they believe?*

- use **que** in a question with inversion to refer to a thing. To avoid inversion, use **qu'est-ce que**.

Que vas-tu faire? **Qu'est-ce que** tu vas faire?	*What are you going to do?*

Qui est-ce que Gabrielle invite à sa boum?

As the object of a preposition, use **qui** to refer to a person and **quoi** to refer to a thing. To avoid inversion, use **qui est-ce que** or **quoi est-ce que** after the preposition.

À **qui** ressemble-t-il?	*Whom does he look like?*
De **quoi** est-ce qu'il parle?	*What is he talking about?*

5 Pardon?

Vous n'avez pas bien entendu ce que le prof de français a dit parce qu'il y avait trop de bruit en cours.
Ce que vous n'avez pas bien entendu est en italique. Posez des questions avec **qui** *ou* **qu'est-ce que**.

Modèles:

Isabelle Adjani est née en 1955.
Qui est né en 1955?

Les Curie ont reçu *le Prix Nobel*.
Qu'est-ce que les Curie ont reçu?

1. *Le père d'Isabelle Adjani* était algérien.
2. *Gérard Depardieu* est un acteur bien connu dans beaucoup de pays.
3. Marie Curie a été *professeur*.
4. Les Curie ont étudié *la physique et la chimie*.
5. Victor Hugo a écrit *Les Misérables*.
6. *Brian Joubert* est un athlète extra.
7. *Jacques Chirac* habite à Paris.
8. Paul Bocuse offre *des plats superbes* dans son restaurant à Lyon.

6 En partenaires

Avec un(e) partenaire, parlez de vos préférences. Demandez qui ou ce que vous préférez.
Puis répondez aux questions.

Modèle:

le foot ou le tennis
A: **Qu'est-ce que tu préfères, le foot ou le tennis?**
B: **Je préfère le foot. Et toi, que préfères-tu, le foot ou le tennis?**
A: **Moi, je préfère le tennis.**

1. le rock ou le jazz
2. ton prof d'anglais ou ton prof d'histoire
3. les œufs sur le plat ou les œufs brouillés
4. Tom Cruise ou Tom Hanks

Qui est-ce que tu préfères, Julien ou Christophe?

Oh, écoute, Leïla…. Ce sont seulement des copains.

7 ▸ Qui ou qu'est-ce qui?

*Si le sujet de la phrase est une personne, remplacez-le (replace it) avec **qui**. Si le sujet de la phrase est une chose, remplacez-le avec **qu'est-ce qui**.*

Modèles:

Clarence Lambert habite en France avec son mari.
Qui habite en France avec son mari?

Sa carte de crédit est dans son portefeuille.
Qu'est-ce qui est dans son portefeuille?

1. Joanne veut réserver une chambre.
2. Le couple français va arriver le 26 juillet.
3. La salle à manger est au fond du couloir.
4. La vue de leur chambre est superbe.
5. La réceptionniste demande le prénom et le numéro de téléphone de Joanne.
6. Le petit déjeuner n'est pas compris.
7. M. Lambert remplit la fiche de commande.
8. Le jus de pamplemousse n'est pas froid.

Qu'est-ce qui est prêt à manger?

8 ▸ Complétez!

*Choisissez **qui**, **qui est-ce que**, **qu'est-ce qui**, **que**, **qu'est-ce que** ou **quoi** pour compléter les questions logiquement.*

1. De... parles-tu, de Thibault ou d'Anne-Marie?
2. ... Anne-Marie et Thibault vont voir au café?
3. ... est en terminale?
4. À... Hervé ressemble?
5. ... t'inquiète, tes cours ou ton boulot?
6. En... es-tu doué?
7. ... veux-tu faire l'année prochaine?
8. ... t'intéresse comme profession?
9. ... tu as envie de devenir?

Present tense of the irregular verb *croire*

The verb **croire** (*to believe, to think*) is irregular.

croire			
je	**crois**	nous	**croyons**
tu	**crois**	vous	**croyez**
il/elle/on	**croit**	ils/elles	**croient**

Qu'est-ce que vous **croyez**?
Je **crois** que ce chef prépare des repas excellents.

What do you think?
I think that this chef prepares excellent meals.

The irregular past participle of **croire** is **cru**.

Sandrine n'a pas **cru** mon histoire.

Sandrine didn't believe my story.

Daniel et Olivier croient qu'ils vont aimer ce camping.

Pratique

9 Des professions

Qu'est-ce que les personnes suivantes croient qu'elles vont devenir?

Modèle:

Raoul
Raoul croit qu'il va devenir informaticien.

1. Anne

2. je

3. Bernard et toi

4. Martine et Chantal

5. Hervé

6. Ousmane et Patrick

10 ▸ À mon avis....

Donnez votre opinion sur les personnes et les choses suivantes. Utilisez des adjectifs convenables.

Modèle:

Isabelle Adjani/actrice
**Je crois qu'Isabelle Adjani est
une actrice douée.**

1. la Suisse/pays
2. Paris/ville
3. Versailles/château
4. Picasso/artiste
5. le français/cours
6. la Mercedes/voiture
7. le café au lait/boisson
8. Avril Lavigne/chanteuse
9. *Shrek*/film
10. M. Bush/homme politique

Les touristes croient que Notre-Dame est une cathédrale majestueuse. (Paris)

Communication

11 ▸ Une enquête

 Faites une enquête sur les professions qui intéressent dix élèves de votre classe. Sur une autre feuille de papier, préparez une liste comme la suivante. Demandez à chaque élève quelle profession l'intéresse. Quand il ou elle répond, écrivez son choix dans l'espace blanc approprié.

Modèle:

Vincent: **Qu'est-ce qui t'intéresse comme profession?**
Suzette: **Je voudrais être actrice.**

Nom	Profession
1. *Suzette*	*actrice*
2.	

12 ▸ Un sommaire

Maintenant faites un sommaire de l'enquête que vous avez faite dans l'Activité 11. Dites quelle profession intéresse chaque élève. Utilisez des phrases complètes.

Modèle:

Suzette veut être actrice.

13 ▸ Qu'est-ce qui vous intéresse?

Écrivez un paragraphe en français où vous indiquez quelle profession vous allez choisir. Pourquoi est-ce que cette profession vous intéresse? Quelles qualités faut-il avoir pour faire ce travail? En quoi êtes-vous doué(e)? Pourquoi est-ce que cette profession est parfaite pour vous? Qu'est-ce que vous devez faire après l'école secondaire pour vous préparer?

un héros   une héroïne

Véronique Chapoton est allée à Rouen avec d'autres élèves de son école. Quand elle rentre chez elle, elle raconte l'histoire de Jeanne d'Arc à sa grand-mère.

Qu'est-ce que tu as appris sur Jeanne d'Arc?

Elle est née en 1412.

Véro:	J'ai vu la statue et l'église de Jeanne d'Arc.
Mme Chapoton:	Qu'est-ce que tu as appris sur elle?
Véro:	Ben, elle est née en 1412 pendant la guerre de Cent Ans. Jeanne avait 13 ans quand elle a entendu des voix qui lui ont dit d'aller aider Charles VII et son armée.
Mme Chapoton:	D'abord, Charles ne voulait pas accepter son aide, mais finalement elle a délivré la ville d'Orléans des Anglais.
Véro:	De plus, Charles est devenu roi. Mais on a vendu Jeanne aux Anglais et ils l'ont brûlée. Elle est morte en 1431.
Mme Chapoton:	Tu sais qu'elle est devenue sainte en 1920?
Véro:	Oui, Jeanne d'Arc est une vraie héroïne dans l'histoire de France.

Henri IV

Henri IV est devenu roi de France en 1589. En 1598 il a donné la liberté religieuse aux protestants français avec l'édit de Nantes. C'était l'un des rois les plus aimés dans l'histoire de France.

Rouen

Rouen, qui était la capitale de la Normandie, est située sur la Seine au nord-ouest de Paris. Il y a beaucoup de monuments intéressants dans cette ville, par exemple, la cathédrale gothique que l'artiste Claude Monet a reproduite dans ses beaux tableaux, le Gros-Horloge et l'église Sainte-Jeanne-d'Arc qu'on a construite en 1979.

Le Gros-Horloge est situé dans la rue du Gros-Horloge où il y a des magasins et des cafés. (Rouen)

Les Anglais ont brûlé Jeanne d'Arc dans la place du Vieux-Marché. (Rouen)

Jeanne d'Arc

La guerre de Cent Ans

La guerre de Cent Ans (1337-1453) était une série de conflits entre la France et l'Angleterre pour le contrôle du nord de la France et du trône français.

---

1 ▷ **Vrai ou faux?**

Écrivez "V" si la phrase est vraie; écrivez "F" si la phrase est fausse.

2 ▸ L'histoire de Jeanne d'Arc

Choisissez l'expression qui complète chaque phrase d'après le dialogue.

1. Véronique Chapoton est allée à... avec des élèves de son école.
   A. Paris
   B. Orléans
   C. Rouen
2. Quand elle rentre chez elle, Véronique raconte l'histoire de... à sa grand-mère.
   A. Henri IV
   B. Jeanne d'Arc
   C. Claude Monet
3. Jeanne d'Arc était....
   A. reine de France
   B. artiste
   C. une héroïne française
4. Jeanne d'Arc est née....
   A. en 1431
   B. quand Henri IV était roi de France
   C. pendant la guerre de Cent Ans
5. Jeanne a entendu des voix qui lui ont dit d'aller aider... et son armée.
   A. sa mère
   B. Henri IV
   C. Charles VII
6. Jeanne a délivré la ville d'Orléans des....
   A. Anglais
   B. Français
   C. Allemands
7. Jeanne est devenue sainte en....
   A. 1412
   B. 1431
   C. 1920

Il y a une statue de Jeanne d'Arc à Orléans où elle a délivré la ville des Anglais.

3 ▶ Identifiez!

Utilisez le vocabulaire du dialogue pour identifier les illustrations.

Modèle:

C'est un roi.

1.

2.

3.

4.

5.

6.

4 ▶ C'est à toi!

Questions personnelles.

1. En quelle année est-ce que tu es né(e)?
2. Quel âge avais-tu quand tu as commencé à étudier le français?
3. Est-ce que tu fais souvent des voyages avec des élèves et des profs de ton école? Si oui, où vas-tu?
4. Est-ce que l'histoire de France t'intéresse?
5. D'après toi, qui est un vrai héros? Qui est une vraie héroïne?
6. Quand est-ce que tu acceptes l'aide de tes ami(e)s? L'aide de tes parents?

J'avais 13 ans quand j'ai commencé à étudier le français.

The imperfect and the *passé composé*

The two past tenses you know in French, the imperfect and the **passé composé**, are not interchangeable. Each one gives different kinds of information and has specific uses, depending on the type of events being described. The imperfect reports how things were in the past, what happened repeatedly or a state of being, whereas the **passé composé** expresses a completed action.

> Pierre Curie **était** un chercheur
> très doué.
>
> Il **a reçu** le Prix Nobel.

> *Pierre Curie was a very gifted researcher.*
>
> *He received the Nobel Prize.*

In telling a story, use the imperfect to give background information and to describe conditions or circumstances in the past. The imperfect answers the question "How were things?" Use the **passé composé** to tell what events took place only once in the past. The **passé composé** answers the question "What happened?"

> Jeanne d'Arc **est née** à Domrémy. Des voix lui **ont dit** de délivrer la France. Elle **pensait** qu'elle **pouvait** aider Charles VII, mais d'abord il ne **voulait** pas accepter son aide. On l'**a mise** à la tête d'une petite armée, et Jeanne **a délivré** Orléans. Plus tard, on l'**a vendue** aux Anglais, et ils l'**ont brûlée**. Elle **est morte** à Rouen.

In the preceding paragraph, notice that the verbs **penser**, **pouvoir** and **vouloir** describe conditions or states of being that existed in the past. The verbs **naître**, **dire**, **mettre**, **délivrer**, **vendre**, **brûler** and **mourir** tell about something that happened only once.

The imperfect and the **passé composé** are sometimes used in the same sentence. In this case one action was happening when it was interrupted by another action. Use the imperfect to describe the background condition and the **passé composé** to express the completed action.

> Je travaillais quand tu m'as téléphoné.

> Quand Véro **était** à Rouen, elle **a vu** la statue de Jeanne d'Arc.
>
> (how things were) (what happened)

> *When Véro was in Rouen, she saw the statue of Joan of Arc.*

Imperfect	Passé Composé
• "How were things?"	• "What happened?"
• repeated actions	• completed actions
• background information	• events that took place only once
• description of conditions or circumstances	• description of specific events at a certain time

Some verbs that describe mental activity in the past are generally in the imperfect: **adorer**, **aimer**, **avoir**, **connaître**, **croire**, **espérer**, **être**, **penser**, **pouvoir**, **savoir**, **vouloir**.

> Véro **savait** beaucoup de choses sur
> la guerre de Cent Ans.

> *Véro knew a lot of things about the Hundred
> Years' War.*

5 ▸ **Les extra-terrestres sont arrivés!**

Un vaisseau spatial (spaceship) a atterri en ville. Dites ce que les personnes indiquées faisaient quand les Martiens sont arrivés.

Modèle:

Monique
Monique mangeait une glace à la vanille au café quand les Martiens sont arrivés.

6 Imparfait ou passé composé?

Dites ce que tout le monde faisait quand certaines choses se sont passées (happened).

Modèle:

tu/dormir/quand/Claire/téléphoner
Tu dormais quand Claire a téléphoné.

> Quand j'ai fait la connaissance d'Antoine, je sortais avec Raoul.

1. tu/porter des bottes/quand/tu/aller à la montagne
2. quand/nous/partir pour la plage/il/faire du soleil
3. quand/je/être petit(e)/je/visiter l'Afrique
4. il/être quatre heures/quand/Frédéric et toi/rentrer de l'école
5. quand/Nathalie/faire la connaissance d'Antoine/elle/sortir avec Raoul
6. quand/Jeanne d'Arc/avoir 13 ans/elle/entendre des voix
7. les Curie/recevoir le Prix Nobel/quand/ils/être chercheurs scientifiques
8. Isabelle Adjani/naître/quand/ses parents/habiter en France

7 Cendrillon

Complétez l'histoire suivante. Utilisez les verbes entre parenthèses à l'imparfait ou au passé composé.

Il était une fois une belle fille sympa, Cendrillon. Elle (habiter) à Rouen dans un appartement avec sa belle-mère qui (être) méchante. Cendrillon (avoir) deux belles-sœurs qui (ressembler) à leur mère. Sa belle-mère n'(aimer) pas Cendrillon, alors elle lui (donner) toujours beaucoup de corvées à faire.

Un soir il y (avoir) un grand bal à la MJC. Cendrillon (vouloir) aller au bal parce qu'elle (adorer) le reggae. Mais sa belle-mère lui (dire) qu'elle (devoir) passer l'aspirateur.

À huit heures une femme mystérieuse (arriver) chez Cendrillon. La femme lui (donner) une belle robe rouge, des pantoufles de verre et une grande voiture avec un chauffeur. Alors, Cendrillon (aller) au bal où elle (faire) la connaissance d'un beau jeune homme. À minuit Cendrillon (devoir) partir très vite. Elle (dire) "Mince!" parce qu'elle (perdre) une de ses pantoufles de verre.

Est-ce que Cendrillon et le beau jeune homme vont avoir un autre rendez-vous?

Communication

8 ▶ Qu'avez-vous fait quand vous aviez... ans?

Choisissez une année intéressante de votre vie passée. Puis préparez une présentation orale où vous décrivez des actions habituelles et des événements (events) spécifiques de cette année. Utilisez l'imparfait pour décrire les actions habituelles et le passé composé pour décrire les événements spécifiques. Vous pouvez faire des illustrations pour vous aider avec votre présentation (ou vous pouvez trouver des photos dans des magazines). Faites votre présentation et montrez vos illustrations aux autres élèves dans votre petit groupe.

Modèle:

Quand j'avais huit ans, j'habitais à Dallas.
En été ma famille et moi, nous sommes allés
à Disney World où j'ai fait la connaissance
de Mickey....

9 ▶ Vingt Questions

Pour jouer aux Vingt Questions, un(e) élève va au tableau et choisit une émission qu'il ou elle vient de voir. L'élève donne une phrase comme indication (clue) pour aider la classe à identifier l'émission. Puis les autres élèves, un par un, lui posent des questions au passé composé ou à l'imparfait pour identifier l'émission. La réponse à chaque question doit être "oui" ou "non." La personne qui identifie l'émission va au tableau et choisit l'émission prochaine.

Modèle:

A: **C'était mardi soir.**
B: **Il y avait un chien?**
A: **Oui.**
C: **Le chien a porté un costume de Noël?**
A: **Oui.**
D: **C'était "Frasier"?**
A: **Oui.**

10 ▶ Un conte de fée

Choisissez un conte de fée (fairy tale) que vous connaissez bien. Écrivez une nouvelle version de ce conte de fée à l'imparfait et au passé composé avec des détails intéressants. Si vous voulez, vous pouvez moderniser votre conte de fée à la façon (in the style) du conte dans l'Activité 7.

Des gens célèbres du monde francophone

The contributions that French speakers have made in such fields as science, literature, film, politics, fashion and sports attest to how they value creativity, independence, wit, imagination, Gallic pride, intelligence and diligence.

As the founder of microbiology, Louis Pasteur (1822-95) has been credited with saving innumerable lives. He proved that diseases are caused by the multiplication of germs and showed how their spread could be controlled by first weakening them and then injecting them into a patient's body. This method of disease control, called vaccination, allows the patient to develop a resistance to the microbe. Pasteur also demonstrated how to kill germs by applying controlled heat. This process, used to preserve liquids from spoilage, is known as pasteurization. The Pasteur Institute in Paris began as a center for the study and prevention of diseases. Today the Pasteur Hospital, associated with the Institute, treats infectious diseases such as AIDS.

Molière (1622-73) wrote comedies that entertained the court of Louis XIV and at the same time satirized seventeenth century French society. Molière's controversial choice of subject matter angered certain groups. In *L'École des femmes,* he criticized the lack of education given to young bourgeois women. Molière poked fun at religious hypocrisy in *Tartuffe.* He attacked social conventions and laughed at human nature in *Le Bourgeois gentilhomme.*

The novelist, playwright and poet Victor Hugo (1802-85) championed the romantic movement in French literature. His novel *Notre-Dame de Paris* (*The Hunchback of Notre Dame*), set in fifteenth century Paris, describes the love of a deformed bell ringer, Quasimodo, for a gypsy girl. In *Les Misérables,* the hero Jean Valjean struggles to lead an honest life as an ex-convict despite the social injustices of the nineteenth century.

François Truffaut (1932-84) was one of the leading **nouvelle vague** (*New Wave*) film directors. His movies reflect the influence of other major directors such as Jean Renoir and Alfred Hitchcock. Some of Truffaut's most famous films include *Les Quatre Cents Coups* (*The 400 Blows*), *Jules et Jim* and *L'Argent de Poche* (*Small Change*).

Several French political leaders deserve special mention. King Louis XIV (1638-1715), **le Roi-Soleil**, imagined himself to be as powerful as the sun. His 72-year reign ranks as the longest in modern European history. Bringing absolute monarchy to its height at the palace of Versailles, he supposedly boasted **L'état, c'est moi**. (*I am the State.*) Louis XIV fought four

European wars, yet he was a great patron of art and literature. However, political and economic problems surfaced during his later years. He revoked the Edict of Nantes, and he forced the nobles to live at Versailles instead of in their country homes to control their power. Vast amounts of money were spent maintaining the sumptuous lifestyle of the court. Little attention was paid to the mounting problems of social injustice and inequality, conditions that led to the French Revolution.

Many consider Napoléon I (1769-1821) the most capable military commander in history. Under his leadership the French empire extended over much of western and central Europe. A superb administrator, Napoléon centralized France's government and system of higher education, created the Legion of Honor to reward military and civil excellence, balanced the national budget, established the Bank of France and revised French law into codes. In 1804 he crowned himself emperor. Ambition ultimately led him to overextend his power. After a disastrous battle in Russia, Napoléon abdicated the crown and was exiled. He returned to power in 1815 for a period known as the "Hundred Days" until his defeat at Waterloo and subsequent exile. Napoléon is buried in the **hôtel des Invalides** in Paris.

Napoléon's tomb, encased within dark red porphyry, stands on a base of green granite and is surrounded by 12 statues that represent his military campaigns. (Paris)

Charles de Gaulle (1890-1970) led the French Resistance movement against Germany during World War II and served as president of the Fifth Republic from 1958 to 1969.

Nicolas Sarkozy is the current president of France. Prior to his election in 2007, he served as Minister of Communication, Minister of the Interior, and Minister of the Economy.

In the world of fashion, Coco Chanel (1883-1971) left her mark as one of the most influential designers of the twentieth century. Her short skirts, tailored suits, "little black dress," accessories and perfumes, such as Chanel N° 5, formed the modern interpretation of the word **chic**.

Egotistical and strongly nationalistic, Charles de Gaulle sought to strengthen France financially and militarily during his presidency.

Nicolas Sarkozy lives in the Élysée Palace, the official residence of the president of France since 1873. (Paris)

French-speaking athletes are known throughout the world. Born in Guadeloupe, Christine Arron's track and field accomplishments include the 2003 World Championship for the French team in the 4 X 100-meter relay. Ice dancers Marina Anissina and Gwendal Peizerat won the gold medal in the 2002 Olympic competition in Salt Lake City. The up-and-coming French figure skating star, Brian Joubert, was the Men's European Figure Skating Champion in 2004 when he also won the silver medal at the World Championships. A strong quad jumper, Joubert has set his sights on winning an Olympic gold medal.

The accomplishments of these and many other French speakers demonstrate their pursuit of excellence in a variety of endeavors.

Brian Joubert was four years old when he started practicing his favorite sport.

11 ▸ Des gens célèbres du monde francophone

Répondez aux questions suivantes.

1. Who is considered to be the founder of microbiology?
2. What is pasteurization?
3. Which king enjoyed the plays of Molière?
4. In what play did Molière focus on the lack of education given to young women?
5. What are two of Victor Hugo's most famous novels?
6. Who was one of the leading directors of the **nouvelle vague**?
7. What did Louis XIV allegedly say about his political power?
8. Who is often considered to be the most outstanding military commander in history?
9. What are three ways in which Napoléon I demonstrated his administrative skill?
10. Where was Napoléon's final defeat?
11. When did Charles de Gaulle serve as president of France?
12. Who is the current president of France?
13. For what three fashion trends is Coco Chanel well known?
14. In what track and field event did Christine Arron win a world championship?
15. What French figure skater's goal is to win an Olympic gold medal?

Regardez la publicité pour l'hôtel des Invalides. Puis répondez aux questions.

L'église du Dôme et le tombeau de l'Empereur

L'église du Dôme
le tombeau de
l'Empereur

L'église du Dôme
C'est à partir de 1677, sous la direction de l'architecte Jules Hardouin-Mansart, que fut édifiée l'église du Dôme dont le lanternon ajouré culmine à 107 m. En 1989, le Dôme et ses décors, notamment les trophées furent redorés; douze kilos d'or furent nécéssaires pour cette opération. A l'intérieur, la grande fresque peinte sous la coupole par Charles de la Fosse a été restaurée récemment.
A l'instar de l'église des

Soldats, l'église du Dôme devenue nécropole militaire accueille autour du tombeau de l'Empereur les sépultures de Turenne, Vauban, Foch, Lyautey, Joseph et Jérôme Bonaparte.

Le tombeau de l'Empereur
C 'est en 1840 que fut décidé le transfert du corps de l'Empereur Napoléon dont les funérailles nationales ont été célébrées le 15 décembre de la même année. L'édification du

tombeau commandée au sculpteur Visconti s'est achevée en 1861 date à laquelle y furent inhumés les restes de l'Empereur; façonné dans des blocs de porphyre rouge, placé sur un socle de granit vert des Vosges, il est cerné d'une couronne de lauriers et d'inscriptions rappelant les grandes victoires de l'Empire . Dans la galerie circulaire, une suite de bas-reliefs sculptés par Simart figurent les principales actions du règne. Au centre de la

cella, au dessus de la dalle sous laquelle repose le Roi de Rome à été érigée une statue de l'Empereur portant les emblèmes impériaux .

1. In what year was construction begun on **l'église du Dôme**?
2. Who was the architect of **l'église du Dôme**?
3. How many kilos of gold were necessary to regild **l'église du Dôme** in 1989?
4. Who is buried around Napoléon's tomb?
5. What was the date of Napoléon's national funeral?
6. What sculptor directed the construction of Napoléon's tomb?
7. What is the shape of the gallery of **l'église du Dôme**?

Adjacent to *les Invalides* is the Army Museum. (Paris)

Vocabulaire

Diane est active.

Merci, Monsieur.

Élisabeth est polie.

Denis est courageux.

Lamine est sérieuse.

Paul est amusant.

actif	active
amusant	amusante
sérieux	sérieuse
courageux	courageuse
poli	polie

Sabrina

Delphine

Lisette

Delphine invite ses camarades de classe Sabrina et Lisette chez elle. Les trois filles entrent dans la chambre de Delphine.

Qui est-ce que tu admires?

J'admire les athlètes, surtout Zinédine Zidane.

Sabrina: Ta chambre, c'est mignon! Tu as même une télé!

Delphine: Ouais, j'étais en train de regarder des clips. J'adore Patricia Kaas. Ses chansons sont sensibles, honnêtes… et souvent bien placées au hit-parade! Je vous parie qu'elle vit bien. Elle vient de rentrer des États-Unis. Elle y est allée en tournée.

Lisette: Tu es une fana de musique! Moi, j'admire les écrivains. Je trouve les romans de Maryse Condé très puissants. Et toi, Sabrina, qui est-ce que tu admires?

Sabrina: J'admire les athlètes, surtout Zinédine Zidane. Il est actif et souvent courageux. J'adore regarder ses matchs de foot à la télé!

Patricia Kaas

Patricia Kaas est une chanteuse française qui est très célèbre. Elle est née en Alsace au nord-est de la France. Elle a commencé sa carrière quand elle avait seulement 13 ans. Elle parle français, allemand et anglais.

C'est la mère de Patricia Kaas qui a détecté en son septième enfant un talent vocal.

Maryse Condé apprécie les arts primitifs de l'Afrique.

Maryse Condé

Maryse Condé est née à Pointe-à-Pitre à la Guadeloupe en 1937. Elle a fait ses études d'abord à la Guadeloupe, puis à Paris. Elle a passé 12 années en Afrique où elle a été professeur. Quand elle est rentrée en France, elle est devenue professeur à l'université. En 1987 elle a reçu le Prix littéraire de la Femme pour le roman *Moi, Tituba, sorcière Noire de Salem.*

Zinédine Zidane

Zinédine Zidane, ou Zizou, est un grand champion de foot. Il a reçu trois fois le titre de joueur de l'année de la Fédération internationale de football (FIFA). Il joue pour le club Real Madrid.

1 Quelle personne célèbre?

Écrivez "K" si l'on parle de Patricia Kaas; "C" si l'on parle de Maryse Condé, ou "Z" si l'on parle de Zinédine Zidane.

Pour quel club est-ce que Zinédine Zidane joue au foot aujourd'hui?

2 ▶ Chez Delphine

Répondez aux questions d'après le dialogue.

1. Qui est-ce que Delphine invite chez elle?
2. Qu'est-ce qu'il y a dans la chambre de Delphine?
3. Qu'est-ce que Delphine était en train de faire?
4. Pourquoi est-ce que Delphine aime les chansons de Patricia Kaas?
5. Est-ce que ses chansons sont souvent bien placées au hit-parade?
6. Comment est-ce que Lisette trouve les romans de Maryse Condé?
7. Pourquoi est-ce que Sabrina admire Zinédine Zidane?

3 ▶ Complétez!

Choisissez l'adjectif convenable qui complète la phrase logiquement.

1. Manu est un bon athlète. Il est très....
   A. poli
   B. sympa
   C. sportif
2. Béatrice aime les bandes dessinées. Elle les trouve....
   A. amusantes
   B. courageuses
   C. pénibles
3. Ariane dit toujours "Merci" quand quelqu'un lui donne quelque chose. Elle est très....
   A. difficile
   B. polie
   C. bavarde
4. Thierry étudie souvent. C'est un élève....
   A. sérieux
   B. paresseux
   C. égoïste
5. Benjamin a envie d'être pompier. Il est....
   A. méchant
   B. courageux
   C. heureux
6. Chantal n'est pas égoïste. Elle écoute ses amis et les aide parce qu'elle est....
   A. diligente
   B. active
   C. sensible
7. J'adore ta nouvelle jupe! Elle est....
   A. honnête
   B. mignonne
   C. puissante

Robert et son chien sont actifs, même en hiver.

C'est à toi!

Questions personnelles.

1. Est-ce que tu es un(e) fana de musique?
2. Est-ce que tu préfères regarder un clip ou écouter un CD?
3. Est-ce que tu préfères regarder les matchs à la télé ou au stade?
4. Quel(le) athlète est-ce que tu admires?
5. Qui est ton écrivain favori?
6. Dans ta famille, qui est la personne la plus sensible?
7. Quand es-tu sérieux/sérieuse? Quand es-tu poli(e)?

M. et Mme Gravis sont des fanas de musique.

Present tense of the irregular verb *vivre*

The verb **vivre** (*to live*) is irregular.

vivre			
je	**vis**	nous	**vivons**
tu	**vis**	vous	**vivez**
il/elle/on	**vit**	ils/elles	**vivent**

Vous **vivez** pour manger?   *Do you live to eat?*
Non, je mange pour **vivre**.   *No, I eat to live.*

Unlike the verb **habiter**, which means only "to live," **vivre** may also be used to tell how or how long someone lives.

Patricia Kaas **vit** bien.   *Patricia Kaas lives well.*

The irregular past participle of **vivre** is **vécu**.

Maryse Condé a **vécu** en Afrique.   *Maryse Condé lived in Africa.*

En été ces ados vivent à la plage.

trois cent quatre-vingt-sept
Leçon C

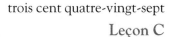
387

5 > Où vit-on?

Le premier jour à l'auberge de jeunesse, vous faites la connaissance de beaucoup de jeunes gens de pays différents. Dites où vivent les personnes indiquées.

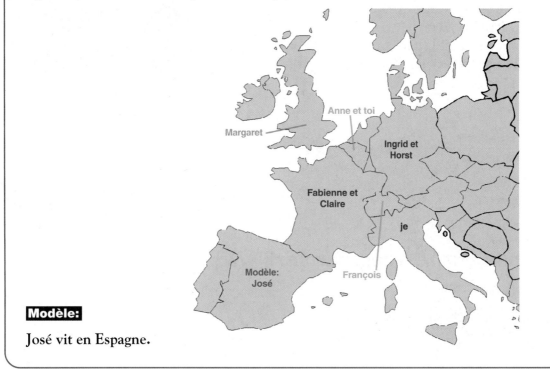

Margaret

Anne et toi

Ingrid et Horst

Fabienne et Claire

je

Modèle: José

François

Modèle:

José vit en Espagne.

6 > Où ont-ils résidé?

J'ai vécu au Vietnam jusqu'à l'âge de 12 ans.

Selon ce que vous avez lu dans ce livre, dites si ces gens célèbres ont vécu ou pas dans les pays, régions ou villes indiqués.

Modèles:

Claude Monet/Giverny
Claude Monet a vécu à Giverny.

Charles de Gaulle/les États-Unis
Charles de Gaulle n'a pas vécu aux États-Unis.

1. Patricia Kaas/Alsace
2. Jeanne d'Arc/Tokyo
3. Jacques Chirac/Paris
4. Zinédine Zidane/Memphis
5. Louis XVI et Marie-Antoinette/New York
6. Pablo Picasso/Espagne
7. Maryse Condé/Guadeloupe

The pronoun y

The pronoun **y** means "there" and refers to a previously mentioned place. The pronoun **y** replaces a preposition (**à, en, dans, sur, chez, derrière, devant**) plus the name of a place.

Patricia Kaas était aux États-Unis?	*Was Patricia Kaas in the United States?*
Oui, elle **y** est allée en tournée.	*Yes, she went there on tour.*
Est-ce que Zidane joue en France?	*Does Zidane play in France?*
Non, il n'**y** joue plus.	*No, he doesn't play there anymore.*

The pronoun **y** usually comes right before the verb of which it is the object. The sentence may be affirmative, interrogative, negative or have an infinitive.

Je vais au match ce soir.	*I'm going to the game tonight.*
Y vas-tu?	*Are you going (there)?*
Non, je n'**y** vais pas, mais je vais **y** aller demain.	*No, I'm not going (there), but I'm going to go (there) tomorrow.*

À Paris? Les élèves y font une excursion à pied.

In an affirmative command, **y** follows the verb and is attached to it by a hyphen. In the **tu** form of **-er** verbs, the affirmative imperative adds an **s** before the pronoun **y**. In a negative command, **y** precedes the verb.

Vas-**y**!	*Go there!*
[z]	
Mais n'**y** restez pas!	*But don't stay (there)!*

The pronoun **y** also replaces **à** plus the name of a thing. In this case, **y** means "it" or "about it."

Tu penses à tes vacances?	*Are you thinking about your vacation?*
Oui, j'**y** pense.	*Yes, I'm thinking about it.*

7 ▸ On y est?

Aujourd'hui votre classe de français va faire une excursion au musée d'art. Votre prof a fait une liste de tous les élèves qui avaient l'intention d'y aller. Le prof fait l'appel (takes roll) pour voir qui est dans l'autocar (school bus). Si le prof a mis un ✓ à côté du prénom de l'élève, dites que l'élève y est. Si non, dites que l'élève n'y est pas.

Robert	✓	Thierry	
Sandrine		Gilberte	✓
Abdou		Françoise	
moi	✓	Patrick	✓
Karine		Assia	
Laurent	✓	Clémence	✓
Khaled	✓	Joanne	✓
Nicolas		Sonia	
toi		Valérie	✓

Modèles:

Nicolas
Il n'y est pas.

Clémence
Elle y est.

1. Karine
2. Sonia et toi
3. Robert et Joanne
4. Abdou et Thierry
5. moi
6. Patrick
7. toi
8. Valérie et moi

8 ▸ Au centre commercial

Tout le monde a fait du shopping aujourd'hui. Si ce qu'on a acheté vient du magasin indiqué, dites qu'on y est allé. Si non, dites qu'on n'y est pas allé.

Modèles:

Jérôme a acheté un sandwich au fromage. (café)
Il y est allé.

Mireille a acheté un pull. (boulangerie)
Elle n'y est pas allée.

1. Jean-Claude a acheté une ceinture. (pâtisserie)
2. Suzanne a acheté des pamplemousses. (marché)
3. Pierre et toi, vous avez acheté un CD. (crémerie)
4. Les Bouchard ont acheté des steaks. (supermarché)
5. Geneviève et sa sœur ont acheté des timbres. (tabac)
6. J'ai acheté un parapluie. (grand magasin)
7. Tu as acheté un bracelet en or. (librairie)
8. Rachel et moi, nous avons acheté du jambon. (charcuterie)

Mlle Dabadie est allée à la librairie. Qu'est-ce qu'elle y a acheté?

9 ▸ En partenaires

 *Avec un(e) partenaire, posez et répondez aux questions. Utilisez **y** dans vos réponses. Suivez le modèle.*

Modèle:

aller voyager en France
A: **Est-ce que tu vas voyager en France?**
B: **Non, je ne vais pas y voyager. Et toi, est-ce que tu vas y voyager?**
A: **Oui, je vais y voyager.**

1. pouvoir aller au cinéma ce soir
2. devoir aider tes parents chez toi
3. aimer penser à tes vacances
4. pouvoir trouver un boulot dans ta ville
5. aller étudier à l'université
6. vouloir vivre en Europe

Communication

10 ▸ Un profil

 Écrivez un profil de votre partenaire dans lequel (which) vous décrivez ses qualités et ses centres d'intérêts. Avant de commencer, interviewez votre partenaire et utilisez ses réponses aux questions suivantes pour vous aider à écrire son profil:

1. Quel(le) athlète aimes-tu beaucoup? Pourquoi?
2. Quel chanteur ou quelle chanteuse aimes-tu beaucoup? Pourquoi?
3. Qui est-ce que tu admires? Pourquoi?
4. Comment es-tu? Actif/active? Courageux/courageuse? Sérieux/sérieuse? Poli(e)? Honnête?
5. En quoi es-tu doué(e)?
6. Qu'est-ce qui t'intéresse comme profession?

11 ▸ Une demande d'emploi

Imaginez que vous êtes Marie Curie, Gérard Depardieu, Patricia Kaas, Zinédine Zidane, Maryse Condé, François Truffaut, Brian Joubert ou Coco Chanel quand ils étaient jeunes et cherchaient leur premier boulot. Écrivez une demande d'emploi (want ad) où vous décrivez le poste (position) que vous cherchez et donnez vos qualifications. Décrivez aussi votre caractère. Puis donnez votre nom et adresse.

> JF 20 ans, serveuse débutante, dynamique et motivée, cherche emploi dans brasserie ou Pub, service après-midi ou soirée. ✆ 01.30.36.18.03. Dem. PEGGY

> Jeune ingénieur, préparant doctorat, donne cours de math - physique - chimie, tous niveaux. ✆ 01.45.89.20.98

> CHANTEUSE AMÉRICAINE, donne cours de chant Jazz, Blues, Soul. ✆ 01.46.34.59.02.

12 ▸ Quand on était jeune...

 Demandez à cinq adultes dans votre famille ou dans votre famille étendue où ils ont vécu quand ils étaient jeunes. Avec les autres élèves de votre petit groupe, faites une carte du monde. Puis, un par un, allez devant la carte et dites aux autres où les membres de votre famille ont vécu quand ils étaient jeunes.

Modèle:

Voilà le Vietnam. Mon père y a vécu quand il était jeune. Il y a vécu jusqu'à l'âge de 15 ans.

Making Predictions

In *Le Château de ma mère*, Marcel Pagnol writes about his memories of growing up in southern France in the early 1900s. In order to read effectively, it is important to be able to predict what will happen in a story. But on what should you base your predictions? Looking at a character's value system can help you make informed predictions about his or her actions.

Marcel spends his childhood in Marseille and the countryside of Provence. After an adventurous summer exploring the hills and hunting with his new pal, Lili, it is time to return to the city. Marcel decides not to leave his beloved countryside and chooses instead to run away. How long will he be able to be on his own? As you read an excerpt from this novel, focus on the people and things Marcel values so that you can make a prediction about how this story ends.

Je montai aussitôt dans ma chambre, et je composai ma lettre d'adieu:

Mon cher Papa,
Ma chère Maman,
Mes chers Parents,

Surtout ne vous faites pas de souci. Ça ne sert à rien. Maintenant, j'ai trouvé ce que je veux faire dans la vie: je veux être ermite.
J'ai pris tout ce qu'il faut.
Pour mes études, maintenant, c'est trop tard, parce que j'y ai renoncé.
Si ça ne réussit pas, je reviendrai à la maison. Moi, mon bonheur, c'est l'aventure. Il n'y a pas de danger. D'ailleurs, j'ai emporté de l'Aspirine.
Je ne serai pas tout seul. Une personne (que vous ne connaissez pas) va venir m'apporter du pain, et me tenir compagnie pendant les orages.
Ne me cherchez pas: je suis introuvable.
Je vous embrasse tendrement, et surtout ma chère maman.
                                        Votre fils,
                                        MARCEL
                                        l'Ermite des Collines.

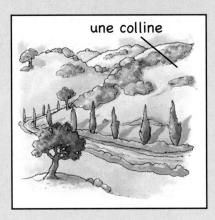
une colline

J'allai ensuite chercher un vieux morceau de corde
que j'avais remarqué dans le jardin, et qui me permettrait de
descendre par la fenêtre de ma chambre. J'allai le cacher sous
mon lit.

Je préparai enfin mon balluchon: un peu de linge, une paire
de souliers, un couteau pointu, une hache, une fourchette, une
cuiller, un cahier, un crayon, une petite casserole, des *clous*,
et quelques vieux *outils*. Je cachai le tout sous mon lit, avec
l'intention d'en faire un balluchon au moyen de ma couverture,
dès que tout le monde serait couché.

Quand tout fut prêt, je descendis pour consacrer à ma mère
les dernières heures que je devais passer avec elle.

Le dernier dîner fut excellent et copieux, comme pour
célébrer un heureux événement. Personne ne prononça un
mot de regret. Au contraire, ils paraissaient tous assez contents
de rentrer.

Mais moi, je restais.

Une petite pierre frappa le *volet* de ma chambre. C'était le
signal. J'ouvris lentement la fenêtre. Un chuchotement monta
dans la nuit:

—Tu y es?

Pour toute réponse, je fis descendre mon balluchon. Puis, je
posai ma lettre d'adieu sur le lit et j'attachai solidement la corde
à la fenêtre. J'envoyai un dernier baiser à ma mère, qui était
dans sa chambre, de l'autre côté du mur, et je me laissai glisser
jusqu'au sol.

Lili était là, sous un arbre. Je le distinguais à peine. Il fit un
pas en avant, et dit à voix basse:

—Allons-y!

Il prit sur l'herbe un sac assez lourd qu'il chargea sur
son épaule.

—C'est des pommes de terre, des carottes et des *pièges*, dit-il.

—Moi, j'ai du pain, du sucre, du chocolat et deux bananes.
Marche, nous parlerons plus loin.

En silence nous montâmes la côte. Je respirais avec joie l'air
frais de la nuit, et je pensais, sans la moindre inquiétude, à ma
nouvelle vie qui commençait.

La nuit était calme, mais le ciel était couvert: il n'y avait pas
une étoile. J'avais froid.

Nous marchions vite, et le poids de nos paquets nous tirait
les épaules. Nous ne disions pas un mot....

Soudain, à ma gauche, dans la brume une *ombre* assez haute
passa rapidement sous les branches pendantes.

un clou

des outils (m.)

un volet

un piège

une ombre

—Lili, dis-je à voix basse, je viens de voir passer une ombre!

—Où?

—Là-bas.

—Tu rêves, dit-il. C'est guère possible de voir une ombre dans la nuit...

—Je te dis que j'ai vu passer quelque chose!

Il s'arrêta et regarda à son tour, en silence.

—À quoi penses-tu?

Il me répondit par une autre question.

—Comment elle était, cette ombre?

—Un peu comme l'ombre d'un homme.

—Grand?

—Oui, plutôt grand.

—Avec un manteau? Un long manteau?

—Tu sais, je n'ai pas bien vu. J'ai vu comme une ombre qui bougeait. Pourquoi me demandes-tu ça? Tu penses à quelqu'un qui a un manteau?

—Ça se pourrait, dit-il d'un air rêveur. Moi, je ne l'ai jamais vu. Mais mon père l'a vu.

—Qui ça?

—Le grand Félix.

—C'est un *berger*?

—Oui, dit-il. Un berger d'autrefois.

—Je ne comprends pas.

Il se rapprocha de moi et dit à voix basse:

—Ça fait au moins cinquante ans qu'il est mort.

Comme je le regardais, stupéfait, il chuchota dans mon oreille:

—C'est un fantôme!

un berger

13 ▸ Le Château de ma mère

Pour montrer la valeur (value) que Marcel attribue à chaque personne ou chose dans sa vie, faites une table avec des citations (quotes) du Château de ma mère. Puis donnez le sens de chaque citation. Suivez le modèle.

Central parts of Marcel's life	Sentences	Meaning
sa mère	... je descendis pour consacrer à ma mère les dernières heures que je devais passer avec elle.	Of all the members of his family, Marcel chooses to spend his last minutes with his mother, which shows how important she is in his life.
	J'envoyai un dernier baiser à ma mère, qui était dans sa chambre,....	This symbolic gesture of a kiss blown to his mother, which she cannot see, indicates how much he loves her and will miss her.
Lili les collines l'école l'aventure		

Maintenant évaluez chaque personne ou chose avec un nombre de 1 à 10. (Le nombre "10" indique que la personne ou chose est la plus importante dans la vie de Marcel.) Marcel va-t-il rester longtemps à la campagne? Pourquoi ou pourquoi pas? Écrivez un paragraphe qui explique (explains) votre prédiction. Utilisez les informations dans votre table. Vous pouvez aussi considérer l'âge de Marcel, ses provisions, sa détermination et sa maturité.

Nathalie et Raoul

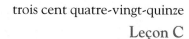

✓ Évaluation culturelle

Decide if each statement is **vrai** or **faux**.

1. Joan of Arc was queen of France during the Hundred Years' War.
2. *Tartuffe* and *Le Bourgeois gentilhomme* are two of the tragic plays that Molière wrote during the nineteenth century.
3. Napoléon I was a superb administrator and perhaps the most capable military commander in history.
4. In *Notre-Dame de Paris*, a novel by Victor Hugo, the hero, Jean Valjean, fights social injustice.
5. Louis Pasteur is well known for developing the process of pasteurization, which allows cows to produce more milk than was previously possible.
6. Marie and Pierre Curie received the Nobel Prize in physics for their discovery of radioactivity.
7. Charles de Gaulle served France during World War II as the leader of the French Resistance and later became the country's president.
8. Isabelle Adjani and Gérard Depardieu are popular movie stars.
9. Alsatian-born Patricia Kaas is a famous French singer.
10. Zinédine Zidane is a French world-class figure skater.

Isabelle Adjani, a popular French movie star, started making films when she was 14.

A plaque commemorates the time in 1429 when Joan of Arc beseeched the future Charles VII to be crowned in Reims.

✓ Évaluation orale

With a partner, play the roles of Étienne, a French student, and M. Hachet, a French veterinarian. M. Hachet is interviewing for some volunteer help in his clinic, and Étienne wants to apply.

Greet Étienne and describe the job, including responsibilities, starting date and hours.

Say why you believe that this is the perfect job for you.

Ask Étienne what profession interests him.

Say that you want to be a veterinarian and mention your past experience caring for animals.

Ask Étienne to describe himself.

List your relevant personal characteristics. Finally, thank M. Hachet for his time.

✓ Évaluation écrite

Imagine that you are Étienne, who has just finished his interview with M. Hachet for a volunteer position at his veterinary clinic. To follow up, write him a formal thank-you letter. Begin by reminding M. Hachet that you came to see him today for a job. Then restate your interest in the position and highlight your qualifications, past experience and personal characteristics. Refer to page 147 where you learned how to write a business letter in French.

✓ Évaluation visuelle

With a partner, use the illustration to write and then perform a dialogue in which two classmates say what they are doing, whom they admire and talk about the professions that interest them. (You may want to refer to the *Révision de fonctions* on pages 399-400 and the *Vocabulaire* on page 401.)

Révision de fonctions

Can you do all of the following tasks in French?
- I can tell about my personal experiences.
- I can talk about what happened in the past.
- I can talk about things sequentially.
- I can ask for and give information about various topics, including professions.
- I can identify someone's profession and tell what profession interests me.
- I can describe someone's talents and abilities, such as in music and literature.
- I can describe someone's physical traits.
- I can tell what I like.
- I can compliment someone.
- I can give my opinion by saying what I think.
- I can make an assumption.
- I can express hesitation before continuing to speak.
- I can tell location.

Je voudrais être vétérinaire.

To recount personal experiences, use:
> **J'ai vu** la statue de Jeanne d'Arc.   *I saw the statue of Joan of Arc.*

To describe past events, use:
> **Elle est morte** en 1431.   *She died in 1431.*
> **Elle a délivré** la ville d'Orléans.   *She freed the city of Orléans.*
> **Les Anglais l'ont brûlée.**   *The English burned her.*

To sequence events, use:
> **Jeanne avait** 13 ans **quand elle a   *Joan was 13 when she heard voices.*
> entendu** des voix.

To ask for information, use:
> **Qu'est-ce qui** t'intéresse   *What interests you as an occupation?*
> comme profession?
> **Qui est-ce que** tu admires?   *Whom do you admire?*

Qui est-ce que Christophe et Julien attendent au café? (La Rochelle)

To give information, use:
> **Elle est née** en 1412.   *She was born in 1412.*

To tell what profession interests you, use:
> **Je voudrais être** actrice.   *I'd like to be an actress.*
> **Je vais être** chercheur scientifique.   *I'm going to do scientific research/be a
>   research scientist.*

To describe talents and abilities, use:
> **Ses chansons sont** sensibles, honnêtes.   *Her songs are sensitive, honest.*

To describe physical traits, use:
> Et avec ta barbe, **tu ressembles** déjà **à**   *And with your beard, you already look like
> Pierre Curie!   Pierre Curie!*
> **Il est** actif.   *He is active.*

To say what you like, use:
> Ta chambre, **c'est mignon**!   *Your room is cute!*
> **J'admire** les écrivains.   *I admire writers.*

To express compliments, use:
> **Tu es très doué(e)** en sciences.   *You are very gifted in science.*

To give opinions, use:

Ses parents croient qu'elle doit aller
à l'université.

*Her parents think that she should go
to the university.*

À mon avis, je n'ai pas besoin d'aller
à l'université.

*In my opinion, I don't need to go to
the university.*

Je trouve les romans de Maryse Condé
très puissants.

*I think Maryse Condé's novels are
very powerful.*

À mon avis, Patricia Kaas
est une chanteuse douée.

Ben....

To hypothesize, use:

Je vous parie qu'elle vit bien.

I bet that she lives well.

To hesitate, use:

Ben....

Well . . . .

To tell location, use:

Elle **y** est allée en tournée.

She went there on tour.

Dans la fontaine près du Centre Pompidou? On peut y voir des statues amusantes.

Vocabulaire

à: à la télé on TV C
    à mon avis in my opinion A
accepter to accept B
un **acteur, une actrice** actor, actress A
actif, active active C
admirer to admire C
l' **aide (f.)** help B
amusant(e) funny, amusing C
apprendre to learn B
une **armée** army B
assis(e) seated A
un(e) **athlète** athlete A
au on the C
un **avis: à mon avis** in my opinion A

ben well B
un **boulot** job, work A
brûler to burn B

un(e) **camarade de classe** classmate C
une **chanson** song C
un **chanteur, une chanteuse** singer A
un **chauffeur** driver A
un **chef** chef A
un **chercheur, une chercheuse** researcher A
une **classe** class C
un **clip** video clip C
comme as A
courageux, courageuse courageous C
croire to believe, to think A

de: de plus furthermore, what's more B
délivrer to free B
doué(e) gifted A

un **écrivain** writer A
une **étude** study A

un(e) **fana** fanatic, buff C
une **femme: une femme politique** politician A
finalement eventually, in the end B
francophone French-speaking A

une **guerre** war B

un **héros, une héroïne** hero, heroine B
le **hit-parade** the charts C
un **homme: un homme politique** politician A
honnête honest C

intéresser to interest A
un **metteur en scène** director A
mignon, mignonne cute C
mourir to die B

un **ouvrier, une ouvrière** (factory) worker A

parfait(e) perfect A
parier to bet C
se **perfectionner** to improve A
un **pilote** pilot A
placé(e) placed, situated C
plus: de plus furthermore, what's more B
poli(e) polite C
politique political A
un **pompier** firefighter A
puissant(e) powerful C

qu'est-ce qui what A
que what A
qui est-ce que whom A
qui est-ce qui who A

se **rejoindre** to meet A

un(e) **saint(e)** saint B
scientifique scientific A
un(e) **secrétaire** secretary A
sensible sensitive C
sérieusement seriously A
sérieux, sérieuse serious C
sur about B

la **télé: à la télé** on TV C
la **terminale** last year of *lycée* A
un **théâtre** theater A
une **tournée** tour C
trouver to think C

un **vétérinaire** veterinarian A
une **voix** voice B
vrai(e) real B

y there, (about) it C

Unité
10

Notre monde

In this unit you will be able to:

- report
- sequence events
- give information
- tell location
- compare people and things
- agree and disagree
- express emotions
- hypothesize
- make suggestions
- invite
- refuse an invitation

www.emcp.com

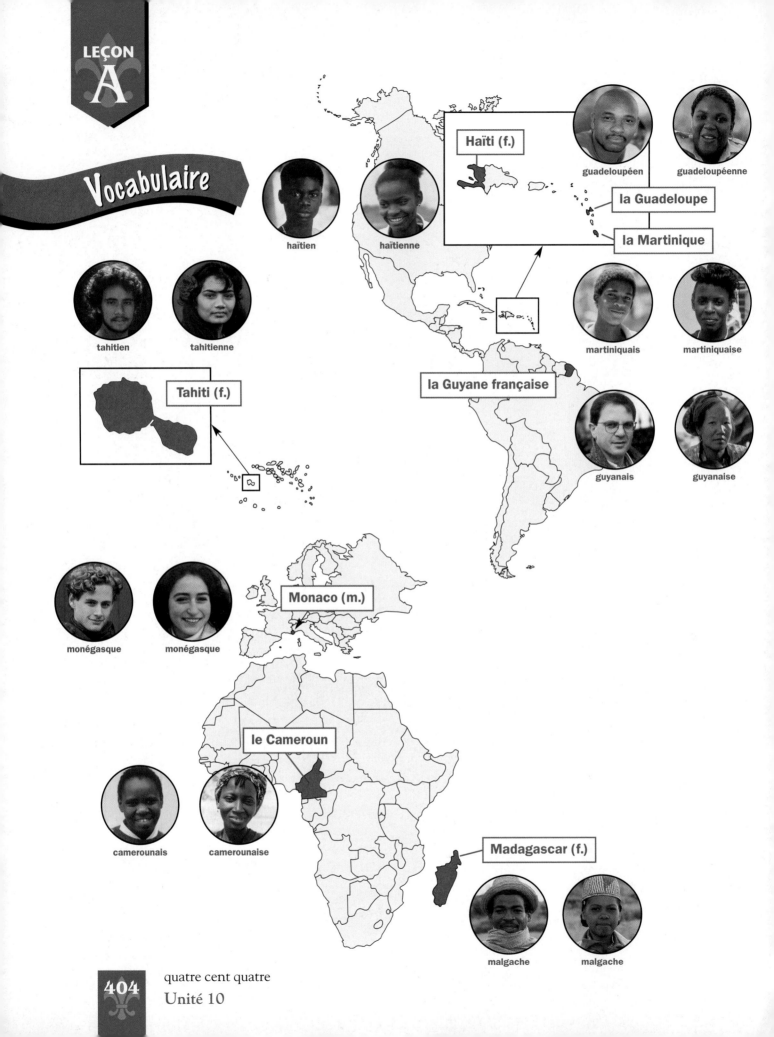

Vocabulaire

haïtien

haïtienne

Haïti (f.)

guadeloupéen

guadeloupéenne

la Guadeloupe

la Martinique

martiniquais

martiniquaise

tahitien

tahitienne

Tahiti (f.)

la Guyane française

guyanais

guyanaise

monégasque

monégasque

Monaco (m.)

le Cameroun

camerounais

camerounaise

Madagascar (f.)

malgache

malgache

Frédéric vient de déménager de Tahiti à la Martinique. Au lycée Schœlcher il fait la connaissance de Nadia. Ses parents ont un restaurant martiniquais à Fort-de-France. Quelquefois Nadia y travaille comme serveuse. Aujourd'hui Frédéric vient au restaurant pour déjeuner et pour voir Nadia.

Nadia: **Bonjour, Frédéric! Qu'est-ce que tu voudrais?**
Frédéric: **Franchement, je ne connais pas encore la cuisine martiniquaise.**
Nadia: **Elle est épicée comme la cuisine tahitienne. Est-ce que tu aimes les fruits de mer?**
Frédéric: **Oui, beaucoup.**
Nadia: **Alors, tu devrais prendre la spécialité du jour, les coquilles Saint-Jacques au curry.**
Frédéric: **D'accord. Euh... je sais que tu adores danser. Est-ce que tu aimerais aller en boîte avec moi ce soir?**
Nadia: **J'aimerais bien, mais je dois aussi travailler demain. Pourrions-nous rentrer assez tôt?**
Frédéric: **Naturellement. Alors, je viens te chercher à 21h00.**

Tahiti est formée de deux parties, Tahiti Nui et Tahiti Iti. (Papeete)

Tahiti

Tahiti est l'île principale d'un groupe d'îles dans l'océan Pacifique à l'est de l'Australie. Sa capitale est Papeete. L'île est devenue une colonie française en 1880, et aujourd'hui c'est un territoire d'outre-mer de la Polynésie française. Les Tahitiens cultivent le café, la vanille et la canne à sucre.

Victor Schœlcher

Comme en France, on donne souvent le nom d'une personne célèbre aux lycées martiniquais. Le lycée Schœlcher, par exemple, a reçu son nom d'un homme politique. Victor Schœlcher a aidé les esclaves des colonies à obtenir leur liberté.

La cuisine martiniquaise

Il y a un peu de tout dans la cuisine martiniquaise parce qu'elle reflète la population diverse de l'île: caraïbe, africaine, amérindienne, française et asiatique. Dans beaucoup de plats martiniquais on trouve des fruits de mer, des légumes et des fruits. Les coquilles Saint-Jacques sont souvent préparés avec des épices fortes, comme le curry.

Pour faire des avocats au crabe, un plat martiniquais, il faut acheter des avocats frais au marché.

1 Oui ou non?

Écrivez "oui" si la personne vient d'une île; si non, écrivez "non."

2 ▸ Le déjeuner de Frédéric

Complétez chaque phrase avec l'expression convenable de la liste suivante d'après le dialogue.

tôt	épicée	spécialité du jour	déménager
lycée	en boîte	vient chercher	fruits de mer

1. Frédéric vient de... de Tahiti à la Martinique.
2. Il fait la connaissance de Nadia au....
3. La cuisine martiniquaise est... comme la cuisine tahitienne.
4. Frédéric aime beaucoup les....
5. La... est les coquilles Saint-Jacques au curry.
6. Frédéric demande à Nadia d'aller... avec lui ce soir.
7. Nadia a besoin de rentrer assez... parce qu'elle doit aussi travailler demain.
8. Frédéric... Nadia à 21h00.

Frédéric a déménagé à la Martinique.

3 ▸ Quelle nationalité?

Dites la nationalité de chaque personne d'après le pays d'où elle vient.

Modèle:

Mlle Zongo vient du Sénégal.
Elle est sénégalaise.

1. Nadia vient de la Martinique.
2. Mme Yondo vient du Cameroun.
3. M. Delon vient de Guyane française.
4. Frédéric vient de Tahiti.
5. Yasmine vient de Madagascar.
6. M. Aristide vient d'Haïti.
7. Anne-Marie vient de la Guadeloupe.
8. Albert vient de Monaco.

Je m'appelle Caroline. Je suis monégasque.

Questions personnelles.

1. De qui as-tu fait la connaissance cette année au lycée?
2. Est-ce que tu déjeunes au lycée?
3. Est-ce que tu aimes la cuisine épicée?
4. Est-ce que tu voudrais goûter la cuisine martiniquaise?
5. As-tu déjà visité un pays francophone?
6. Quel(s) pays francophone(s) voudrais-tu visiter?
7. Si tu vas en boîte, est-ce que tu rentres tôt ou tard?

Aurélie et ses copains déjeunent au lycée. (La Rochelle)

Conditional tense

To tell what people *would* do or what *would* happen, use the conditional tense (**le conditionnel**). The conditional consists of only one word.

Est-ce que tu **rentrerais** tôt?   *Would you return early?*

To form the conditional tense of regular **-er** and **-ir** verbs, take the infinitive and add to it the endings of the imperfect tense: **-ais**, **-ais**, **-ait**, **-ions**, **-iez**, **-aient**. For regular **-re** verbs, drop the final **e** from the infinitive before adding the imperfect endings.

aimer			
j'	**aimerais**	nous	**aimerions**
tu	**aimerais**	vous	**aimeriez**
il/elle/on	**aimerait**	ils/elles	**aimeraient**

Est-ce que tu voyagerais à la Guadeloupe?

Est-ce que vous **choisiriez** les moules?   *Would you choose the mussels?*
Non, je **prendrais** les escargots.   *No, I'd have the snails.*

Some irregular French verbs do not use the infinitive as the stem for the conditional. They have an irregular stem, but their endings are regular. Here are some of these verbs.

Infinitive	Irregular Stem	Conditional
aller	ir-	**J'irais** en France.
avoir	aur-	**Aurais**-tu peur?
devoir	devr-	Jean **devrait** partir.
envoyer	enverr-	Qu'est-ce que tu **enverrais**?
être	ser-	Nous **serions** ici.
faire	fer-	Yves **ferait** du roller.
falloir	faudr-	Il **faudrait** revenir.
pouvoir	pourr-	**Pourrions**-nous rentrer?
recevoir	recevr-	Thierry **recevrait** un colis.
savoir	saur-	**Saurais**-tu la date?
venir	viendr-	Les profs **viendraient** à l'heure.
voir	verr-	**Verriez**-vous ce film?
vouloir	voudr-	Tu ne **voudrais** rien?

The conditional may be used to make suggestions.

À ma place, qu'est-ce que tu **ferais**?
J'**emmènerais** mes parents au
restaurant tahitien.

If you were me, what would you do?
I would take my parents to the
Tahitian restaurant.

Pratique

5 ▸ Au restaurant martiniquais

Aujourd'hui Nadia travaille comme serveuse au petit restaurant de ses parents où elle connaît bien tous les clients. Imaginez que vous êtes Nadia et que vous répétez au chef ce que tout le monde voudrait.

Modèle:

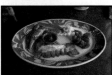

Patrick
Patrick voudrait des fruits de mer.

1. Saleh

2. les Noyelle

3. tu

4. Frédéric et moi

5. Denise et toi

6. je

7. Laurent

8. les parents de Frédéric

6 ▸ Si je n'étais pas en classe....

Les élèves en cours d'histoire ont l'habitude de rêver (daydreaming). Qu'est-ce qu'ils feraient s'ils n'étaient pas en classe?

Modèle:

Je recevrais des amis chez moi.

7 ▸ Des conseils

Beaucoup de gens que vous connaissez vous demandent des conseils. Dites-leur ce que vous feriez à leur place.

Modèle:

Karine te dit qu'elle a soif.
À ta place, j'achèterais une boisson froide.

1. Khaled te dit qu'il a faim.
2. Jérémy te dit qu'il a perdu ses devoirs.
3. Thierry te dit qu'il va être en retard.
4. Ton beau-père te dit qu'il a la grippe.
5. Ta grand-mère te dit qu'elle a froid.
6. Ta sœur te dit qu'elle a besoin de timbres.
7. Fabienne te dit qu'elle cherche un bon roman.
8. Rose te dit qu'elle voudrait être chercheuse scientifique.
9. Margarette te dit qu'elle va voyager en Europe.
10. Les Valdez te disent qu'ils n'ont pas de plan de la ville.

À ta place, je prendrais de l'aspirine.

Adverbs

You already know that French adverbs usually come right after the verbs they describe.

J'aime **beaucoup** la cuisine épicée.   *I like spicy food a lot.*

In the **passé composé** most short, common adverbs (such as **bien, déjà, beaucoup, un peu, souvent, enfin, mal, même, peut-être, toujours** and **trop**) come before the past participle.

Nadia a **déjà** goûté la
cuisine tahitienne.

*Nadia has already tasted
Tahitian food.*

Frédéric est **souvent** allé chez Nadia.

*Frédéric often went to
Nadia's house.*

Adverbial expressions of time come either at the beginning or end of a sentence in the **passé composé**.

Nadia a travaillé au restaurant
hier soir.

*Nadia worked at the restaurant
last night.*

Aurélie s'est bien habillée pour fêter son
anniversaire. (La Rochelle)

In this lesson you learned several adverbs that end in **-ment**. This suffix corresponds to *-ly* in English. These adverbs are formed by adding **-ment** to the feminine form of the related adjective. For example, add **-ment** to the adjective **sérieuse** to make the adverb **sérieusement**. Adverbs ending in **-ment** often begin a sentence, but they may follow the past participle.

Franchement, je ne connais pas
Fort-de-France.

*Frankly, I'm not familiar with
Fort-de-France.*

 Pratique

---

8   La vie de Frédéric et de Nadia

Donnez des détails sur la vie de Frédéric et de Nadia à la Martinique. Utilisez l'adverbe indiqué.

Modèle:

Nadia travaille dans le restaurant
de ses parents. (quelquefois)
**Quelquefois Nadia travaille dans
le restaurant de ses parents.**

1. Frédéric vient au restaurant pour voir Nadia et pour déjeuner. (souvent)
2. Il ne connaît pas la cuisine martiniquaise. (bien)
3. La spécialité du jour, ce sont les coquilles Saint-Jacques au curry. (aujourd'hui)
4. Frédéric aime les fruits de mer. (aussi)
5. Frédéric et Nadia vont aller en boîte. (ce soir)
6. Nadia aime danser. (beaucoup)
7. Elle ne voudrait pas rentrer tard. (naturellement)
8. Elle doit travailler. (le lendemain)

9 ▶ Une visite à la Martinique

Tom, le correspondant américain de Frédéric, a passé un mois avec lui à Fort-de-France. Complétez les phrases qui décrivent sa visite. Utilisez l'adverbe approprié de la liste suivante.

beaucoup	mal	souvent	déjà
même	trop	enfin	

1. Ce n'est pas la première fois que Tom a visité la Martinique. Il y est... allé en vacances avec ses parents il y a deux ans.
2. Tom a... déjeuné avec Frédéric. Ils ont mangé au restaurant des parents de Nadia trois fois par semaine.
3. Tom a toujours pris des plats épicés; il a... aimé la cuisine martiniquaise.
4. Mais hier soir il a... mangé, et ce matin il a été malade.
5. Tom a... joué au tennis avec Frédéric. Il a perdu 2 à 6.
6. Tom était à la Martinique le lundi du Carnaval. Il s'est... déguisé en femme!
7. Tom n'a pas nagé à la Martinique. Mais le dernier jour de sa visite il est... allé aux Salines, la plus belle plage de l'île.

Tom a souvent joué au tennis.

Communication

10 ▶ Quelle chance!

Imaginez que vous avez gagné (won) cinq cent mille euros à la loterie. Vous décidez de partager l'argent avec les autres membres de votre famille. Dans un petit groupe de trois ou quatre élèves, les autres membres de votre famille, faites une liste de 10 choses que vous achèteriez ou feriez avec l'argent que vous avez gagné. Puis mettez ces 10 choses en ordre d'importance (#1 est la chose la plus importante).

Modèle:

1. Nous ferions le tour du monde.

Tu achèterais une Renault Modus?

quatre cent douze
Unité 10

11 ▸ Une enquête

 *Copiez la grille suivante. Demandez à votre partenaire s'il ou elle a fait les choses suivantes pendant les dernières vacances. Dans les réponses il faut utiliser **beaucoup**, **souvent**, **quelquefois** ou **ne... jamais**. Mettez un ✔ dans l'espace blanc approprié. Puis changez de rôles.*

	beaucoup	souvent	quelquefois	ne... jamais
faire du shopping		✔		
travailler				
sortir avec des amis				
voyager				
aller en boîte				
faire le ménage				
prendre des plats épicés				
faire du sport				

Modèle:

faire du shopping
Paul: **As-tu fait du shopping?**
Serge: **J'ai souvent fait du shopping.**

12 ▸ Le résultat

*Maintenant écrivez le résultat de l'enquête que vous avez faite sur les activités de votre partenaire. Faites des phrases complètes avec **beaucoup**, **souvent**, **quelquefois** ou **ne... jamais**.*

Modèle:

Pendant les dernières vacances Serge a souvent fait du shopping....

Quelquefois Dominique a fait le ménage.

Vocabulaire

l'Amérique du Nord (f.)

américaine

américain

l'Amérique du Sud (f.)

européen

européenne

l'Europe (f.)

asiatique

asiatique

l'Asie (f.)

l'Afrique (f.)

africain

africaine

l'Australie (f.)

australien

australienne

Benjamin a réussi à son bac. Alors, son oncle, qui est pilote, lui offre un billet d'avion gratuit. Benjamin parle de son voyage avec ses copains Salim et Daniel.

Madagascar est une autre possibilité.

Benjamin: **Est-ce que je devrais aller à Genève? Étienne est allé en Suisse l'année dernière, et il m'a dit que c'est une ville super! On peut même faire du ski nautique sur le lac Léman.**

Salim: **Mais Étienne fait du ski nautique mieux que toi. À ta place, je ne resterais pas en Europe. Je choisirais un pays exotique.**

Daniel: **J'irais en Afrique, au Sénégal, par exemple. J'aimerais vivre un peu dans la culture africaine.**

Salim: **Si tu veux voir l'Amérique du Sud, va en Guyane française. Il y a de belles plages là-bas.**

Daniel: **Madagascar est une autre possibilité. Il y fait toujours très beau.**

Benjamin: **Tous ces choix! Heureusement, vous avez voyagé plus souvent que moi, et vous pouvez m'aider à décider!**

Le bac

Au lycée en France, dans les classes de seconde, de première et de terminale, les élèves se préparent pour le baccalauréat. On choisit le bac selon la carrière que l'on veut faire. Par exemple, si vous voulez être professeur de français, vous choisissez le bac L. C'est un examen difficile et les élèves attendent le résultat de leur bac avec impatience.

La Guyane française

La Guyane française est un département d'outre-mer en Amérique du Sud. Elle est située entre le Brésil et le Surinam. Peu de personnes habitent dans cette grande région de la France qui est recouverte d'une forêt. La majorité de la population de la Guyane française habitent dans la capitale, Cayenne. Ses produits principaux sont la canne à sucre, le riz, les bananes et le tabac.

Le gouvernement français a transporté beaucoup de criminels à cette prison en Guyane française. (Île Royale)

Madagascar

Au sud-est de l'Afrique, dans l'océan Indien, il y a une belle île tropicale qui s'appelle Madagascar. On y cultive le riz, la canne à sucre, la vanille, le café et le tabac. De 1896 à 1960, Madagascar était une colonie française, mais c'est aujourd'hui un pays indépendant. Antananarivo est la capitale. À Madagascar on parle français et malgache.

Les habitants d'Antananarivo l'appelle "Tana."

Le "pousse-pousse" est un mode de transport très commun à Madagascar.

1 **Vrai ou faux?**

Écrivez "V" si la phrase est vraie; écrivez "F" si la phrase est fausse.

2 Le voyage de Benjamin

Répondez aux questions d'après le dialogue.

1. Quelle est la profession de l'oncle de Benjamin?
2. Qu'est-ce que l'oncle de Benjamin lui offre?
3. Où est le lac Léman?
4. Qui fait du ski nautique mieux que Benjamin?
5. Pourquoi est-ce que Daniel aimerait aller en Afrique?
6. D'après Salim, où est-ce qu'il y a de belles plages?
7. Quel temps fait-il toujours à Madagascar?
8. Qui a voyagé plus souvent que Benjamin?

Il y a de belles plages en Guyane française.

3 Quel continent?

Où sont ces pays?

Modèle:

la France
La France est en Europe.

1. le Canada
2. la Côte-d'Ivoire
3. Monaco
4. la Guyane française
5. le Vietnam
6. le Cameroun
7. le Sénégal
8. le Japon
9. l'Allemagne

Quand on pense à Monte-Carlo, on pense tout de suite à son casino. (Monaco)

4 C'est à toi!

Questions personnelles.

1. Est-ce que tu fais du ski nautique?
2. Est-ce que tu préfères voyager en Europe, en Afrique, en Asie, en Australie ou en Amérique du Sud? Pourquoi?
3. Est-ce que tu aimerais vivre un peu dans une autre culture?
4. Serais-tu content(e) de recevoir un billet d'avion gratuit? Où irais-tu?
5. Dans ta classe, qui parle français mieux que toi?
6. Comment est-ce que tu te prépares pour la profession qui t'intéresse?
7. Qui t'aide avec les choix difficiles?

Est-ce que tu aimerais faire la connaissance des Malgaches?

Comparative of adverbs

Comparisons with adverbs are formed in the same way as comparisons with adjectives.

plus	+	adverb	+	que
moins	+	adverb	+	**que**
aussi	+	adverb	+	**que**

Diane fait du shopping **plus souvent que** moi.

Diane goes shopping more often than I (do).

Mon chat court **aussi vite qu'**un chien.

My cat runs as fast as a dog.

Some adverbs have an irregular comparative form:

Adverb	Comparative
bien (*well*)	mieux (*better*)
beaucoup (*a lot, much*)	plus (*more*)
peu (*little*)	moins (*less*)

Étienne fait du ski nautique **mieux que** Daniel.

Étienne water-skis better than Daniel (does).

Daniel et Malick voyagent **plus que** Benjamin.

Daniel and Malick travel more than Benjamin (does).

Est-ce que Mme Sormain joue mieux que M. Bernier?

Pratique

5 ▶ **L'enquête de David et de Sylvie**

David et Sylvie ont rempli une enquête personnelle qu'ils ont trouvée dans un magazine. Complétez les phrases avec la forme comparative appropriée. Utilisez l'adverbe indiqué.

	David	Sylvie
1. À quelle heure te couches-tu?	10h00	11h00
2. À quelle heure te lèves-tu?	7h00	7h00
3. À combien de kilomètres habites-tu du lycée?	8	5
4. Quel sport fais-tu bien?	foot	tennis
5. Combien de fois par mois vas-tu au cinéma?	2	3
6. Combien de fois par semaine sors-tu avec tes amis?	1	3
7. Danses-tu beaucoup?	non	oui
8. Combien d'heures étudies-tu chaque soir?	3	2

Modèle:

(tard) David se couche **moins tard** que Sylvie.

1. (souvent) Sylvie va... au cinéma que David.
2. (bien) Sylvie joue... au foot que David.
3. (tôt) David se lève... que Sylvie.
4. (sérieusement) Sylvie étudie... que David.
5. (loin) David habite... du lycée que Sylvie.
6. (bien) David joue... au foot que Sylvie.
7. (souvent) David sort... avec ses amis que Sylvie.
8. (beaucoup) Sylvie danse... que David.

Sylvie sort plus souvent avec ses amis que David.

6 ▸ Nationale II

Voici les résultats d'une compétition nationale de basket masculin et féminin. Comparez les équipes (teams) *indiquées.*

Masculin		Féminin	
Poissy—Athis-Mons	80-91	Déville—Caen	58-69
Ronchin—Épinal	88-72	Houssais—P.U.C.	57-38
Joué—Brest	120-91	Montferrand—Saran	84-48
Saint-Lô—Le Havre	91-80	Arras—Cadettes INSEP	48-83
Esquennoy—Anjou	96-80	Eyres—Rennes	81-73
St-Jean-Braye—Blois	87-79	Toulouse—S.F. Versailles	54-48
Kaysersberg—Cambresis	101-74		

Modèles:

Houssais—P.U.C.
Houssais a mieux joué que P.U.C.

Épinal—Ronchin
Épinal a moins bien joué que Ronchin.

1. Kaysersberg—Cambresis
2. Rennes—Eyres
3. Brest—Joué
4. Caen—Déville
5. Saran—Montferrand
6. Athis-Mons—Poissy
7. Arras—Cadettes INSEP
8. Esquennoy—Anjou

Communication

7 ▸ Mon enquête personnelle

Remplissez vous-même (yourself) *l'enquête personnelle de l'Activité 5. Puis, si vous êtes une fille, faites huit phrases où vous vous comparez* (compare yourself) *à Sylvie; si vous êtes un garçon, faites huit phrases où vous vous comparez à David.*

Modèles:

Fille: **Je me couche plus tôt que Sylvie.**

Garçon: **Je me couche aussi tard que David.**

Je joue aussi bien au tennis que Sylvie.

8 Pauvre Paul!

Paul a un problème. Est-ce que vous pourriez l'aider? Lisez la situation suivante.

Paul sort avec Rosalie ce soir pour fêter son anniversaire. Ils vont au restaurant Georges Blanc, un restaurant célèbre près de Lyon. Ils y prennent beaucoup de plats—des escargots, du saumon à la sauce hollandaise, du fromage et de la crème caramel. Quand le serveur arrive avec l'addition, Paul cherche son portefeuille. Mais, zut alors! Il n'est plus là! Rosalie a seulement 10 euros sur elle, et le restaurant est à 25 kilomètres de chez Paul.

Écrivez un petit paragraphe où vous donnez des conseils à Paul. Pour commencer, dites ce que vous diriez à Rosalie et aussi au serveur. Enfin, expliquez à Paul ce que vous feriez à sa place et pourquoi.

Qu'est-ce que tu ferais si tu ne pouvais pas payer ton dîner?

Les pays francophones

Many French speakers are justifiably proud of the widespread use of their language. We continue our focus on francophone countries by highlighting Senegal and the Ivory Coast in Africa and French Polynesia in the South Pacific.

The westernmost country in mainland Africa, Senegal has maintained a long association with France. The French first settled the city of Saint-Louis around 1650. Three centuries later, Senegal became an overseas territory of France, but in 1960 it gained its independence. For the next 20 years Léopold Senghor served as Senegal's first president. A former officer in the French army, a prisoner during World War II and a leader in the Senegalese struggle for independence, he was also a poet and a scholar.

The diverse population of Senegal consists of members of various ethnic groups, such as Wolofs, Fulani and Serer. French, the only common language among these different groups, is used in government, schools and the media to facilitate communication. However, Wolof (**le ouolof**) has become the national language, and native Wolof speakers account for over one-third of the population.

Peanuts and cotton are two of Senegal's major export crops, with peanut plants growing on about one-third of all cultivated land in Senegal. In times of drought, when the peanut harvest suffers, so does the nation's economy. Many farmers also cultivate millet, a grain used to make bread. Natural resources include rich deposits of iron ore, gold, marble, petroleum, natural gas and uranium. The fishing industry exports shrimp and tuna.

A Bedik tribe member wears traditional ornamentation. (Sénégal)

The slave house on the island of Gorée is one of the most popular museums in Senegal.

Located on the Atlantic coast, Dakar is the capital and largest city in Senegal, as well as an important seaport. Near Dakar tourists visit the island of Gorée. Originally a popular stopping place for ships and merchants involved in the spice trade, it became one of the principal points of departure for ships carrying over 40 million slaves from Africa to the New World.

Like Senegal, the Ivory Coast was first an overseas territory of France, gaining its independence in 1960. Situated on the Gulf of Guinea in West Africa, it was long viewed as the area's political and economic success story. However, following a 1999 military coup led by General Robert Gueï, the country experienced a period of instability and violence.

Over 60 ethnic groups exist in the Ivory Coast. These groups form five major divisions, each residing in a certain region of the country. Most **Ivoriens** speak the language of their particular ethnic group, but French is the official language. The Ivory Coast attracts many immigrants from neighboring African nations. The cosmopolitan capital city, Abidjan, appeals to the country's European minority. In 1983 the official capital was changed to the inland city of Yamoussoukro; however, most government offices and foreign embassies remain in Abidjan, the acting capital.

The Ivory Coast leads the world in the production of cocoa beans and also produces coffee, yams and bananas. Raising livestock plays a secondary role since much of the Ivory Coast is infested with the tsetse fly, an insect that transmits the parasites that cause sleeping sickness, a serious disease. Although timber, such as mahogany, has been a major source of revenue, depletion of the country's forests has reduced exports but has also brought about the need to replant. Industry and diamond mining have developed rapidly in recent years.

Ahmadou speaks French and Dioula, one of the three main African languages in the Ivory Coast.

Traditional cooking in Tahiti centers on pit ovens in which food wrapped in banana leaves is placed on heated stones.

Half a world away in the South Pacific, French is also spoken in Tahiti, the largest island in French Polynesia. Unlike Senegal and the Ivory Coast, these groups of islands are still a French overseas territory. Tahiti's main exports include vanilla, coffee, coconuts and sugarcane.

In 1995, upon the urging of President Jacques Chirac, the French government decided to resume a series of nuclear weapons tests in the South Pacific. This aroused international concern for the environment and for progress toward a nuclear free world. Demonstrations were held in the capital city of Papeete, in other islands in the South Pacific, such as Australia and New Zealand, and in various areas throughout the world. Boycotts of French products took place in Sweden and Germany. Some Tahitians even resumed the call for total independence from France.

Although some ties between France and its former colonies have been loosened, those with its language, culture and economy remain secure in Senegal, the Ivory Coast and French Polynesia.

Les pays francophones

Répondez aux questions suivantes.

1. What was the name of the first French settlement in Senegal?
2. When did Senegal gain its independence from France?
3. What role has Léopold Senghor played in Senegal's history?
4. What is Senegal's national language?
5. What are Senegal's major agricultural exports?
6. What city is the capital of Senegal?
7. Why is the island of Gorée historically significant?
8. How many different ethnic groups are there in the Ivory Coast?
9. What is the official language of the Ivory Coast?
10. What are the two capitals of the Ivory Coast?
11. What are two major products of the Ivory Coast?
12. Why is the tsetse fly a dangerous insect?
13. What kind of testing did the French government resume in the South Pacific in 1995?
14. Why did the resumption of these tests cause serious international concern?

M. Djadji guards the presidential palace in Dakar, the capital of Senegal.

Léopold Senghor, Senegal's first president, was welcomed as a new member of the *Académie française* by former French President François Mitterand in 1984.

Tahiti

Regardez l'information touristique sur Tahiti. Puis répondez aux questions.

INFORMATIONS GENERALES TOURISTIQUES

L'office du tourisme est situé sur le front de mer, face au marché, sur le Bd Pomare et est ouvert du lundi au vendredi de 7 h 30 à 17 h 00 et le samedi de 8 h 00 à midi. Vous trouverez à l'office du tourisme, appelé Fare Manihini, toutes informations générales, brochures, cartes et guides des îles, et tout ce que vous souhaitez connaître. Tél. 50.57.00. IAORANA.

LE LAGOONARIUM DE TAHITI

Ne repartez pas de Tahiti sans avoir visité le Lagoonarium. Situé à 11 kilomètres de Papeete sur un site exceptionnel, le Lagoonarium est le seul aquarium au monde en milieu naturel. Un ballet arc-en-ciel, le va-et-vient des requins, la faune de Tahiti n'aura plus de secret pour vous. Si vous y êtes à midi, vous assisterez au repas des requins. De plus, l'ouverture du parc naturel des tortues est prévue pour Juin 1995. Ouvert tous les jours de 9 h 00 à 18 h 00.

SHOPPING

Où et quand acheter des souvenirs tahitiens ?

- "PAREO" est un morceau de coton peint à la main aux motifs naturels et colorés et qui saura parer votre corps de 50 façons différentes, de la tenue décontractée pour la plage aux soirées plus élégantes. Peu encombrant, vous l'utiliserez dans tous vos voyages aussi bien qu'à la maison.

TRANSPORTS

La première possibilité consiste à prendre le taxi. Tous sont des Polynésiens très accueillants et connaissant particulièrement bien leur île. Le moyen de transport public et local est le "truck", Il y a des arrêts un peu partout que l'on reconnaît facilement par un poteau signalétique bleu avec un bus blanc.

CROISIERE, MUSEES ET ATTRACTIONS

- MUSÉE GAUGUIN, PK 51,2, ouvert tous les jours de 9 h 00

1. What is Tahiti's local public transportation called?
2. Where is Papeete's tourist office located?
3. What is the local name of the tourist office?
4. What is the **Lagoonarium**?
5. How far is it from Papeete?
6. When can you visit the **Lagoonarium**?
7. What French artist has an entire museum devoted to his works?
8. How many different ways can you wear the wraparound garment called a "pareo"?

Vocabulaire

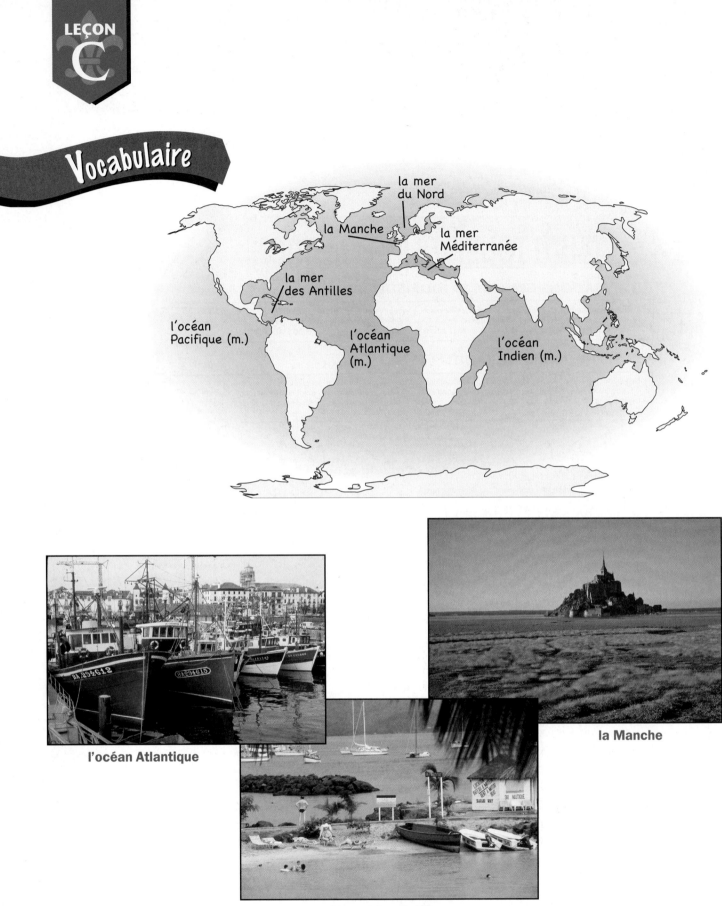

la mer du Nord

la Manche

la mer Méditerranée

la mer des Antilles

l'océan Pacifique (m.)

l'océan Atlantique (m.)

l'océan Indien (m.)

l'océan Atlantique

la Manche

la mer des Antilles

Antonine

Martine

Nora

Antonine, Martine et Nora habitent à Chartres. Elles veulent passer les vacances de printemps au bord de la mer. Elles vont voyager en voiture. Elles sont en train de choisir une destination.

Allons à Étretat.

Antonine:	Je voudrais aller sur la côte d'Azur. Les plages de la mer Méditerranée sont superbes, et on peut faire de longues promenades dehors.
Martine:	On peut aussi en faire à Biarritz. Et pour la planche à voile, c'est à l'océan Atlantique qu'on peut en faire le mieux.
Nora:	Moi, j'aimerais aller à Étretat. C'est là où nous pouvons aller le plus rapidement, et j'adore la côte rocheuse de la Manche.
Antonine:	As-tu peur d'aller loin en auto?
Nora:	Non, je n'en ai pas peur, mais il y a toujours trop de circulation en cette saison.
Martine:	Ouais, il y en a trop pour aller loin. Tout le monde part le premier jour des vacances. Allons à Étretat.

Chartres

Chartres est une ville au sud-ouest de Paris. On dit que la cathédrale de Chartres, finie au treizième siècle, est le chef-d'œuvre de l'architecture gothique. Ses fenêtres de verre coloré (vitraux) sont les plus riches de France par leur âge et leur beauté.

Les vitraux de Chartres, qui montrent des scènes religieuses et historiques, sont célèbres par (*for*) le bleu qu'on n'a pas réussi à reproduire.

La cathédrale gothique de Chartres domine la ville depuis neuf siècles.

Les vacances

En été la majorité des Français prennent leurs grandes vacances en juillet ou en août. Le premier jour des vacances, beaucoup de monde part et il y a toujours beaucoup de circulation sur les routes. Pendant les vacances scolaires, les jeunes Français profitent du soleil, du sport et de la campagne.

La côte d'Azur

La côte d'Azur a reçu son nom à cause de la couleur bleue de l'eau de la mer Méditerranée. Située au bord de la mer, cette région du sud-est du pays est devenue populaire pendant le dix-neuvième siècle quand les riches Européens y descendaient en hiver. Aujourd'hui la côte d'Azur est fréquentée toute l'année à cause du beau temps, du soleil chaud et des plages magnifiques.

Sur la côte d'Azur, on peut trouver de petites plages loin des touristes.

Biarritz

Biarritz est une ville du golfe de Gascogne au sud-ouest de la France. Beaucoup d'Européens viennent à Biarritz pour faire du surf et de la planche à voile.

Étretat

Étretat est une ville sur la Manche au nord du pays. Des artistes comme Monet et Courbet ont fait de beaux tableaux de sa côte rocheuse.

1 Quelle ville?

Écrivez "C" si l'on parle de Chartres; "B" si l'on parle de Biarritz; ou "É" si l'on parle d'Étretat.

2 Au bord de la mer

Répondez aux questions d'après le dialogue.

1. Où est-ce qu'Antonine, Martine et Nora habitent?
2. Comment vont-elles voyager?
3. Pourquoi est-ce qu'Antonine voudrait aller sur la côte d'Azur?
4. Où peut-on faire de la planche à voile le mieux?
5. Qui aimerait aller à Étretat?
6. Pourquoi est-ce que Nora ne veut pas aller loin en auto?
7. Quelle destination est-ce que les filles choisissent?

Les filles décident d'aller à Étretat.

3 Complétez!

Choisissez l'expression convenable de la liste suivante pour compléter chaque phrase.

mer Méditerranée	mer du Nord	
océan Pacifique	mer des Antilles	océan Atlantique
océan Indien	Manche	

1. L'... est à l'est des États-Unis et à l'ouest de la France.
2. La Martinique est dans la....
3. La mer au sud de la France et au nord de l'Afrique est la....
4. La... est entre la France et l'Angleterre.
5. Tahiti est dans l'....
6. La... est à l'est de l'Angleterre.
7. Madagascar est dans l'....

La maison polynésienne est située au bord de l'océan Pacifique.

Questions personnelles.

1. As-tu déjà vu l'océan Pacifique? L'océan Atlantique?
2. As-tu déjà fait de la planche à voile?
3. Où as-tu passé les vacances de printemps?
4. Préfères-tu voyager avec tes ami(e)s ou avec ta famille?
5. As-tu peur d'aller loin en auto? En avion?
6. Fais-tu souvent de longues promenades dehors?
7. Quand tu vas à l'école le matin, est-ce qu'il y a beaucoup de circulation?

À Biarritz on fait de longues promenades au bord de la mer.

Langue active

The pronoun *en*

The pronoun **en** means "some," "any," "of it/them," "about it/them" or "from it/them" and refers to part of a previously mentioned thing. **En** replaces an expression containing **de** and usually comes right before the verb of which it is the object. The sentence may be affirmative, interrogative, negative or have an infinitive.

- **En** replaces a form of **de** plus a noun.

Tu voudrais de la salade?	*Would you like some salad?*
Oui, j'**en** voudrais.	*Yes, I would like some.*
Est-ce que Marie-Hélène fait du ski nautique?	*Does Marie-Hélène water-ski?*
Oui, elle **en** fait.	*Yes, she does.*
Où peut-on faire des promenades près de la mer?	*Where can you go for walks near the sea?*
On peut **en** faire à Biarritz.	*You can go (for some of them) to Biarritz.*

- **En** replaces **de** plus an infinitive.

Tu as peur de voyager en avion?	*Are you afraid to travel by plane?*
Non, je n'**en** ai pas peur.	*No, I'm not afraid (of it).*

Tu as envie de nager?

Oui, j'en ai envie.

- **En** replaces **de** plus a noun after **assez, beaucoup, combien, (un) peu** or **trop**.

> Quand est-ce qu'il y a beaucoup de circulation?
>
> Il y **en** a beaucoup le premier jour des vacances.

> *When is there a lot of traffic?*
>
> *There is a lot (of it) on the first day of vacation.*

- **En** replaces a noun after a number.

> Tu as des photos de tes vacances?
>
> Oui, j'**en** ai cinq.

> *Do you have any pictures of your vacation?*
>
> *Yes, I have five (of them).*

In an affirmative command, **en** follows the verb and is attached to it by a hyphen. In the **tu** form of **-er** verbs, the affirmative imperative adds an **s** before the pronoun **en**. In a negative command, **en** precedes the verb.

> Achètes-**en**!
>
> Mais n'**en** achète pas trop!

> *Buy some (of them)!*
>
> *But don't buy too many (of them)!*

N'en prends pas trop!

Pratique

5   Une salade de fruits

Vous allez préparer une grande salade de fruits. Vous avez la recette à gauche, et à droite la liste des fruits que vous avez à la maison. Avant d'aller au supermarché, dites combien de fruits vous devez acheter.

Salade de fruits

5 pommes
1 kg. raisins
1 pastèque
2 melons
3 pêches
3 poires
4 bananes
1 kg. fraises

Nous avons...

3 pommes

1 kg. raisins

2 melons

1 pêche

4 bananes

Modèles:

pommes
J'en achète deux.

raisins
Je n'en achète pas.

1. pastèque
2. melons
3. pêches
4. poires
5. bananes
6. fraises

Un pique-nique à la campagne

Dites si les personnes suivantes prennent ou ne prennent pas les choses indiquées pour leur pique-nique.

Modèle: Véro et Béatrice

Gisèle

Nicole

Joël

Modèle: Myriam

Khaled

Modèles:

Est-ce que Myriam mange un sandwich au jambon?
Oui, elle en mange un.

Est-ce que Véro et Béatrice boivent du jus d'orange?
Non, elles n'en boivent pas.

1. Est-ce que Gisèle et Nicole boivent du lait?
2. Est-ce que Khaled prend une orange?
3. Est-ce que Joël mange un hot-dog?
4. Est-ce que Nicole prend du gâteau?
5. Est-ce que Véro et Béatrice mangent du saumon?
6. Est-ce que Joël boit de l'eau minérale?
7. Est-ce que Khaled mange des hamburgers?
8. Est-ce que Nicole prend des chips?

*Pensez à un pays francophone que vous voudriez visiter. Imaginez que vous y êtes allé(e) en vacances. Avec un(e) partenaire, posez et répondez aux questions au passé composé. Utilisez **en** dans vos réponses. Suivez le modèle.*

Modèle:

prendre des photos

A: **Est-ce que tu as pris des photos?**

B: **Oui, j'en ai pris. Et toi, est-ce que tu en as pris?**

A: **Non, je n'en ai pas pris.**

1. visiter des musées
2. faire des promenades au bord de la mer
3. écrire des cartes postales
4. acheter des cadeaux pour tes amis
5. avoir besoin de parler français
6. avoir peur de voyager en avion

Des photos de Paris? Jacques en a pris beaucoup.

Superlative of adverbs

The superlative of adverbs is formed in the same way as the superlative of adjectives.

le	+	plus	+	adverb

Nous pouvons aller **le plus rapidement** à Étretat.

We can go to Étretat the fastest.

To form the superlative of **bien**, **beaucoup** and **peu**, put **le** before these adverbs' irregular comparative forms.

Adverb	Comparative	Superlative
bien	mieux	le mieux
beaucoup	plus	le plus
peu	moins	le moins

Jérôme skie **le mieux** dans sa famille.

Jérôme skis the best in his family.

Qui voyage **le plus**?

Who travels the most?

Adrienne étudie le plus sérieusement.

Pratique

8 ▸ **Comparez!**

Répondez aux questions.

Modèle:

Saleh
les Chambray
Sébastien

Qui va le plus rapidement de Paris à Marseille?
Saleh va le plus rapidement de Paris à Marseille.

Kerri **9.75** Dominique **9.38** Shannon **9.25**

1. Qui a fait le mieux en gymnastique?

Barbara (18) Claire (12) Abdoul (15)

3. Qui a le plus mal fait en maths?

Guillaume Jean-Marc Salim

2. Qui mange le plus au fast-food?

Paris
Versailles (Olivier)
Lyon (Pierre)
Marseille (Sophie)

4. Qui voyage le plus loin de Paris?

André
Philippe
Thierry

5. Qui court le plus vite?

35 € 25 € 4 €

6. Qu'est-ce qui coûte le plus cher?

9 ▸ **En partenaires**

Avec un(e) partenaire, posez des questions sur qui fait les choses suivantes chez vous et répondez.

Modèle:

regarder/souvent/la télé

A: **Chez toi, qui regarde le plus souvent la télé?**
B: **Chez moi, mon petit frère, Benjamin, regarde le plus souvent la télé. Et chez toi, qui regarde le plus souvent la télé?**
A: **Chez moi, je regarde le plus souvent la télé.**

1. se lever/tôt/le matin
2. réussir/bien/en histoire
3. nettoyer/souvent/la salle de bains
4. préparer/mal/le dîner
5. parler/beaucoup/au téléphone
6. se coucher/tard/le soir

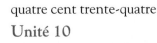

Communication

10 Un entretien

Interviewez cinq élèves de votre classe pour déterminer quelles activités ils font. Sur une feuille de papier copiez la grille suivante. Demandez à chaque élève s'il ou elle fait chaque activité. Suivez le modèle. Si la réponse est "oui," mettez un ✓ dans l'espace blanc.

	Paul	Luc	Anne	Denis	Sonia
1. faire de l'escalade	✓				
2. faire de la musculation					
3. faire du roller					
4. faire du ski nautique					
5. faire des promenades					
6. faire de la planche à voile					
7. faire du vélo					
8. faire de l'aérobic					
9. faire de la gym					
10. faire du cheval					

> Tu fais du cheval?

> Non, je n'en fais pas.

Modèle:

Bruno: **Tu fais de l'escalade?**
Paul: **Oui, j'en fais.**

11 Une compétition internationale

Imaginez qu'il y a eu une grande compétition de sports entre les pays francophones et que vous êtes reporter pour un magazine de sports, LA VIE SPORTIVE. Écrivez les résultats de cette compétition. Dites quel pays a fait le mieux en chaque sport.

	Belgique	France	Guadeloupe	Martinique	Maroc	Sénégal	Suisse	Tahiti	Tunisie
ski nautique femmes		3					1	2	
ski nautique hommes					1			3	2
volleyball femmes	2	1		3		1			
volleyball hommes				1			3		2
basketball femmes	2		2		3		1		
basketball hommes		3			1		2		
tennis femmes		1				3		2	
tennis hommes		1		2	3				
football femmes	1	2	3						
football hommes					2	1			3

Modèle:

La Suisse a fait le mieux en ski nautique femmes.

Personification

In this unit you will read a poem by the Senegalese poet Birago Diop and learn about a figure of speech called personification. Understanding the use of personification in Diop's poem "Souffles" will help you discover what he believes.

When an author attributes human qualities to something that is not human, he or she is using personification. For example, the phrase "The wind danced in the trees" describes the action of the wind as if it were dancing like a person. As you read the poem, look for examples of personification in various elements in nature.

Souffles

1 Écoute plus souvent
2 Les Choses que les Êtres
3 La Voix du Feu s'entend,
4 Entends la Voix de l'Eau.
5 Écoute dans le Vent
6 Le Buisson en sanglots:
7 C'est le Souffle des ancêtres.

8 Ceux qui sont morts ne sont jamais partis:
9 Ils sont dans l'Ombre qui s'éclaire
10 Et dans l'ombre qui s'épaissit.
11 Les Morts ne sont pas sous la Terre:
12 Ils sont dans l'Arbre qui frémit,
13 Ils sont dans le Bois qui gémit.
14 Ils sont dans l'Eau qui coule,
15 Ils sont dans l'Eau qui dort.
16 Ils sont dans la Case, ils sont dans la Foule:
17 Les Morts ne sont pas morts.

12 ▶ La personnification

À gauche, faites une liste des éléments de la nature qui sont décrits dans ce poème. Au centre, donnez des exemples de la personnification. À droite, expliquez comment chaque élément est comparé à une personne. Suivez l'exemple.

Element of Nature	Personification	Explanation
le feu	"La Voix du Feu"	Fire has a voice.

Répondez aux questions pour découvrir ce que Diop croit de ses ancêtres.

1. Because Diop uses the command forms **Écoute** and **Entends**, does he feel close to or removed from his audience?
2. What do you know about Senegal's history that might explain why the bush is sobbing?
3. In what element in nature can the voice of the ancestors be heard?
4. How is Diop's use of capitalization in the poem a type of personification?
5. According to Diop, in what two places can the dead be found, besides in nature?
6. What event might be taking place when a large crowd of people gathers? What does the presence of the dead in a crowd imply about what they do besides suffer?
7. In line 11 Diop says that the dead are not **sous la Terre**. According to what he believes, where then can they be found?
8. Diop ties the meaning of lines 15 and 17 together by making the last syllable of each one rhyme. How does the sleeping water resemble the kind of death that he believes the ancestors experience?
9. Based on what Diop believes, what position do you think he would have on environmental issues today?

Nathalie et Raoul

✓ Évaluation culturelle

Decide if each statement is **vrai** or **faux**.

1. Students spend one year—their last year in **le lycée**—preparing for the **bac**.
2. The cathedral of Chartres is famous for its stained glass windows.
3. **La côte d'Azur** got its name because the weather there is warm and sunny all year long.
4. The cuisine in Martinique reflects a Spanish influence.
5. Although other languages are spoken in Senegal, French is the only common language among the country's various ethnic groups.
6. The economies of Senegal and the Ivory Coast depend on farming and raising livestock since neither country has enough mineral resources to mine for profit.
7. The Ivory Coast has both an acting capital and an official capital.
8. Madagascar is a French colony in South America.
9. French Polynesia is still a French overseas territory.
10. Tahiti is in the Pacific Ocean east of Australia.

Les Malgaches live on an island off the coast of Africa.

Cannes, which is on *la côte d'Azur*, is famous for its International Film Festival held in May and attended by stars such as Isabelle Adjani.

✓ Évaluation orale

 You and your partner are each interested in visiting a different francophone country. Begin by asking and telling each other where you would go and why. Then ask each other what continent the country is in and what countries and bodies of water are nearby. Next, ask and tell each other what you would do, see and eat during your trip. Finally, ask your partner if he or she would like to go with you. Your partner either accepts your invitation or refuses, giving an excuse.

✓ Évaluation écrite

Having decided to visit a French-speaking country, now write a formal business letter to an **Office de Tourisme** requesting information about one of the cities on your itinerary. State what information you would like, for example, which sites to visit, a city map, and a list of good hotels and restaurants. Remember to format your letter like the one on page 147 and use polite expressions in the conditional tense to make your requests.

✓ Évaluation visuelle

With three of your classmates, use the illustration to write and then perform a dialogue in which one teenager says that she wants to spend next year in a francophone region. Her friends tell where they would go if they were her and why. (You may want to refer to the *Révision de fonctions* on page 440 and the *Vocabulaire* on page 441.)

Révision de fonctions

Can you do all of the following tasks in French?

- I can report to someone about something.
- I can talk about things sequentially.
- I can give information about various topics, including vacations.
- I can tell location.
- I can compare how people do things.
- I can agree with someone.
- I can express emotions.
- I can make an assumption.
- I can suggest what people can do.
- I can invite someone to do something.
- I can refuse an invitation.

To report, use:

Il m'a dit que c'est une ville super!

He told me that it's a great city!

To sequence events, use:

Étienne est allé en Suisse **l'année dernière.**

Étienne went to Switzerland last year.

To give information, use:

Tout le monde part le premier jour des vacances.

Everybody leaves on the first day of vacation.

To tell location, use:

Je voudrais aller **sur** la côte d'Azur.
On peut faire de longues promenades **dehors.**

I would like to go to the Riviera.
We can go for long walks outside.

Est-ce que tu aimerais faire une promenade dehors? (Biarritz)

To compare people and things, use:

Elle est épicée **comme** la cuisine tahitienne.
Étienne fait du ski nautique **mieux que toi.**
C'est à l'océan Atlantique qu'on peut en faire **le mieux.**
Vous avez voyagé **plus souvent que moi.**
C'est là où nous pouvons aller **le plus rapidement.**

It's spicy like Tahitian food.

Étienne water-skis better than you (do).
It's in the Atlantic that you can do it the best.
You have traveled more often than I (have).
That's where we can go the fastest.

To agree, use:

Naturellement.

Naturally.

To express emotions, use:

Non, **je n'en ai** pas **peur.**

No, I'm not afraid of it.

To hypothesize, use:

À ta place, je ne resterais pas en Europe.

If I were you, I wouldn't stay in Europe.

To make suggestions, use:

Tu devrais prendre la spécialité du jour.
Pourrions-nous rentrer assez tôt?
Si tu veux voir l'Amérique du Sud, va en Guyane française.

You should have the special of the day.
Could we come back rather early?
If you want to see South America, go to French Guiana.

To invite someone to do something, use:

Est-ce que tu aimerais aller en boîte avec moi ce soir?

Would you like to go to the club with me tonight?

To refuse an invitation, use:

J'aimerais bien, mais je dois travailler demain.

I would like to, but I have to work tomorrow.

Vocabulaire

africain(e) African B
l' **Amérique (f.): l'Amérique du Nord (f.)** North America B
l' **Amérique du Sud (f.)** South America B
asiatique Asian B
l' **Asie (f.)** Asia B
l' **Australie (f.)** Australia B
australien, australienne Australian B
une **auto (automobile)** car C
le **bac (baccalauréat)** diploma/exam at end of *lycée* B
le **bord** side, shore C
au bord de la mer at the seashore C
le **Cameroun** Cameroon A
camerounais(e) Cameroonian A
chercher: **venir chercher** to pick up, to come and get A
la **circulation** traffic C
des **coquilles Saint-Jacques au curry (f.)** curried scallops A
une **côte** coast C
la côte d'Azur Riviera C
la **cuisine** cooking A
la **culture** culture B
dehors outside C
déjeuner to have lunch A
déménager to move A
en some, any, of (about, from) it/them C
encore: **ne (n')... pas encore** not yet A
épicé(e) spicy A
européen, européenne European B
un **exemple: par exemple** for example B
exotique exotic B
faire: **faire une promenade** to go for a walk C
franchement frankly A
gratuit(e) free B
guadeloupéen, guadeloupéenne inhabitant of/from Guadeloupe A
guyanais(e) inhabitant of/from French Guiana A
la **Guyane française** French Guiana A
haïtien, haïtienne Haitian A
heureusement fortunately B
un **lycée** high school A

Madagascar (f.) Madagascar A
malgache inhabitant of/from Madagascar A
la **Manche** English Channel C
martiniquais(e) inhabitant of/from Martinique A
une **mer: la mer des Antilles** Caribbean Sea C
la mer du Nord North Sea C
la mer Méditerranée Mediterranean Sea C
mieux: le mieux the best C
Monaco (m.) Monaco A
monégasque inhabitant of/from Monaco A
ne (n')... pas encore not yet A
un **océan: l'océan Atlantique (m.)** Atlantic Ocean C
l'océan Indien (m.) Indian Ocean C
l'océan Pacifique (m.) Pacific Ocean C
par: **par exemple** for example B
un **pays** country B
plus: le plus (+ *adverb*) the most (+ adverb) C
une **possibilité** possibility B
une **promenade** walk C
quelquefois sometimes A
rapidement rapidly, fast C
réussir to pass (a test), to succeed B
rocheux, rocheuse rocky C
une **saison** season C
une **spécialité** specialty A
sur to C
Tahiti (f.) Tahiti A
tahitien, tahitienne Tahitian A
venir: **venir chercher** to pick up, to come and get A

Unité

11

La France contemporaine

In this unit you will be able to:
- explain a problem
- tell location
- make excuses
- hypothesize
- give opinions
- express intentions
- propose solutions
- ask for permission
- give orders
- state a warning
- express hope

www.emcp.com

Vocabulaire

des problèmes (m.)

l'éducation (f.)

une maladie

la guerre

le terrorisme

la pollution

l'environnement (m.)

l'énergie nucléaire (f.)

TRAVAIL TEMPORAIRE

le chômage

la faim

une sans-abri

la drogue

l'alcoolisme (m.)

Le reporter   Alain   Cécile   Laurent

Un reporter fait une enquête sur les opinions des jeunes gens sur l'actualité en France. Le reporter parle avec Alain, Cécile et Laurent.

Le reporter:	Quel est le problème le plus grave aujourd'hui pour la France?
Alain:	À mon avis, la pollution est notre problème principal.
Le reporter:	Est-ce qu'on peut réussir à résoudre ce problème?
Alain:	Peut-être, si tout le monde commence à recycler, à contrôler l'énergie nucléaire et à préserver l'environnement.
Le reporter:	Et vous, Mademoiselle?
Cécile:	Selon moi, ce sont les maladies, comme le SIDA. J'ai décidé de devenir médecin pour aider les personnes malades.
Le reporter:	Et vous, Monsieur?
Laurent:	Je trouve que c'est le chômage. Je rêve de voir un changement favorable dans la vie des sans-abri et des gens qui ont faim.

Les problèmes contemporains

Les problèmes sociaux existent en France comme dans tous les pays du monde. Les jeunes Français s'inquiètent des dangers écologiques qui sont causés par la production d'énergie et d'armements nucléaires. Les écologistes choisissent des candidats politiques qui vont aider l'environnement. Quelquefois ces "écolos" ou "Verts" deviennent assez militants.

Des "écolos" en Bretagne veulent de l'eau pure.

Le SIDA

SIDA est l'abréviation de Syndrome Immuno-Déficitaire Acquis (*AIDS*). C'est une complication grave de l'infection causée par le VIH (*HIV*). C'est un Français, Luc Montagnier, qui a découvert ce virus. Si quelqu'un a le virus, il est séropositif.

L'actualité

En 1995 les Français ont choisi Jacques Chirac comme président. Il a promis de réduire le chômage en France. Plus de neuf pour cent de la population n'a pas de travail. Les plus touchés sont les gens qui n'ont pas de diplômes, les jeunes et les femmes. Chirac a aussi promis de réduire le problème des sans-abri et de la faim.

Une infirmière offre un lit à un sans-abri qui vit à la rue.

1 ▸ **Quel problème?**

Écrivez "S" si vous entendez le nom d'un problème social; écrivez "E" si vous entendez le nom d'un problème de l'environnement.

2 ▸ **L'enquête sur l'actualité**

Répondez aux questions d'après le dialogue.

1. Qui fait une enquête sur les opinions des jeunes gens sur l'actualité en France?
2. Avec qui est-ce que le reporter parle?
3. D'après Alain, quel est le problème le plus grave aujourd'hui pour la France?
4. Comment peut-on réussir à résoudre ce problème?
5. Pourquoi est-ce que Cécile a décidé de devenir médecin?
6. Selon Laurent, quel est le problème le plus grave?
7. Si l'on réussit à résoudre le chômage, qui va avoir un changement favorable dans sa vie?

Complétez!

Choisissez l'expression convenable de la liste suivante pour compléter chaque phrase.

chômage	faim	pollution	alcoolisme
	guerre	maladie	sans-abri

1. Si l'on préserve l'environnement, on peut commencer à résoudre le problème de la....
2. Quand deux pays ont des problèmes, ce n'est pas une bonne idée de les résoudre par la....
3. Le SIDA est une... grave.
4. Est-ce que les jeunes Français peuvent trouver un boulot? Ça peut être difficile avec le... en France.
5. Les... sont les gens qui n'ont pas de maison.
6. La... est le problème principal des gens qui n'ont pas assez à manger.
7. Le problème des gens qui boivent trop est l'....

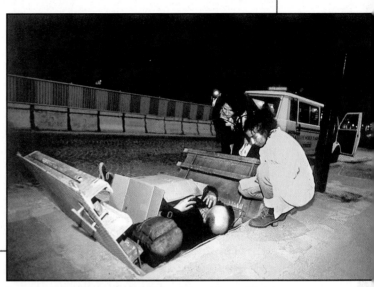

Le SAMU social aide un sans-abri qui dort dehors. (Paris)

C'est à toi!

Questions personnelles.

1. As-tu fait une enquête? Si oui, sur quoi?
2. Est-ce que l'actualité t'intéresse?
3. Est-ce que tu parles de l'actualité aux États-Unis avec tes ami(e)s? Avec ta famille?
4. À ton avis, quel est le plus gros problème que nous avons à résoudre aux États-Unis?
5. Qu'est-ce que tu peux faire pour résoudre ce problème?
6. Ta famille et toi, qu'est-ce que vous faites pour préserver l'environnement?
7. À ton avis, est-ce que la drogue et l'alcoolisme sont des problèmes assez graves dans ton lycée?

Zakia fait une enquête sur l'environnement.

Verbs + infinitives

French verbs are frequently followed by an infinitive. There are three patterns of verbs used with infinitives.

Comment est-ce qu'on réussit **à** résoudre le problème des maladies?

How do we succeed in solving the problem of disease?

Cécile a décidé **de** devenir médecin.

Cécile has decided to become a doctor.

Elle veut aider les personnes malades.

She wants to help sick people.

Note that some verbs, like **réussir**, require the preposition **à** before an infinitive. Other verbs, like **décider**, take the preposition **de** before an infinitive. Still other verbs, like **vouloir**, require no preposition at all before an infinitive. Make sure you know which verbs follow each pattern.

	Verbs + *à* + infinitives
aider	J'aide Marie **à** choisir un ensemble.
s'amuser	Nous nous amusons **à** faire du shopping.
apprendre	L'enfant apprend **à** recycler.
commencer	Les États-Unis commencent **à** contrôler l'énergie nucléaire.
continuer	Tu ne continues pas **à** faire l'enquête?
inviter	Vous invitez vos copains **à** donner leurs opinions.
réussir	Réussit-on **à** préserver l'environnement?

Max a appris à jouer du saxophone.

Verbs + *de* + infinitives	
arrêter	J'arrête **de** parler avec le reporter.
choisir	Les Talbot choisissent **d'**aller à l'exposition.
décider	Ils décident **de** prendre le bus.
demander	Qu'est-ce qu'ils demandent **de** faire?
se dépêcher	Vous vous dépêchez **de** partir à l'heure.
dire	Nous disons à Pierre **de** nourrir les oiseaux.
finir	Les oiseaux n'ont pas fini **de** manger.
offrir	M. Morel a offert **de** donner de l'argent aux sans-abri.
rêver	Est-ce que tu rêves **de** vivre dans un monde où il n'y a pas de pollution?

Est-ce que tu vas choisir de goûter les moules à la crème?

Pratique

5 ▸ **On le fait ou pas?**

Selon ce que vous savez de certaines personnes, dites si elles font les choses indiquées ou pas.

Modèles:

Ludovic ne travaille plus à Quick. (commencer/chercher un nouveau boulot)
Il commence à chercher un nouveau boulot.

Nicole écoute bien le prof. (rêver/sortir avec Guy)
Elle ne rêve pas de sortir avec Guy.

Le serveur dit aux clients de prendre la spécialité du jour.

1. Les Beyala pensent qu'il faut préserver l'environnement. (continuer/recycler)
2. Nous voulons voir un changement favorable dans la pollution. (arrêter/aller au lycée en vélo)
3. Vous travaillez avec les sans-abri. (vouloir/les aider)
4. Je n'ai pas le temps de faire le ménage. (aller/passer l'aspirateur)
5. Jérémy aime bien Amélie. (l'inviter/déjeuner)
6. Thomas vient d'acheter deux nouveaux CDs. (dire à Thierry/venir chez lui)
7. M. Lucat va voyager au Japon. (apprendre/parler italien)
8. Sandrine réussit bien en biologie et chimie. (décider/devenir médecin)

Les élèves du Club Écolo travaillent ensemble pour faire de bonnes actions. Faites des phrases qui décrivent ce qui se passe en ville.

continuer	préférer	rêver	décider
choisir	commencer	s'amuser	

Modèle:

Louis continue à donner de la soupe aux sans-abri.

---

7 **En partenaires**

Avec un(e) partenaire, posez et répondez aux questions.

Modèle:

décider/faire un effort pour préserver l'environnement

A: **Est-ce que tu décides de faire un effort pour préserver l'environnement?**

B: **Oui, je décide de faire un effort pour préserver l'environnement. Et toi, est-ce que tu décides de faire un effort pour préserver l'environnement?**

A: **Non, je ne décide pas de faire un effort pour préserver l'environnement.**

1. réussir/recycler les journaux et les boîtes
2. offrir/aider tes amis
3. aider tes amis/résoudre leurs problèmes
4. finir/faire tes devoirs
5. désirer/vivre en France

Communication

8 ▸ Les problèmes aux États-Unis

Remplissez la grille suivante sur l'actualité. Identifiez quatre problèmes qui existent aux États-Unis. Puis proposez une solution générale à chaque problème et enfin, écrivez ce que vous pouvez faire personnellement pour combattre ce problème. Par exemple, vous pouvez écrire à quelqu'un, vous pouvez obtenir des informations sur ce problème ou vous pouvez vous joindre à une organisation dans votre région qui combat ce problème.

	problème	solution générale	action personnelle
1.			
2.			
3.			
4.			

9 ▸ Un nouveau club

Vous vous inquiétez parce que les problèmes de la société se sont infiltrés dans votre école. Vos amis et vous décidez d'organiser un club pour combattre l'un de ces problèmes. Maintenant vous êtes en train d'écrire quelle est la philosophie de ce club. Dans un paragraphe identifiez le problème, présentez des solutions générales à ce problème et des actions spécifiques que chaque membre du club pourrait faire pour commencer à le résoudre.

10 ▸ Un entretien

Avec un(e) partenaire, jouez les rôles d'un(e) élève qui voudrait être président(e) de votre club et d'un reporter qui lui pose des questions. Le reporter lui demande d'identifier le problème que le club va combattre, d'offrir des solutions générales et d'expliquer ce que l'élève va faire pour commencer à le résoudre.

Vocabulaire

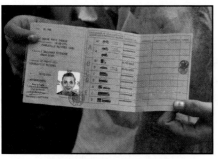

un permis de conduire

un moniteur   **une conductrice**

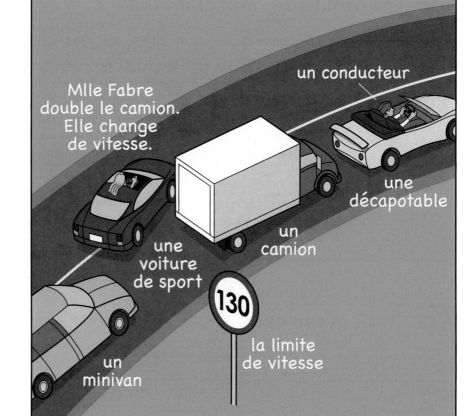

Mlle Fabre double le camion. Elle change de vitesse.

un conducteur

une décapotable

un camion

une voiture de sport

130

la limite de vitesse

un minivan

une ceinture de sécurité

un feu rouge

un feu orange

un feu vert

sens unique

Myriam a 18 ans. Elle veut avoir son permis de conduire, alors elle apprend à conduire avec un moniteur d'une auto-école. Aujourd'hui ils montent dans une Peugeot et ils mettent leurs ceintures de sécurité. Puis Myriam démarre la voiture.

Le moniteur:	**Accélérez doucement.**
Myriam:	**Comme ça?**
Le moniteur:	**Pas si vite, Mademoiselle! Vous avez déjà dépassé la limite de vitesse.**
Myriam:	**Désolée, je suivais la décapotable devant nous.**
Le moniteur:	**Oui, mais le conducteur conduit trop vite. Attention! Il faut s'arrêter! Il y a un feu rouge au croisement.**
Myriam:	**Oh, je ne l'ai pas vu changer.**
Le moniteur:	**Maintenant, tournez. Pas à gauche, à droite. C'est un sens unique! Suivez le minivan.**
Myriam:	**C'est dur de changer de vitesse, de conduire et de regarder la rue à la fois.**
Le moniteur:	**Ne vous inquiétez pas. La leçon prochaine va être plus facile.**

Les permis de conduire

En France on peut obtenir un permis de conduire à l'âge de 18 ans. Les ados français n'apprennent pas à conduire au lycée. Pour avoir le permis de conduire, il faut prendre des leçons dans une auto-école. Ces leçons sont très chères. On conduit avec un moniteur ou une monitrice et on étudie le code de la route. Puis il faut réussir à un examen difficile. (Après l'âge de 16 ans, on peut conduire si l'on prend des leçons dans une auto-école et si l'on est accompagné d'un conducteur qui a au moins 25 ans.)

Un autre nom pour une auto-école est une "école de conduite."

La Renault Espace IV est un minivan pour toute la famille.

Les voitures françaises

Peugeot, Citroën et Renault sont trois marques de voitures françaises qui sont très célèbres. La Twingo (Renault) et la Ka (Ford) sont de petites voitures populaires et économiques.

La signalisation routière

En France on utilise la signalisation routière internationale. Connaissez-vous la signification de ces exemples de la signalisation routière?

1 ► En route!

Faites correspondre la lettre de la photo à ce que vous entendez.

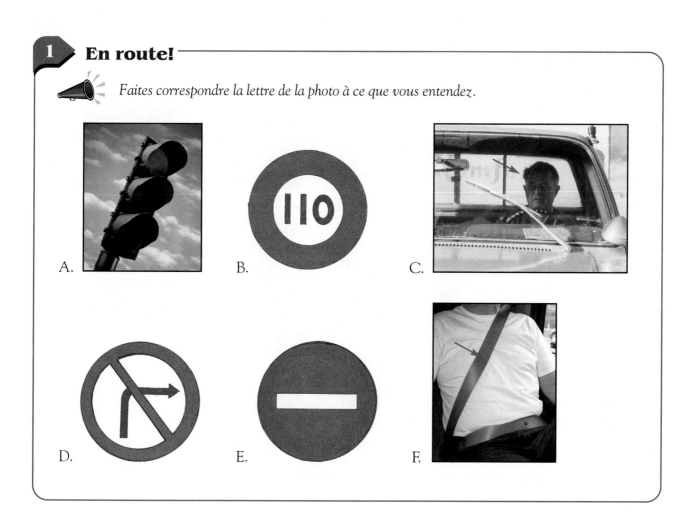

A.

B.

C.

D.

E.

F.

2 ► Une leçon de conduite

Choisissez l'expression qui complète chaque phrase d'après le dialogue.

1. Myriam a... ans.
   A. 16   B. 18   C. 21
2. Myriam démarre....
   A. la Peugeot   B. la décapotable   C. le minivan
3. Myriam doit accélérer....
   A. vite   B. comme ça   C. doucement
4. Myriam a dépassé....
   A. la décapotable   B. le conducteur   C. la limite de vitesse
5. Il y a un feu... au croisement.
   A. vert   B. orange   C. rouge
6. Myriam ne doit pas tourner à gauche parce que c'est....
   A. un sens unique   B. une ceinture de sécurité   C. dur
7. La leçon prochaine va être plus....
   A. difficile   B. facile   C. rapide

Qu'est-ce que c'est?

Modèle:

C'est un minivan.

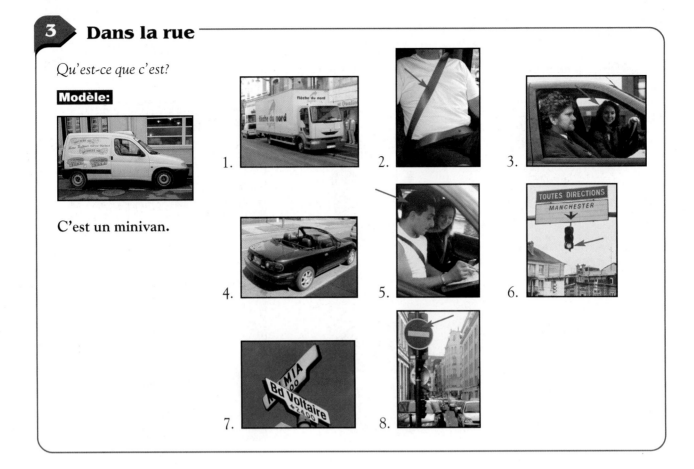

1.

2.

3.

4.

5.

6.

7.

8.

4 ▸ **C'est à toi!**

Questions personnelles.

1. Est-ce que tu as le permis de conduire?
2. Si tu as le permis de conduire, qui t'a appris à conduire? Si non, qui va t'apprendre à conduire?
3. Est-ce qu'il y a une auto-école dans ta ville?
4. Combien de personnes savent conduire dans ta famille?
5. Qui conduit le mieux de ta famille?
6. Est-ce que tu voudrais avoir une voiture de sport, une décapotable ou un minivan?
7. Quand tu montes dans une voiture, est-ce que tu mets toujours ta ceinture de sécurité?

Est-ce que tu t'arrêtes au feu rouge?

Present tense of the irregular verb *conduire*

The verb **conduire** (*to drive*) is irregular.

conduire			
je	**conduis**	nous	**conduisons**
tu	**conduis**	vous	**conduisez**
il/elle/on	**conduit**	ils/elles	**conduisent**

Qui **conduit** ce soir?	*Who's driving tonight?*
Nous **conduisons** la Peugeot.	*We're driving the Peugeot.*

The irregular past participle of **conduire** is **conduit**.

Nadège a **conduit** avec un moniteur.	*Nadège drove with an instructor.*

Est-ce que c'est Mériam ou Julien qui conduit
aujourd'hui? (La Rochelle)

 Pratique

---

5 ▸ **Faites des phrases!**

*Formez six phrases logiques qui utilisent le verbe **conduire**. Choisissez un élément des colonnes A, B et C pour chaque phrase.*

A	B	C
tu	son taxi	à l'école
je	la voiture de notre grand-père	au bord de la mer
le chauffeur	une décapotable rouge	en vacances
ta famille et toi	un minivan	trop vite
tes parents	la voiture de mes parents	au camping
la conductrice	une vieille voiture	à la boum
mon frère et moi	un camion	très bien

Modèle:

**Tu conduis un minivan
en vacances.**

Les Longuet conduisent leur
minivan à la campagne.

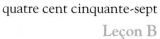

6 ▸ On a bien ou mal conduit?

Dites si les personnes suivantes ont bien ou mal conduit, selon ce que vous savez d'elles.

Modèles:

Myriam a accéléré doucement.
Elle a bien conduit.

Tu es entré dans un sens unique.
Tu as mal conduit.

1. Vous n'avez pas vu le feu rouge.
2. Tu as regardé à gauche et à droite au croisement.
3. Marcel n'a pas regardé la rue.
4. J'ai doublé vingt camions en cinq minutes.
5. Marc et Sandrine se sont arrêtés à tous les feux rouges.
6. Jeanne a dépassé la limite de vitesse.
7. Nous avons accéléré trop vite.
8. Bernadette s'est maquillée, a mangé un sandwich, a téléphoné et a lu le journal à la fois.

M. Chabot a eu un accident de voiture. A-t-il bien ou mal conduit?

Present tense of the irregular verb *suivre*

Here are the present tense forms of the irregular verb **suivre** (*to follow*).

suivre			
je	**suis**	nous	**suivons**
tu	**suis**	vous	**suivez**
il/elle/on	**suit**	ils/elles	**suivent**

Suivez-vous quelqu'un?	*Are you following someone?*
Non, je ne **suis** personne.	*No, I'm not following anyone.*

Notice that the verb **suivre** means "to take" in the expression **suivre un cours** (*to take a class*).

Est-ce que tu **suis** un cours de biologie?	*Are you taking a biology class?*

The irregular past participle of **suivre** is **suivi**.

Pourquoi a-t-elle **suivi** le minivan?	*Why did she follow the minivan?*

Suis cette avenue, puis tourne à droite au croisement.

 **7** ▸ **Quels cours suit-on?**

Utilisez les illustrations pour dire quels cours les personnes indiquées suivent cette année.

Modèle:

Malika
**Malika suit un
cours de chimie.**

1. Damien et toi

2. Fatima

3. tu

4. Jacques et moi

5. Khaled et Nicole

6. je

7. Vincent

8. tous mes amis

Ces élèves suivent un cours d'anglais.

Pendant les grandes vacances en août, tout le monde a pris la même autoroute (highway) pour aller dans le Midi. La circulation était intense. Dites quel véhicule les personnes indiquées ont suivi.

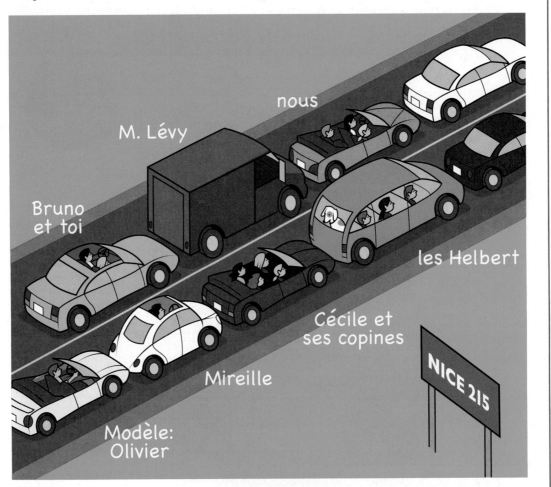

Modèle:

Olivier
**Olivier a suivi une
voiture blanche.**

1. Mireille
2. Bruno et toi
3. les Helbert
4. M. Lévy
5. nous
6. Cécile et ses copines

Le camion a suivi la Nissan sur l'autoroute.

Communication

9 **Règles générales de la circulation**

Imaginez que vous allez apprendre à conduire dans une auto-école. C'est le jour de votre première leçon. Avant de démarrer, le moniteur vous demande de lui dire huit choses que vous devriez faire pour être un bon conducteur ou une bonne conductrice. Faites votre liste.

Modèle:

Regardez à gauche et à droite avant de
traverser le croisement.

10 **À vous de jouer!**

Yannick, un élève français qui passe l'année scolaire dans votre école, s'intéresse à apprendre à conduire. Il a réussi à l'examen écrit pour avoir son permis de conduire et maintenant il a besoin d'expérience pratique dans une voiture. Votre oncle canadien vous rend visite et offre d'aider Yannick. Avec un(e) partenaire, jouez les rôles de Yannick et de l'oncle canadien. Mettez deux chaises ensemble et asseyez-vous. Pendant la conversation Yannick pose beaucoup de questions sur ce qu'il doit et ne doit pas faire, par exemple, s'il peut tourner à droite au feu rouge. L'oncle canadien lui donne beaucoup de conseils, par exemple, il lui dit d'accélérer plus doucement. Quand Yannick fait des fautes, l'oncle lui donne des ordres et Yannick fait ses excuses. À la fin (end) de la leçon (après quelques minutes), l'oncle dit pourquoi il doit rentrer tout de suite à la maison.

La France contemporaine

In the areas of technology and culture, advances have been made rapidly and continuously in contemporary France. The **TGV** and the Minitel are shining examples of French technological ingenuity. On a cultural note, recent architectural innovations, such as **l'Opéra de la Bastille, l'arche de la Défense** and **le musée d'Orsay**, to name just a few, have modernized the face of Paris.

L'arche de la Défense, in the modern business district of *la Défense*, is a huge, hollow cube large enough to contain *Notre-Dame*. (Paris)

France has 59 nuclear power plants, which provide 77 percent of the country's electricity.

Despite such progress, France is currently grappling with a variety of challenging problems. Since France has very little oil or natural gas and does not want to be without an independent energy source, the country built a large number of nuclear reactors to provide electricity. Fears of possible pollution from these nuclear power plants worry concerned citizens and environmentalists, such as members of the Green Party, whose main platform focuses on environmental issues.

The spread of diseases such as AIDS poses another contemporary problem. Due to awareness and prevention programs as well as new treatments, there are fewer people dying from the disease each year in France than in the past. Yet the situation has not stabilized. There is ongoing research to find a cure for AIDS.

While women have made important strides toward gaining equality, there is still a significant gap between the salary of men and women performing similar jobs, and women remain underrepresented in virtually all levels of government. However, a Ministry of Women's Rights was created, and laws regulating equal treatment in the workplace, paternity leave and equal rights within the family have been enacted. Furthermore, the government legislated subsidized childcare.

Ongoing debates about the French educational system continue to spark controversy. For example, widespread concerns about **le bac** have led to its restructuring. Although schooling is free through the university level, students and teachers regularly stage demonstrations to protest the lack of modern facilities in many institutions. The nationalization of education standardizes achievement, yet allows no room for regional differences or personal background. The schedule of the school year, while accommodating long and frequent vacations, creates intense periods of study. Furthermore, the emphasis on academics sometimes comes at the expense of practical training.

The French frequently take to the streets for a *manifestation* to protest educational policies or economic problems. (Paris)

More than 15 percent of young people between the ages of 21 and 25 are unemployed.

Perhaps the biggest fear for many French people is unemployment. There are simply not enough jobs to compensate for the increasing population, the number of women seeking employment and people who are leaving agriculture or industry. General unemployment continues to affect young people, with some choosing to remain in school rather than trying to join the job market. Once called **les chômeurs** (*the unemployed*) or **les nouveaux pauvres** (*the recent poor*), the French now refer to the unemployed as **les exclus** (*those who are out of the mainstream*). One solution that attempted to solve the problem was to shorten the workweek to free up more hours for additional employees.

The composition of France's foreign population has changed in recent years, although the proportion of foreigners in France has remained constant. In the past, most immigrants came from other European countries, while today's immigrants are predominantly African or Asian. Islam is now France's second religion, and the vocal minority of Muslims sometimes challenges domestic policies made by the rest of the population. One response to the foreign presence in France has been the rise of the far-right, anti-immigration National Front Party, under the leadership of Jean-Marie Le Pen. Some people seeking to blame immigrants for general societal ills now vote for **le Front national.**

Despite vehement protests from the Muslim community, France has forbidden the wearing of headscarves in schools.

quatre cent soixante-trois

Leçon B

Although most domestic changes are viewed as progressive, some challenge the traditional structure of French society. **L'hexagone**, like the rest of the world, continues to struggle to solve the contemporary problems of its citizens.

11 ▶ La France contemporaine

Répondez aux questions suivantes.

1. In what two areas has France made great progress in recent years?
2. What are two examples of the technological advances that the French have made?
3. Why do the French rely on nuclear power as a source of electricity?
4. Why are fewer people dying from AIDS in France each year than in the past?
5. What laws were enacted after the creation of the Ministry of Women's Rights?
6. How much does it cost to go to a French university?
7. What are two concerns about the French educational system?
8. What two segments of the French population have difficulty in finding jobs?
9. What solution attempted to ease the unemployment problem?
10. Has the number of foreigners in France increased in recent years?
11. What areas do many of France's immigrants come from today?
12. Who is the leader of the far-right **Front national** Party?

Young demonstrators protest Le Pen's candidacy for president.

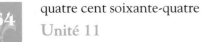

Regardez cette brochure antidrogue. Puis répondez aux questions.

LES GESTES de la prévention

parler

Parler de son désespoir, de la difficulté à surmonter sa timidité, de la peur d'être ridicule en refusant un joint, de son mal être... Parler à celui qui saura le mieux écouter : sa famille, ses copains, mais aussi le médecin, le pharmacien, les professeurs, les éducateurs et animateurs, les associations qui peuvent aider à en parler.

s'informer

S'informer, pour comprendre que la drogue n'est jamais la solution au problème, qu'elle isole puis exclut, qu'elle rend malade dans sa tête et dans son corps. S'informer pour pouvoir être plus fort que la drogue. S'informer pour pouvoir en parler et aider ses copains, s'informer à l'école, dans les associations spécialisées, par la presse et la TV, pour avoir envie de dire non.

se prendre en charge

Se prendre en charge en enrichissant sa vie au contact des autres. Se prendre en charge pour repousser le désespoir, pour prendre la vie à bras-le-corps et non la subir. Se prendre en charge en s'épanouissant dans le sport, en participant à la vie associative, en faisant un autre choix de vie. Se prendre en charge pour être fier de soi.

LES OUTILS de la prévention

le dispositif d'information et de dialogue

▪ **Au collège, au lycée,** à côté des professeurs ou des responsables d'éducation, dans de nombreux collèges et lycées, il y a ce que l'on appelle des comités d'environnement social où adultes et jeunes peuvent se rencontrer.

▪ **Dans les quartiers,** de nombreux lieux d'information et de dialogue accueillent tous ceux qui veulent bien pousser la porte. Points d'écoute, clubs de prévention, associations de quartier, maisons de quartier, missions locales, permanences d'accueil, d'information et d'orientation (PAIO),... derrière cette diversité de noms, c'est toujours le même souci de répondre aux adolescents et à leur famille.

▪ **A la mairie,** aujourd'hui, partout en France, les services municipaux et les associations donnent à chacun, dans des conditions d'accès faciles, la possibilité de trouver des activités sportives, sociales et culturelles qui sont autant de parades à la drogue.

▪ **Au téléphone,** 24h/24, 7 jours sur 7, de manière anonyme et confidentielle, le n° vert DROGUES INFO SERVICE écoute et soutient les jeunes et leur famille et leur donne toutes les informations sur le réseau local de prévention au 05 23 13 13 45.

contre la drogue, on n'est jamais trop informé.

1. What are the three things you can do to prevent drug use?
2. What three groups of people can you talk to about your problems?
3. In what four places can you find information about drugs?
4. What activities can you get information about at a French town hall?
5. What telephone number can you call to get information about drugs?
6. When is this telephone number in service?
7. When you call this number, do you have to give your name?

Vocabulaire

une station-service

le capot

le pare-brise

Faites le plein, s'il vous plaît.

l'huile (f.)

une pompiste

l'essence (f.)

un pneu

Conversation culturelle

Théo et Renée sont en vacances. Théo conduit sa nouvelle voiture de sport. Il n'y a presque plus d'essence.

Théo:	Si nous roulions cinq minutes de plus, nous tomberions en panne. Cherchons une station-service!
Renée:	Si c'était moi, je n'achèterais pas de voiture de sport. Elles consomment trop d'essence.
Théo:	Peut-être qu'elles ne sont pas pratiques, mais elles vont plus vite.
Renée:	Ah, enfin, une station-service.
Théo:	Voici le pompiste. Faites le plein, s'il vous plaît, Monsieur.
Le pompiste:	Super ou ordinaire?
Théo:	Ordinaire, sans plomb.
Le pompiste:	Est-ce que je dois vérifier l'huile et l'eau?
Théo:	S'il vous plaît. Je vais ouvrir le capot.

Les stations-services

En France on achète de l'essence dans une station-service, mais c'est dans un garage qu'on répare une voiture. Quelquefois les deux sont ensemble.

À cette station-service il y a aussi un garage.

La Renault Clio II Sport ne consomme pas beaucoup d'essence.

L'essence

L'essence est très chère en France. En général, l'essence est moins chère dans les supermarchés qu'on trouve en dehors des villes. Les petites voitures sont populaires en France parce qu'elles consomment moins d'essence que les grandes voitures.

1 Oui ou non?

Écrivez "oui" si la phrase est vraie; écrivez "non" si la phrase n'est pas vraie.

2 En panne d'essence!

Répondez par "vrai" ou "faux" d'après le dialogue.

1. Théo conduit un camion.
2. Théo a beaucoup d'essence.
3. Théo a peur de tomber en panne.
4. Renée trouve que les voitures de sport consomment trop d'essence.
5. Théo aime les voitures de sport parce qu'elles sont pratiques.
6. Théo demande au pompiste de faire le plein.
7. Le pompiste va vérifier l'huile et l'eau.

M. Massé fait le plein. (Pornichet)

Répondez aux questions suivantes d'après les photos.

Modèle:

Qu'est-ce que c'est?
C'est une station-service.

1. Quel est le métier de cette dame?

2. Qu'est-ce qu'elle met dans la voiture?

3. Qu'est-ce qu'elle nettoie?

4. Qu'est-ce qu'elle ouvre?

5. Qu'est-ce qu'elle vérifie?

6. Qu'est-ce que c'est?

C'est à toi!

Questions personnelles.

1. Est-ce que la voiture de ta famille tombe souvent en panne?
2. Est-ce que tu as une station-service favorite? Est-ce que tu y vas toujours?
3. Quand tu vas à une station-service, est-ce que tu fais le plein ou est-ce que le/la pompiste le fait?
4. Qui vérifie l'huile et l'eau dans la voiture de ta famille?
5. Est-ce que tu sais changer un pneu?
6. Est-ce que tu voudrais avoir une voiture pratique ou une voiture qui va vite?

Est-ce que tu veux conduire une voiture de sport?

Conditional tense in sentences with *si*

To tell what would happen *if* something else happened or *if* some condition contrary to reality were met, use the conditional tense along with **si** and the imperfect tense. Here is the order of tenses in these sentences with **si**.

Langue active

si	+	imperfect	conditional

Si c'était moi, je n'**achèterais** pas de voiture de sport.

If it were me, I wouldn't buy a sports car.

The phrase with **si** and the imperfect can either begin or end the sentence.

Le pompiste **vérifierait** l'huile **s'il avait** le temps.

The gas station attendant would check the oil if he had time.

Est-ce que tu suivrais la limite de vitesse si tu conduisais en France?

Pratique

5 ► **Vivent les vacances!**

Dites ce que vos amis et vous feriez si vous étiez en vacances.

Modèle:

Amina
Si Amina était en vacances, elle ferait du ski nautique.

1. Catherine

2. Éric

3. les Cantien

4. tes amis et toi

5. mes copains et moi

6. Arabéa et Virginie

7. je

8. tu

6 ► Complétez!

Choisissez une expression de la liste qui suit pour dire ce qu'on ferait dans les situations suivantes.

acheter une voiture de sport	voyager en Italie
faire du baby-sitting	faire le plein
savoir les opinions des gens	devoir devenir médecin
demander la voiture de ma mère	goûter des escargots
vous arrêter	ouvrir le capot

Modèle:

Si Nathalie avait besoin d'argent, elle **ferait du baby-sitting**.

1. Si Christophe voulait faire la connaissance de beaucoup de filles, il....
2. Si vous dépassiez la limite de vitesse, l'agent de police....
3. Si nous n'avions plus d'essence, nous....
4. Si le pompiste avait le temps de vérifier l'huile, M. Richard....
5. Si j'allais au centre commercial, je....
6. Si vous déjeuniez dans un restaurant français, ...-vous...?
7. Si Angélique et Rachel avaient envie de voir Rome, elles....
8. Si vous faisiez une enquête, vous....
9. Si tu voulais aider les personnes malades, tu....

7 ► En partenaires

 *Avec un(e) partenaire, posez et répondez aux questions. Utilisez une expression interrogative, par exemple, **quel**, **où** ou **qu'est-ce que**, dans chaque question.*

Modèle:

être à Paris/musée/visiter

A: **Si tu étais à Paris, quel musée est-ce que tu visiterais?**

B: **Si j'étais à Paris, je visiterais le Louvre. Et toi, si tu étais à Paris, quel musée est-ce que tu visiterais?**

A: **Si j'étais à Paris, je visiterais le musée d'Orsay.**

1. être en vacances/aller
2. avoir beaucoup d'argent/acheter
3. tomber en panne/faire
4. pouvoir résoudre un gros problème aux États-Unis/problème/choisir
5. ton ami(e) boire trop/lui dire

Si tu allais à Versailles, est-ce que tu flânerais dans les jardins?

Communication

8 ▸ Calculez!

Vous avez l'intention d'aller de Paris à Lyon avec des amis. Avant de partir, vous voulez savoir combien d'argent il vous faudrait si vous faisiez ce voyage. Alors, vous allez calculer le prix de l'essence nécessaire pour faire ce voyage. Lyon est à 523 kilomètres de Paris. Votre voiture consomme un litre d'essence tous les (every) neuf kilomètres. Si l'essence coûtait 1,10 euros le litre, combien coûterait ce voyage en euros? Il faut multiplier la réponse par deux pour le voyage aller-retour (round-trip). Maintenant, calculez combien coûterait un voyage de cette distance si vous le faisiez aux États-Unis. Il faut changer les kilomètres en "miles," les litres en "gallons," et les euros en "dollars."

9 ▸ À vous de jouer!

Jacqueline est seule (alone) dans sa voiture à onze heures du soir sur l'autoroute N7. Elle vient de tomber en panne. Alors, elle téléphone à une station-service. Avec un(e) partenaire, jouez les rôles de Jacqueline et du pompiste à la station-service. Pendant la conversation, Jacqueline dit:

1. où elle est.
2. qu'elle est tombée en panne et qu'elle a peur.
3. qu'elle entend un bruit mystérieux sous le capot.
4. qu'elle a une carte de crédit.

Le pompiste demande à Jacqueline:

1. si elle a de l'essence.
2. si elle peut décrire le bruit.
3. de l'attendre dans la voiture—il va venir la chercher dans un quart d'heure.

10 ▸ Deux affiches

Imaginez que vous faites de la publicité pour une compagnie de voitures. Vous devez dessiner deux affiches, une pour un nouveau minivan et l'autre pour une nouvelle décapotable. Sur chaque affiche, dessinez le véhicule et le conducteur ou la conductrice qui achèterait ce véhicule, écrivez un slogan et faites la description du véhicule avec ses atouts (advantages), par exemple, s'il consomme peu d'essence, s'il est pratique, s'il n'est pas cher.

La nouvelle Renault Vel Satis—faite pour la ville!

Writing a Summary Paragraph

In this unit you are going to read about programs the city of Amiens has established to help the homeless. Then, to show how well you understand the article, you will write a summary paragraph. Because writing is a process, you will move through four stages to produce a clear, intelligent summary paragraph:

    A. note-taking and outlining
    B. writing a first draft
    C. revising
    D. editing

The first step is to take notes on the article, and then put these notes into a brief outline. Your notes should identify what programs in Amiens help the homeless and include specific examples or relevant facts. Use the organization of the article to help you write your outline. (To review how to write an outline, refer to the **Lecture** section in **Unité 7**.)

The second step is to compose a first draft of your paragraph based on your outline. Begin with a topic sentence in which you state the main idea. Then add supporting sentences that expand on your topic sentence. To connect related ideas, use transition words and phrases, such as **d'abord**, **pour cette raison** (*therefore*) and **après** (*afterward*).

Next revise your first draft. Is your topic sentence clear? Does it apply to all four sections of the article? Do your supporting sentences reinforce the main idea? Did you use transition words to connect related ideas?

Finally, edit your paragraph, or have a classmate edit it for you. Look for one type of error at a time, such as subject/verb agreement, punctuation and spelling. Write your final draft and give your paragraph a relevant, interesting title.

LUTTE CONTRE L'EXCLUSION

De l'urgence sociale... à la réinsertion dans la société

1 *L'accueil d'urgence*

Coup de froid hivernal, blessure d'un sans-abri, jeune jeté soudain hors de chez lui, famille sans logement… Pour éviter le pire, il faut parfois agir très vite: nourrir et loger une nuit ou deux. C'est le rôle du Service d'Accueil d'Urgence (SAU) et d'ASUR (le SAMU social amiénois).

SAU et SAMU Social

Créé il y a dix ans pour répondre 24/24H aux demandes d'hébergement d'urgence, le rôle du Service d'Accueil d'Urgence (SAU) est de répondre le plus rapidement possible aux problèmes du moment dans l'attente d'une meilleure solution. Plus récent—il date de l'année passée—le SAMU social complète le SAU. Le SAMU social réagit dès qu'il le faut, à n'importe quel moment de la nuit, pour venir en aide aux personnes en détresse.

21h : Certaines personnes en détresse qui font appel au SAMU social connaissent des problèmes de santé, ou se sont blessées… Les locaux comprennent une infirmerie… Sylvie y effectue les soins…

23h : Arrêt aux abords de la Gare, à la recherche de sans-abris. L'équipe du SAMU social leur rappelle qu'il existe plusieurs foyers à Amiens où passer la nuit. Et incite tous les sans-abris à réintégrer les lieux d'hébergement : la nuit va être froide…

2 *L'hébergement provisoire*

Accueillir une nuit ou deux, c'est bien… Mais parfois les problèmes sont plus difficiles à traiter. Et plus long: quelques semaines, voire quelques mois… Les difficultés ne sont parfois pas seulement liées au logement: chômage, violence, alcool ou drogue y ont aussi leur part.

L'ADMI: pour retrouver le chemin du logement

L'*Association Départementale des Maisons d'Insertion* (ADMI) a pour but essentiel de faciliter le retour au logement. L'ADMI gère un parc de logements dit "transitoires". "Ce sont des logements vides, murés qui ont été réhabilités et sont mis à la disposition de familles confrontées à un problème provisoire…" explique le directeur de l'ADMI. "Dans tous les cas, les personnes que nous logeons sont dans une situation de locataire. Nous leur demandons de payer un loyer, bien sûr très modéré, mais qui existe et qu'ils doivent nous faire parvenir régulièrement. Ceci afin de les réhabituer progressivement à un paiement régulier."

3 La réinsertion par le logement

La réinsertion finale, c'est, après le stade du "provisoire", l'obtention définitive d'un vrai logement où la personne, sortie d'une partie de ses difficultés, retrouve une habitation, un loyer,... bref, une vie normale.

Une priorité pour l'OPAC

À l'OPAC, l'office HLM de la ville d'Amiens, on organise plusieurs opérations. On ouvre plusieurs chantiers d'insertion qui ont pour but de réhabiliter les appartements. Des habitants des immeubles du quartier sont embauchés en CES pour effectuer des travaux chez eux et chez leurs voisins... Cela leur fait un emploi, une expérience et une qualification. En plus, lorsque le travail est fait par des gens du quartier, tout le monde le respecte. Et chacun apprend à vivre mieux, dans un cadre de vie plus beau.

4 L'insertion par le travail

Une véritable réinsertion dans la société passe généralement par le retour à l'emploi. C'est une clé essentielle pour mettre fin à la spirale de l'exclusion.

La réhabilitation du "Marais des trois vaches"

La régie de quartier Victorine Autier travaille actuellement à la réalisation d'un sentier de découverte de la nature dans les marais qui bordent l'Avre, à deux pas du quartier. Le site est exceptionnel, très riche en flore et en faune, mais il reste méconnu et surtout mal entretenu. Il offre à des jeunes du quartier la possibilité de travailler en acquérant une qualification professionnelle qui leur permettra de s'insérer définitivement dans le monde du travail. Trois emplois devraient y être créés pour entretenir ce qu'on appelle "le Marais des trois vaches".

ERIC, 21 ANS

« Ça me plaît bien, ce boulot. J'aime bosser à l'extérieur, donc, pas de problème... C'est intéressant... En plus, cela me permettra d'avoir un diplôme... Le mieux serait que je puisse être embauché ici. Mais on verra dans quelques mois ! »

A. *Quand vous lisez l'article, prenez des notes et écrivez un plan (outline). Puis répondez aux questions suivantes pour voir si vous avez les informations nécessaires.*

1. What are the four steps in reintegrating the homeless into society? (Refer to the headings of the article's four sections.)
2. What two organizations were established to help the homeless find emergency medical care and lodging on a short-term basis?
3. What is the goal of the organization called **l'ADMI**?
4. How does **l'OPAC** combine a job with lodging to help the homeless find a more long-term solution to their housing needs?
5. What is the purpose of the **Marais des trois vaches** project? What do young homeless people gain from working there?

B. *Écrivez la version prélimimaire de votre paragraphe.*

C. *Révisez votre version préliminaire.*

D. *Éditez votre paragraphe et écrivez la version finale.*

Nathalie et Raoul

✓ Évaluation culturelle

Decide if each statement is **vrai** or **faux**.

1. France does not have to worry about pollution because only a small percentage of the country's electricity comes from nuclear power plants.
2. France, unlike other European countries, has not experienced an outbreak of AIDS.
3. Childcare is subsidized by the French government.
4. Teachers and students often participate in demonstrations to protest educational facilities that need to be updated.
5. The general unemployment rate in France is the highest in Europe.
6. Jacques Chirac, president of France since 1995, has promised to reduce unemployment, homelessness and hunger.
7. Today, most of France's immigrants come from other countries in Europe.
8. French schools offer driving lessons to teenagers on Saturdays.
9. You have to be 18 to get a driver's license in France.
10. Gas is less expensive in France than in the U.S.

How old do French teens have to be to get a driver's license?

✓ Évaluation orale

There has been an accident, and one of the vehicles involved has already left the scene. With a partner, play the roles of a French woman who witnessed the accident and a police officer who is investigating it. During the course of the conversation, the officer asks the woman when and where the accident took place, where she was, what the weather was like and if there was a lot of traffic. Then he asks where the vehicles were going (straight, turning), what color the light was, if the drivers were exceeding the speed limit and if they were wearing seat belts. Finally, he asks her to describe the vehicle that left the scene and which driver, in her opinion, was responsible for the accident.

✓ Évaluation écrite

Imagine that you are the person who witnessed the accident. After interviewing you, the police officer now asks you to write a detailed summary of the accident, giving your opinion of what happened. Include all the information you have just told him. Be as specific and complete as possible, especially when describing the vehicle that left the scene of the accident.

✓ Évaluation visuelle

Use the illustrations to write a paragraph that describes what happens when two teenagers decide to help a homeless person. (You may want to refer to the *Révision de fonctions* on pages 479-80 and the *Vocabulaire* on page 481).

Révision de fonctions

Can you do all of the following tasks in French?
- I can explain a problem related to contemporary society.
- I can tell location.
- I can make excuses for what I did.
- I can make an assumption.
- I can give my opinion by saying what I think.
- I can say what someone is going to do.
- I can propose solutions to problems related to contemporary society.
- I can ask for permission.
- I can tell someone to do something.
- I can warn someone about something.
- I can express hope.

Pas à gauche, à droite.

To explain a problem, use:

La pollution **est notre problème principal.**

Pollution is our main problem.

To tell location, use:

Il y a un feu rouge **au croisement.**

There's a red light at the intersection.

To make excuses, use:

Oh, je ne l'ai pas vu changer.
Désolé(e), je suivais la décapotable **devant** nous.

Oh, I didn't see it change.
Sorry, I was following the convertible in front of us.

To hypothesize, use:

Si nous roulions cinq minutes de plus, **nous tomberions en panne.**
Si c'était moi, je n'achèterais pas de voiture de sport.

If we drove five more minutes, we would have a breakdown.
If it were me, I wouldn't buy a sports car.

To give opinions, use:

C'est dur de changer de vitesse, de conduire et de regarder la rue **à la fois.**
Elles consomment trop d'essence.
Peut-être qu'elles ne sont pas pratiques.

It's hard to change speed, drive and watch the street all at once.
They use too much gas.
Maybe they're not practical.

To express intentions, use:

J'ai décidé de devenir médecin.　　　　　　*I've decided to become a doctor.*

Salim et Aïcha ont décidé de
devenir chercheurs pour
combattre les maladies.

To propose solutions, use:

... si tout le monde commence à recycler,
à contrôler l'énergie nucléaire et à
préserver l'environnement.

*. . . if everybody begins to recycle,
control nuclear energy and save
the environment.*

To ask for permission, use:

Est-ce que je dois vérifier l'huile et l'eau?　　　*Should I check the oil and the water?*

To give orders, use:

Pas si vite, Mademoiselle!　　　　　　*Not so fast, Miss!*
Pas à gauche, à droite.　　　　　　*Not to the left, to the right.*
Suivez le minivan.　　　　　　*Follow the minivan.*
Faites le plein, s'il vous plaît.　　　　　　*Fill it up, please.*

To state a warning, use:

Attention!　　　　　　*Watch out!*

To express hope, use:

Je rêve de voir un changement favorable
dans la vie des sans-abri.

*I dream of seeing a positive change in the
life of the homeless.*

Nathalie et Raoul

Vocabulaire

à: à la fois all at once *B*
accélérer to accelerate *B*
l' **actualité (f.)** current events *A*
l' **alcoolisme (m.)** alcoholism *A*
s' **arrêter** to stop *B*
une **auto-école** driving school *B*

un **camion** truck *B*
un **capot** hood *C*
une **ceinture: une ceinture de sécurité** seat belt *B*
un **changement** change *A*
changer: changer de vitesse to shift gears *B*
le **chômage** unemployment *A*
un **conducteur, une conductrice** driver *B*
conduire to drive *B*
consommer to use *C*
contemporain(e) contemporary *A*
contrôler to control *A*
un **croisement** intersection *B*

de: de plus more *C*
une **décapotable** convertible *B*
démarrer to start (up) *B*
dépasser to pass, to exceed *B*
doubler to pass (a vehicle) *B*
doucement gradually *B*
la **drogue** drugs *A*

l' **éducation (f.)** education *A*
l' **énergie (f.)** energy *A*
une **enquête** survey *A*
l' **environnement (m.)** environment *A*
l' **essence (f.)** gasoline *C*

la **faim** hunger *A*
faire: faire le plein to fill up the gas tank *C*
favorable favorable *A*
un **feu** (traffic) light *B*
une **fois: à la fois** all at once *B*

grave serious *A*

l' **huile (f.)** oil *C*

une **leçon** lesson *B*
la **limite de vitesse** speed limit *B*

une **maladie** disease, illness *A*
un **minivan** minivan *B*
un **moniteur, une monitrice** instructor *B*
monter to get in *B*

nucléaire nuclear *A*
une **opinion** opinion *A*
ordinaire regular (gasoline) *C*
une **panne** breakdown *C*
tomber en panne to have a (mechanical) breakdown *C*
un **pare-brise** windshield *C*
un **permis de conduire** driver's license *B*
plein(e): faire le plein to fill up the gas tank *C*
le **plomb** lead *C*
plus: de plus more *C*
un **pneu** tire *C*
la **pollution** pollution *A*
un(e) **pompiste** gas station attendant *C*
pratique practical *C*
préserver to save, to protect *A*
presque almost *C*
un **problème** problem *A*

recycler recycle *A*
un **reporter** reporter *A*
résoudre to solve *A*
rêver to dream *A*
rouler to drive *C*

sans without *C*
un(e) **sans-abri** homeless person *A*
la **sécurité: une ceinture de sécurité** seat belt *B*
un **sens unique** one-way (street) *B*
le **SIDA** AIDS *A*
une **station: une station-service** gas station *C*
suivre to follow, to take (a class) *B*
super premium (gasoline) *C*

le **terrorisme** terrorism *A*
tomber: tomber en panne to have a (mechanical) breakdown *C*

la **vitesse** speed *B*
changer de vitesse to shift gears *B*
la limite de vitesse speed limit *B*
une **voiture: une voiture de sport** sports car *B*

Grammar Summary

Subject Pronouns

Singular	Plural
je	nous
tu	vous
il/elle/on	ils/elles

Indefinite Articles

Singular		Plural
Masculine	Feminine	
un	une	des

Definite Articles

Singular			Plural
Before a Consonant Sound		Before a Vowel Sound	
Masculine	Feminine		
le	la	l'	les

À + Definite Articles

Singular			Plural
Before a Consonant Sound		Before a Vowel Sound	
Masculine	Feminine		
au	à la	à l'	aux

De + Definite Articles

Singular			Plural
Before a Consonant Sound		Before a Vowel Sound	
Masculine	Feminine		
du	de la	de l'	des

Partitive Articles

Before a Consonant Sound		Before a Vowel Sound
Masculine	Feminine	
du pain	de la glace	de l'eau

In negative sentences the partitive article becomes *de (d')*.

Expressions of Quantity

combien	how much, how many
assez	enough
beaucoup	a lot of, many
(un) peu	(a) little, few
trop	too much, too many

These expressions are followed by *de (d')* before a noun.

Question Words

combien	how much, how many
comment	what, how
où	where
pourquoi	why
qu'est-ce que	what
quand	when
quel, quelle	what, which
qui	who, whom

Question Formation

1. By a rising tone of voice
   Vous travaillez beaucoup?
2. By beginning with est-ce que
   Est-ce que vous travaillez beaucoup?
3. By adding n'est-ce pas?
   Vous travaillez beaucoup, n'est-ce pas?
4. By inversion
   Travaillez-vous beaucoup?

Possessive Adjectives

	Singular		Plural
Masculine	**Feminine before a Consonant Sound**	**Feminine before a Vowel Sound**	
mon	ma	mon	mes
ton	ta	ton	tes
son	sa	son	ses
notre	notre	notre	nos
votre	votre	votre	vos
leur	leur	leur	leurs

Demonstrative Adjectives

	Masculine before a Consonant Sound	**Masculine before a Vowel Sound**	**Feminine**
Singular	ce	cet	cette
Plural	ces	ces	ces

Quel

	Masculine	Feminine
Singular	quel	quelle
Plural	quels	quelles

Tout

	Masculine	Feminine
Singular	tout	toute
Plural	tous	toutes

Agreement of Adjectives

	Masculine	Feminine
add **e**	Il est bavard.	Elle est bavarde.
no change	Il est suisse.	Elle est suisse.
change **-er** to **-ère**	Il est cher.	Elle est chère.
change **-eux** to **-euse**	Il est paresseux.	Elle est paresseuse.
double consonant + **e**	Il est gros.	Elle est grosse.

Irregular Feminine Adjectives

Masculine before a Consonant Sound	Masculine before a Vowel Sound	Feminine
blanc		blanche
frais		fraîche
long		longue
beau	bel	belle
nouveau	nouvel	nouvelle
vieux	vieil	vieille

Irregular Plural Adjectives

	Singular	Plural
no change	amoureux	amoureux
	bon marché	bon marché
	frais	frais
	heureux	heureux
	marron	marron
	orange	orange
	paresseux	paresseux
	super	super
	sympa	sympa
	vieux	vieux
-eau $\rightarrow$ -eaux	beau	beaux
	nouveau	nouveaux
-al $\rightarrow$ -aux	national	nationaux

Position of Adjectives

Most adjectives usually follow their nouns. But adjectives expressing beauty, age, goodness and size precede their nouns. Some of these preceding adjectives are:

autre	joli
beau	mauvais
bon	nouveau
grand	petit
gros	vieux
jeune	

Comparative of Adjectives

plus	+	adjective	+	**que**
moins	+	adjective	+	**que**
aussi	+	adjective	+	**que**

Superlative of Adjectives

le/la/les	+	**plus**	+	adjective

Irregular Plural Nouns

	Singular	Plural
no change	autobus	autobus
-al → **-aux**	animal	animaux
	journal	journaux
-eau → **-eaux**	bateau	bateaux
-eu → **-eux**	feu	feux
	jeu	jeux

Comparative of Adverbs

plus	+	adverb	+	**que**
moins	+	adverb	+	**que**
aussi	+	adverb	+	**que**

Some adverbs have an irregular comparative form:

Adverb	Comparative
bien (well)	**mieux** (better)
beaucoup (a lot, much)	**plus** (more)
peu (little)	**moins** (less)

Superlative of Adverbs

le	+	plus	+	adverb

To form the superlative of *bien*, *beaucoup* and *peu*, put le before these adverbs' irregular comparative forms.

Adverb	Comparative	Superlative
bien	mieux	le mieux
beaucoup	plus	le plus
peu	moins	le moins

Direct Object Pronouns

me	me
te	you
le, la, l'	him, her, it
nous	us
vous	you
les	them

Indirect Object Pronouns

me	to me
te	to you
lui	to him, to her
nous	to us
vous	to you
leur	to them

Order of Double Object Pronouns

subject	+	me te nous vous se	+	le la les	+	lui leur	+	y	+	en	+	verb

Stress Pronouns

Singular		Plural	
moi	*je*	**nous**	*nous*
toi	*tu*	**vous**	*vous*
lui	*il*	**eux**	*ils*
elle	*elle*	**elles**	*elles*

Interrogative Pronouns

	Subject	Direct Object	Object of Preposition
People	qui qui est-ce qui	qui qui est-ce que	qui
Things	qu'est-ce qui	que qu'est-ce que	quoi

Regular Verbs—Present Tense

-er parler			
je	parle	nous	parlons
tu	parles	vous	parlez
il/elle/on	parle	ils/elles	parlent

-ir finir			
je	finis	nous	finissons
tu	finis	vous	finissez
il/elle/on	finit	ils/elles	finissent

-re perdre			
je	perds	nous	perdons
tu	perds	vous	perdez
il/elle/on	perd	ils/elles	perdent

Regular Imperatives

-er parler	-ir finir	-re perdre
parle	finis	perds
parlez	finissez	perdez
parlons	finissons	perdons

Reflexive Verbs—Present Tense

se coucher					
je	me	couche	nous	nous	couchons
tu	te	couches	vous	vous	couchez
il/elle/on	se	couche	ils/elles	se	couchent

Imperative of Reflexive Verbs

-er se réveiller
Réveille-toi! Réveillez-vous! Réveillons-nous!

Irregular Verbs—Present Tense

acheter			
j'	achète	nous	achetons
tu	achètes	vous	achetez
il/elle/on	achète	ils/elles	achètent

aller			
je	vais	nous	allons
tu	vas	vous	allez
il/elle/on	va	ils/elles	vont

s'asseoir					
je	m'	assieds	nous	nous	asseyons
tu	t'	assieds	vous	vous	asseyez
il/elle/on	s'	assied	ils/elles	s'	asseyent

avoir			
j'	ai	nous	avons
tu	as	vous	avez
il/elle/on	a	ils/elles	ont

boire			
je	bois	nous	buvons
tu	bois	vous	buvez
il/elle/on	boit	ils/elles	boivent

conduire			
je	conduis	nous	conduisons
tu	conduis	vous	conduisez
il/elle/on	conduit	ils/elles	conduisent

connaître			
je	connais	nous	connaissons
tu	connais	vous	connaissez
il/elle/on	connaît	ils/elles	connaissent

courir

je	cours	nous	courons
tu	cours	vous	courez
il/elle/on	court	ils/elles	courent

croire

je	crois	nous	croyons
tu	crois	vous	croyez
il/elle/on	croit	ils/elles	croient

devoir

je	dois	nous	devons
tu	dois	vous	devez
il/elle/on	doit	ils/elles	doivent

dire

je	dis	nous	disons
tu	dis	vous	dites
il/elle/on	dit	ils/elles	disent

dormir

je	dors	nous	dormons
tu	dors	vous	dormez
il/elle/on	dort	ils/elles	dorment

écrire

j'	écris	nous	écrivons
tu	écris	vous	écrivez
il/elle/on	écrit	ils/elles	écrivent

être

je	suis	nous	sommes
tu	es	vous	êtes
il/elle/on	est	ils/elles	sont

faire

je	fais	nous	faisons
tu	fais	vous	faites
il/elle/on	fait	ils/elles	font

falloir

il	faut

lire

je	lis	nous	lisons
tu	lis	vous	lisez
il/elle/on	lit	ils/elles	lisent

mettre

je	mets	nous	mettons
tu	mets	vous	mettez
il/elle/on	met	ils/elles	mettent

offrir

j'	offre	nous	offrons
tu	offres	vous	offrez
il/elle/on	offre	ils/elles	offrent

ouvrir

j'	ouvre	nous	ouvrons
tu	ouvres	vous	ouvrez
il/elle/on	ouvre	ils/elles	ouvrent

partir

je	pars	nous	partons
tu	pars	vous	partez
il/elle/on	part	ils/elles	partent

pleuvoir

il	pleut

pouvoir

je	peux	nous	pouvons
tu	peux	vous	pouvez
il/elle/on	peut	ils/elles	peuvent

préférer

je	préfère	nous	préférons
tu	préfères	vous	préférez
il/elle/on	préfère	ils/elles	préfèrent

prendre

je	prends	nous	prenons
tu	prends	vous	prenez
il/elle/on	prend	ils/elles	prennent

recevoir

je	reçois		nous	recevons
tu	reçois		vous	recevez
il/elle/on	reçoit		ils/elles	reçoivent

savoir

je	sais		nous	savons
tu	sais		vous	savez
il/elle/on	sait		ils/elles	savent

sortir

je	sors		nous	sortons
tu	sors		vous	sortez
il/elle/on	sort		ils/elles	sortent

suivre

je	suis		nous	suivons
tu	suis		vous	suivez
il/elle/on	suit		ils/elles	suivent

venir

je	viens		nous	venons
tu	viens		vous	venez
il/elle/on	vient		ils/elles	viennent

vivre

je	vis		nous	vivons
tu	vis		vous	vivez
il/elle/on	vit		ils/elles	vivent

voir

je	vois		nous	voyons
tu	vois		vous	voyez
il/elle/on	voit		ils/elles	voient

vouloir

je	veux		nous	voulons
tu	veux		vous	voulez
il/elle/on	veut		ils/elles	veulent

Verbs + *à* + Infinitives

aider	commencer	réussir
s'amuser	continuer	
apprendre	inviter	

Verbs + *de* + Infinitives

arrêter	demander	finir
choisir	se dépêcher	offrir
décider	dire	rêver

Verbs + Infinitives

adorer	espérer	savoir
aimer	falloir	sembler
aller	pouvoir	venir
désirer	préférer	vouloir
devoir	regarder	

Negation in Present Tense

ne... jamais	Je **ne** vois **jamais** Hélène.
ne... pas	Vous **ne** mangez **pas**.
ne... personne	Il **n'y** a **personne** ici.
ne... plus	Tu **ne** fais **plus** de footing?
ne... rien	Nous **ne** faisons **rien**.

Passé Composé—Regular Past Participles

jouer			
j'ai	joué	nous avons	joué
tu as	joué	vous avez	joué
il/elle/on a	joué	ils/elles ont	joué

finir			
j'ai	fini	nous avons	fini
tu as	fini	vous avez	fini
il/elle/on a	fini	ils/elles ont	fini

attendre			
j'ai	attendu	nous avons	attendu
tu as	attendu	vous avez	attendu
il/elle/on a	attendu	ils/elles ont	attendu

Passé Composé—Irregular Past Participles

Infinitive	Past Participle
avoir	eu
boire	bu
conduire	conduit
connaître	connu
courir	couru
croire	cru
devoir	dû
dire	dit
écrire	écrit
être	été
faire	fait
lire	lu
mettre	mis
offrir	offert
ouvrir	ouvert
pouvoir	pu
prendre	pris
recevoir	reçu
savoir	su
suivre	suivi
vivre	vécu
voir	vu
vouloir	voulu

all take avoir

Passé Composé with *Être*

aller			sortir		
je	suis	allé	je	suis	sorti
je	suis	allée	je	suis	sortie
tu	es	allé	tu	es	sorti
tu	es	allée	tu	es	sortie
il	est	allé	il	est	sorti
elle	est	allée	elle	est	sortie
on	est	allé	on	est	sorti
nous	sommes	allés	nous	sommes	sortis
nous	sommes	allées	nous	sommes	sorties
vous	êtes	allé	vous	êtes	sorti
vous	êtes	allée	vous	êtes	sortie
vous	êtes	allés	vous	êtes	sortis
vous	êtes	allées	vous	êtes	sorties
ils	sont	allés	ils	sont	sortis
elles	sont	allées	elles	sont	sorties

Some of the verbs that use *être* as the helping verb in the *passé composé* are:

Infinitive	Past Participle
aller	allé
arriver	arrivé
descendre	descendu
devenir	devenu
entrer	entré
monter	monté
mourir	mort
naître	né
partir	parti
rentrer	rentré
rester	resté
revenir	revenu
sortir	sorti
tomber	tombé
venir	venu

Passé Composé of Reflexive Verbs

se réveiller			
je	me	suis	réveillé
je	me	suis	réveillée
tu	t'	es	réveillé
tu	t'	es	réveillée
il	s'	est	réveillé
elle	s'	est	réveillée
on	s'	est	réveillé
nous	nous	sommes	réveillés
nous	nous	sommes	réveillées
vous	vous	êtes	réveillé
vous	vous	êtes	réveillée
vous	vous	êtes	réveillés
vous	vous	êtes	réveillées
ils	se	sont	réveillés
elles	se	sont	réveillées

Imperfect Tense

travailler			
je	travaillais	nous	travaillions
tu	travaillais	vous	travailliez
il/elle/on	travaillait	ils/elles	travaillaient

Imperfect Tense of *Être*

être			
j'	étais	nous	étions
tu	étais	vous	étiez
il/elle/on	était	ils/elles	étaient

Conditional Tense of Regular Verbs

jouer			
je	jouerais	nous	jouerions
tu	jouerais	vous	joueriez
il/elle/on	jouerait	ils/elles	joueraient

Conditional Tense of Irregular Verbs

Infinitive	Conditional Stem
aller	ir-
avoir	aur-
devoir	devr-
envoyer	enverr-
être	ser-
faire	fer-
falloir	faudr-
pouvoir	pourr-
recevoir	recevr-
savoir	saur-
venir	viendr-
voir	verr-
vouloir	voudr-

Ordinal Numbers

1er = premier		6e = sixième
2e = deuxième		7e = septième
3e = troisième		8e = huitième
4e = quatrième		9e = neuvième
5e = cinquième		10e = dixième

Numbers

0 = zéro	18 = dix-huit	71 = soixante et onze
1 = un	19 = dix-neuf	72 = soixante-douze
2 = deux	20 = vingt	80 = quatre-vingts
3 = trois	21 = vingt et un	81 = quatre-vingt-un
4 = quatre	22 = vingt-deux	82 = quatre-vingt-deux
5 = cinq	30 = trente	90 = quatre-vingt-dix
6 = six	31 = trente et un	91 = quatre-vingt-onze
7 = sept	32 = trente-deux	92 = quatre-vingt-douze
8 = huit	40 = quarante	100 = cent
9 = neuf	41 = quarante et un	101 = cent un
10 = dix	42 = quarante-deux	102 = cent deux
11 = onze	50 = cinquante	200 = deux cents
12 = douze	51 = cinquante et un	201 = deux cent un
13 = treize	52 = cinquante-deux	1.000 = mille
14 = quatorze	60 = soixante	1.001 = mille un
15 = quinze	61 = soixante et un	2.000 = deux mille
16 = seize	62 = soixante-deux	1.000.000 = un million
17 = dix-sept	70 = soixante-dix	2.000.000 = deux millions

Vocabulary
French/English

All words and expressions introduced as active vocabulary in the first- and second-level *C'est à toi!* textbooks appear in this end vocabulary. The number following the meaning of each word or expression indicates the unit in which it appears for the first time. If there is more than one meaning for a word or expression and it has appeared in different units, the corresponding unit numbers are listed. Words and expressions that were introduced in the first-level *C'est à toi!* textbook do not have a number after them.

A

à to; at; in; *À bientôt.* See you soon.; *à côté (de)* beside, next to 2; *À demain.* See you tomorrow.; *à droite* to (on) the right; *à gauche* to (on) the left; *à l'heure* on time 2; *à la fois* all at once 11; *à la télé* on TV 9; *à mon avis* in my opinion 9; *à part* aside from 7; *à pied* on foot 3; *À tes souhaits!* Bless you!

accélérer to accelerate 11

accepter to accept 9

un **accessoire** accessory 6

acheter to buy

un **acteur, une actrice** actor, actress 9

actif, active active 9

l' **actualité (f.)** current events 11

une **addition** bill, check (at a restaurant) 3

admirer to admire 9

un(e) **ado** teenager 3

adorer to love

une **adresse** address 6

l' **aérobic (m.)** aerobics 5

un **aérogramme** aerogram (air letter) 6

un **aéroport** airport

des **affaires de toilette (f.)** toiletries 4

une **affiche** poster

l' **affranchissement (m.)** postage 6

africain(e) African 10

l' **Afrique (f.)** Africa

l' **âge (m.)** age; *Tu as quel âge?* How old are you?

âgé(e) old 2

un **agent** agent 7; *un agent de police* police officer

ah oh

l' **aide (f.)** help 9

aider to help 2

aimable nice 2

aimer to like, to love

l' **alcoolisme (m.)** alcoholism 11

l' **Algérie (f.)** Algeria

algérien, algérienne Algerian

l' **Allemagne (f.)** Germany

l' **allemand (m.)** German (language)

allemand(e) German

aller to go; *allons-y* let's go (there)

allô hello (on telephone)

allumer to turn on 5

alors (well) then

une **amende** fine 7

américain(e) American

l' **Amérique (f.)** America 7; *l'Amérique du Nord (f.)* North America 10; *l'Amérique du Sud (f.)* South America 10

un(e) **ami(e)** friend

l' **amour (m.)** love 5

amoureux, amoureuse in love

amusant(e) funny, amusing 9

s' **amuser** to have fun, to have a good time 6

un **an** year; *J'ai... ans.* I'm . . . years old.

l' **anglais (m.)** English (language)

anglais(e) English

l' **Angleterre (f.)** England

un **animal** animal 2

une **année** year 6

un **anniversaire** birthday; *Bon anniversaire!* Happy Birthday! 5

un **anorak** ski jacket

août August

un **appartement** apartment

apprendre to learn 9

après after

l' **après-midi (m.)** afternoon

un **arbre** tree

un **arc** arch

une **arche** arch

l' **argent (m.)** money; silver 6; *l'argent liquide (m.)* cash 6

une **armée** army 9

une **armoire** wardrobe

arrêter to stop 4; *s'arrêter* to stop 11

une **arrivée** arrival 7

arriver to arrive

arroser to water 4

l' **art** (m.) art 2

un(e) **artiste** artist 2

un **ascenseur** elevator 7

asiatique Asian 10

l' **Asie** (f.) Asia 10

un **aspirateur** vacuum cleaner 4

s' **asseoir** to sit down 4

assez rather, quite; *assez de* enough

une **assiette** plate

assis(e) seated 9

assister à to attend 5

un(e) **athlète** athlete 9

attendre to wait (for)

Attention! Watch out! Be careful! 3

atterrir to land 7

au to (the), at (the); in (the); on the 9; *au moins* at least; *au revoir* good-bye; *Au secours!* Help!; *au-dessus de* above

une **auberge de jeunesse** youth hostel 8

aujourd'hui today

aussi also, too; as

aussitôt que as soon as

l' **Australie** (f.) Australia 10

australien, australienne Australian 10

une **auto (automobile)** car 10

un **autobus** (city) bus 3

une **auto-école** driving school 11

automatique automatic 6

l' **automne** (m.) autumn, fall

autre other; *un(e) autre* another

aux to (the), at (the), in (the)

avance: en avance early 2

avant (de) before 8

avec with

une **aventure** adventure 5

une **avenue** avenue

un **avion** airplane; *par avion* by air mail 6

un **avis: à mon avis** in my opinion 9

un(e) **avocat(e)** lawyer

avoir to have; *avoir besoin de* to need; *avoir*

bonne/mauvaise mine to look well/sick; *avoir chaud* to be warm, hot; *avoir envie de* to want, to feel like; *avoir faim* to be hungry; *avoir froid* to be cold; *avoir mal (à...)* to hurt, to have a/an ... ache, to have a sore ...; *avoir mal au cœur* to feel nauseous; *avoir peur (de)* to be afraid (of); *avoir quel âge* to be how old; *avoir soif* to be thirsty; *avoir... ans* to be ... (years old)

avril April

B

le **baby-sitting** baby-sitting 5

le **bac (baccalauréat)** diploma/ exam at end of *lycée* 10

des **bagages** (m.) luggage, baggage 7

une **bague** ring 6

une **baguette** long, thin loaf of bread

une **baignoire** bathtub

un **bain: une salle de bains** bathroom; *un peignoir de bain* bathrobe 6

baisser to lower

un **bal** dance

un **balcon** balcony

une **banane** banana

une **bande dessinée** comic strip 3

une **banque** bank

un **banquier, une banquière** banker 6

une **barbe** beard 4

des **bas** (m.) (panty) hose

le **basket (basketball)** basketball

des **baskets** (f.) hightops

un **bateau** boat

un **bâton** ski pole

une **batterie** drums 5

bavard(e) talkative

beau, bel, belle beautiful, handsome

beaucoup a lot, (very) much; *beaucoup de* a lot of, many

un **beau-frère** stepbrother, brother-in-law

un **beau-père** stepfather, father-in-law

beige beige

belge Belgian

la **Belgique** Belgium

une **belle-mère** stepmother, mother-in-law

une **belle-sœur** stepsister, sister-in-law

ben well 9; *bon ben* well then

le **besoin: avoir besoin de** to need

bête stupid, dumb

Beurk! Yuk!

le **beurre** butter

une **bibliothèque** library

bien well; really; fine, good 8; *bien sûr* of course

bientôt soon 3

Bienvenue! Welcome!

un **bijou** jewel 6

un **billet** ticket; bill (money) 6

la **biologie** biology

une **bise** kiss

blanc, blanche white

bleu(e) blue

blond(e) blond

un **blouson** jacket (outdoor)

le **bœuf** beef

boire to drink 8

une **boisson** drink, beverage

une **boîte** dance club; can; *une boîte aux lettres* mailbox 6

un **bol** bowl

bon, bonne good; *Bon anniversaire!* Happy Birthday! 5; *bon ben* well then; *bon marché* cheap; *Bonne journée!* Have a good day! 7

bonjour hello

bonsoir good evening

le **bord** side, shore 10; *au bord de la mer* at the seashore 10

une **botte** boot

une **bouche** mouth

un **boucher, une bouchère** butcher 2

une **boucherie** butcher shop

une **boucle d'oreille** earring 6

une **bouillabaisse** fish soup

un **boulanger, une boulangère** baker 2

une **boulangerie** bakery

un **boulot** job, work 9

une **boum** party

une **bouteille** bottle

une **boutique** shop, boutique

un **bracelet** bracelet 6

un **bras** arm

une **brosse: une brosse à cheveux** hairbrush 4; *une brosse à dents* toothbrush 4

se **brosser** to brush 4

un **bruit** noise

brûler to burn 9

brun(e) dark (hair), brown

un **bulletin météo** weather report 5

un **bureau** desk; *un bureau de change* currency exchange 6

burlesque burlesque, comical 4

un **bus** (city) bus 3

C

c'est this is, it's; he is, she is; that's

ça that, it; *Ça fait…. That's/It's . . . .; Ça fait combien?* How much is it/that?; *Ça va?* How are things going?; *Ça va bien.* Things are going well.

un **cabinet** (doctor or dentist's) office

un **cadeau** gift, present

un **café** café; coffee; *un café au lait* coffee with milk 8

un **cahier** notebook

une **caisse** cashier's (desk) 6

un **caissier, une caissière** cashier 2

un **calendrier** calendar

calme quiet 2

une **camarade: une camarade de chambre** roommate 4; *une camarade de classe* classmate 9

le **camembert** Camembert cheese

le **Cameroun** Cameroon 10

camerounais(e) Cameroonian 10

un **camion** truck 11

la **campagne** country, countryside 3

le **camping** camping

un **camping** campground

le **Canada** Canada

canadien, canadienne Canadian

un **canapé** couch, sofa

un **canard** duck 3

un **canoë** canoe 5

une **cantine** cafeteria

une **capitale** capital 4

un **capot** hood 11

une **carotte** carrot

une **carte** map; card 3; *une carte de crédit* credit card 8; *une carte postale* postcard 2

un **cas** case 8

une **cascade** waterfall 3

une **casquette** cap 6

un **CD** CD

ce, cet, cette; ces this, that; these, those

ce sont they are, these are, those are

une **ceinture** belt 6; *une ceinture de sécurité* seat belt 11

célèbre famous 2

cent (one) hundred

un **centre** center; *un centre commercial* shopping center, mall

des **céréales (f.)** cereal 8

une **cerise** cherry

une **chaise** chair

une **chambre** bedroom; room 8; *une camarade de chambre* roommate 4

un **champ** field 3

un **champignon** mushroom

la **chance** luck

un **change: un bureau de change** currency exchange 6

un **changement** change 11

changer to change 4; *changer de vitesse* to shift gears 11

une **chanson** song 9

un **chanteur, une chanteuse** singer 9

un **chapeau** hat

une **chapelle** chapel 7

chaque each, every 3

une **charcuterie** delicatessen

un **charcutier, une charcutière** delicatessen owner 2

chargé(e) full

un **chat** cat

un **château** castle 3

chaud(e) warm, hot; *avoir chaud* to be warm, hot

un **chauffeur** driver 9

une **chaussette** sock

une **chaussure** shoe

un **chef** chef 9

un **chemin** path, way

une **chemise** shirt

un **chèque de voyage** traveler's check

cher, chère expensive; dear

chercher to look for; *venir chercher* to pick up, to come and get 10

un **chercheur, une chercheuse** researcher 9

un(e) chéri(e) darling 5

un **cheval** horse

des **cheveux (m.)** hair; *une brosse à cheveux* hairbrush 4

une **chèvre** goat 3

chez to the house/home of; at the house/home of; *chez moi* to my house

un **chien** dog

la **chimie** chemistry

la **Chine** China

chinois(e) Chinese

des **chips (m.)** snacks

le **chocolat** chocolate; *un chocolat chaud* hot chocolate 8

choisir to choose 2

un **choix** choice 3

le **chômage** unemployment 11

une **chose** thing; *quelque chose* something

ciao bye

un **cimetière** cemetery

le **cinéma** movies

cinq five

cinquante fifty

cinquième fifth

la **circulation** traffic 10

un **citron** lemon 8

une **clarinette** clarinet 5

une **classe** class 9; *une camarade de classe* classmate 9

la **climatisation** air conditioning 8

un **clip** video clip 9

un **coca** Coke

un **cochon** pig 3

un **cœur** heart; *avoir mal au cœur* to feel nauseous

un **coiffeur, une coiffeuse** hairdresser

un **colis** package 6

collectionner to collect 5

un **collier** necklace 6

combien how much; *combien de* how much, how many

une **comédie** comedy 5

une **commande** order 8

comme like, for; how 2; as 9; *comme ci, comme ça* so-so; *comme d'habitude* as usual 4

commencer to begin

comment what; how; *Comment vas-tu?* How are you?

un(e) **commerçant(e)** shopkeeper 2

complet, complète complete, full 8

composter to stamp 7

un **composteur** ticket stamping machine 7

compris(e) included 8

un(e) **comptable** accountant

un **comptoir** counter 7

un **concert** concert 5

un **conducteur, une conductrice** driver 11

conduire to drive 11

la **confiture** jam

congolais(e) Congolese

une **connaissance** acquaintance 7

connaître to know 7

consommer to use 11

contemporain(e) contemporary 11

content(e) happy 2

continuer to continue

un **contrôle de sécurité** security check 7

contrôler to control 11

un **contrôleur, une contrôleuse** inspector 7

une **conversation** conversation 8

un **copain, une copine** friend 3

un **coq** rooster 3; *le coq au vin* chicken cooked in wine 3

des **coquilles Saint-Jacques au curry (f.)** curried scallops 10

une **corbeille** wastebasket

un **corps** body

un(e) **correspondant(e)** host brother/sister 3

une **corvée** chore 4

un **costume** man's suit

une **côte** coast 10; *la côte d'Azur* Riviera 10

un **côté** side 7; *à côté (de)* beside, next to 2

la **Côte-d'Ivoire** Ivory Coast

un **cou** neck

se **coucher** to go to bed 4

une **couleur** color

un **couloir** hall 4; aisle 7

un **coup: Donne-moi un coup de main....** Give me a hand 4

un **couple** couple 4

courageux, courageuse courageous 9

courir to run 5

le **courrier** mail 6

un **cours** course, class; *au cours de* in the course of, during 8

une **course** race 4

les **courses: faire les courses** to go grocery shopping

court(e) short

le **couscous** couscous

un(e) **cousin(e)** cousin

un **couteau** knife

coûter to cost

un **couvert** table setting

un **crabe** crab

un **crayon** pencil

une **crème caramel** caramel custard 3

une **crémerie** dairy store

une **crêpe** crêpe; pancake 8

une **crevette** shrimp

croire to believe, to think 9

un **croisement** intersection 11

un **croissant** croissant

des **crudités (f.)** raw vegetables 3

une **cuiller** spoon

le **cuir** leather 6

une **cuisine** kitchen; cooking 10

un **cuisinier, une cuisinière** cook

une **cuisinière** stove

la **culture** culture 10

D

d'abord first

d'accord OK

d'après according to

une **dame** lady 2

dans in; on 3

danser to dance

une **date** date

un **dauphin** dolphin 2

de (d') of, from; a, an, any; some; in, by; about 5; *de plus* furthermore, what's more 9; more 11

une **décapotable** convertible 11

décembre December

décider (de) to decide

déclarer to declare 7

décoller to take off 7

décrire to describe 8

un **défilé** parade

se **déguiser** to dress up 4

dehors outside 10

déjà already

déjeuner to have lunch 10

le **déjeuner** lunch; *le petit déjeuner* breakfast

délivrer to free 9

demain tomorrow

demander to ask for; to ask 7

démarrer to start (up) 11

déménager to move 10

demi(e) half; *et demi(e)* thirty (minutes), half past

un **demi-frère** half-brother

une **demi-heure** half an hour 2

une **demi-sœur** half-sister

une **dent** tooth; *une brosse à dents* toothbrush 4

le **dentifrice** toothpaste 4

un(e) **dentiste** dentist

un **départ** departure 7

dépasser to pass, to exceed 11

se **dépêcher** to hurry 4

depuis for, since 7; *depuis combien de temps* how long 7; *depuis quand* since when 7

dernier, dernière last

derrière behind 4

des some; from (the), of (the); any

descendre to go down 8

se **déshabiller** to undress 4

désirer to want; *Vous désirez?* What would you like?

désolé(e) sorry 2

un **dessert** dessert

le **dessin** drawing; *un dessin animé* cartoon 5

dessus: au-dessus de above

une **destination** destination 7

deux two

deuxième second

devant in front of

devenir to become 2

devoir to have to

les **devoirs (m.)** homework

un **dictionnaire** dictionary

difficile hard, difficult 2

diligent(e) hardworking

dimanche (m.) Sunday

un **dindon** turkey 3

le **dîner** dinner, supper

dire to say, to tell 6

direct(e) direct 7

dis say

une **disquette** diskette

dix ten

dix-huit eighteen

dixième tenth

dix-neuf nineteen

dix-sept seventeen

un **docteur** doctor

un **documentaire** documentary 5

un **doigt** finger; *un doigt de pied* toe

un **dollar** dollar

Dommage! Too bad! 4

donc so, then

donner to give; *donner sur* to overlook 8; *Donnez-moi....* Give me . . . .

dormir to sleep

un **dortoir** dormitory room (for more than one person) 8

un **dos** back

la **douane** customs 7

un **douanier, une douanière** customs agent 7

doubler to pass (a vehicle) 11

doucement gradually 11

une **douche** shower

doué(e) gifted 9

douze twelve

un **drame** drama 5

un **drap** sheet 4

la **drogue** drugs 11

la **droite: à droite** to (on) the right

drôle funny 2

du from (the), of (the); some, any; in (the)

dur(e) hard 3

un **DVD** DVD

dynamique dynamic 2

E

l' **eau (f.)** water; *l'eau minérale (f.)* mineral water

échanger to exchange 4

les **échecs (m.)** chess 5

une **école** school

écoute listen

écouter to listen (to); *écouter de la musique* to listen to music

écrire to write 6

un **écrivain** writer 9

l' **éducation (f.)** education 11

un **effort** effort 8

une **église** church

égoïste selfish

Eh! Hey!

un **éléphant** elephant 2

un(e) **élève** student

elle she, it; her 8

elles they (f.); them (f.) 8

une **émission** program 5

emmener to take (someone) along 5

un **emploi du temps** schedule

en to (the); on; in; by, as 3; made of 6; some, any, of (about, from) it/them 10; *en avance* early 2; *en retard* late 2; *en solde* on sale

enchanté(e) delighted

encore still; *ne (n')… pas encore* not yet 10

l' **énergie (f.)** energy 11

un(e) **enfant** child

enfin finally 2

enlever to remove 4; *enlever la poussière* to dust 4

une **enquête** survey 11

enregistrer: faire enregistrer ses bagages (m.) to check one's baggage 7

ensemble together

un **ensemble** outfit

entendre to hear 6

entre between, among 3

une **entrée** entrance; entrée (course before main dish) 3

entrer to enter, to come in

une **enveloppe** envelope 6

l' **envie (f.): avoir envie de** to want, to feel like

l' **environnement (m.)** environment 11

envoyer to send 3

une **épaule** shoulder

épicé(e) spicy 10

l' **épouvante (f.)** horror 5

l' **escalade (f.)** climbing 5

une **escale** stop, stopover 7

un **escalier** stairs, staircase

un **escargot** snail 3

l' **Espagne (f.)** Spain

l' **espagnol (m.)** Spanish (language)

cinq cent un

espagnol(e) Spanish

espérer to hope 7

l' essence (f.) gasoline 11

est is

l' est (m.) east

est-ce que? (phrase introducing a question)

et and

un étage floor, story

un étang pond 3

les États-Unis (m.) United States

l' été (m.) summer

éteindre to turn off 5

être to be; *être en train de* (+ **infinitive**) to be busy (doing something) 2; *Nous sommes le* (+ **date**). It's the (+ date).

une étude study 9

un(e) étudiant(e) student

étudier to study; *Étudions....* Let's study . . . .

euh uhm

un euro euro

l' Europe (f.) Europe

européen, européenne European 10

eux them (m.) 8

un évier sink

une excursion trip 3

excusez-moi excuse me

un exemple: par exemple for example 10

exotique exotic 10

une exposition exhibit, exhibition 2

extra fantastic, terrific, great 6

F

une fac (faculté) university 4

facile easy

un facteur, une factrice letter carrier 6

faible weak 2

la faim hunger 11; *J'ai faim.* I'm hungry.

faire to do, to make; *faire de l'aérobic (m.)* to do aerobics 5; *faire de l'escalade (f.)* to go climbing 5; *faire*

de la gym (gymnastique) to do gymnastics 5; *faire de la musculation* to do body building 5; *faire de la planche à voile* to go windsurfing 5; *faire de la plongée sous-marine* to go scuba diving 5; *faire de la voile* to go sailing 5; *faire du* (+ **number**) to wear size (+ number); *faire du baby-sitting* to baby-sit 5; *faire du camping* to go camping, to camp 5; *faire du canoë* to go canoeing 5; *faire du cheval* to go horseback riding 3; *faire du footing* to go running; *faire du karaté* to do karate 5; *faire du roller* to go in-line skating; *faire du shopping* to go shopping; *faire du ski nautique* to go waterskiing, to water-ski 5; *faire du sport* to play sports; *faire du vélo* to go biking; *faire enregistrer ses bagages (m.)* to check one's baggage 7; *faire la connaissance (de)* to meet 7; *faire la queue* to stand in line 7; *faire le plein* to fill up the gas tank 11; *faire le tour* to take a tour; *faire les courses* to go grocery shopping; *faire les devoirs* to do homework; *faire les magasins* to go shopping; *faire sécher le linge* to dry clothes 4; *faire un stage* to have on-the-job training 6; *faire un tour* to go for a ride; *faire une promenade* to go for a ride 3; to go for a walk 10

fait: *Ça fait....* That's/ It's . . . .; *Quel temps fait-il?* What's the weather like? How's the weather?; *Il fait beau.* It's (The weather's) beautiful/nice.; *Il fait chaud.* It's (The weather's) hot/ warm.; *Il fait du soleil.* It's sunny.; *Il fait du vent.* It's windy.; *Il fait frais.* It's (The weather's) cool.; *Il fait froid.* It's (The weather's) cold.; *Il fait mauvais.* It's (The weather's) bad.

falloir to be necessary, to have to

une famille family

un(e) fana fanatic, buff 9

un fast-food fast-food restaurant

fatigué(e) tired

faut: **il faut** it is necessary, one has to/must, we/you have to/must; *il me faut* I need 6

un fauteuil armchair

favorable favorable 11

favori, favorite favorite 2

faxer to fax 6

une femme wife; woman; *une femme au foyer* housewife; *une femme d'affaires* businesswoman; *une femme politique* politician 9

une fenêtre window

un fer à repasser iron 4

une ferme farm 3

fermer to close

un fermier, une fermière farmer

une fête holiday, festival

fêter to celebrate 5

un feu (traffic) light 11; *un feu d'artifice* fireworks

une feuille de papier sheet of paper

février February

une fiche de commande order form 8

la fièvre fever

une figure face

une fille girl; daughter

un film movie

un fils son

finalement eventually, in the end 9

finir to finish

flâner to stroll 7

une fleur flower

un(e) fleuriste florist 2

un fleuve river 3

une flûte flute 5

une fois time; *à la fois* all at once 11

le fond: **au fond de** at the end of 4

le **foot (football)** soccer

le **footing** running

une **forme: être en bonne/ mauvaise forme** to be in good/bad shape

formidable great, terrific

fort(e) strong 2

un **foulard** scarf 6

un **four** oven

une **fourchette** fork

frais, fraîche cool, fresh

une **fraise** strawberry

le **français** French (language)

français(e) French

la **France** France

franchement frankly 10

francophone French-speaking 9

un **frère** brother

un **frigo** refrigerator

des **frissons (m.)** chills

des **frites (f.)** French fries

froid(e) cold; *avoir froid* to be cold

le **fromage** cheese

un **fruit** fruit; *des fruits de mer (m.)* seafood 3

G

une **galère: Quelle galère!** What a drag! 5

une **galerie** hall, gallery 7

un **gant** glove 6; *un gant de toilette* bath mitt 4

un **garage** garage

un **garçon** boy

garder to keep

une **gare** train station

un **gâteau** cake

gâter to spoil 5

la **gauche: à gauche** to (on) the left

généreux, généreuse generous

un **genou** knee

des **gens (m.)** people 8

gentil, gentille nice

la **géographie** geography

une **girafe** giraffe 2

une **glace** ice cream; mirror 4; *une glace à la vanille* vanilla ice

cream; *une glace au chocolat* chocolate ice cream

le **golf** golf 5

une **gorge** throat

un **gorille** gorilla 2

goûter to taste 3

le **goûter** afternoon snack

grand(e) tall, big, large

une **grand-mère** grandmother

un **grand-père** grandfather

une **grange** barn 3

gratuit(e) free 10

grave serious 11

un **grenier** attic

la **grippe** flu

gris(e) gray

gros, grosse big, fat, large

la **Guadeloupe** Guadeloupe

guadeloupéen, guadeloupéenne inhabitant of/from Guadeloupe 10

une **guerre** war 9

un **guichet** ticket window; *un guichet automatique* ATM machine 6

une **guitare** guitar 5

guyanais(e) inhabitant of/from French Guiana 10

la **Guyane française** French Guiana 10

la **gym (gymnastique)** gymnastics 5

H

s' **habiller** to get dressed 4

habiter to live

Haïti (f.) Haiti 4

haïtien, haïtienne Haitian 10

un **hamburger** hamburger

des **haricots verts (m.)** green beans

haut(e) tall, high 4

un **héros, une héroïne** hero, heroine 9

l' **heure (f.)** hour, time, o'clock; *à l'heure* on time 2; *Quelle heure est-il?* What time is it?

heureusement fortunately 10

heureux, heureuse happy 2

hier yesterday

un **hippopotame** hippopotamus 2

l' **histoire (f.)** history; story 3

le **hit-parade** the charts 9

l' **hiver (m.)** winter

un **homme** man; *un homme au foyer* househusband; *un homme d'affaires* businessman; *un homme politique* politician 9

honnête honest 9

un **horaire** schedule, timetable

un **hot-dog** hot dog

un **hôtel** hotel

l' **huile (f.)** oil 11

huit eight

huitième eighth

I

ici here

une **idée** idea 2

il he, it

il y a there is, there are; ago 7; *Il n'y a pas de quoi.* You're welcome. 7

une **île** island 3

ils they (m.)

imaginer to imagine

un **immeuble** apartment building

l' **immigration (f.)** immigration 7

un **imperméable (imper)** raincoat 6

impressionniste Impressionist

indiquer to indicate 7

un **infirmier, une infirmière** nurse

un **informaticien, une informaticienne** computer specialist

des **informations (f.)** news 5

l' **informatique (f.)** computer science

un **ingénieur** engineer

s' **inquiéter** to worry 8

intelligent(e) intelligent

intéressant(e) interesting 2

intéresser to interest 9

une **interro (interrogation)** quiz, test

inviter to invite
l' **Italie (f.)** Italy
italien, italienne Italian
ivoirien, ivoirienne from the Ivory Coast

J

j' I
jamais: ne (n')... jamais never
une **jambe** leg
le **jambon** ham
janvier January
le **Japon** Japan
japonais(e) Japanese
un **jardin** garden, lawn; park
jaune yellow
le **jazz** jazz
je I
un **jean** (pair of) jeans
un **jeu** game 5; *des jeux vidéo (m.)* video games; *un jeu télévisé* game show 5
jeudi (m.) Thursday
jeune young
joli(e) pretty
jouer to play; *jouer au basket* to play basketball; *jouer au foot* to play soccer; *jouer au golf* to play golf 5; *jouer au tennis* to play tennis; *jouer au volley* to play volleyball; *jouer aux cartes (f.)* to play cards 5; *jouer aux échecs (m.)* to play chess 5; *jouer aux jeux vidéo* to play video games
un **jour** day
un **journal** newspaper 3
le **journalisme** journalism 6
un(e) **journaliste** journalist
une **journée** day; *Bonne journée!* Have a good day! 7
juillet July
juin June
jumeau, jumelle twin 8
une **jupe** skirt
le **jus d'orange** orange juice; *le jus de fruit* fruit juice; *le jus de pamplemousse* grapefruit juice 8; *le jus de pomme* apple juice; *le jus de raisin* grape juice; *le jus de tomate* tomato juice 8
jusqu'à up to, until
juste just, only

K

le **karaté** karate 5
le **ketchup** ketchup
un **kilogramme (kilo)** kilogram
un **kilomètre** kilometer

L

là there, here
là-bas over there
un **lac** lake 3
laid(e) unattractive 2
laisser to leave 6
le **lait** milk
une **lampe** lamp
un **lapin** rabbit 3
le **latin** Latin (language)
se **laver** to wash (oneself) 4
un **lave-vaisselle** dishwasher 4
le, la, l' the; him, her, it 5; *le (+ day of the week)* on (+ day of the week); *le (+ number)* on the (+ ordinal number)
une **leçon** lesson 11
un **lecteur de DVD** DVD player
un **légume** vegetable
le **lendemain** the next day 8
les the; them 5
la **lessive** laundry 4
une **lettre** letter 3; *une boîte aux lettres* mailbox 6
leur their; to them 6
se **lever** to get up 4
une **lèvre** lip 4; *le rouge à lèvres* lipstick 4
la **liberté** liberty
une **librairie** bookstore
libre free (not busy) 5
la **limite de vitesse** speed limit 11
une **limonade** lemon-lime soda
le **linge: faire sécher le linge** to dry clothes 4
un **lion** lion 2
liquide: l'argent liquide (m.) cash 6

lire to read
un **lit** bed; *des lits jumeaux* twin beds 8; *un grand lit* double bed 8
un **livre** book
loin far
les **loisirs (m.)** leisure activities 5
long, longue long
louer to rent 7
lui to him, to her 6; him 8
une **lumière** light
lundi (m.) Monday
des **lunettes (f.)** glasses 6; *des lunettes de soleil (f.)* sunglasses 6
le **Luxembourg** Luxembourg
luxembourgeois(e) from Luxembourg
un **lycée** high school 10

M

m'appelle: je m'appelle my name is
une **machine à laver** washer 4
Madagascar (f.) Madagascar 10
Madame (Mme) Mrs., Ma'am
Mademoiselle (Mlle) Miss
un **magasin** store; *un grand magasin* department store
un **magazine** magazine 3
magnifique magnificent 2
mai May
un **maillot de bain** swimsuit
une **main** hand
maintenant now
une **mairie** town hall
mais but
une **maison** house
mal bad, badly; *avoir mal (à...)* to hurt, to have a/an ... ache, to have a sore ...
malade sick
une **maladie** disease, illness 11
malgache inhabitant of/from Madagascar 10
maman (f.) Mom
la **Manche** English Channel 10
manger to eat; *manger de la pizza* to eat pizza; *une salle à manger* dining room

un manteau coat

le maquillage makeup 4

se maquiller to put on makeup 4

un(e) marchand(e) merchant

un marché market

marcher to walk

mardi (m.) Tuesday

un mari husband

un mariage marriage 4

un(e) marié(e) groom, bride 4

le Maroc Morocco

marocain(e) Moroccan

marrant(e) funny 4

marre: J'en ai marre! I'm sick of it! I've had it!

marron brown

mars March

martiniquais(e) inhabitant of/from Martinique 10

la Martinique Martinique

le mascara mascara 4

un match game, match 5

les maths (f.) math

un matin morning; *le matin* in the morning

mauvais(e) bad

maximum: Il faut profiter de la vie au maximum. We have to live life to the fullest. 8

la mayonnaise mayonnaise

me (to) me; myself 4

un mec guy 5

méchant(e) mean

un médecin doctor

un melon melon

un membre member

même even

le ménage housework 4

un menu fixed-price meal 3

une mer sea; *au bord de la mer* at the seashore 10; *des fruits de mer* seafood 3; *la mer des Antilles* Caribbean Sea 10; *la mer du Nord* North Sea 10; *la mer Méditerranée* Mediterranean Sea 10

merci thanks

mercredi (m.) Wednesday

une mère mother

Mesdames ladies 3

un message message 3

Messieurs-Dames ladies and gentlemen

un métier trade, craft 2

un métro subway

un metteur en scène director 9

mettre to put (on), to set

mexicain(e) Mexican

le Mexique Mexico

un micro-onde microwave

midi noon

mieux better 5; *le mieux* the best 10

mignon, mignonne cute 9

mille (one) thousand

un million million

mince slender 2; *Mince!* Darn! 7

la mine: avoir bonne/mauvaise mine to look well/sick

un minivan minivan 11

minuit midnight

une minute minute

moche ugly

moderne modern

moi me, I

moins minus; less; *au moins* at least; *moins le quart* quarter to

un mois month

un moment moment 8

mon, ma; mes my

Monaco (m.) Monaco 10

le monde world; people 3

monégasque inhabitant of/from Monaco 10

un moniteur, une monitrice instructor 11

la monnaie change 6

Monsieur Mr., Sir

une montagne mountain 3

monter to go up; to get on 7; to get in 11

une montre watch 6

montrer to show; *Montrez-moi....* Show me . . . .

un monument monument

un morceau piece

un mouchoir handkerchief 6

une moule mussel 3

mourir to die 9

une mousse mousse 3; *une mousse au chocolat* chocolate mousse 3

la moutarde mustard

un mouton sheep 3

moyen, moyenne medium 2

mûr(e) ripe

la musculation body building 5

un musée museum

un musicien, une musicienne musician

la musique music

mystérieux, mystérieuse mysterious 2

N

n'est-ce pas? isn't that so?

nager to swim

naître to be born 8

une nappe tablecloth

national(e) national

une nationalité nationality 8

naturellement naturally 6

ne (n')... jamais never

ne (n')... pas not

ne (n')... pas encore not yet 10

ne (n')... personne no one, nobody, not anyone

ne (n')... plus no longer, not anymore

ne (n')... rien nothing, not anything

neiger: Il neige. It's snowing.

nettoyer to clean 3

neuf nine

neuvième ninth

un nez nose

noir(e) black

un nom name 2

non no

le nord north

notre; nos our

nourrir to feed 3

la nourriture food 2

nous we; us; ourselves 4; to us 6

nouveau, nouvel, nouvelle new

novembre November

nucléaire nuclear 11

un **numéro** number 3; *un numéro de téléphone* telephone number 8

O

un **objet d'art** objet d'art 2

obligé(e): être obligé(e) de to be obliged to, to have to

occupé(e) busy 2

un **océan** ocean 3; *l'océan Atlantique (m.)* Atlantic Ocean 10; *l'océan Indien (m.)* Indian Ocean 10; *l'océan Pacifique (m.)* Pacific Ocean 10

octobre October

un **œil** eye

un **œuf** egg; *des œufs brouillés (m.)* scrambled eggs 8; *des œufs sur le plat (m.)* fried eggs 8

offrir to offer, to give 5

oh oh; *Oh là là!* Wow! Oh no! Oh dear!

un **oignon** onion

un **oiseau** bird

OK OK

une **omelette** omelette

on they, we, one; *On y va?* Shall we go (there)?

un **oncle** uncle

onze eleven

une **opinion** opinion 11

l' **or (m.)** gold 6

orange orange

une **orange** orange

ordinaire regular (gasoline) 11

un **ordinateur** computer

une **oreille** ear

ou or

où where

ouais yeah

l' **ouest (m.)** west

oui yes

un **ours** bear 2

un **ouvrier, une ouvrière** (factory) worker 9

ouvrir to open 6

P

le **pain** bread; *le pain grillé* toast 8; *le pain perdu* French toast 8

un **pamplemousse** grapefruit 8

une **panne** breakdown 11; *tomber en panne* to have a (mechanical) breakdown 11

un **panneau** sign 7

un **pantalon** (pair of) pants

une **pantoufle** slipper 6

papa (m.) Dad 5

par per; by 3; *par avion* by air mail 6; *par exemple* for example 10

le **paradis** paradise

un **parapluie** umbrella 6

un **parc** park 2

parce que because

pardon excuse me

un **pare-brise** windshield 11

un **parent** parent; relative

paresseux, paresseuse lazy

parfait(e) perfect 9

parier to bet 9

parler to speak, to talk; *Tu parles!* No way! You're kidding! 7

part: à part aside from 7

partir to leave

pas not; *pas du tout* not at all 4

un **passager, une passagère** passenger 7

un **passeport** passport

passer to show (a movie); to spend (time); to pass, to go (by) 6; *passer à la douane* to go through customs 7; *passer l'aspirateur (m.)* to vacuum 4

une **pastèque** watermelon

le **pâté** pâté

une **pâtisserie** pastry store

un **pâtissier, une pâtissière** pastry store owner 2

pauvre poor 2

un **pays** country 4

une **pêche** peach

un **peigne** comb 4

se **peigner** to comb (one's hair) 4

un **peignoir de bain** bathrobe 6

une **pelouse** lawn 4

pendant during 3

une **pendule** clock

pénible unpleasant 2

penser (à) to think (of)

perdre to lose

un **père** father

se **perfectionner** to improve 9

un **permis de conduire** driver's license 11

une **personnalité** personality 2

une **personne** person 8; *ne (n')... personne* no one, nobody, not anyone

peser to weigh 6

petit(e) short, little, small; *le petit déjeuner* breakfast; *mon petit* son 4

des **petits pois (m.)** peas

(un) **peu** (a) little; *(un) peu de* (a) little, few

la **peur: avoir peur (de)** to be afraid (of)

peut-être maybe

un **pharmacien, une pharmacienne** pharmacist 2

la **philosophie** philosophy

une **photo** photo, picture

la **physique** physics

un **piano** piano 5

une **pièce** room; coin 6

un **pied** foot; *à pied* on foot 3; *un doigt de pied* toe

un **pilote** pilot 9

piqueniquer to have a picnic 2

une **piscine** swimming pool

une **pizza** pizza

un **placard** cupboard

la **place** room, space; *une place (public) square*; place 4

placé(e) placed, situated 9

une **plage** beach

un **plaisir** pleasure 8

plaît: ... me plaît. I like . . . .

un **plan** map

la **planche à voile** windsurfing 5

une **plante** plant 4

un **plat** dish 3; *le plat principal* main course 3

plein(e) full 3; *faire le plein* to fill up the gas tank 11

pleuvoir: Il pleut. It's raining.

le **plomb** lead 11

la **plongée sous-marine** scuba diving 5

plonger to dive 5

plus more; *de plus* furthermore, what's more 9; more 11; *le plus* (+ adverb) the most (+ adverb) 10; *le/la/les plus* (+ adjective) the most (+ adjective); *ne (n')... plus* no longer, not anymore; *plus tard* later 7

un **pneu** tire 11

une **poire** pear

les **pois (m.): des petits pois (m.)** peas

un **poisson** fish; *un poisson rouge* goldfish

le **poivre** pepper

poli(e) polite 9

un **policier, une policière** detective 5

politique political 9

la **pollution** pollution 11

une **pomme** apple; *une pomme de terre* potato

un **pompier** firefighter 9

un(e) **pompiste** gas station attendant 11

un **pont** bridge 3

le **porc** pork

une **porte** door; gate 7; *une porte d'embarquement* departure gate 7

un **portefeuille** billfold, wallet 6

porter to wear

une **possibilité** possibility 10

possible possible

une **poste** post office

un **postier, une postière** postal worker 6

un **pot** jar

le **potage** soup 3

une **poubelle** garbage can 4

une **poule** hen 3

un **poulet** chicken

pour for; (in order) to

pourquoi why

la **poussière** dust 4; *enlever la poussière* to dust 4

pouvoir to be able to

pratique practical 11

préférer to prefer

premier, première first

prendre to take, to have (food or drink); *prendre rendez-vous* to make an appointment

un **prénom** first name 8

préparer to prepare 6; *se préparer* to get ready 4

près (de) near

présenter to introduce

préserver to save, to protect 11

presque almost 11

prêt(e) ready 4

prie: Je vous en prie. You're welcome.

principal(e) main 3

le **printemps** spring

un **problème** problem 11

prochain(e) next 8

un(e) **prof** teacher

un **professeur** teacher

une **profession** occupation

profiter de to take advantage of 8; *Il faut profiter de la vie au maximum.* We have to live life to the fullest. 8

une **promenade** ride 3; walk 10

puis then

puissant(e) powerful 9

un **pull** sweater

un **pyjama** pyjamas 6

Q

qu'est-ce que what; *Qu'est-ce que c'est?* What is it/this?; *Qu'est-ce que tu as?* What's the matter with you?

qu'est-ce qui what 9

un **quai** platform 3

quand when

quarante forty

un **quart** quarter; *et quart* fifteen (minutes after), quarter after; *moins le quart* quarter to

un **quartier** quarter, neighborhood

quatorze fourteen

quatre four

quatre-vingt-dix ninety

quatre-vingts eighty

quatrième fourth

que how; than, as, that; which, whom 6; what 9; *Que je suis bête!* How dumb I am!; *Que vous êtes gentils!* How nice you are!

un(e) **Québécois(e)** inhabitant of Quebec 8

quel, quelle what, which; *Quel, Quelle...!* What (a)...! 5

quelqu'un someone, somebody

quelque chose something

quelquefois sometimes 10

quelques some

la **queue: faire la queue** to stand in line 7

qui who, whom; which, that 6; *qui est-ce que* whom 9; *qui est-ce qui* who 9

une **quiche** quiche

quinze fifteen

quitter to leave (a person or place)

quoi what; *Il n'y a pas de quoi.* You're welcome. 7

quotidien, quotidienne daily 4

R

raconter to tell (about) 8

un **raisin** grape

ranger to pick up, to arrange 4

rapide fast 7

rapidement rapidly, fast 10

une **raquette** racket 5

se **raser** to shave 4

un **rasoir** razor 4

la **réception** reception desk 8

un(e) **réceptionniste** receptionist

recevoir to receive, to get 8

recommander to recommend 3

recommencer to begin again 5

recycler recycle 11

regarder to watch; to look (at); *se regarder* to look at oneself 4

le **reggae** reggae

régler to pay 8

regretter to be sorry

une **reine** queen 7

se **rejoindre** to meet 9

remercier to thank 5

remplir to fill (out) 8

un **rendez-vous** appointment; *prendre rendez-vous* to make an appointment

rendre: rendre visite (à) to visit 8

rentrer to come home, to return, to come back

un **repas** meal

repasser to iron 4

un **reporter** reporter 11

la **République Démocratique du Congo** Democratic Republic of the Congo

le **R.E.R. (Réseau Express Régional)** express subway to suburbs 7

une **réservation** reservation 3

réserver to reserve 8

résoudre to solve 11

ressembler à to look like, to resemble

un **restaurant** restaurant

rester to stay, to remain

retard: en retard late 2

réussir to pass (a test), to succeed 10

se **réveiller** to wake up 4

revenir to come back, to return

rêver to dream 11

le **rez-de-chaussée** ground floor

un **rhume** cold

riche rich 2

rien: ne (n')... rien nothing, not anything

une **rivière** river 3

une **robe** dress

rocheux, rocheuse rocky 10

le **rock** rock (music)

un **roi** king 7

le **roller** in-line skating

un **roman** novel 3

rose pink

rouge red; *le rouge à lèvres* lipstick 4

rouler to drive 11

une **route** road 3

roux, rousse red (hair)

une **rue** street

S

s'appelle: elle s'appelle her name is; *il s'appelle* his name is

s'il te plaît please; *s'il vous plaît* please

un **sac à dos** backpack; *un sac à main* purse 6

un(e) **saint(e)** saint 9

une **saison** season 10

une **salade** salad

une **salle à manger** dining room

une **salle de bains** bathroom

une **salle de classe** classroom

un **salon** living room

salut hi; good-bye

samedi (m.) Saturday

une **sandale** sandal 6

un **sandwich** sandwich; *un sandwich au fromage* cheese sandwich; *un sandwich au jambon* ham sandwich

sans without 11

un(e) **sans-abri** homeless person 11

la **santé** health

la **sauce hollandaise** hollandaise sauce 3

une **saucisse** sausage 8

le **saucisson** salami

sauf except 5

un **saumon** salmon 3

savoir to know (how) 7

le **savon** soap 4

un **saxophone** saxophone 5

la **science-fiction** science fiction 5

les **sciences (f.)** science

scientifique scientific 9

scolaire school 6

la **sculpture** sculpture 2

se himself, herself, oneself, themselves 4

un **sèche-cheveux** hair dryer 4

un **sèche-linge** dryer 4

sécher to dry 4

le **secours: Au secours!** Help!

un(e) **secrétaire** secretary 9

la **sécurité: une ceinture de sécurité** seat belt 11

seize sixteen

un **séjour** family room; stay; *un séjour en famille* family stay 3

le **sel** salt

selon according to 2

une **semaine** week

sembler to seem 7; *Il me semble....* It seems to me 7

le **Sénégal** Senegal

sénégalais(e) Senegalese

un **sens unique** one-way (street) 11

sensible sensitive 9

sept seven

septembre September

septième seventh

sérieusement seriously 9

sérieux, sérieuse serious 9; *au sérieux* seriously 2

un **serveur, une serveuse** server

une **serviette** napkin; towel 4

seulement only

le **shampooing** shampoo 4

le **shopping** shopping

un **short** (pair of) shorts

si yes (on the contrary); so; if 2

le **SIDA** AIDS 11

un **siècle** century 2

un **siège** seat 7

signer to sign 6

un **singe** monkey 2

le **sirop d'érable** maple syrup 8

six six

sixième sixth

le **ski nautique** waterskiing 5

skier to ski

une sœur sister

la soif: J'ai soif. I'm thirsty.

un soir evening; *ce soir* tonight; *le soir* in the evening 8

soixante sixty

soixante-dix seventy

des soldes (f.) sale(s)

le soleil sun

solide steady

son, sa; ses his, her, one's, its

sortir to go out; *sortir la poubelle* to take out the garbage 4

un souhait: À tes souhaits! Bless you!

la soupe soup

sous under

un sous-sol basement

des sous-vêtements (m.) underwear 6

souvent often

spécial(e) special 7

une spécialité specialty 10

un sport sport

sportif, sportive athletic 5

un stade stadium

un stage on-the-job training 6

une station station; *une station-service* gas station 11

une statue statue

un steak steak; *un steak-frites* steak with French fries

une stéréo stereo

un stylo pen

le sucre sugar

le sud south

suisse Swiss

la Suisse Switzerland

suivant(e) following, next 6

suivre to follow, to take (a class) 11

super super, terrific, great; premium (gasoline) 11

superbe superb 7

un supermarché supermarket

un supplément extra charge 8

sur on; in; about 9; to 10

sûr: bien sûr of course

une surprise surprise 3

surtout especially 7

un sweat sweatshirt

sympa (sympathique) nice

sympathiser to get along 4

un syndicat d'initiative tourist office 7

un synthé (synthétiseur) synthesizer 5

T

t'appelles: tu t'appelles your name is

un tabac tobacco shop

une table table

un tableau (chalk)board; painting; *le tableau des arrivées et des départs* arrival and departure information 7

Tahiti (f.) Tahiti 10

tahitien, tahitienne Tahitian 10

une taille size

un taille-crayon pencil sharpener

un tailleur woman's suit

Tant mieux. That's great.

Tant pis. Too bad. 7

une tante aunt

un tapis rug

tard late 7; *plus tard* later 7

une tarte (aux fraises) (strawberry) pie

une tartine slice of buttered bread 8

une tasse cup

un taxi taxi

te to you; yourself 4; you 5

un tee-shirt T-shirt

la télé (télévision) TV, television; *à la télé* on TV 9

un téléphone telephone 8

téléphoner to phone (someone), to make a call

une température temperature

le temps weather; time 6; *Quel temps fait-il?* What's the weather like? How's the weather?

des tennis (m.) tennis shoes

le tennis tennis

la terminale last year of *lycée* 9

terminer to finish 3

la terre: une pomme de terre potato

le terrorisme terrorism 11

une tête head

le thé tea 3; *le thé au citron* tea with lemon 8; *le thé au lait* tea with milk 8

un théâtre theater 9

Tiens! Hey!

un tigre tiger 2

un timbre stamp

timide timid, shy

toi you

les toilettes (f.) toilet

une tomate tomato

un tombeau tomb

tomber: tomber en panne to have a (mechanical) breakdown 11

ton, ta; tes your

une tondeuse lawn mower 4

tondre to mow 4

tôt early 3

toucher to cash

toujours always; still

un tour trip; *le tour* tour

une tour tower

une tournée tour 9

tourner to turn

tous all 5

la Toussaint All Saints' Day

tout all, everything; *tout de suite* right away, right now 2; *tout droit* straight ahead

tout(e); tous, toutes all, every 8; *tous les deux* both; *tout le monde* everybody

un train train; *être en train de (+ infinitive)* to be busy (doing something) 2

un trajet trip 7

une tranche slice

le travail work 3

travailler to work

traverser to cross 3

treize thirteen

trente thirty

très very

un triomphe triumph

triste sad 2

trois three

troisième third

un trombone trombone 5

une trompette trumpet 5

trop too; too much; *trop de* too much, too many

une trousse pencil case

trouver to find; to think 9

tu you

la Tunisie Tunisia

tunisien, tunisienne Tunisian

U

un one; a, an

une a, an, one

une université university 4

utiliser to use 8

V

les vacances (f.) vacation

une vache cow 3

vachement really, very 3

la vaisselle dishes 4

une valise suitcase 7

un vase vase

la veille night before

un vélo bicycle, bike

un vendeur, une vendeuse salesperson

vendre to sell

vendredi (m.) Friday

venir to come; *venir chercher* to pick up, to come and get 10; *venir de* (**+ infinitive**) to have just 2

le vent wind

un ventre stomach

vérifier to check 7

un verre glass; *des verres de contact (m.)* contacts 6

vert(e) green

une veste (sport) jacket

des vêtements (m.) clothes

un vétérinaire veterinarian 9

la vie life 2

le Vietnam Vietnam

vietnamien, vietnamienne Vietnamese

vieux, vieil, vieille old; *mon vieux* buddy 7

vif, vive bright 2

un village village

une ville city; *en ville* downtown 6

le vin wine 3

vingt twenty

violet, violette purple

un violon violin 5

une visite visit 7; *rendre visite (à)* to visit 8

visiter to visit (a place)

vite fast, quickly 2

la vitesse speed 11; *changer de vitesse* to shift gears 11; *la limite de vitesse* speed limit 11

vivre to live

voici here is/are

une voie (train) track 7

voilà here is/are, there is/are; that's it 4

la voile sailing 5

voir to see

une voiture car; (train) car 7; *une voiture de sport* sports car 11

une voix voice 9

un vol flight 7

le volley (volleyball) volleyball

votre; vos your

voudrais would like

vouloir to want; *vouloir bien* to be willing

vous you; to you; yourself, yourselves 4

un voyage trip

voyager to travel

un voyageur, une voyageuse traveler 7

voyons let's see

vrai(e) true; real 9

vraiment really

une vue view 8

W

les W.-C. (m.) toilet

un weekend weekend 3

Y

y there, (about) it 9

le yaourt yogurt

des yeux (m.) eyes

Z

un zèbre zebra 2

zéro zero

un zoo zoo 2

Zut! Darn!

All words and expressions introduced as active vocabulary in the first- and second-level *C'est à toi!* textbooks appear in this end vocabulary. The number following the meaning of each word or expression indicates the unit in which it appears for the first time. If there is more than one meaning for a word or expression and it has appeared in different units, the corresponding unit numbers are listed. Words and expressions that were introduced in the first-level *C'est à toi!* textbook do not have a number after them.

A

a un, une; de (d'); *a lot* beaucoup; *a lot of* beaucoup de

to be **able to** pouvoir

about de (d') 5; sur 9; en 10; *about them* en 10; *(about) it* y 9

above au-dessus de

to **accelerate** accélérer 11

to **accept** accepter 9

accessory un accessoire 6

according to d'après; selon 2

accountant un(e) comptable

ache: to have a/an . . . ache avoir mal (à...)

acquaintance une connaissance 7

active actif, active 9

activities: leisure activities les loisirs (m.) 5

actor un acteur 9

actress une actrice 9

address une adresse 6

to **admire** admirer 9

advantage: to take advantage of profiter de 8

adventure une aventure 5

aerobics l'aérobic (m.) 5; *to do aerobics* faire de l'aérobic (m.) 5

aerogram (air letter) un aérogramme 6

to be **afraid (of)** avoir peur (de)

Africa l'Afrique (f.)

African africain(e) 10

after après

afternoon l'après-midi (m.)

age l'âge (m.)

agent un agent 7; *customs agent* un douanier, une douanière 7

ago il y a 7

ahead: straight ahead tout droit

AIDS le SIDA 11

air conditioning la climatisation 8

air mail: by air mail par avion 6

airplane un avion

airport un aéroport

aisle un couloir 7

alcoholism l'alcoolisme (m.) 11

Algeria l'Algérie (f.)

Algerian algérien, algérienne

all tout; tous 5; tout(e), tous, toutes 8; *all at once* à la fois 11; *All Saints' Day* la Toussaint; *not at all* pas du tout 4

almost presque 11

already déjà

also aussi

always toujours

America l'Amérique (f.) 7; *North America* l'Amérique du Nord (f.) 10; *South America* l'Amérique du Sud (f.) 10

American américain(e)

among entre 3

amusing amusant(e) 9

an un; une; de (d')

and et

animal un animal 2

another un(e) autre

any de (d'); des, du; en 10

anymore: not anymore ne (n')... plus

anyone: not anyone ne (n')... personne

anything: not anything ne (n')... rien

apartment un appartement; *apartment building* un immeuble

apple une pomme; *apple juice* le jus de pomme

appointment un rendez-vous; *to make an appointment* prendre rendez-vous

April avril

arch un arc, une arche

arm un bras

armchair un fauteuil

army une armée 9

to **arrange** ranger 4

arrival une arrivée 7; *arrival and departure information* le tableau des arrivées et des départs 7

to **arrive** arriver

art l'art (m.) 2; *objet d'art* un objet d'art 2

artist un(e) artiste 2

as aussi, que; en 3; comme 9;
as soon as aussitôt que; *as
usual* comme d'habitude 4

Asia l'Asie (f.) 10

Asian asiatique 10

aside from à part 7

to ask demander 7; *to ask for*
demander

at à; *at (the)* au, aux; *at least*
au moins; *at the end of* au
fond de 4; *at the seashore* au
bord de la mer 10

athlete un(e) athlète 9

athletic sportif, sportive 5

Atlantic Ocean l'océan
Atlantique (m.) 10

ATM machine un guichet
automatique 6

to attend assister à 5

attendant: gas station
attendant un(e)
pompiste 11

attic un grenier

August août

aunt une tante

Australia l'Australie (f.) 10

Australian australien,
australienne 10

automatic automatique 6

autumn l'automne (m.)

avenue une avenue

B

to baby-sit faire du baby-sitting 5

baby-sitting le baby-sitting 5

back un dos; *to come back*
rentrer, revenir

backpack un sac à dos

bad mal; mauvais(e); *It's bad.*
Il fait mauvais.; *Too bad!*
Dommage! 4; Tant pis. 7

badly mal

baggage des bagages (m.) 7;
to check one's baggage faire
enregistrer ses bagages (m.) 7

baker un boulanger, une
boulangère 2

bakery une boulangerie

balcony un balcon

banana une banane

bank une banque

banker un banquier, une
banquière 6

barn une grange 3

basement un sous-sol

basketball le basket (basketball); *to play basketball*
jouer au basket

bath mitt un gant de
toilette 4

bathrobe un peignoir de
bain 6

bathroom une salle de bains

bathtub une baignoire

to be être; *Be careful!*
Attention! 3; *to be . . .
(years old)* avoir... ans; *to be
able to* pouvoir; *to be afraid
(of)* avoir peur (de); *to be
born* naître 8; *to be busy
(doing something)* être en
train de (+ *infinitive*) 2; *to
be cold* avoir froid; *to be how
old* avoir quel âge; *to be
hungry* avoir faim; *to be in
good/bad shape* être en
bonne/ mauvaise forme; *to
be necessary* falloir; *to be
obliged to* être obligé(e) de;
to be sorry regretter; *to be
thirsty* avoir soif; *to be
warm/hot* avoir chaud; *to be
willing* vouloir bien

beach une plage

beans: green beans des
haricots verts (m.)

bear un ours 2

beard une barbe 4

beautiful beau, bel, belle; *It's
beautiful.* Il fait beau.

because parce que

to become devenir 2

bed un lit; *double bed* un
grand lit 8; *to go to bed* se
coucher 4; *twin beds* des lits
jumeaux 8

bedroom une chambre

beef le bœuf

before avant (de) 8

to begin commencer; *to begin
again* recommencer 5

behind derrière

beige beige

Belgian belge

Belgium la Belgique

to believe croire 9

belt une ceinture 6; *seat belt*
une ceinture de sécurité 11

beside à côté (de) 2

best: the best le mieux 10

to bet parier 9

better mieux 5

between entre 3

beverage une boisson

bicycle un vélo

big grand(e); gros, grosse

bike un vélo

biking: to go biking faire du
vélo

bill (at a restaurant) une
addition 3; *bill (money)* un
billet 6

billfold un portefeuille 6

biology la biologie

bird un oiseau

birthday un anniversaire;
Happy Birthday! Bon
anniversaire! 5

black noir(e)

Bless you! À tes souhaits!

blond blond(e)

blue bleu(e)

board un tableau

boat un bateau

body un corps; *body building*
la musculation 5; *to do
body building* faire de la
musculation 5

book un livre

bookstore une librairie

boot une botte

to be born naître 8

both tous les deux

bottle une bouteille

boutique une boutique

bowl un bol

boy un garçon

bracelet un bracelet 6

bread le pain; *long, thin loaf of
bread* une baguette; *slice of
buttered bread* une tartine 8

breakdown une panne 11;
*to have a (mechanical)
breakdown* tomber en
panne 11

breakfast le petit déjeuner

bride une mariée 4

bridge un pont 3

bright vif, vive 2

brother un frère; *host brother* un correspondant 3

brother-in-law un beau-frère

brown brun(e); marron

to **brush** se brosser 4

buddy mon vieux 7

buff un(e) fana 9

building: apartment building un immeuble

burlesque burlesque 4

to **burn** brûler 9

bus: (city) bus un autobus, un bus 3

businessman un homme d'affaires

businesswoman une femme d'affaires

busy occupé(e) 2; *free (not busy)* libre 5; *to be busy (doing something)* être en train de (+ *infinitive*) 2

but mais

butcher un boucher, une bouchère 2; *butcher shop* une boucherie

butter le beurre

to **buy** acheter

by de (d'); en, par 3; *by air mail* par avion 6

bye ciao

C

café un café

cafeteria une cantine

cake un gâteau

calendar un calendrier

call: to make a call téléphoner

Camembert cheese le camembert

Cameroon le Cameroun 10

Cameroonian camerounais(e) 10

to **camp** faire du camping 5

campground un camping

camping le camping; *to go camping* faire du camping 5

can une boîte; *garbage can* une poubelle 4

Canada le Canada

Canadian canadien, canadienne

canoe un canoë 5

canoeing: to go canoeing faire du canoë 5

cap une casquette 6

capital une capitale 4

car une voiture; une auto (automobile) 10; *(train) car* une voiture 7; *sports car* une voiture de sport 11

caramel custard une crème caramel 3

card une carte 3; *credit card* une carte de crédit 8; *to play cards* jouer aux cartes (f.) 5

careful: Be careful! Attention! 3

Caribbean Sea la mer des Antilles 10

carrot une carotte

cartoon un dessin animé 5

case un cas 8

cash l'argent liquide (m.) 6

to **cash** toucher

cashier un caissier, une caissière 2; *cashier's (desk)* une caisse 6

castle un château 3

cat un chat

CD un CD

to **celebrate** fêter 5

cemetery un cimetière

center un centre; *shopping center* un centre commercial

century un siècle 2

cereal des céréales (f.) 8

chair une chaise

chalkboard un tableau

change la monnaie 6; un changement 11

to **change** changer 4

channel: English Channel la Manche 10

chapel une chapelle 7

charge: extra charge un supplément 8

charts le hit-parade 9

cheap bon marché

check (at a restaurant) une addition 3; *security check* un contrôle de sécurité 7; *traveler's check* un chèque de voyage

to **check** vérifier 7; *to check one's baggage* faire enregistrer ses bagages (m.) 7

cheese le fromage; *Camembert cheese* le camembert; *cheese sandwich* un sandwich au fromage

chef un chef 9

chemistry la chimie

cherry une cerise

chess les échecs (m.) 5; *to play chess* jouer aux échecs (m.) 5

chicken un poulet; *chicken cooked in wine* le coq au vin 3

child un(e) enfant

chills des frissons (m.)

China la Chine

Chinese chinois(e)

chocolate le chocolat; *chocolate ice cream* une glace au chocolat; *chocolate mousse* une mousse au chocolat 3; *hot chocolate* un chocolat chaud 8

choice un choix 3

to **choose** choisir 2

chore une corvée 4

church une église

city une ville

clarinet une clarinette 5

class un cours; une classe 9; *to take (a class)* suivre 11

classmate une camarade de classe 9

classroom une salle de classe

to **clean** nettoyer 3

cleaner: vacuum cleaner un aspirateur 4

climbing l'escalade (f.) 5; *to go climbing* faire de l'escalade (f.) 5

clip: video clip un clip 9

clock une pendule

to **close** fermer

clothes des vêtements (m.); *to dry clothes* faire sécher le linge 4

club: dance club une boîte

coast une côte 10

coat un manteau

coffee un café; *coffee with milk* un café au lait 8

coin une pièce 6

Coke un coca

cold froid(e); *It's cold.* Il fait froid.; *to be cold* avoir froid

cold un rhume

to **collect** collectionner 5

color une couleur

comb un peigne 4

to **comb (one's hair)** se peigner 4

to **come** venir; *to come and get* venir chercher 10; *to come back* rentrer, revenir; *to come home* rentrer; *to come in* entrer

comedy une comédie 5

comic strip une bande dessinée 3

comical burlesque 4

complete complet, complète 8

computer un ordinateur; *computer science* l'informatique (f.); *computer specialist* un informaticien, une informaticienne

concert un concert 5

Congolese congolais(e)

contacts des verres de contact (m.) 6

contemporary contemporain(e) 11

to **continue** continuer

to **control** contrôler 11

conversation une conversation 8

convertible une décapotable 11

cook un cuisinier, une cuisinière

cooking la cuisine 10

cool frais, fraîche; *It's cool.* Il fait frais.

to **cost** coûter

couch un canapé

counter un comptoir 7

country la campagne 3; un pays 4

countryside la campagne 3

couple un couple 4

courageous courageux, courageuse 9

course un cours; *entrée (course before main dish)* une entrée 3; *in the course of* au cours de 8; *main course* le plat principal 3

couscous le couscous

cousin un(e) cousin(e)

cow une vache 3

crab un crabe

craft un métier 2

credit card une carte de crédit 8

crêpe une crêpe

croissant un croissant

to **cross** traverser 3

culture la culture 10

cup une tasse

cupboard un placard

currency exchange un bureau de change 6

current events l'actualité (f.) 11

curried scallops des coquilles Saint-Jacques au curry 10

custard: caramel custard une crème caramel 3

customs la douane 7; *customs agent* un douanier, une douanière 7; *to go through customs* passer à la douane 7

cute mignon, mignonne 9

D

Dad papa (m.) 5

daily quotidien, quotidienne 4

dairy store une crémerie

dance un bal; *dance club* une boîte

to **dance** danser

dark (hair) brun(e)

darling un(e) chéri(e) 5

Darn! Zut!; Mince! 7

date une date

daughter une fille

day un jour; une journée; *Have a good day!* Bonne journée! 7; *the next day* le lendemain 8

dear cher, chère

December décembre

to **decide** décider (de)

to **declare** déclarer 7

delicatessen une charcuterie; *delicatessen owner* un charcutier, une charcutière 2

delighted enchanté(e)

Democratic Republic of the Congo la République Démocratique du Congo

dentist un(e) dentiste

department store un grand magasin

departure un départ 7; *arrival and departure information* le tableau des arrivées et des départs 7; *departure gate* une porte d'embarquement 7

to **describe** décrire 8

desk un bureau; *cashier's (desk)* une caisse 6; *reception desk* la réception 8

dessert un dessert

destination une destination 7

detective un policier, une policière 5

dictionary un dictionnaire

to **die** mourir 9

difficult difficile 2

dining room une salle à manger

dinner le dîner

diploma at end of *lycée* le bac (baccalauréat) 10

direct direct(e) 7

director un metteur en scène 9

disease une maladie 11

dish un plat 3

dishes la vaisselle 4

dishwasher un lave-vaisselle 4

diskette une disquette

to **dive** plonger 5

diving: scuba diving la plongée sous-marine 5; *to go scuba diving* faire de la plongée sous-marine 5

to **do** faire; *to do aerobics* faire de l'aérobic (m.) 5; *to do body building* faire de la musculation 5; *to do gymnastics* faire de la gym (gymnastique) 5; *to do homework* faire les devoirs; *to do karate* faire du karaté 5

doctor un médecin; un docteur

documentary un documentaire 5

dog un chien

dollar un dollar

dolphin un dauphin 2

door une porte

dormitory room (for more than one person) un dortoir 8

double bed un grand lit 8

downtown en ville 6

drag: What a drag! Quelle galère! 5

drama un drame 5

drawing le dessin

to **dream** rêver 11

dress une robe; *to dress up* se déguiser 4

dressed: to get dressed s'habiller 4

drink une boisson

to **drink** boire 8

to **drive** conduire 11; rouler 11

driver un chauffeur 9; un conducteur, une conductrice 11; *driver's license* un permis de conduire 11

driving school une auto-école 11

drugs la drogue 11

drums une batterie 5

to **dry** sécher 4; *to dry clothes* faire sécher le linge 4

dryer un sèche-linge 4; *hair dryer* un sèche-cheveux 4

duck un canard 3

dumb bête; *How dumb I am!* Que je suis bête!

during pendant 3; au cours de 8

dust la poussière 4

to **dust** enlever la poussière 4

DVD un DVD; *DVD player* un lecteur de DVD

dynamic dynamique 2

E

each chaque 3

ear une oreille

early en avance 2; tôt 3

earring une boucle d'oreille 6

east l'est (m.)

easy facile

to **eat** manger; *to eat pizza* manger de la pizza

education l'éducation (f.) 11

effort un effort 8

egg un œuf; *fried eggs* des œufs sur le plat (m.) 8; *scrambled eggs* des œufs brouillés (m.) 8

eight huit

eighteen dix-huit

eighth huitième

eighty quatre-vingts

elephant un éléphant 2

elevator un ascenseur 7

eleven onze

end: at the end of au fond de 4; *in the end* finalement 9

energy l'énergie (f.) 11; *nuclear energy* l'énergie nucléaire 11

engineer un ingénieur

England l'Angleterre (f.)

English anglais(e); *English (language)* l'anglais (m.); *English Channel* la Manche 10

enough assez de

to **enter** entrer

entrance une entrée

entrée (course before main dish) une entrée 3

envelope une enveloppe 6

environment l'environnement (m.) 11

especially surtout 7

euro un euro

European européen, européenne 10

even même

evening un soir; *in the evening* le soir 8

events: current events l'actualité (f.) 11

eventually finalement 9

every chaque 3; tout(e), tous, toutes 8

everybody tout le monde

everything tout

exam at end of *lycée* le bac (baccalauréat) 10

example: for example par exemple 10

to **exceed** dépasser 11

except sauf 5

exchange: currency exchange un bureau de change 6

to **exchange** échanger 4

excuse me pardon; excusez-moi

exhibit, exhibition une exposition 2

exotic exotique 10

expensive cher, chère

express subway to suburbs le R.E.R. (Réseau Express Régional) 7

extra charge un supplément 8

eye un œil; *eyes* des yeux (m.)

F

face une figure

factory worker un ouvrier, une ouvrière 9

fall l'automne (m.)

family une famille; *family room* un séjour; *family stay* un séjour en famille 3

famous célèbre 2

fanatic un(e) fana 9

fantastic extra 6

far loin

farm une ferme 3

farmer un fermier, une fermière

fast vite 2; rapide 7; rapidement 10

fast-food restaurant un fast-food

fat gros, grosse

father un père

father-in-law un beau-père

favorable favorable 11

favorite favori, favorite 2

to **fax** faxer 6

February février

to **feed** nourrir 3

to **feel like** avoir envie de; *to feel nauseous* avoir mal au cœur

festival une fête

fever la fièvre

few (un) peu de

fiction: science fiction la science-fiction 5

field un champ 3

fifteen quinze; *fifteen (minutes after)* et quart

fifth cinquième

fifty cinquante

to **fill (out)** remplir 8; *to fill up the gas tank* faire le plein 11

finally enfin 2

to **find** trouver

fine une amende 7

fine bien 8

finger un doigt

to **finish** finir; terminer 3

firefighter un pompier 9

fireworks un feu d'artifice

first premier, première; d'abord; *first name* un prénom 8

fish un poisson; *fish soup* une bouillabaisse

five cinq

fixed-price meal un menu 3

flight un vol 7

floor un étage; *ground floor* le rez-de-chaussée

florist un(e) fleuriste 2

flower une fleur

flu la grippe

flute une flûte 5

to **follow** suivre 11

following suivant(e) 6

food la nourriture 2

foot un pied; *on foot* à pied 3

for pour; comme; depuis 7; *for example* par exemple 10

fork une fourchette

form: order form une fiche de commande 8

fortunately heureusement 10

forty quarante

four quatre

fourteen quatorze

fourth quatrième

France la France

frankly franchement 10

free gratuit(e) 10; *free (not busy)* libre 5

to **free** délivrer 9

French français(e); *French (language)* le français; *French fries* des frites (f.); *French toast* le pain perdu 8; *French-speaking* francophone 9

French Guiana la Guyane française 10; *inhabitant of/from French Guiana* guyanais(e) 10

fresh frais, fraîche

Friday vendredi (m.)

fried eggs des œufs sur le plat (m.) 8

friend un(e) ami(e); un copain, une copine 3

fries: French fries des frites (f.); *steak with French fries* un steak-frites

from de (d'); *from (the)* des, du; *from it/them* en 10

front: in front of devant

fruit un fruit; *fruit juice* le jus de fruit

full chargé(e); plein(e) 3; complet, complète 8

fullest: We have to live life to the fullest. Il faut profiter de la vie au maximum. 8

fun: to have fun s'amuser 6

funny drôle 2; marrant(e) 4; amusant(e) 9

furthermore de plus 9

G

gallery une galerie 7

game un jeu, un match 5; *game show* un jeu télévisé 5; *to play video games* jouer aux jeux vidéo; *video games* des jeux vidéo (m.)

garage un garage

garbage: garbage can une poubelle 4; *to take out the garbage* sortir la poubelle 4

garden un jardin

gas station une station-service 11; *gas station attendant* un(e) pompiste 11

gas tank: to fill up the gas tank faire le plein 11

gasoline l'essence (f.) 11; *premium (gasoline)* super 11; *regular (gasoline)* ordinaire 11

gate une porte 7; *departure gate* une porte d'embarquement 7

gears: to shift gears changer de vitesse 11

generous généreux, généreuse

geography la géographie

German allemand(e); *German (language)* l'allemand (m.)

Germany l'Allemagne (f.)

to **get** recevoir 8; *to come and get* venir chercher 10; *to get along* sympathiser 4; *to get dressed* s'habiller 4; *to get in* monter 11; *to get on* monter 7; *to get ready* se préparer 4; *to get up* se lever 4

gift un cadeau

gifted doué(e) 9

giraffe une girafe 2

girl une fille

to **give** donner; offrir 5; *Give me . . . .* Donnez-moi....; *Give me a hand . . . .* Donne-moi un coup de main.... 4

glass un verre

glasses des lunettes (f.) 6

glove un gant 6

to **go** aller; *let's go (there)* allons-y; *Shall we go (there)?* On y va?; *to go (by)* passer 6; *to*

go biking faire du vélo; *to go camping* faire du camping 5; *to go canoeing* faire du canoë 5; *to go climbing* faire de l'escalade (f.) 5; *to go down* descendre 8; *to go for a ride* faire un tour; faire une promenade 3; *to go for a walk* faire une promenade 10; *to go grocery shopping* faire les courses; *to go horseback riding* faire du cheval 3; *to go in-line skating* faire du roller; *to go out* sortir; *to go running* faire du footing; *to go sailing* faire de la voile 5; *to go scuba diving* faire de la plongée sous-marine 5; *to go shopping* faire du shopping, faire les magasins; *to go through customs* passer à la douane 7; *to go to bed* se coucher 4; *to go up* monter; *to go waterskiing* faire du ski nautique 5; *to go windsurfing* faire de la planche à voile 5

goat une chèvre 3

gold l'or (m.) 6

goldfish un poisson rouge

golf le golf 5; *to play golf* jouer au golf 5

good bon, bonne; bien 8; *good evening* bonsoir; *good-bye* au revoir, salut; *Have a good day!* Bonne journée! 7

gorilla un gorille 2

gradually doucement 11

grandfather un grand-père

grandmother une grand-mère

grape un raisin; *grape juice* le jus de raisin

grapefruit un pamplemousse 8; *grapefruit juice* le jus de pamplemousse 8

gray gris(e)

great super; formidable; extra 6; *That's great.* Tant mieux.

green vert(e); *green beans* des haricots verts (m.)

groom un marié 4

ground floor le rez-de-chaussée

Guadeloupe la Guadeloupe; *inhabitant of/from Guadeloupe* guadeloupéen, guadeloupéenne 10

Guiana: French Guiana la Guyane française 10; *inhabitant of/from French Guiana* guyanais(e) 10

guitar une guitare 5

guy un mec 5

gymnastics la gym, la gymnastique 5; *to do gymnastics* faire de la gym (gymnastique) 5

H

hair des cheveux (m.); *hair dryer* un sèche-cheveux 4; *to comb (one's hair)* se peigner 4

hairbrush une brosse à cheveux 4

hairdresser un coiffeur, une coiffeuse

Haiti Haïti (f.) 4

Haitian haïtien, haïtienne 10

half demi(e); *half an hour* une demi-heure 2; *half past* et demi(e)

half-brother un demi-frère

half-sister une demi-sœur

hall un couloir 4; une galerie 7

ham le jambon; *ham sandwich* un sandwich au jambon

hamburger un hamburger

hand une main; *Give me a hand . . . .* Donne-moi un coup de main.... 4

handkerchief un mouchoir 6

handsome beau, bel, belle

happy content(e), heureux, heureuse 2; *Happy Birthday!* Bon anniversaire! 5

hard difficile 2; dur(e) 3

hardworking diligent(e)

hat un chapeau

to **have** avoir; *Have a good day!* Bonne journée! 7; *I've had it!* J'en ai marre!; *one has to, we/you have to* il faut; *to have (food or drink)* prendre; *to have a/an . . . ache, to*

have a sore . . . avoir mal; *to have a (mechanical) breakdown* tomber en panne 11; *to have a picnic* piqueniquer 2; *to have fun, to have a good time* s'amuser 6; *to have just* venir de (+ infinitive) 2; *to have lunch* déjeuner 10; *to have on-the-job training* faire un stage 6; *to have to* devoir, falloir; être obligé(e) de; *We have to live life to the fullest.* Il faut profiter de la vie au maximum. 8

he il; *he is* c'est

head une tête

health la santé

to **hear** entendre 6

heart un cœur

hello bonjour; *hello (on telephone)* allô

help l'aide (f.) 9; *Help!* Au secours!

to **help** aider 2

hen une poule 3

her son, sa; ses; le, la, l' 5; elle 8; *her name is* elle s'appelle; *to her* lui 6

here là; ici; *here is/are* voilà, voici

hero un héros 9

heroine une héroïne 9

herself se 4

Hey! Eh!, Tiens!

hi salut

high haut(e) 4; *high school* un lycée 10

hightops des baskets (f.)

him le, la, l' 5; lui 8; *to him* lui 6

himself se 4

hippopotamus un hippopotame 2

his son, sa; ses; *his name is* il s'appelle

history l'histoire (f.)

holiday une fête

hollandaise sauce la sauce hollandaise 3

home: at/to the home of chez; *to come home* rentrer

homeless person un(e) sans-abri 11

homework les devoirs (m.); *to do homework* faire les devoirs

honest honnête 9

hood un capot 11

to **hope** espérer 7

horror l'épouvante (f.) 5

horse un cheval

horseback riding: to go horseback riding faire du cheval 3

host brother un correspondant 3; *host sister* une correspondante 3

hostel: youth hostel une auberge de jeunesse 8

hot chaud(e); *hot chocolate* un chocolat chaud 8; *It's hot.* Il fait chaud.; *to be hot* avoir chaud

hot dog un hot-dog

hotel un hôtel

hour l'heure (f.); *half an hour* une demi-heure 2

house une maison; *at/to the house of* chez; *to my house* chez moi

househusband un homme au foyer

housewife une femme au foyer

housework le ménage 4

how comment; que; comme 2; *How are things going?* Ça va?; *How are you?* Comment vas-tu?; *How dumb I am!* Que je suis bête!; *how long* depuis combien de temps 7; *how many* combien de; *how much* combien, combien de; *How much is it/that?* Ça fait combien?; *How nice you are!* Que vous êtes gentils!; *How old are you?* Tu as quel âge?; *How's the weather?* Quel temps fait-il?

hundred: (one) hundred cent

hunger la faim 11

hungry: I'm hungry. J'ai faim.; *to be hungry* avoir faim

to **hurry** se dépêcher 4

to **hurt** avoir mal (à...)

husband un mari

I

I j', je; moi; *I need* il me faut 6

ice cream une glace; *chocolate ice cream* une glace au chocolat; *vanilla ice cream* une glace à la vanille

idea une idée 2

if si 2

illness une maladie 11

to **imagine** imaginer

immigration l'immigration (f.) 7

Impressionist impressionniste

to **improve** se perfectionner 9

in dans; à, en, sur; de (d'); *in (the)* au, aux, du; *in front of* devant; *in my opinion* à mon avis 9; *in order to* pour; *in the course of* au cours de 8; *in the end* finalement 9; *in the evening* le soir 8; *in the morning* le matin

included compris(e) 8

Indian Ocean l'océan Indien (m.) 10

to **indicate** indiquer 7

information: arrival and departure information le tableau des arrivées et des départs 7

inhabitant: inhabitant of/from French Guiana guyanais(e) 10; *inhabitant of/from Guadeloupe* guadeloupéen, guadeloupéenne 10; *inhabitant of/from Madagascar* malgache; *inhabitant of/from Martinique* martiniquais(e) 10; *inhabitant of/from Monaco* monégasque 10; *inhabitant of Quebec* un(e) Québécois(e) 8

in-line skating le roller; *to go in-line skating* faire du roller

inspector un contrôleur, une contrôleuse 7

instructor un moniteur, une monitrice 11

intelligent intelligent(e)

to **interest** intéresser 9

interesting intéressant(e) 2

intersection un croisement 11

to **introduce** présenter

to **invite** inviter

iron un fer à repasser 4

to **iron** repasser 4

is est; *isn't that so?* n'est-ce pas?

island une île 3

it elle, il; ça; le, la, l' 5; y 9; en 10; *about it* y 9; *from it* en 10; *it is necessary* il faut; *It seems to me . . . .* Il me semble.... 7; *it's* c'est; *It's . . . .* Ça fait....; *It's bad.* Il fait mauvais.; *It's beautiful.* Il fait beau.; *It's cold.* Il fait froid.; *It's cool.* Il fait frais.; *It's hot.* Il fait chaud.; *It's nice.* Il fait beau.; *It's raining.* Il pleut.; *It's snowing.* Il neige.; *It's sunny.* Il fait du soleil.; *It's the (+ date).* Nous sommes le (+ date).; *It's warm.* Il fait chaud.; *It's windy.* Il fait du vent.; *of it* en 10; *that's it* voilà 4

Italian italien, italienne

Italy l'Italie (f.)

its son, sa; ses

Ivory Coast la Côte-d'Ivoire; *from the Ivory Coast* ivoirien, ivoirienne

J

jacket (outdoor) un blouson; *ski jacket* un anorak; *sport jacket* une veste

jam la confiture

January janvier

Japan le Japon

Japanese japonais(e)

jar un pot

jazz le jazz

jeans: (pair of) jeans un jean

jewel un bijou 6

job un boulot 9; *on-the-job training* un stage 6

journalism le journalisme 6

journalist un(e) journaliste

juice: apple juice le jus de pomme; *fruit juice* le jus de fruit; *grape juice* le jus de raisin; *grapefruit juice* le jus de pamplemousse 8; *orange juice* le jus d'orange; *tomato juice* le jus de tomate 8

July juillet

June juin

just juste; *to have just* venir de (+ *infinitive*) 2

K

karate le karaté 5; *to do karate* faire du karaté 5

to **keep** garder

ketchup le ketchup

kidding: You're kidding! Tu parles! 7

kilogram un kilogramme (kilo)

kilometer un kilomètre

king un roi 7

kiss une bise

kitchen une cuisine

knee un genou

knife un couteau

to **know** connaître 7; *to know (how)* savoir 7

L

ladies Mesdames 3; *ladies and gentlemen* Messieurs-Dames

lady une dame 2

lake un lac 3

lamp une lampe

to **land** atterrir 7

large grand(e); gros, grosse

last dernier, dernière; *last year of* **lycée** la terminale 9

late en retard 2; tard 7

later plus tard 7

Latin (language) le latin

laundry la lessive 4

lawn un jardin; une pelouse 4; *lawn mower* une tondeuse 4

lawyer un(e) avocat(e)

lazy paresseux, paresseuse

lead le plomb 11

to **learn** apprendre 9

least: at least au moins

leather le cuir 6

to **leave** partir; laisser 6; *to leave (a person or place)* quitter

left: to (on) the left à gauche

leg une jambe

leisure activities les loisirs (m.) 5

lemon un citron 8; *tea with lemon* le thé au citron 8

lemon-lime soda une limonade

less moins

lesson une leçon 11

letter une lettre 3; *letter carrier* un facteur, une factrice 6

liberty la liberté

library une bibliothèque

license: driver's license un permis de conduire 11

life la vie 2; *We have to live life to the fullest.* Il faut profiter de la vie au maximum. 8

light une lumière; *traffic light* un feu 11

like comme

to **like** aimer; *I like . . . . .* . . . me plaît.; *What would you like?* Vous désirez?; *would like* voudrais

limit: speed limit la limite de vitesse 11

line: to stand in line faire la queue 7

lion un lion 2

lip une lèvre 4

lipstick le rouge à lèvres 4

to **listen (to)** écouter; *listen* écoute; *to listen to music* écouter de la musique

little petit(e); *a little* (un) peu, (un) peu de

to **live** habiter; vivre; *We have to live life to the fullest.* Il faut profiter de la vie au maximum. 8

living room un salon

long long, longue; *how long* depuis combien de temps 7

longer: no longer ne (n')... plus

to **look (at)** regarder; *to look at oneself* se regarder 4; *to look for* chercher; *to look like* ressembler à; *to look well/sick* avoir bonne/mauvaise mine

to **lose** perdre

lot: a lot beaucoup; *a lot of* beaucoup de

love l'amour (m.) 5; *in love* amoureux, amoureuse

to **love** aimer; adorer

to **lower** baisser

luck la chance

luggage des bagages (m.) 7

lunch le déjeuner; *to have lunch* déjeuner 10

Luxembourg le Luxembourg; *from Luxembourg* luxembourgeois(e)

M

Ma'am Madame (Mme)

machine: ATM machine un guichet automatique 6; *ticket stamping machine* un composteur 7

Madagascar Madagascar (f.) 10; *inhabitant of/from Madagascar* malgache 10

made of en 6

magazine un magazine 3

magnificent magnifique 2

mail le courrier 6

mailbox une boîte aux lettres 6

main principal(e) 3; *main course* le plat principal 3

to **make** faire; *to make a call* téléphoner; *to make an appointment* prendre rendez-vous

makeup le maquillage 4; *to put on makeup* se maquiller 4

mall un centre commercial

man un homme

many beaucoup; *how many* combien de; *too many* trop de

map une carte; un plan

maple syrup le sirop d'érable 8

March mars

market un marché

marriage un mariage 4

Martinique la Martinique; *inhabitant of/from Martinique* martiniquais(e) 10

mascara le mascara 4

match un match 5

math les maths (f.)

matter: What's the matter with you? Qu'est-ce que tu as?

May mai

maybe peut-être

mayonnaise la mayonnaise

me moi; me; *to me* me

meal un repas; *fixed-price meal* un menu 3

mean méchant(e)

Mediterranean Sea la mer Méditerranée 10

medium moyen, moyenne 2

to **meet** faire la connaissance (de) 7; se rejoindre 9

melon un melon

member un membre

merchant un(e) marchand(e)

message un message 3

Mexican mexicain(e)

Mexico le Mexique

microwave un micro-onde

midnight minuit

milk le lait; *coffee with milk* un café au lait 8; *tea with milk* le thé au lait 8

million un million

mineral water l'eau minérale (f.)

minivan un minivan 11

minus moins

minute une minute

mirror une glace 4

Miss Mademoiselle (Mlle)

mitt: bath mitt un gant de toilette 4

modern moderne

Mom maman (f.)

moment un moment 8

Monaco Monaco (m.) 10; *inhabitant of/from Monaco* monégasque 10

Monday lundi (m.)

money l'argent (m.)

monkey un singe 2

month un mois

monument un monument

more plus; de plus 11; *what's more* de plus 9

morning un matin; *in the morning* le matin

Moroccan marocain(e)

Morocco le Maroc

most: the most (+ adjective) le/la/les plus (+ *adjective*); *the most* (+ *adverb*) le plus (+ *adverb*) 10

mother une mère

mother-in-law une belle-mère

mountain une montagne 3

mousse une mousse 3; *chocolate mousse* une mousse au chocolat 3

mouth une bouche

to **move** déménager 10

movie un film; *movies* le cinéma

to **mow** tondre 4

mower: lawn mower une tondeuse 4

Mr. Monsieur

Mrs. Madame (Mme)

much: how much combien; combien de; *How much is it/that?* Ça fait combien?; *too much* trop de, trop; *very much* beaucoup

museum un musée

mushroom un champignon

music la musique

musician un musicien, une musicienne

mussel une moule 3

must: one/we/you must il faut

mustard la moutarde

my mon, ma; mes; *my name is* je m'appelle

myself me 4

mysterious mystérieux, mystérieuse 2

N

name un nom 2; *first name* un prénom 8; *her name is* elle s'appelle; *his name is* il s'appelle; *my name is* je m'appelle; *your name is* tu t'appelles

napkin une serviette

national national(e)

nationality une nationalité 8

naturally naturellement 6

nauseous: to feel nauseous avoir mal au cœur

near près (de)

to be **necessary** falloir; *it is necessary* il faut

neck un cou

necklace un collier 6

to **need** avoir besoin de; *I need* il me faut 6

neighborhood un quartier

never ne (n')... jamais

new nouveau, nouvel, nouvelle

news des informations (f.) 5

newspaper un journal 3

next suivant(e) 6; prochain(e) 8; *next to* à côté (de) 2; *the next day* le lendemain 8

nice sympa (sympathique); gentil, gentille; aimable 2; *How nice you are!* Que vous êtes gentils!; *It's nice.* Il fait beau.

night before la veille

nine neuf

nineteen dix-neuf

ninety quatre-vingt-dix

ninth neuvième

no non; *no longer* ne (n')... plus; *no one* ne (n')... personne; *No way!* Tu parles! 7

nobody ne (n')... personne

noise un bruit

noon midi

north le nord; *North America* l'Amérique du Nord (f.) 10; *North Sea* la mer du Nord 10

nose un nez

not pas; ne (n')... pas; *not anymore* ne (n')... plus; *not anyone* ne (n')... personne; *not anything* ne (n')... rien; *not at all* pas du tout 4; *not yet* ne (n')... pas encore 10

notebook un cahier

nothing ne (n')... rien

novel un roman 3

November novembre

now maintenant

nuclear nucléaire 11; *nuclear energy* l'énergie nucléaire 11

number un numéro 3; *telephone number* un numéro de téléphone 8

nurse un infirmier, une infirmière

O

o'clock l'heure (f.)

objet d'art un objet d'art 2

to be obliged to être obligé(e) de

occupation une profession

ocean un océan 3; *Atlantic Ocean* l'océan Atlantique (m.) 10; *Indian Ocean* l'océan Indien (m.) 10; *Pacific Ocean* l'océan Pacifique (m.) 10

October octobre

of de (d'); *of (the)* des, du; *of course* bien sûr; *of it/them* en 10

to offer offrir 5

office (doctor or dentist's) un cabinet; *tourist office* un syndicat d'initiative 7

often souvent

oh ah; oh; *Oh no! Oh dear!* Oh là là!

oil l'huile (f.) 11

OK d'accord; OK

old vieux, vieil, vieille; âgé(e) 2; *How old are you?* Tu as quel âge?; *I'm . . . years old.* J'ai... ans.; *to be . . . (years old)* avoir... ans; *to be how old* avoir quel âge

omelette une omelette

on sur; en; dans 3; *on (+ day of the week)* le (+ day of the week); *on foot* à pied 3; *on sale* en solde; *on the* au 9; *on the (+ ordinal number)* le (+ number); *on time* à l'heure 2; *on TV* à la télé 9

once: all at once à la fois 11

one un; on; une; *no one* ne (n')... personne

one's son, sa; ses

oneself se 4; *to look at oneself* se regarder 4; *to wash (oneself)* se laver 4

one-way (street) un sens unique 11

onion un oignon

only juste; seulement

on-the-job training un stage 6; *to have on-the-job training* faire un stage 6

to open ouvrir 6

opinion une opinion 11; *in my opinion* à mon avis 9

or ou

orange une orange; orange; *orange juice* le jus d'orange

order une commande 8; *order form* une fiche de commande 8

other autre

our notre; nos

ourselves nous 4

outfit un ensemble

outside dehors 10

oven un four

over there là-bas

to overlook donner sur 8

owner: pastry store owner un pâtissier, une pâtissière 2

P

Pacific Ocean l'océan Pacifique (m.) 10

package un colis 6

painting un tableau

pancake une crêpe 8

pants: (pair of) pants un pantalon

panty hose des bas (m.)

paper: sheet of paper une feuille de papier

parade un défilé

paradise le paradis

parent un parent

park un jardin; un parc 2

party une boum

to pass passer 6; dépasser 11; *to pass (a test)* réussir 10; *to pass (a vehicle)* doubler 11

passenger un passager, une passagère 7

passport un passeport

pastry store une pâtisserie; *pastry store owner* un pâtissier, une pâtissière 2

pâté le pâté

path un chemin

to pay régler 8

peach une pêche

pear une poire

peas des petits pois (m.)

pen un stylo

pencil un crayon; *pencil case* une trousse; *pencil sharpener* un taille-crayon

people le monde 3; des gens (m.) 8

pepper le poivre

per par

perfect parfait(e) 9

person une personne 8; *homeless person* un(e) sans-abri 11

personality une personnalité 2

pharmacist un pharmacien, une pharmacienne 2

philosophy la philosophie

to phone (someone) téléphoner

photo une photo

physics la physique

piano un piano 5

to pick up ranger 4; venir chercher 10

picnic: to have a picnic piqueniquer 2

picture une photo

pie une tarte; *strawberry pie* une tarte aux fraises

piece un morceau

pig un cochon 3

pilot un pilote 9

pink rose

pizza une pizza; *to eat pizza*

manger de la pizza

place une place 4

placed placé(e) 9

plant une plante 4

plate une assiette

platform un quai 3

to **play** jouer; *to play basketball* jouer au basket; *to play cards* jouer aux cartes (f.) 5; *to play chess* jouer aux échecs (m.) 5; *to play golf* jouer au golf 5; *to play soccer* jouer au foot; *to play sports* faire du sport; *to play tennis* jouer au tennis; *to play video games* jouer aux jeux vidéo; *to play volleyball* jouer au volley

please s'il vous plaît; s'il te plaît

pleasure un plaisir 8

pole: ski pole un bâton

police officer un agent de police

polite poli(e) 9

political politique 9

politician un homme politique, une femme politique 9

pollution la pollution 11

pond un étang 3

pool: swimming pool une piscine

poor pauvre 2

pork le porc

possibility une possibilité 10

possible possible

post office une poste

postage l'affranchissement (m.) 6

postal worker un postier, une postière 6

postcard une carte postale 2

poster une affiche

potato une pomme de terre

powerful puissant(e) 9

practical pratique 11

to **prefer** préférer

premium (gasoline) super 11

to **prepare** préparer 6

present un cadeau

pretty joli(e)

problem un problème 11

program une émission 5

to **protect** préserver 11

purple violet, violette

purse un sac à main 6

to **put (on)** mettre; *to put on makeup* se maquiller 4

pyjamas un pyjama 6

Q

quarter un quart; un quartier; *quarter after* et quart; *quarter to* moins le quart

Quebec: inhabitant of Quebec un(e) Québécois(e) 8

queen une reine 7

quiche une quiche

quickly vite 2

quiet calme 2

quite assez

quiz une interro (interrogation)

R

rabbit un lapin 3

race une course 4

racket une raquette 5

to **rain: It's raining.** Il pleut.

raincoat un imperméable (imper) 6

rapidly rapidement 10

rather assez

raw vegetables des crudités (f.) 3

razor un rasoir 4

to **read** lire

ready prêt(e) 4; *to get ready* se préparer 4

real vrai(e) 9

really bien; vraiment; vachement 3

to **receive** recevoir 8

reception desk la réception 8

receptionist un(e) réceptionniste

to **recommend** recommander 3

recycle recycler 11

red rouge; *red (hair)* roux, rousse

refrigerator un frigo

reggae le reggae

regular (gasoline) ordinaire 11

relative un parent

to **remain** rester

to **remove** enlever 4

to **rent** louer 7

report: weather report un bulletin météo 5

reporter un reporter 11

researcher un chercheur, une chercheuse 9

to **resemble** ressembler à

reservation une réservation 3

to **reserve** réserver 8

restaurant un restaurant; *fast-food restaurant* un fast-food

to **return** rentrer, revenir

rich riche 2

ride une promenade 3; *to go for a ride* faire un tour; faire une promenade 3

riding: to go horseback riding faire du cheval 3

right away/now tout de suite 2; *to (on) the right* à droite

ring une bague 6

ripe mûr(e)

river un fleuve, une rivière 3

Riviera la côte d'Azur 10

road une route 3

rock (music) le rock

rocky rocheux, rocheuse 10

room une pièce; la place; une chambre 8; *dining room* une salle à manger; *dormitory room (for more than one person)* un dortoir 8; *family room* un séjour; *living room* un salon

roommate une camarade de chambre 4

rooster un coq 3

rug un tapis

to **run** courir 5

running le footing; *to go running* faire du footing

S

sad triste 2

sailing la voile 5; *to go sailing* faire de la voile 5

saint un(e) saint(e) 9; *All Saints' Day* la Toussaint

salad une salade

salami le saucisson

sale(s) des soldes (f.); *on sale* en solde

salesperson un vendeur, une vendeuse

salmon un saumon 3

salt le sel

sandal une sandale 6

sandwich un sandwich; *cheese sandwich* un sandwich au fromage; *ham sandwich* un sandwich au jambon

Saturday samedi (m.)

sauce: hollandaise sauce la sauce hollandaise 3

sausage une saucisse 8

to **save** préserver 11

saxophone un saxophone 5

to **say** dire 6; *say* dis

scallops: curried scallops des coquilles Saint-Jacques au curry 10

scarf un foulard 6

schedule un emploi du temps; un horaire

school scolaire 6

school une école; *driving school* une auto-école 11; *high school* un lycée 10

science les sciences (f.)

science fiction la science-fiction 5

scientific scientifique 9

scrambled eggs des œufs brouillés (m.) 8

scuba diving la plongée sous-marine 5; *to go scuba diving* faire de la plongée sous-marine 5

sculpture la sculpture 2

sea une mer; *Caribbean Sea* la mer des Antilles 10; *Mediterranean Sea* la mer Méditerranée 10; *North Sea* la mer du Nord 10

seafood des fruits de mer (m.) 3

seashore: at the seashore au bord de la mer 10

season une saison 10

seat un siège 7; *seat belt* une ceinture de sécurité 11

seated assis(e) 9

second deuxième

secretary un(e) secrétaire 9

security check un contrôle de sécurité 7

to **see** voir; *let's see* voyons; *See you soon.* À bientôt.; *See you tomorrow.* À demain.

to **seem** sembler 7; *It seems to me . . . .* Il me semble.... 7

selfish égoïste

to **sell** vendre

to **send** envoyer 3

Senegal le Sénégal

Senegalese sénégalais(e)

sensitive sensible 9

September septembre

serious sérieux, sérieuse 9; grave 11

seriously au sérieux 2; sérieusement 9

server un serveur, une serveuse

to **set** mettre

setting: table setting un couvert

seven sept

seventeen dix-sept

seventh septième

seventy soixante-dix

shampoo le shampooing 4

shape: to be in good/bad shape être en bonne/mauvaise forme

sharpener: pencil sharpener un taille-crayon

to **shave** se raser 4

she elle; *she is* c'est

sheep un mouton 3

sheet un drap 4

to **shift gears** changer de vitesse 11

shirt une chemise

shoe une chaussure; *tennis shoes* des tennis (m.)

shop une boutique

shopkeeper un(e) commerçant(e) 2

shopping le shopping; *shopping center* un centre commercial; *to go grocery shopping* faire les courses; *to go shopping* faire du shopping, faire les magasins

shore le bord 10

short court(e), petit(e)

shorts: (pair of) shorts un short

shoulder une épaule

show: game show un jeu télévisé 5

to **show** montrer; *Show me . . . .* Montrez-moi....; *to show (a movie)* passer

shower une douche

shrimp une crevette

shy timide

sick malade; *I'm sick of it!* J'en ai marre!

side un côté 7; le bord 10

sign un panneau 7

to **sign** signer 6

silver l'argent (m.) 6

since depuis 7; *since when* depuis quand 7

singer un chanteur, une chanteuse 9

sink un évier

Sir Monsieur

sister une sœur; *host sister* une correspondante 3

sister-in-law une belle-sœur

to **sit down** s'asseoir 4

situated placé(e) 9

six six

sixteen seize

sixth sixième

sixty soixante

size une taille

skating: in-line skating le roller; *to go in-line skating* faire du roller

ski: ski jacket un anorak; *ski pole* un bâton

to **ski** skier

skirt une jupe

to **sleep** dormir

slender mince 2

slice une tranche; *slice of buttered bread* une tartine 8

slipper une pantoufle 6

small petit(e)

snacks des chips (m.); *after-noon snack* le goûter

snail un escargot 3

snow: It's snowing. Il neige.

so si; donc; *so-so* comme ci, comme ça

soap le savon 4

soccer le foot (football); *to play soccer* jouer au foot

sock une chaussette

soda: lemon-lime soda une limonade

sofa un canapé

to **solve** résoudre 11

some des; du; de (d'), quelques; en 10

somebody, someone quelqu'un

something quelque chose

sometimes quelquefois 10

son un fils; mon petit 4

song une chanson 9

soon bientôt 3; *as soon as* aussitôt que

sore: to have a sore . . . avoir mal (à...)

sorry désolé(e) 2

to be **sorry** regretter

soup la soupe; le potage 3; *fish soup* une bouillabaisse

south le sud; *South America* l'Amérique du Sud (f.) 10

space la place

Spain l'Espagne (f.)

Spanish espagnol(e); *Spanish (language)* l'espagnol (m.)

to **speak** parler

special spécial(e) 7

specialty une spécialité 10

speed la vitesse 11; *speed limit* la limite de vitesse 11

to **spend (time)** passer

spicy épicé(e) 10

to **spoil** gâter 5

spoon une cuiller

sport un sport; *sport jacket*

une veste; *sports car* une voiture de sport 11; *to play sports* faire du sport

spring le printemps

square: public square une place

stadium un stade

staircase, stairs un escalier

stamp un timbre

to **stamp** composter 7

to **stand in line** faire la queue 7

to **start (up)** démarrer 11

station une station; *gas station* une station-service 11; *gas station attendant* un(e) pompiste 11; *train station* une gare

statue une statue

stay un séjour; *family stay* un séjour en famille 3

to **stay** rester

steady solide

steak un steak; *steak with French fries* un steak-frites

stepbrother un beau-frère

stepfather un beau-père

stepmother une belle-mère

stepsister une belle-sœur

stereo une stéréo

still encore, toujours

stomach un ventre

stop une escale 7

to **stop** arrêter 4; s'arrêter 11

stopover une escale 7

store un magasin; *department store* un grand magasin

story un étage; une histoire 3

stove une cuisinière

straight ahead tout droit

strawberry une fraise; *strawberry pie* une tarte aux fraises

street une rue; *one-way (street)* un sens unique 11

to **stroll** flâner 7

strong fort(e) 2

student un(e) élève, un(e) étudiant(e)

study une étude 9

to **study** étudier; *Let's study . . . .* Étudions....

stupid bête

suburbs: express subway to suburbs le R.E.R. (Réseau Express Régional) 7

subway un métro; *express subway to suburbs* le R.E.R. (Réseau Express Régional) 7

to **succeed** réussir 10

sugar le sucre

suit: man's suit un costume; *woman's suit* un tailleur

suitcase une valise 7

summer l'été (m.)

sun le soleil

Sunday dimanche (m.)

sunglasses des lunettes de soleil (f.) 6

sunny: It's sunny. Il fait du soleil.

super super

superb superbe 7

supermarket un supermarché

supper le dîner

surprise une surprise 3

survey une enquête 11

sweater un pull

sweatshirt un sweat

to **swim** nager

swimming pool une piscine

swimsuit un maillot de bain

Swiss suisse

Switzerland la Suisse

synthesizer un synthé, un synthétiseur 5

syrup: maple syrup le sirop d'érable 8

T

table une table; *table setting* un couvert

tablecloth une nappe

Tahiti Tahiti (f.) 10

Tahitian tahitien, tahitienne 10

to **take** prendre; *to take (a class)* suivre 11; *to take a tour* faire le tour; *to take advantage of* profiter de 8; *to take (someone) along* emmener 5; *to take off* décoller 7; *to take out the garbage* sortir la poubelle 4

to **talk** parler

talkative bavard(e)

tall grand(e); haut(e) 4

tank: to fill up the gas tank faire le plein 11

to **taste** goûter 3

taxi un taxi

tea le thé 3; *tea with lemon* le thé au citron 8; *tea with milk* le thé au lait 8

teacher un(e) prof, un professeur

teenager un(e) ado 3

telephone un téléphone 8; *telephone number* un numéro de téléphone 8

television la télé (télévision)

to **tell** dire 6; *to tell (about)* raconter 8

temperature une température

ten dix

tennis le tennis; *tennis shoes* des tennis (m.); *to play tennis* jouer au tennis

tenth dixième

terrific super; formidable; extra 6

terrorism le terrorisme 11

test une interro (interrogation); *to pass (a test)* réussir 10

than que

to **thank** remercier 5

thanks merci

that ça; ce, cet, cette, que; qui 6; *that's* c'est; *That's . . . .* Ça fait....; *That's great.* Tant mieux.; *that's it* voilà 4

the le, la, l', les

theater un théâtre 9

their leur

them les 5; eux, elles 8; *about/from them* en 10; *of them* en 10; *to them* leur 6

themselves se 4

then puis; donc; *(well) then* alors

there là; y 9; *over there* là-bas; *there is/are* voilà, il y a

these ces; *these are* ce sont

they on; *they (f.)* elles; *they (m.)* ils; *they are* ce sont

thing une chose; *How are things going?* Ça va?; *Things are going well.* Ça va bien.

to **think** croire, trouver 9; *to think (of)* penser (à)

third troisième

thirsty: I'm thirsty. J'ai soif.; *to be thirsty* avoir soif

thirteen treize

thirty trente; *thirty (minutes)* et demi(e)

this ce, cet, cette; *this is* c'est

those ces; *those are* ce sont

thousand: one thousand mille

three trois

throat une gorge

Thursday jeudi (m.)

ticket un billet; *ticket stamping machine* un composteur 7; *ticket window* un guichet

tiger un tigre 2

time l'heure (f.); une fois; le temps 6; *on time* à l'heure 2; *to have a good time* s'amuser 6; *What time is it?* Quelle heure est-il?

timetable un horaire

timid timide

tire un pneu 11

tired fatigué(e)

to à; sur 10; *in order to* pour; *to (the)* au, aux, en; *to her/him* lui 6; *to them* leur 6; *to us* nous 6

toast le pain grillé 8; *French toast* le pain perdu 8

tobacco shop un tabac

today aujourd'hui

toe un doigt de pied

together ensemble

toilet les toilettes (f.), les W.-C. (m.)

toiletries des affaires de toilette (f.) 4

tomato une tomate; *tomato juice* le jus de tomate 8

tomb un tombeau

tomorrow demain

tonight ce soir

too aussi; trop; *Too bad!* Dommage! 4; Tant pis. 7;

too many trop de; *too much* trop, trop de

tooth une dent

toothbrush une brosse à dents 4

toothpaste le dentifrice 4

tour le tour; une tournée 9; *to take a tour* faire le tour

tourist office un syndicat d'initiative 7

towel une serviette 4

tower une tour

town hall une mairie

track une voie 7; *train track* une voie 7

trade un métier 2

traffic la circulation 10; *traffic light* un feu 11

train un train; *(train) car* une voiture 7; *train station* une gare; *train track* une voie 7

training: on-the-job training un stage 6; *to have on-the-job training* faire un stage 6

to **travel** voyager

traveler un voyageur, une voyageuse 7; *traveler's check* un chèque de voyage

tree un arbre

trip un tour; un voyage; une excursion 3; un trajet 7

triumph un triomphe

trombone un trombone 5

truck un camion 11

true vrai(e)

trumpet une trompette 5

T-shirt un tee-shirt

Tuesday mardi (m.)

Tunisia la Tunisie

Tunisian tunisien, tunisienne

turkey un dindon 3

to **turn** tourner; *to turn off* éteindre 5; *to turn on* allumer 5

TV la télé (télévision); *on TV* à la télé 9

twelve douze

twenty vingt

twin jumeau, jumelle 8; *twin beds* des lits jumeaux 8

two deux

U

ugly moche

uhm euh

umbrella un parapluie 6

unattractive laid(e) 2

uncle un oncle

under sous

underwear des sous-vêtements (m.) 6

to **undress** se déshabiller 4

unemployment le chômage 11

United States les États-Unis (m.)

university une fac (faculté), une université 4

unpleasant pénible 2

until, up to jusqu'à

us nous; *to us* nous 6

to **use** utiliser 8; consommer 11

usual: as usual comme d'habitude 4

V

vacation les vacances (f.)

to **vacuum** passer l'aspirateur (m.) 4

vacuum cleaner un aspirateur 4

vanilla ice cream une glace à la vanille

vase un vase

vegetable un légume; *raw vegetables* des crudités (f.) 3

very très; vachement 3; *very much* beaucoup

veterinarian un vétérinaire 9

video clip un clip 9

video games des jeux vidéo (m.); *to play video games* jouer aux jeux vidéo

Vietnam le Vietnam

Vietnamese vietnamien, vietnamienne

view une vue 8

village un village

violin un violon 5

visit une visite 7

to **visit** rendre visite (à) 8; *to visit (a place)* visiter

voice une voix 9

volleyball le volley (volleyball); *to play volleyball* jouer au volley

W

to **wait (for)** attendre

to **wake up** se réveiller 4

walk une promenade 10; *to go for a walk* faire une promenade 10

to **walk** marcher

wallet un portefeuille 6

to **want** désirer; vouloir; avoir envie de

war une guerre 9

wardrobe une armoire

warm chaud(e); *It's warm.* Il fait chaud.; *to be warm* avoir chaud

to **wash (oneself)** se laver 4

washer une machine à laver 4

wastebasket une corbeille

watch une montre 6

to **watch** regarder; *Watch out!* Attention! 3

water l'eau (f.); *mineral water* l'eau minérale (f.)

to **water** arroser 4

waterfall une cascade 3

watermelon une pastèque

to **water-ski** faire du ski nautique 5

waterskiing le ski nautique 5; *to go waterskiing* faire du ski nautique 5

way un chemin; *No way!* Tu parles! 7

we nous, on; *We have to live life to the fullest.* Il faut profiter de la vie au maximum. 8

weak faible 2

to **wear** porter; *to wear size (+ number)* faire du (+ number)

weather le temps; *The weather's bad.* Il fait mauvais.; *The weather's beautiful/nice.* Il fait beau.; *The weather's cold.* Il fait froid.; *The weather's cool.* Il fait frais.; *The weather's hot/warm.* Il fait chaud.;

weather report un bulletin météo 5; *What's the weather like? How's the weather?* Quel temps fait-il?

Wednesday mercredi (m.)

week une semaine

weekend un weekend 3

to **weigh** peser 6

Welcome! Bienvenue!; *You're welcome.* Je vous en prie.; Il n'y a pas de quoi. 7

well bien; ben 9; *well then* alors, bon ben

west l'ouest (m.)

what comment; qu'est-ce que; quel, quelle; quoi; qu'est-ce qui, que 9; *What (a) . . . !* Quel, Quelle...! 5; *What a drag!* Quelle galère! 5; *What is it/this?* Qu'est-ce que c'est?; *What time is it?* Quelle heure est-il?; *What would you like?* Vous désirez?; *what's more* de plus 9; *What's the matter with you?* Qu'est-ce que tu as?; *What's the weather like?* Quel temps fait-il?

when quand; *since when* depuis quand 7

where où

which quel, quelle; que, qui 6

white blanc, blanche

who qui; qui est-ce qui 9

whom qui; que 6; qui est-ce que 9

why pourquoi

wife une femme

to be **willing** vouloir bien

wind le vent

window une fenêtre; *ticket window* un guichet

windshield un pare-brise 11

windsurfing la planche à voile 5; *to go windsurfing* faire de la planche à voile 5

windy: It's windy. Il fait du vent.

wine le vin 3; *chicken cooked in wine* le coq au vin 3

winter l'hiver (m.)

with avec

without sans 11

woman une femme

work le travail 3; un boulot 9

to work travailler

worker un ouvrier, une
ouvrière 9; *factory worker*
un ouvrier, une ouvrière 9;
postal worker un postier, une
postière 6

world le monde

to worry s'inquiéter 8

would like voudrais

Wow! Oh là là!

to write écrire 6

writer un écrivain 9

Y

yeah ouais

year un an; une année 6;
I'm . . . years old. J'ai...
ans.; *last year of* **lycée** la
terminale 9; *to be . . .
(years old)* avoir... ans

yellow jaune

yes oui; *yes (on the contrary)* si

yesterday hier

yet: not yet ne (n')... pas
encore 10

yogurt le yaourt

you tu, vous; toi; te 5; *to you*
te, vous; *You're kidding!* Tu
parles! 7; *You're welcome.*
Je vous en prie.; Il n'y a pas
de quoi. 7

young jeune

your ton, ta, tes, votre, vos;
your name is tu t'appelles

yourself te, vous 4

yourselves vous 4

youth hostel une auberge de
jeunesse 8

Yuk! Beurk!

Z

zebra un zèbre 2

zero zéro

zoo un zoo 2

Grammar Index

Photo Credits

Cover: Owen Franken and Ben Glumack
Abbreviations: top (t), bottom (b), left (l), right (r), center (c)
Andersen/SIPA Press: 385 (c)
Armstrong, Rick: 101 (b), 241 (t)
Avava/Shutterstock: 255 (br)
Barthélémy, Jean/Aslan/Toussaint/SIPA Press: 438 (cl)
Benn, Nathan/CORBIS: 29 (b)
Billings, Henry: 60 (tr)
Blanchet, Andia/La Documentation française: 446 (t)
Boccon-Gibod/SIPA Press: 424 (t)
Bognar/Megapress: 340 (b)
Bordes, B./La Documentation française: 219 (t)
Bouthillier, J./Office de Tourisme de Marseille: 109 (cl)
Breloer, Gero/EPA/SIPA Press: 220 (t)
Brigade des Sapeurs Pompiers de Paris/La Documentation française: 458 (t)
Brittany Ferries: xi (r), 43, 322 (t), 324 (bl), 325 (t), 345 (b)
Brunet/Megapress: 320-21
Burgess, Michele: 78 (bl), 88, 253 (b)
Buse, Sirin/Istock: 9 (cm), 63 (cl)
Carroll, Chris/CORBIS: 123 (t)
Charaffi/Fabian/Maison de la France: 84 (b)
Daniel, Julien/La Documentation française: 464
Deklofenak/Shutterstock: 356 (t)
Dembinsky Photo Associates: 31(t)
Devent, Ray/French Government Tourist Office: 224 (cl)
DeVries, Michel/Renault Communications: 107 (tl)
Dewarez, Patrick/La Documentation française: 290 (c)
Digital Planet Design/Istock: 62 (tr)
Dumas, Dominique/Renault Communications: 215 (#3)
Elveren/SIPA Press: 385 (t)
Englebert, Victor: v (br), xiii (t, b), 93 (t), 123 (c), 129 (t), 204 (t), 240 (bl, br), 248 (b), 260 (t), 268 (t), 273 (b), 278-79, 309 (t), 372 (t), 404 (tahitien, tahitienne, malgache: l, r), 416 (t, c, b), 417 (t, b), 423 (t), 426 (b), 429 (b), 438 (cl)
Farris, Randy/CORBIS: 414 (asiatique: r)
France Telecom/La Documentation française: 36 (t)
Free Agents Limited/CORBIS: v (bl)
Freeman, Michael/CORBIS: 132 (b)
French Government Tourist Office: 3 (l), 31 (cl), 298 (t)
Fried, Robert: viii (r), ix (t, b), 7 (tr), 8 (tr), 11, 20 (c), 22 (b), 31 (br), 35 (b), 37 (t), 44 (b), 54-55, 61 (#2), 67, 72, 74 (c), 77 (t), 80 (t), 82 (t), 93 (b), 104-5, 109 (b), 110 (cr), 112 (t), 117, 119, 124 (b), 128 (b), 133, 137 (t), 139, 140, 141 (br), 142 (t), 151 (all), 167 (all), 168 (b), 170 (t), 175 (t, b), 177 (c), 181 (t), 185 (t), 190 (t, b), 192 (b), 203 (t), 204 (b), 219 (b), 220 (b), 224 (t), 228 (t), 232 (t), 242 (b), 254 (t), 262 (l, r), 266 (t, c), 273 (t), 282 (t), 284, 290 (t), 291 (t, b), 292 (t), 297 (t, br), 299 (b), 300 (t, b), 307 (t), 308 (1), 309 (b), 314 (c), 317 (t), 324 (t, cr), 336, 337 (br), 339 (l, r), 345 (t), 358 (t), 359 (br), 368, 370, 371 (tl, tr), 372 (bl), 379, 380 (t), 389, 396 (b), 400 (t), 406 (b), 407 (t), 423 (t), 426 (bl, bc), 428 (tl, tr), 430 (t), 435, 440, 463 (t), 471
Gelpi/Istock: 9 (bl)
Gerda, Paul/Leo de Wy Inc.: 462
Gibson, Keith: 5 (b), 6 (br), 9 (tc, tr, cr, bc), 14, 20 (b), 24 (t), 34 (Max), 36 (bl, br), 38 (b), 39 (tr, tl, cl, cc, bc), 40, 56 (pharmacien, pâtissière, bouchère, charcutier, caissière, boulanger, fleuriste), 57 (l), 59 (tr), 61 (Modèle, #1, #3, #4, #6, #7), 63 (bl, br), 68, 69 (bl), 74 (t), 75 (Modèles: crêpe; #2: steak-frites; #4: tarte aux pommes, yaourt; #6: café, jus de raisin), 89 (tc, tr), 107 (tr, cr), 109 (t), 120 (all except une bande dessinée), 122 (t), 126 (b), 131 (t, b), 132 (tl), 135 (moules, saumon, escargots, coq au vin, potage), 138, 141 (Modèle, #3, #4, #5), 143, 144 (Modèle, #3), 145, 179 (bl, bc, br), 186, 200, 215 (#1, #4, #7, #8), 227 (t), 234 (t), 238, 242 (1., 2., 3., 7.) 250 (verres de contact), 251 (b), 256 (all Activité 6), 294 (b), 305 (tl, tr), 307 (b), 308 (#3), 323 (l, r), 337 (Suzette, #6), 343 (céréales), 346 (B.), 348 (Modèle, #1, #3, #5, #6) 349 (Modèles, #3, #4, #6), 361 (bl round portrait), 365 (c), 387, 409 (#1, #2, #5, #8), 414 (l'Europe, l'Afrique, l'Australie), 428 (cl), 431,
448, 449 (t), 452 (br), 454 (t), 456 (#1, #4, #7, #8), 467 (t)
Giraudon/Art Resource: 70 (bl)
Glumack, Ben: 6 (Modèle, #1, #2, #4, #5), 9 (tl, cl, br), 18 (bl), 39 (bl), 63 (tl, tc, tr, cc, bc), 75 (Modèle: poulet, sandwich, glace à la vanilla; #1:omelette; #2: saucisson; #3:chocolat chaud; #5: sandwich), 135 (thé, vin, crudités, fruits de mer, plat), 141 (#2, #6), 144 (Modèle: crudités, saucisson; #1: steaks; #2: frites, champignons; #5: fromage; #6: cerises, raisins; #7: gateau; #8: vin, thé), 157, 160 (bl, br), 164 (t), 182 (F.), 184, 202, 215 (Modèles, #2., #6), 222, 225 (b), 226, 242 (Modèle, #4, #6) 248 (Modèles t,b; #1, #2, #3, #4, #5, #6, #8), 250 (all except verres de contact), 253 (A.-F.), 337 (#1, #2, #3, #4, #7), 343 (all except céréales), 346 (A., C., D.), 348 (Modèle, #2, #4) 349 (#1, #2, #5, #7), 409 (Modèle, #6), 452 (bl), 455 (F.), 456 (#2)
Goldstein, Fred/Shutterstock: 218 (cl)
Gould, Philip/CORBIS: 181 (c)
Guler/SIPA Press: 71 (b)
Hadj/SIPA Press: xii (r), 359 (bl)
Handy, Paul/CORBIS: x
Harris, Brownie/CORBIS: 154-55
Heitman, Tim: vi, 110 (tl)
Higgins, Jean/Unicorn Stock Photos: 35 (t)
Hodges, Walter/CORBIS: 414 (asiatique: l)
Holden, L./Visual Contact: 17 (b)
Hoslet, Olivier/SIPA Press: 396 (c)
Joly, Jean-François/La Documentation française: 446 (c), 447 (bl)
Kaiser, Henry/Leo de Wys Inc.: 267 (bl)
Karnow, Catherine/CORBIS: 137 (b)
Keller, Micheal/CORBIS: 330 (c)
Kohlhas, B./zefa/CORBIS: 402-3
Kraft, Wolf: 5 (b), 77 (t), 128 (t)
Krist, Bob/CORBIS: 187 (b)
Larime Photographic/Dembinsky Photo Associates: 333
Larson, June: 3 (t), 141 (#1), 409 (#7), 467
Last, Victor: 16 (c), 19 (br), 41, 71 (b), 91 (b), 341 (t), 380 (cr), 408 (b)
Legg, Rich/Istock: 356 (b)
Lepp, George D./CORBIS: 194-95
Lesage, J./Comité Régionale de Tourisme (Pays de la Loire): 290 (c)
Lowry, W./Visual Contact: 18 (br), 19 (bl), 27 (t)
Luxner, Larry: 404 (guyanaise)
Marcel, Jean-Marie/La Documentation française: 380 (bl)
McNamee, Wally/CORBIS: 360 (athlète), 364 (tc)
Ministère de l'Intérieur/SIRP/La Documentation française: 282 (D.)
Ministère du Tourisme du Québec: 324 (cl)
Moen, Diana: 84 (t)
Monkey Business Images/Istock: 90 (br)
Monkey Business Images/Shutterstock: 213 (tr)
Morceau, Marc/Photothèque EDF: 462
Nabil/NewPress/SIPA Press: 260 (b)
Najlah, Feanny-Hicks/SABA/CORBIS: 361 (tr)
Nebinger/Nivière/SIPA Press: xii (l), 359 (t), 381 (t)
Neustock Images/Istock: 147 (b)
Nielsen, Knud/Shutterstock: 358
Peugeot Photothèque: 457 (b)
Pharand/Megapress: viii (l)
Phillips, Van/Leo de Wys Inc.: 298 (c)
Photo Flandre/Office de Tourisme d'Amiens: 211 (t)
Photothèque Credit Lyonnais/La Documentation française: 317 (b)
Pinheira, J.C./La Documentation française: 198 (b)
Pool, Orban/Istock: 380
Quittemelle/Megapress: iv, 49 (t), 53 (t)
Ramey, H/Unicorn Stock Photos: 176 (tl)
Razvan/Istock: 276 (tc)
Renault Communications: xiv (r), 412 (b), 454 (c), 467 (c), 472
Ressmeyer, Roger/CORBIS: 442-43
Retro/SIPA Press: 360 (metteur en scène), 364 (cl)
Reuters/CORBIS: 361 (tc)
Reynaud, M./France Télécom/La Documentation française: 252 (b), 326
Rheims, Bettina/La Documentation française: 380 (br)
Rodier, A./Ministère des Affaires Étrangers/La Documentation française: 225 (t)
Rohr, Kathleen Marie/DDB Stock Photo: 176 (tr)
Saur, Françoise/VISUM/La Documentation française: 314 (b)
Saura, Pascal/SIPA Press: 363 (b)
Sautleet, Patrick/Renault Communications: 132 (cr)
Savage, Chuck/CORBIS: 223 (r)
sgtphoto/Istock: 37 (br)
Sierakowski/Isopress/SIPA Press: 385 (b)
Simson, David: vii (b), 4(b), 5 (t, c), 7 (br), 12 (b), 13, 20 (t), 22 (t), 23, 24 (b), 29 (t, c), 30 (t, b), 32, 38 (t), 44 (t), 45, 50 (cl, cr), 52 (t, b), 53 (bl, br), 56 (vocabulary list: woman), 57 (r), 58 (tl, tr, bl, br), 59 (bl, cr), 62, 69 (br), 74 (b), 78 (t), 81 (cr), 87 (4 portraits, bl, br), 91 (t), 99 (t, b), 101 (t), 102 (t), 107 (cr), 108, 111 (cl, bl), 112 (c), 113 (t, b), 114, 115 (c), 116 (t, b), 118, 121, 123 (b), 129 (b), 130 (t), 132 (cl), 136 (l, r), 142 (b), 149 (l), 151 (t), 152, 156 (all), 158 (t, B., D.), 159, 160 (cr), 161 (t), 162, 165 (all), 166 (tl, tr, bl, br), 169 (b), 172 (all), 174, 176 (b), 177 (b), 178 (t), 179 (c), 181 (b), 183, 185 (b), 187 (t), 192 (t, c), 197 (3 portraits, bl, br), 198 (t), 199 (t), 201 (b), 203 (t), 206 (bl, br), 209 (l, r), 210 (tl, tr, bl, br), 211 (c, b), 214 (t), 216, 217 (l), 219 (c), 223 (inset: boy's head), 224 (b), 227 (b), 233 (b), 234 (b), 239 (tl, tc, tr, bl, br), 240 (t, c), 241 (b), 243 (t, b), 246, 247 (t, b), 249 (tl), 251 (t), 254 (Modèle, #1, #2, #3), 255 (t), 257 (t), 258, 264, 265 (tl, tr, b), 266 (b), 267 (br), 268 (b), 274 (t), 275 (t, b), 276 (b), 281 (tl, tr, b), 282 (C.), 288 (l, r), 289 (tl, tr, bl, br), 292 (b), 295 (l, r), 296, 299 (t), 304 (tl, tr, bl, br), 308 (#6), 311 (t, b), 315 (l, r), 318, 327 (t, b), 328 (t, b), 329 (cl), 330 (t), 331 (cr), 334, 335, 341 (b), 344 (tl, tr, bl, br), 347 (t), 348 (b), 350 (l), 353 (l, r), 354, 355, 360 (chauffeur), 361 (br round portrait), 365 (l), 366, 369, 371 (c), 372 (br), 373, 382, 383, 384 (tl, tc, tr, b), 386, 387 (t, b), 388, 390, 397, 398, 400 (b), 404 (haïtien, haïtienne, guadeloupéen, guadeloupéenne, martiniquais, martiniquaise, guyanais, monégasque, monégasque, camerounais), 409 (#4), 410, 415, 418, 419, 420, 421, 427 (tl, tc, tr, b), 430 (b), 433 (t, b), 439, 445 (4 portraits, b), 447 (b), 449 (c), 450, 451, 452 (tl, cl), 453, 455 (c), 456 (#5, #3 #6), 458 (b), 459, 460, 463 (c, b), 468 (all), 469 (t, b), 479, 480
SIPA Press: 363 (c)
Skubic, Ned: 17 (t), 340 (t, c)
Stephenson, Mark L./CORBIS: 332
Sternberg, Will: 4 (t), 39 (br), 60 (br), 127 (t), 169 (t), 201 (t), 206 (t), 257 (b), 269, 283, 286, 294 (t), 310, 347 (b), 363 (t), 367, 399, 408 (t), 411, 457 (t)
Taulin-Hommell, Danièle/La Documentation française: xiv (l)
Tessier/Megapress: xi (l), xx-1, 15, 16 (b), 17 (c)
Teubner, Christian: 135 (crème caramel, mousse au chocolat), 141 (#7, #8), 337 (#5)
Tremblay, Jon: 331 (tl)
Tunisian Tourist Office: 236-37, 252 (t, c), 261
Van der Veen, Eddy/Leo deWys Inc.: 83 (t)
Vidler, Steve/Leo de Wys Inc.: 406 (t)
Vienney, Danny/La Documentation française: 429 (t)
Villard/Nivière/SIPA Press: 407 (b)
Welsch, Ulrike: 404 (camerounaise), 422 (t, b), 424 (b)

Additional Credits

Amiens Mag, December, 1995 (article): 473-75
Diop, Birago, "Souffles" in *Leurres et lueurs*, Présence Africaine, 1960 (poem): 436
Francoscopie (table): 188
IDC (graph): 188
Moroccan National Tourist Board (map): 263
Office du Tourisme de Belfort (brochure): 47
Pagnol, Marcel, *Le château de ma mère* in *Easy Readers* series (a C-level Book), EMC/Paradigm Publishing (novel): 392-94
Philombe, René, "L'homme qui te ressemble" in *Poèmes díAfrique pour les enfants*, le Cherche Midi Éditeur, Paris, 1990 (poem): 271
RATP (R.E.R. map): 88
Vigneault, Gilles, "Mon Pays," Les Éditions Le Vent qui Vire (song): 351

We have attempted to locate owners of copyright materials used in this book. If an error or omission has occurred, EMC/Paradigm Publishing will acknowledge the contribution in subsequent printings.